U0662696

电子商务概论

主　编　贺　兵　　陈本松　　熊燕妮
副主编　吴雪婷　　袁　贵　　王　玉
　　　　宗晋明　　陈美荣　　林啄人
　　　　劳显茜　　王雪媛　　杜春雷
　　　　王艳萍　　周晓红　　金志芳
　　　　唐　宇　　房晓敏

中国海洋大学出版社
CHINA OCEAN UNIVERSITY PRESS
·青岛·

图书在版编目(CIP)数据

电子商务概论 / 贺兵,陈本松,熊燕妮主编 . —青岛:中国海洋大学出版社,2017.7(2024.1重印)

ISBN 978-7-5670-1441-1

Ⅰ.①电… Ⅱ.①贺… ②陈… ③熊… Ⅲ.①电子商务-概论 Ⅳ.①F713.36

中国版本图书馆 CIP 数据核字(2017)第 137842 号

出版发行	中国海洋大学出版社		
社　　址	青岛市香港东路 23 号	**邮政编码**	266071
出 版 人	杨立敏		
网　　址	http://pub.ouc.edu.cn		
电子信箱	2880524430@qq.com		
订购电话	010-82477073(传真)	**电　　话**	010-82477073
责任编辑	孙宇菲		
印　　制	涿州汇美亿浓印刷有限公司		
版　　次	2017 年 7 月第 1 版		
印　　次	2024 年 1 月第 3 次印刷		
成品尺寸	185 mm×260 mm		
印　　张	21		
字　　数	452 千		
印　　数	13000—15000		
定　　价	49.00 元		

前　言

进入 21 世纪之后，中国电子商务发展可谓一日千里，年均增长率超过两位数。企业、市场和消费者行为也随之发生翻天覆地的变化。所有的这些数据都表明，中国的电子商务总体上给人生机勃勃的感觉，成为我国发展最快的商务形式。电子商务主要讨论人们如何利用网络（主要是互联网）开展交易活动。它主要是通过电子的形式买卖商品、服务和信息。当然电子商务并非仅仅只有买卖，还包括通过电子的形式沟通交流、相互协调以及检索信息。利用互联网，我们可以开展远程学习、重新构建我们的商业网络和社会网络。有些电子商务应用中国在世界上已经处于前列，极大地影响着我们的商业活动，影响着我们的学习方式、工作方式和生活方式。

党的二十大报告明确提出，"我们要坚持以推动高质量发展为主题"，从顶层高度设计了我国未来发展的主题主线，指明了以高质量发展推进中国式现代化的目标方向。

随着电子商务的不断发展及其影响不断扩大，所有学生，不论其专业背景如何，都需要了解推动电子商务发展的基本经济规律和商业逻辑。电子商务正在创造新的电子化市场，尽管还不够完美，但该市场价格透明、全球化、高效化的特点将直接影响企业与供应商、客户、竞争对手及合作伙伴的关系，改变企业的产品推广、市场营销和品牌建设方式，无论你对营销、销售、生产、金融、信息系统或物流领域是否感兴趣，你都需要知道电子商务如何帮助企业有效降低供应链成本、提高企业生产效率、加强客户关系。

电子商务的快速发展也给电子商务的教学提出了全新的挑战，虽然电子商务相关教材不断涌现，品种繁多。但是能够反映电子商务最新趋势的教材还很少，本书作为电子商务教改项目的一部分，将各院校学生应该掌握的知识体系和电子商务最热门的应用结合起来，争取在体系的科学性和前沿性方面做得更好。本书的主要目标和特点可以归纳如下：

（1）教学目标明确。通过本教材的学习，可使学生掌握电子商务活动的基本知识、基本原理和基本运作管理技能，能够满足电子商务企业和传统企业向电子商务转型的理论与实践需要。本教材注重对理论的介绍，注重与实际应用结合。

（2）编写主线清晰。从商务模式应用的角度出发，以电子商务应用为主线，在了解电子商务基本原理的基础上，围绕电子商务应用所需的知识和技能来构建电子商务系统的知识和技能。

（3）体系结构先进。每章包括"学习目标""开篇案例""本章内容""本章小结"

"复习讨论"，同时提供不同专业背景的教学方案，借鉴国外相关经典教程的经验，课程中大量采用中国本土的案例，并将案例与该章的知识要点结合起来，适合中国各高校的教学需要。

（4）紧跟知识前沿。电子商务发展迅速，一些新的知识和应用层出不穷。本课程对电子商务知识体系做了大量的补充，包括移动商务、社交商务、农村电商、跨境电商等，以保持教材的时效性。

本书编写过程中，我们借鉴了国内大量的出版物和网上资料，为尊重原作者的辛勤劳动，尽可能查找原始出处并注明，由于编写体例的限制，部分内容只能在最后的参考文献中列出。在此，谨向各位原作者表示由衷的感谢和敬意。由于水平所限，书中难免存在不足之处，请读者批评指正。

编　者

目　录

第一章 电子商务概述

学习目标:

(1) 理解商务活动。
(2) 了解传统商务与电子商务的主要区别。
(3) 掌握 ICDT 模型的含义。
(4) 理解电子商务的含义。
(5) 掌握电子商务技术特点。
(6) 掌握电子商务的分类。
(7) 理解电子商务框架理论。
(8) 了解我国电子商务的发展历程。
(9) 掌握互联网思维 UFO 模型。

开篇案例: 拼多多电子商务之路

一、"拼多多"的发展背景

社交电子商务是近几年蓬勃发展的电子商务模式。作为社交电子商务的典型代表之一的"拼多多"以其独特之处获得社会的广泛关注,该平台专注于消费者到企业(C2B),即用户以拼团的方式低价团购商品,该平台获得成功的商务思维是通过沟通分享形成的社交理念。社交电子商务借助独特的商业思维获资本市场的青睐,"拼多多"亦是如此从 2018 年 7 月上市至今,截至 2020 年 4 月 7 日收盘,拼多多市值达到 472.78 亿美元,此时距离拼多多成立还不满四年。2015 年 9 月,"拼多多"正式上线。2016 年 7 月,"拼多多"获得了高榕资本、腾讯、10G 资本等这些顶级投资机构的 1.1 亿美元融资。2018 年,"拼多多"又获得包括腾讯、红杉等投资机构 30 亿美金的投资。凭借拼团模式、熟人社交,"拼多多"实现了逆袭。"拼多多"花费四年的时间就拥有了 4 亿活跃用户,而京东创立 21 年用户仅为 3 亿。这就意味着"拼多多"在国内电商巨头角逐中拥有了一席之地。

二、"拼多多"的商业模式分析

(一)"拼多多"的社交电商模式

"拼多多"能够发展得如此迅猛离不开其新型电商模式———社交电商。社交电子商务可以定义为一种新的衍生模式,其借助各种传播途径,如社交网站、微博、SNS、社交媒介、网络媒介等,运用社交互动、用户自生内容等手段来辅助购买商品和销售商品的行为。"拼多多"就是利用社交电子商务平台的特性,打开市场并占据市场,通过各种社交媒介走进人们的视野。对于传统电子商务平台如京东，京东主要依靠自己的京东物流迅速和售后服务完善为优势，奠定了其在这个领域中的地位，力图在全国各地打造一个完整的物流体系。而对于"拼多多"来说，想要在淘宝、京东等龙头大佬中崭露头角，改变电商模式刻不容缓。因此，"拼多多"另辟蹊径，成功成为社交电商的代表。

"拼多多"和传统的电商平台的不同之处在于"拼多多"不会被动地等待消费者有需求后到购物平台去搜索购买，而是通过微信等渠道主动传播自己的产品，其实就是通过消费者为自己的产品做宣传。"拼多多"主动联合腾讯，使其能够利用微信群以及朋友圈无障碍地分享链接，同时，"拼多多"积极开发微信小程序，上线仅两个月日活跃用户数量就超过百万，上线半年就超过千万。微信小程序实际上可以成为"拼多多"平台的入口，吸引微信用户进入其中购买商品，有过良好购买经验的用户可以再次在这里进行购买，从而保证了用户回流，可以说"拼多多"的宣传发展离不开腾讯的扶持。那么如何让消费者主动为自己的产品做宣传呢？也就是需要通过拼团的方式来吸引消费者。

（二）"拼多多"的团购模式

消费者在传统的团购平台购买商品时，一个人购买和多数人购买该商品时是没有任何价格差别的，并且消费者也不清楚该商品的价格是否是打折后的最低价。而"拼多多"推出的团购模式则积极调动消费者的购买欲望。在"拼多多"的平台上，每件商品都会显示出单价和团购价，通过两者之间显而易见的差价激励消费者选取团购价购买的方式。如果选取团购，那么需要消费者在一定时间内邀请一定的参团用户才能购买，在这种情况下消费者会产生一定程度的紧迫感来促使他们将链接发送到朋友圈和微信群中。如果消费者在规定时间邀请到足够多的用户购买，那么消费者不仅会兴奋于买到物美价廉的商品，还会产生完成任务的成就感。这种感受同样会激发消费者参与下次团购活动的兴趣。

（三）"拼多多"的消费者定位

很多人不理解"拼多多"为什么会在国内电商巨头竞争中脱颖而出成为电商新贵。"拼多多"创始人黄峥则说"我们的核心就是五环内的人理解不了的"。黄峥的智慧在于放弃中国小部分中高阶级用户群体，而面向中国大部分的普通用户群体。"拼多多"之所以与众不同，是因为其最初对准的是京东、淘宝、唯品会正在逐步放弃的价格敏感型消费者。"拼多多"的消费人群最初大部分还是三四线城市以及广大城镇用户，再根据这部分人群的消费情况进行分析。"拼多多"的竞争对手不是京东、淘宝这些大电商平台，而是乡镇的电器城和街边的百货店。价格实惠、功能完备就可以满足消费者的需求。正是因为"拼多多"敏锐地瞄准了一群尚未被电商巨头覆盖但有庞大网购需求的群体，这种错位竞争为"拼多多"站稳市场赢得了非常完美的开局。

（四）"拼多多"的盈利模式

1. 通过低价模式实现盈利

"拼多多"在成立的第一年就获得了近800万的注册户，也是由一个垂直水果电商拼团商城逐渐演变成现在的模式，"拼多多"给予自己的定位便是以全网最低价格来吸引消费者。淘宝当初的一元秒杀、9.9元包邮策略随着淘宝逐渐壮大后屏蔽，这样出现的巨大"低消费市场"给"拼多多"同样采取这种雷同方式留下了发展空间。"拼多多"承接了淘宝升级后的价格敏感型消费群，通过低价商品吸引消费者聚集，发起团购行为。同时，"拼多多"的主要用户来自微信，淘宝无法获得微信巨大的社交流量红利，这样"拼多多"就有了得天独厚的优势。"拼多多"可以借助微信 10 亿用户的流量池来直接用微信进行拼团砍价，巨大的流量池也吸引海量商家入驻。低价打造爆款引入流量，然后商家各种主推高毛利产品，最终赢得商家获利、"拼多多"受益的双赢局面。

2. 通过降低成本实现盈利

"拼多多"给商家提供一个平台，商家先从平台上获得用户需要产品的订单信息，安排工厂根据实际数量去生产，生产完成后直接销往用户。控制成本结构的诀窍在于：定制产品+压缩供应链和销售环节。这样就能省去中间很多环节，同时节省了仓库租金等费用支出。生产产品的成本降低，价格也低廉，用户满意度上升，订单就会增加。"拼多多"就是通过这种用低价产品换取更高的销量来获得更多的利润，也就是"薄利多销"。

3. 通过建立人才团队实现盈利

当前，电子商务行业竞争激烈，"拼多多"如果想要继续保持其如今的地位并持续盈利的情况下，就需要组建一个属于自己的并且稳定的高端人才队伍。企业中的人才队伍才是"拼多多"与其他电商平台巨头相争的核心竞争力。据了解，截至 2018 年"拼多多"工程师数量已超出全公司员工总数的一半，由此可见，"拼多多"十分重视信息技术方面。为了保留这些技术人才，"拼多多"采取发放员工股权的方式来防止自己企业的人才流失。

三、"拼多多"的发展现状分析

"拼多多"专注于 C2B 社交电商平台，在 2019 年，活跃用户数量高达 4.4 亿，创始人曾说"拼多多"核心是基于分享和社交。不同于传统的搜索式购物，"拼多多"为用户提供更多的非目的性购物，通常采取的方式是用户向熟人发起拼团进而以低价获得满意商品，由用户找商机变成现在商品找用户，再加上背靠腾讯这棵大树，利用淘宝、京东等大的电商"低消费市场"的资源，真正做到了"青出于蓝而胜于蓝"。虽然"拼多多"上大部分商品比其他平台上更便宜，但很难保证这些商家为了追求利润压缩成本，从而导致生产出质量不合格的产品，这也和"拼多多"最初的定位息息相关。"拼多多"开始为了开拓市场吸引更多的商家入驻平台而实行"零保证金""零门槛"政策，这也使得大量的小商贩、不合格的小作坊甚至一些违规违法的企业蜂拥而入，从而出现了大量的假冒伪劣产品。如果"拼多多"的产品总是以质量差以及假伪劣来形容，久而久之消费者会对"拼多多"失去信任。这样就很可能发生当用户在微信朋友圈和微信群中分享链接邀请好友时却发现无人参加拼团活动的尴尬局面。若偶尔发生所产生的影响有限，但长时间出现这种情况不仅会使用户和朋友间产生矛盾，还会使用户逐渐丧失在"拼多多"上拼团购物的兴趣。因此，为了避免这种现象对"拼多多"的品牌形象造成不良影响，根据"拼多多"《2018 年"拼多多"消费者权益保护年报》披露，在 2018 全年，通过严密的大数据风控系统与人工巡检，"拼多多"下架的涉嫌违规商品数量是投诉数量的 150 倍，并且关停超过 6 万家涉嫌违规的店铺，前置拦截超过3000 万个商品链接。

四、"拼多多"的未来发展方向

"拼多多"想要实现长期的健康发展，必须要加大对假冒伪劣产品打击力度。因此，对入驻平台的商家要加强审核和监管，努力提高商品的质量，充分保护消费者权益，为广大消费者提供更多合格的商品和更完善的服务，并且积极实现平台升级来吸引更多品质优秀的商家。2018 年 12 月，"拼多多"正式推出"新品牌计划"，扶持优质产能，构筑全能品牌通道。这样能在吸引更多新用户的同时，还能防止平台老用户的流失。

"拼多多"利用社交电商模式的优势使得自己的品牌广为人知，但要想站稳市场还需要努力提升自己的品牌形象，防止用户对"拼多多"的产品留下负面印象从而失去消费者群体的认可。

来源：刘叙飏. 浅析社交电商"拼多多"的商业模式［J］. 中小企业管理与科技，2019.

第一节　引言

当前世界网络、通信和信息技术快速发展，Internet 在全球迅速普及。信息化的不断发展、网络经济的兴起、信息技术的突破已经不单纯是信息产业的变革，它已经涉及社会、经济和文化的方方面面。网络经济使得现代商业具有不断增长的供货能力、不断增长的客户需求和不断增长的全球竞争三大特征，使得任何一个商业组织都必须改变自己的组织结构和运行方式，以适应这种全球性的发展和变化。

一、传统商务活动

传统商务活动起源于史前，当我们的祖先开始对日常活动进行分工后，商业网活动就开始了。货币的出现取代了易货贸易，交易活动变得更容易了。然而，交易的基本原理并没有变化：社会的某一成员创造有价值的物品，这种物品是其他成员所需要的。商务活动是指为达到一定商业目的而进行的各种投资、收购、兼并、重组、贸易、合作、会议、培训、聚会、展览、报告等活动的总和。商务活动至少有两方参与的有价值物品或服务的协商交换过程，它包括买卖各方为完成交易所进行的各种活动。

（一）买方

可以从买主或卖主的角度来考察交易活动。买方的商务活动见图 1-1。买方的第一项工作是确定需要。这种需要可能只是一个简单的需求，这种需求也可能是非常复杂的需求。一旦买方确定了他们的特定需要，就要寻找能够满足这些需要的产品或服务。在传统商务中，买方寻找产品或服务的方法很多，他们可以参考产品目录、请教朋友、阅读广告或查找工商企业名录。买方也可以向推销员咨询产品的特点和优势。对于那些不断重复出现的需要，企业常常有一套高度结构化的程序来寻找产品或服务。

买方选择了满足某一特定需要的产品或服务之后，就要选择一个可以提供这种产品或服务的卖主。在传统商务中，买主可以通过很多途径与卖主进行接触，包括电话、邮件和贸易展览会。一旦买主选择了一个卖主，双方就开始了谈判。谈判的内容包括交易的很多内容，如交货期、运输方法、价格、质量保证和付款条件，另外还常常包括产品交付或服务提供时可以进行检验的各个细节问题。这是一个十分复杂的步骤。

当买方认为收到的货物满足双方议定的条件时，他就应该支付货款了。买卖完成后，买方可能还要就质量担保、产品更新和日常维护等问题和卖主接触。

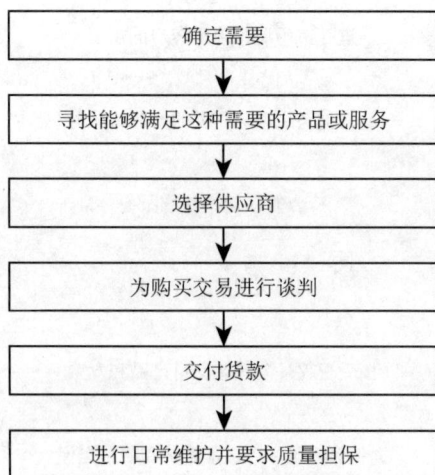

图 1-1 买方的商务活动

（二）卖方

对于上述买方完成的每一项业务，卖方都有一个相应的业务与之对应。卖方的商务活动见图 1-2。卖方通常进行市场调查来确定潜在顾客的需要。即使是那些多年一直销售同一产品或服务的企业也常常在寻找新的途径来改进和扩展他们所提供的产品或服务。企业在确定顾客的需要时，经常使用的方法包括问卷调查、推销员与顾客交谈、主题小组讨论，或聘请企业外部的咨询机构等。

一旦卖主确定了顾客的需要，它们就要开发能够满足顾客需要的产品和服务。产品的开发过程包括新产品的设计、测试和生产等过程。

卖主的下一步工作是让顾客知道这种新的产品或服务已经存在。卖主要开展多种广告和促销活动，同顾客及潜在顾客沟通关于新产品或服务的信息。

一旦顾客对卖方的促销活动有了回应，双方就开始对交易的条件进行谈判。在很多情况下，谈判是很简单的，例如，很多零售交易活动不过是顾客进入商店、选择商品，然后付清货款。有时，交易需要艰苦而漫长的谈判，以便对商品的运输、检验、测试和付款达成协议。

双方解决了运输的问题后，卖方就要向买方交付货物或提供服务，同时还要向买方提供销售发票。在有些业务中，卖方每月还向每个顾客提供一份发票总账，这份总账包括该顾客本月收到的发票和付款情况。在有些情况下，卖方要求买方在交货前或交货时付款。大部分企业是靠商业信用做生意，所以买方先记下销售记录，然后等待顾客付款。大多数企业都有先进的顾客付款接受和处理系统，并利用这个系统来跟踪每一个应收货款账户，并保证所收到的每笔货款都对应于正确的顾客和发票。

销售活动结束后，卖方常常要为产品和服务提供持续的售后服务。在很多情况下，卖方要根据合同或法令对售出的产品或服务提供质量担保，以确保这些产品或服务能正常地发挥效用。卖方提供的售后服务、日常维护和质量担保可以使顾客满意并再次购买企业的产品。

```
┌────────────────────────┐
│  进行市场调查确定客户的需要  │
└────────────────────────┘
            ↓
┌────────────────────────┐
│ 创造能满足客户需要的产品或服务 │
└────────────────────────┘
            ↓
┌────────────────────────┐
│    广告并促销产品或服务    │
└────────────────────────┘
            ↓
┌────────────────────────┐
│     为购买交易进行谈判     │
└────────────────────────┘
            ↓
┌────────────────────────┐
│ 接受货款，向顾客交付产品和发票 │
└────────────────────────┘
            ↓
┌────────────────────────┐
│ 提供售后服务，日常维护和质量担保 │
└────────────────────────┘
```

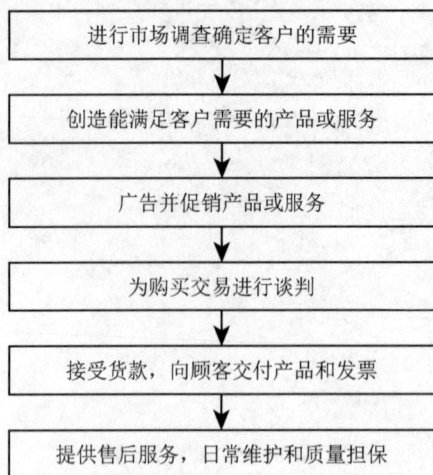

图 1-2　卖方的商务活动

（三）业务活动与业务流程

根据上面的描述，不管是从买方还是从卖方的角度来看，每个商务过程都包含了大量不同的业务活动。

例如，买方在安排所购商品的运输时，常常需要运输公司来提供运输服务，而运输公司往往并不是销售产品的公司，在交易中这项服务的购买也属于买方或卖方安排运输活动的一部分。另外一个例子是，当卖方进行广告和促销活动时，卖方企业可能会购买广告代理商、广告设计者和市场调查公司的服务，他们也可能购买展览和广告中所用的物品。也有些企业用内部员工来完成这些活动。对于这些企业来说，商务活动还包括内部员工的协调和管理。

商务活动的每个过程都能有多项活动，这些活动反过来又可被称为商务活动的过程。

企业在进行商务活动时开展的各种业务活动通常被称为业务流程。资金转账、发出订单、寄送发票和运输商品等都是业务流程的例子。

二、传统商务的局限性

在传统模式下，商务活动往往采取面对面直接交易或纸面交易的方式来进行。传统的商务运作方式，无论是柜台售货、开架自选，还是订货会、洽谈会等，以及在保险、金融、海关、财政和税收等服务业、行政管理中，都是直接或间接的物理交换或物理接触来完成业务交易。例如，人们在商场看、触一件商品决定是否购买一件衣服，试坐一把按摩椅，付现金购买；按照样品订购货物，签订合同，按合同规定交货、付款结算；填写一张保险单，购买国库券，上报财务报表等。无论是面对面直接交易，还是通过信函、传真等纸面方式交易，都是一种物理方式，这是传统商务的运作特点。

由于传统商务活动大部分依靠面对面及书面文档传递为主，使传统商务具有信息不完善、耗费时间长、花费高、库存和产品积压、生产周期长、客户服务有局限等缺点。

三、网络与商务的结合

一项技术的发明和应用需要人们的探索。爱迪生发明电灯的时候，没有人能意识到它将对人们的生产生活有什么影响，蒸汽机的发明也曾经面临了同样的境遇。Internet 作为全球范围内信息传递的基础，刚开始应用于科研信息的传递、新闻信息传递、个人信息的交流等领域，显示了很大的便利性。而现在它逐渐从科学研究和个人生活领域拓展到经济活动和企业生产经营活动领域。

商务活动包括收集市场信息、分析比较市场信息、交易谈判、交货付款等。不难发现，商务活动中的很多环节都体现为信息的搜集、分析、处理和交流。面对经济全球化和日益激烈的市场竞争，企业要在全球竞争中生存和发展，客观上要求其提高商务活动效率及商务决策的科学性和可靠性。而借助计算机处理，企业能够有效提高商务决策的科学性和可靠性；借助于 Internet，企业能显著提高商务活动效率。于是，为了提高商务活动的效率和效益，将计算机和 Internet 应用到商务活动中来就成为时代发展的必然。

四、Internet 的商务战略价值

1997 年，法国的 Albert Angehrn 教授针对互联网技术的商务应用提出了一个分析框架，将互联网空间从商务视角分为四个方面，分别为虚拟信息空间（Virtual Information Space，VIS）、虚拟沟通空间（Virtual Communication Space，VCS）、虚拟交易空间（Virtual Transaction Space，VTS）、虚拟配送空间（Virtual Distribution Space，VDS）。简称 ICDT 模型（图 1-3）。

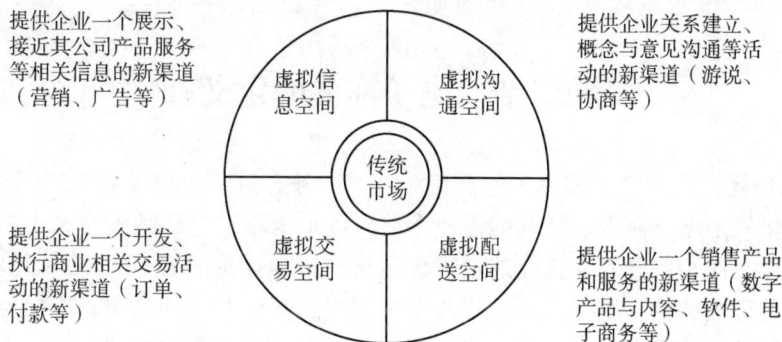

图 1-3　ICDT 模型

（一）虚拟信息空间

虚拟信息空间（VIS）是由新的基于互联网的各种渠道组成。通过这些渠道，企业可以展示它们所提供的信息、产品和服务。像一个可以灵活获取的大广告牌一样，万维网（www）已经以低成本为所有的经济行为人开创了一个新的市场渠道，从大企业展示它们的产品和服务到个人寻找商业上的合伙人。因此，从消费者的角度看，互联网所创造的虚拟信息空间（VIS）已经为搜集信息和比较市场上的卖方提供了一个新的高效率的方法。

（二）虚拟沟通空间

虚拟沟通空间（VCS）是针对传统空间的扩展。在虚拟沟通空间里，企业进行会面以交流意见和经历，进行潜在的合作谈判、游说，参与社区的活动并且创造不同类型的沟通社区。互联网已经通过提供新的渠道并创造有趣的虚拟社区扩展了这一类型的传统空间。在虚拟沟通空间里，其成员可以通过高速、低成本并绕过物理和地域限制进行沟通。这些渠道包括从简单的基于互联网的新闻或用户组到复杂的三维空间（3D）。

（三）虚拟交易空间

虚拟交易空间（VTS）是由新的基于互联网的渠道所组成，通过这些渠道企业可以进行正式的商业交易，例如订单、发票和付款。在互联网发展的第一个阶段，主要由于其不健全的法律、安全性和可靠性方面的问题，互联网并没有被广泛用作交易空间。成熟的技术解决方案和行业标准的确定，再加上交易处理服务所需的基础设施的发展，特别是在电子支付领域，为公司能够利用新的，更大规模的虚拟交易空间提供了必要的先决条件。

（四）虚拟配送空间

虚拟配送空间（VDS）是指一个适合多种产品和服务的新的分销渠道。第一类可有效地通过互联网配送的产品是那些可以被数字化并通过计算机网络传输的产品。电子书籍、文章、图片、数字音乐和视频，连同所有的软件和电子类数据（从计算机游戏到数据库管理系统）都属于这一类。

第二类可以通过互联网配送的产品是一种被称为"非物质"的服务，如基于文本、语音和视频的咨询和培训。第三类可以通过互联网配送给消费者的产品是结合了传统服务的附属服务（例如交通运输服务）和产品（例如汽车、硬件、香水等有形商品）。由于技术和性质上的局限性，商品和服务利用虚拟配送空间进行配送既可以通过互联网点对点或多点之间的联系实时进行配送，又可以进行不同时的配送（例如通过下载数字产品或交换电子信息）。

第二节　电子商务的定义

2002 年，现代管理学之父彼得·德鲁克对电子商务有过一段描述：互联网革命所带来的翻天覆地的变化就是电子商务。互联网迅速渗透到各个角落，它已经成为，或终将成为商品、服务，甚至管理工作和各种专业技能的全球配送渠道。电子商务正在从根本上改变全球的经济，改变市场及行业结构，改变产品、服务以及它们的配送形式，改变消费行为和客户价值，改变劳动形式以及劳动力市场。互联网将更多地影响我们的政治和整个社会，影响我们观察周围的世界以及世界上形形色色的人们的方式。

一、电子商务的定义

电子商务（Electronic Commerce）是通过计算机网络进行的生产、营销、销售和流通活动。它不仅指英特网（Internet）上的交易活动，且指所有利用电子信息技术（IT）来解决问题、降低成本、增加价值和创造商业和贸易机会的商业活动，包括通过网络实现从原材料查询、采购、产品展示、订购到出品、储运、电子支付等一系列的贸易活动。

事实上，电子商务还没有一个较为全面、具有权威性的、能够被大多数人所接受的定义。各种组织、政府、公司、学术团体等都在依据自己的理解和需要为电子商务下定义。下面将其中一些较为系统和全面的定义整理出来供参考。

（1）1997 年 11 月，国际商会在巴黎举行的世界电子商务大会上将电子商务（Electronic Commerce）定义为电子商务是指整个贸易活动的电子化。从涵盖范围方面可以定义为交易各方以电子交易方式而不是通过当面交换或直接面谈方式进行的任何形式的商业交易。从技术方面可以定义为电子商务是一种多技术的集合体，包括交换数据（如电子数据交换（EDI）、电子邮件），获得数据（如共享数据库、电子公告板）以及自动捕获数据（如条形码）等。

（2）联合国经济合作与发展组织（OECD）有关电子商务的报告中，对电子商务的定义：电子商务是发生在开放网络上的包含企业之间（Business to Business）、企业和消费者之间（Business to Customer）的商业交易。

（3）全球信息基础设施委员会（GIIC）电子商务工作委员会对电子商务定义如下：电子商务是运用电子通信作为手段的经济活动，通过这种方式，人们可以对带有经济价值的产品和服务进行宣传、购买和结算。这种交易的方式不受地理位置、资金多少或零售渠道的所有权影响，公有和私有企业、公司、政府组织、各种社会团体、一般公民、企业家都能自由地参加广泛的经济活动，电子商务能使产品在世界范围内交易，并向消费者提供多种多样的选择。

（4）加拿大电子商务协会给出了电子商务的较为严格的定义：电子商务是通过数字通信进行商品和服务的买卖以及资金的转账，它还包括公司间和公司内利用E-mail、EDI、文件传输、传真、电视会议、远程计算机联网所能实现的全部功能（如市场营销、金融结算、销售以及商务谈判）。

（5）美国政府在其《全球电子商务纲要》中，比较笼统地指出：电子商务是通过互联网进行的各项商务活动，包括广告、交易、支付、服务等活动，全球电子商务将会涉及全球各国。

（6）IBM公司的电子商务（E-Business）概念包括三个部分：企业内部网（Intranet）、企业外部网（Extranet）、电子商务（E-Commerce），它所强调的是在网络计算机环境下的商业化应用，不仅仅是硬件和软件的结合，也不仅仅是通常意义下的强调交易的狭义的电子商务（E-Commerce），而是把买方、卖方、厂商及其合作伙伴在互联网、内部网和外部网结合起来的应用。它同时强调这三部分是有层次的：只有先建立良好的Intranet，建立好比较完善的标准和各种信息基础设施，才能顺利扩展到Extranet，最后扩展到E-Commerce。

（7）HP公司提出电子商务（EC）、电子业务（EB）、电子消费（EC）和电子化世界的概念。它对电子商务（E-Commerce）的定义是通过电子化手段来完成商业贸易活动的一种方式，电子商务使我们能够以电子交易为手段完成物品和服务等的交换，是商家和客户之间的联系纽带。它包括两种基本形式商家之间的电子商务及商界与最终消费者之间的电子商务。对电子业务（E-Business）的定义是一种新型的业务开展手段，通过基于Internet的信息结构，使公司、供应商、合作伙伴和客户之间，利用电子业务共享信息，E-Business不仅能够有效地增强现有业务进程的实施，而且能够对市场等动态因素做出快速响应并及时调整当前业务进程。更重要的是，E-Business本身也为企业创造出了更多的、更新的业务动作模式。对电子消费（E-Consumer）的定义是人们使用信息技术进行娱乐、学习、工作、购物等一系列活动，使家庭的娱乐方式越来越多地从传统电视向Internet转变。

（8）通用电气公司（GE）对电子商务的定义：电子商务是通过电子方式进行商业交易，分为企业与企业间的电子商务以及企业与消费者之间的电子商务。企业与企业间的电子商务是指，以EDI为核心技术，增值网（VAN）和互联网为主要手段，实现企业间业务流程的电子化，配合企业内部的电子化生产管理系统，提高企业从生产、库存到流通（包括物资和资金）各个环节的效率。企业与消费者之间的电子商务是指，以Internet为主要服务手段，实现公众消费和服务提供方式以及相关的付款方式的电子化。

（9）美国权威学者瑞维·卡拉科塔和安德鲁·B·惠斯顿在他们的名著《电子商务的前沿》中指出："广义地说，电子商务是一种现代商业方法。这种方法通过改进产品和服务质量、提高服务传递速度，满足政府组织、厂商和消费者的降低成本的需求。"

（10）美国学者埃弗雷姆·特班（Efraim Turban）在其著作《电子商务——管理视角》中指出，电子商务（E-commerce）是指通过计算机网络来实现商品、服务或信息的购买、销售与交换的过程。电子业务（E-Business）是广义的电子商务，除了买卖商品和服务外，还包括客户服务、与商务伙伴之间的合作、网上学习、企业内部的电子交易等。

纵览上述定义可以看出，人们从不同的角度、在广义上和狭义上各抒己见，不管哪种定义，对电子商务的理解，大多从"现代信息技术"和"商务"两个方面考虑。电子商务包含两个方面：一是商务活动，二是电子化手段。它们之间的关系是商务是核心，电子是手段和工具。其中 GIIC 和 HP 给出的概念最宽泛，它们强调电子商务包括一切使用电子手段进行的商务活动。从这个意义上来讲，现在已经流行的电话购物、电视购物，以及超级市场中使用的 POS 机都可以归入电子商务的范围。但大多数定义还是将电子商务限制在使用计算机网络进行的商业活动。因为只有在计算机网络，特别是 Internet 普及的今天，才使得电子商务得到如此广泛的应用，也使得商业模式发生了根本性的转变。

第一，从微观层面来说，很多传统企业在转型过程中，都把电子商务理解为我如何利用现代化的电子工具来提升现有业务模式的效率，也就是传统做加法。虽然前期部分变革可能是这样，但是最终电子商务所导致的很可能是整个企业的运作模式都发生彻底的变化。这可能是很多传统企业的经营者所没有意识到的，例如青岛有一个叫做青岛的西服制作企业，成立于 1995 年，十多年来投入数亿元，将原本传统的流水线升级为数字化的大规模定制工厂，面料、花色、纽扣……关于衣服上大大小小的一百多个细节都可以由订购者在手机 APP 上自行定制。

所有的数据都直接传送到工人面前的数字终端，工人操作前刷射频芯片卡，那么下达给他的指令即刻显示在终端屏幕，无关指令则被过滤，工人只需按照指令完成不同工序，就能精准生产出完全不同的服装，最终可以做到完全没有库存，流水线上的每一件产品都是顾客已经定制的。这颠覆性的例子发生在各行各业，例如家具行业的尚品宅配、服装行业的网红张大奕、化妆品行业的小红书，可能都不是在原有业务流程上做加法，而是彻底颠覆了原有业务模式。

第二，从中观层面来说，电子商务的发展会导致行业之间的边界模糊化。例如，我国的金融业银行证券和保险分业经营的，但是金融行业的从业者从来都不会想到，完全行业外的竞争对手阿里的余额宝，会飞速成长，并且让货币基金的概念深入人心。这样的例子可以找到很多，例如滴滴对出租车行业的冲击、外卖行业对于快餐面行业的冲击。第三，从宏观层面来说，绝不能把这里的电子工具理解为几种零散的新技术。以互联网为核心的这一股技术浪潮很可能导致人类社会根本性基础设施的变革，标志着信息技术时代的来临，从而引领人们进了一个全新的时代。

二、电子商务技术的特点

在电子商务得到发展之前，市场营销活动和销售商品的途径就是采用大众营销和销售员推动的方式。在这种方式下，消费者是广告大战的被动接受者，企业品牌营销战略影响了消费者对产品的长期观念，导致了消费者的购买行为。在这种方式下，消费者受到地理和社会因素的制约而无法在大范围中选择物美价廉的商品。有关商品的价格、成本的信息对消费者而言是不可知的，这种信息不对称为销售企业带来了额外的利润。

电子商务对这些传统的商务理念提出了挑战。表1-1列出了电子商务技术的八大特点。这些特点不但对传统的商务理念提出了挑战，同时，还揭示出了我们如此关注电子商务的原因。

表1-1 电子商务技术的八大特点

电子商务技术的特点	商业意义
普遍存在性：Internet/万维网技术无处不在，可以在任何时间、任何地点使用	市场已经超越了传统的界限，不受时空限制。一个"虚拟市场"已经建立起来，在任何时间都可以购物，极大地方便了消费者，节省了开支
影响范围遍及全球：电子商务技术超越国界，遍及全球	商务活动可以超越文化和种族的界限，无缝地、不受干扰地进行。整个"虚拟市场"拥有全世界数十亿潜在的消费者和数千万潜在企业
统一标准：有一整套成为Internet标准的技术标准	形成了一套全球性的媒体技术标准
丰富性：包括视频、音频、文本等多种信息形式	在单一的市场信息和消费体验中整合了视频、音频、文本等各种信息形式
交互性：技术通过与用户的交互发挥技术的作用	消费者参与对话，这种对话可以动态地调整以适应不同的个体，使消费者参与到商品进入市场的过程
信息密度：降低了收集信息的成本，提高了信息的质量	信息的处理、储存和沟通成本大大下降，同时极大地提高了信息的流通性、准确性和实时性；信息更加丰富、廉价和准确
个性化/定制化：可以在个人和组织间传递个性化的信息	按照个体的特性将市场信息个性化，产品服务定制化
社交技术：用户生成内容及社会化网络	新的社交商业模式支持用户在社交网络上创建和发布内容

下面简单说明表1-1中列出的电子商务技术的每一个特点及其对于商务活动的意义，并且与传统商务以及其他形式的技术驱动的商务活动做一个比较。

（一）普遍存在性

在传统商务活动中，市场是人们为进行交易而必须亲临现场的物流场所。例如，通常利用电视和广播这样的技术来刺激消费者，让他们到某个地方去购物。而电子商务则是无处不在的，这意味着可以在任何时间、任何地点进行商务活动。电子商务将市场从物理空间的限制中解放出来，使人们可以利用移动商务在办公室、在家里、坐在桌前就能购买商品，甚至还可以在车上完成购买。这就形成了所谓的虚拟市场，即一个跨越传统界限、不受时空限制的市场。从消费者的角度看，这种普遍存在性降低了交易成本，及参与市场所需要的成本，因为消费者不必再为实现一笔交易，而花费时间和金钱到实际的市场去了。同时，在虚拟市场交易中，电子商务的普遍存在性降低了对认知精力的需求，即对所购买商品和服务进行认知了解所付出的脑力劳动。

（二）影响范围遍及全球

与传统商务相比，电子商务技术使得商务活动能够更方便地跨越文化和国家的界限，能够比传统商务更具成本效益。因此，电子商务企业所面对的潜在市场规模几乎等于全球的网民数。电子商务企业可以获得的用户或消费者的数量就是衡量电子商务影响范围的一个标准。

相反，大部分传统商务是本地性的或区域性的，参与者是本地贸易商，或具有本地销售渠道的全国性贸易商。例如，电视台、广播电台和报社，都属于本地或地区性机构，他们所拥有覆盖面优先但功能强大的网络，足以吸引本国的受众。但与电子商务技术相比，这些过时的商务技术很难跨越国界、赢得全球范围的用户。

（三）统一标准

Internet 技术标准是统一标准，因而实施电子商务的技术标准也是统一标准——世界上所有国家都遵循这个标准，这是电子商务技术的一个显著特点。相反，大多数传统商务技术的标准在不同的国家是有差异的。例如，世界各国的电视和广播的标准就不一样，移动通信技术也是如此。电子商务统一的技术标准大大降低了市场进入成本，及商家要使其产品进入市场所必须付出的成本。同时，这一统一标准也为消费者减少了查询成本，即为找到合意的产品或信息索要付出的努力。由于有了这样一个单一的、全球一体的虚拟市场，所以就可以降低成本地向大众提供产品的价格和介绍，价格发现就更简单、更快捷，也更准确。利用电子商务技术，人们可以在世界上任何地方非常容易地找到有关某一商品的所有供应商、价格以及送货条款的信息。

（四）丰富性

信息的丰富性是指消息的内容及其复杂程度。传统市场、全国性的销售网络以及小型零售店都有很丰富的信息：在进行销售时，他们能够通过听觉的和视觉的提示，提供个性化的、面对面的服务。传统市场的信息丰富性为其营造了一个强有力的销售氛围或者说商业氛围。而 Internet 和万维网可以向数亿的受众传送包含了文本、视频和音频等多种形式的"丰富"的市场信息，这是无法通过传统的广播、电视或者杂志等商务技术实现的。

（五）交互性

电子商务具有交互性，可以让商家和消费者进行双向的沟通，这与 20 世纪的任何商务技术都不同（也许电话是一个例外）。例如，电视就无法向观众询问任何问题，不能与观众进行对话，也不能要求消费者填写表格。相反，这些活动在电子商务网站上都是可能的。交互性可以让网上的商家与消费者以一种类似于面对面的方式进行沟通，并且其覆盖面更广，可以达到全球范围。

（六）信息密度

Internet 和万维网大大提高了信息密度，即所有参与市场的消费者、商家等能够获得的信息的总量和质量。电子商务技术减少了信息收集、储存、加工和交流的成本。同时，这些技术还在很大程度上提高了信息的流通性、准确性和及时性，使得信息比以往任何时候都更有用、更重要。因此，现在获得的信息就变得更多、成本更低、质量更高。

信息密度的增长导致了大量商业行为的产生。在电子商务市场中，价格和成本都变得更加透明，价格透明是指消费者可以容易地找到市场上同一商品的不同价格；成本透明是指消费者发现商家为其商品支付的实际成本的能力。信息密度的提高对于商家来说也同样是有利可图的。网上商家可以更多地了解消费者的信息，使商家能够根据不同消费者群体愿意支付的价格来细分市场，借此实现价格歧视，即将同种或者是近似同种的商品，以不同的价格销售给不同的目标群体。例如，某一旅游网站了解到某个消费者对费用昂贵的国外度假有强烈的渴望，预计他愿意为此支付高价，因此制作了一份度假计划给他，把报价提高；而为那些对价格敏感的消费者提供同样的服务，价格就要低一些。

（七）个性化/定制化

利用电子商务技术可以实现个性化，即商家可以根据个人的姓名、兴趣和以往的购买行为来调整有关的信息，以针对特定个体提供市场信息。利用电子商务技术可以实现定制化，即根据用户的偏好和先前的行为调整销售的产品和提供的服务。由于电子商务技术具有交互性的特点，所以商家可以在消费者购买产品的时候收集大量的客户信息。信息密度的提高，又使得网上商家可以存储并利用消费者以往的购买和行为信息，这样就使个性化和定制化的程度达到了一个在现有商务技术下无法想象的水平。例如消费者可以选择版面来看报纸新闻，但是却无法改变所选择的版面中的新闻内容。相比之下，在新浪新闻的网站上，可以首先选定我们想看的新闻类型，然后当有相关新闻内容发生时，网站就会及时更新。

（八）社交技术：用户生成内容和社交网络

和以往所有的技术不同，互联网和电子商务技术更具有社会性，它可以让用户在全球社区内生成和共享内容，包括网页、Facebook 页面、文本、视频、音乐和照片。这种交流方式可以帮助用户建立新的社会关系并巩固已有的社会关系。而现代社会的传统媒体（如印刷）则以广播的形式将专家（作家、编辑、演员等）创建的内容传递给大众，是一种一对多的传播形式，受众都消费这种标准产品。电话是个例外，它不是"大众交流"技术，而是一对一的交流技术。互联网和电子商务技术具有转变这种标准媒体模式的潜力，用户可以大范围地生成和分享内容，规划自己的内容消费。网络提供特殊的多对多形式的大众交流。

第三节　电子商务的分类、内容及发展史

随着科技水平的提高，人们的消费方式逐渐发生了转变，2013-2018 年，我国电子商务交易规模持续扩大，据中国电子商务研究中心统计数据显示，2018 年，我国电子商务交易额为 31.63 万亿元，较 2017 年增长 8.5%。

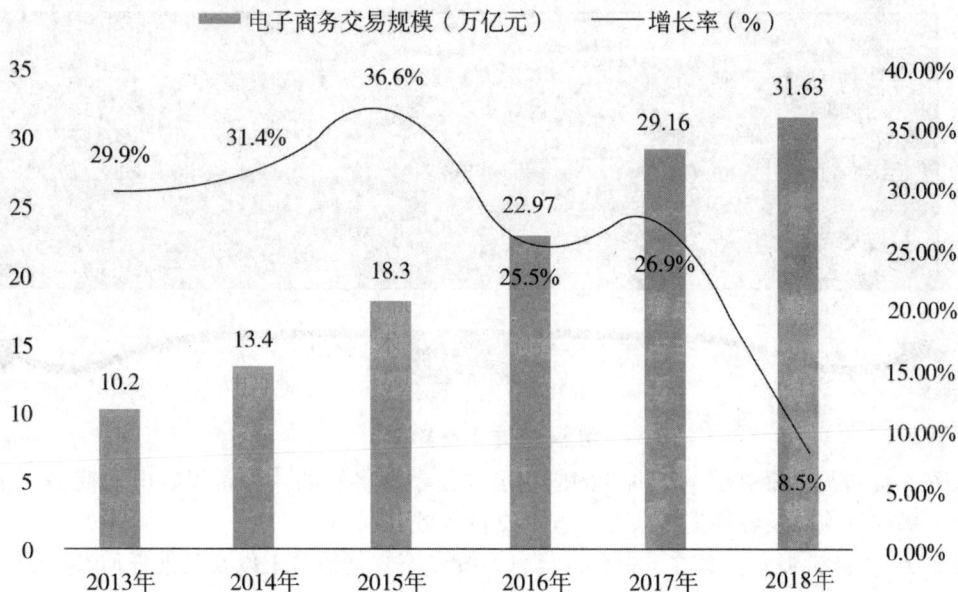

图 1-4　2013-2018 年中国电子商务交易规模（单位：万亿元，%）

近年来，我国出台多部政策鼓励电子商务的发展，《电子商务"十三五"发展规划》中提出，到 2020 年，中国电子商务交易额超过 40 万亿元、网络零售总额达到 10 万亿元左右、

相关从业者超过 5000 万人。未来电子商务行业成交规模的增速将有所放缓，到 2024 年，我国电子商务的成交规模将超过 55 万亿元。

制造业、批发业、零售业、服务业构成了电子商务活动的主体。下面我们将用框架结构图来解释电子商务的主要组成部分。

一、电子商务的主体框架

电子商务领域是一个林林总总的大框架。它包含各种各样的经营管理活动，还包含着各种组织结构以及技术。因此，有必要介绍电子商务框架图。图 1-5 是由美国学者特班 (Turban) 教授提出的电子商务的五支柱框架理论图，它可以帮助我们更全面地认识理解电子商务。

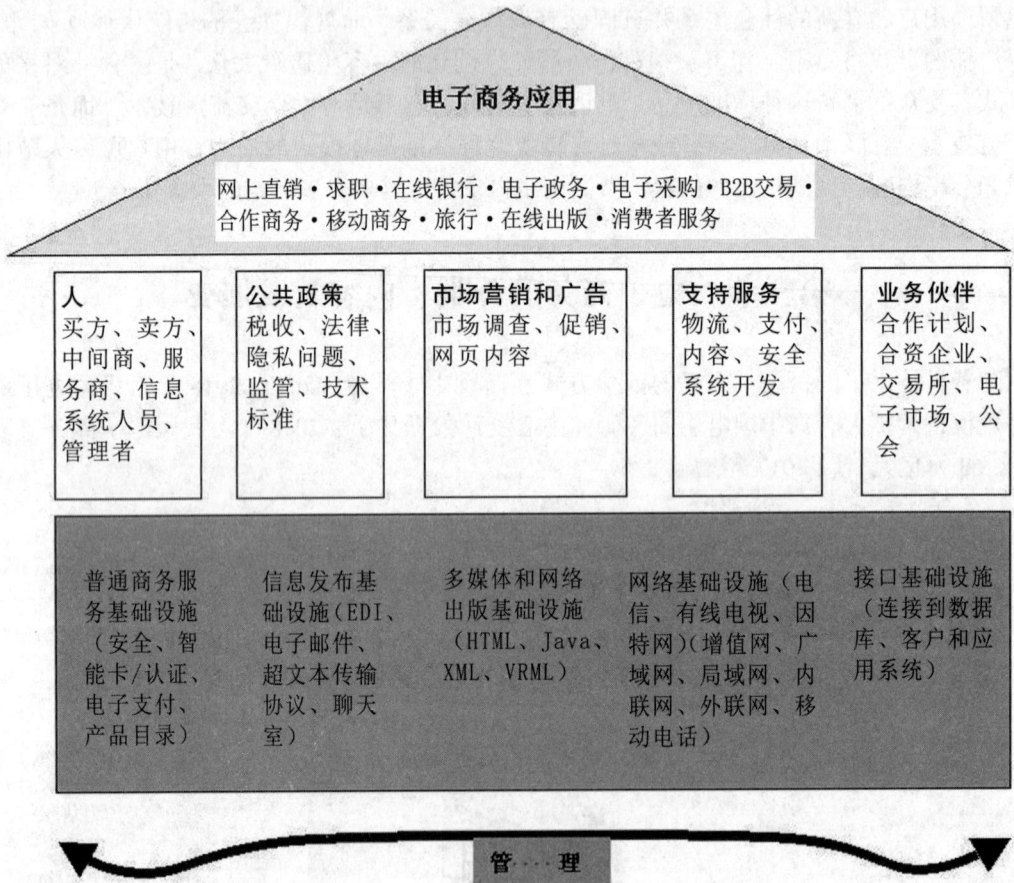

电子商务应用

网上直销·求职·在线银行·电子政务·电子采购·B2B交易·合作商务·移动商务·旅行·在线出版·消费者服务

人	公共政策	市场营销和广告	支持服务	业务伙伴
买方、卖方、中间商、服务商、信息系统人员、管理者	税收、法律、隐私问题、监管、技术标准	市场调查、促销、网页内容	物流、支付、内容、安全系统开发	合作计划、合资企业、交易所、电子市场、公会
普通商务服务基础设施（安全、智能卡/认证、电子支付、产品目录）	信息发布基础设施（EDI、电子邮件、超文本传输协议、聊天室）	多媒体和网络出版基础设施（HTML、Java、XML、VRML）	网络基础设施（电信、有线电视、因特网）（增值网、广域网、局域网、内联网、外联网、移动电话）	接口基础设施（连接到数据库、客户和应用系统）

管···理

图 1-5　电子商务框架

从图 1-4 可见，最高层电子商务的应用形式是丰富多彩的，为了用好电子商务，企业需要信息、基础设施以及各种支持服务。五个支持领域分别如下。

（1）人：包括买方、卖方、中介、信息系统专家、其他员工以及其他任何参与者。

（2）公共政策：包括法律和其他政策问题，还包括由政府和行业权威机构制定的技术标准等。

（3）市场营销和广告：和传统商务类似，电子商务也需要市场营销和广告支持。在 B2C 网络交易中，营销和广告尤其重要，因为买卖双方并不熟悉。

（4）支持服务：电子商务需要各种各样的支持系统，其中包括内容开发、支付、配送等。

（5）业务伙伴：电子商务中的合伙经营、信息沟通、产业联盟等都是最常见的合作形式。尤其多见于供应链中，也就是企业与其供应商、客户及各种商务伙伴之间的交流与合作。

图1-4下方是电子商务基础设施。所谓基础设施是指硬件、软件、网络等。所有这些要素都需要人去管理。也就是说，企业要对此计划、组织、改进、制定战略，对流程进行重构，目的是优化电子商务商业模式和战略。

二、按交易性或互动性将电子商务进行分类

电子商务的类型有很多种分类方法，一般按照电子商务交易过程的数字化程度、交易主体性质特征及交易使用的网络类型等三个标准进行分类。

（一）根据交易过程的数字化程度分

按照数字化（指实体形式向数字形式的转换过程）程度高低，电子商务可以有很多形态。数字化包括①订单系统数字化（订购、支付）；②生产流程数字化（产品/服务的制作）；③配送方式数字化。将上述3个要素结合在一起，就可以判断电子商务的实际水平。其中每一个要素都可以是实体的，也可以是数字的。经过组合，就形成了8个模块，每一个模块有3个纬度。

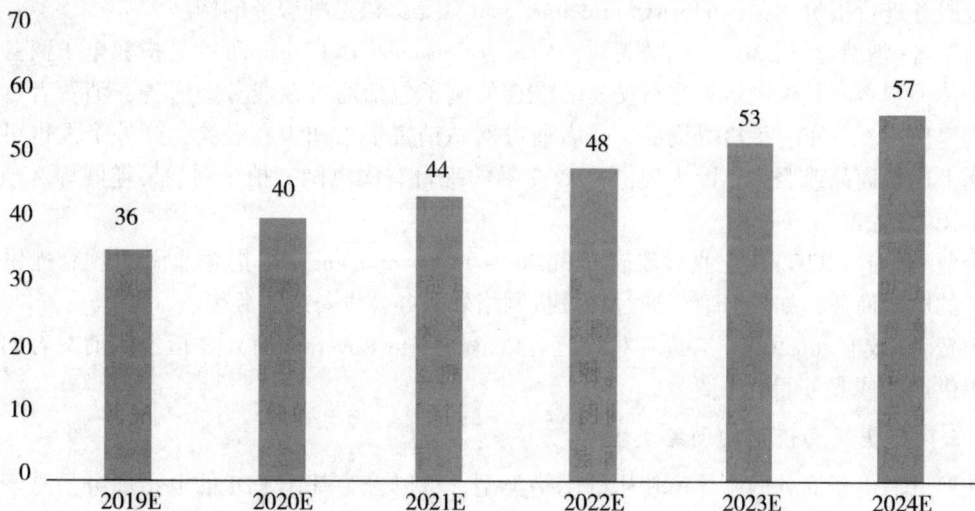

图1-5　2019~2024年中国电子商务行业市场规模预测（单位：万亿元）

在传统商务模式中，3个纬度都是实体的。但是在完全电子商务模式中，3个纬度都是数字的。剩余的6个模块，则是3种要素的不同组合。商务活动中只要有一个要素是数字化的，我们就认为它属于电子商务，但是为"不完全电子商务"。例如在京东商城上买一台电脑，或者在当当网上购书，这些都属于不完全电子商务，因为商品要通过实体渠道配送。若是在亚马逊中国网上购买一本电子书，或者是在百度音乐上购买一首无损音乐，就属于完全的电子商务，因为订购、配送流程都是数字化的。

纯粹的实体公司或是组织可以称为砖瓦加水泥式组织，也可以称为传统经济组织；若是一家企业或组织只开展电子商务活动，不管是纯粹的还是部分的，那么就可以称其为虚拟组织或是纯电子商务组织；还有一种组织称为鼠标加砖瓦（鼠标加水泥）式组织，它们从事一

些电子商务活动，作为传统营销渠道的补充。如现在很多传统企业在天猫等电子商务平台上开设官方旗舰店。

（二）根据交易主体的性质分

交易的主体按性质可以分为企业（Business）、政府组织（Government）、个体消费者（Consumer）等，基于不同的组合，可以将电子商务分为 B2B、B2C、C2C、B2G、C2B、C2G 等主要类型。

企业-企业（B2B）。企业对企业（Business to Business）指所有的参与者都是企业或其他组织。如联想电脑通过计算机网络向供应商采购零部件或者向零售商销售电脑产品等就属于 B2B 电子商务。企业间开展交易的计算机网络可以是买卖某一方所有或多方共同所有，也可以是第三方所有。国内提供第三方 B2B 交易的平台代表有阿里巴巴、慧聪网、中国化工网、环球资源网、敦煌网等。

企业-消费者（B2C）。企业对消费者（Business to Consumer）是指企业向个体消费者提供产品或服务的零售商业模式。如戴尔通过官方网站向消费者直接销售电脑，当当网向消费者销售书籍、日用品等。这种模式也称为电子零售（E-Tailing）。国内 B2C 电子商务企业的代表有卓越亚马逊、当当网、京东商城、凡客诚品等。

消费者-企业（C2B）。消费者对企业（Consumer to Business）这种商务模式既包括个体消费者利用互联网向机构销售产品或服务，又包括个体消费者在网上寻找卖方，让供应方对产品或服务进行报价。美国的 www.priceline.com 就是提供这种服务的网站。

消费者-消费者（C2C）。消费者对消费者（Consumer to Consumer）是指在电子商务模式下，个体消费者与其他消费者进行交易。C2C 的例子包括通过在线分类广告，消费者可以在网上销售房屋、汽车、手机等商品，或者通过网站销售个人知识和经验，此外个人也可以在淘宝网上出售商品或服务。国内提供 C2C 交易的平台有淘宝网、拍拍网、易趣网等。国外著名的 C2C 平台是 eBay.com。

企业-政府（B2G）。企业对政府（Business to Government）是指企业面向政府提供产品或服务的电子商务，如政府部门通过计算机网络采购办公设备或服务等。

消费者-政府（C2G）。消费者对政府（Consumer to Government）是指个体消费者向政府部门提供产品或服务的电子商务。

（三）根据交易使用的网络类型

按照开展电子商务的主体所使用的网络类型，可以分为基于 EDI 的电子商务、基于互联网的电子商务、基于内部网的电子商务、移动商务等四种。

移动商务（M-Commerce）指在无线环境下完成的电子商务交易和活动。例如，人们利用手机上网来完成银行业务或是从手机淘宝上购物。许多移动商务的应用需要有移动设备。有些人将移动商务定义为人们在离开家或办公室时通过无线或有线系统来完成的交易活动。如果这些交易针对的是特定时间、特定地点的人们，则称之为区位商务（Location-Based Commerce）。

（四）其他电子商务类型

企业内部的电子商务。企业内部的电子商务（Intrabusiness EC）包含了组织内部的所有活动，即在组织内部各部门和个人之间的产品、服务、信息的交换。向员工出售公司产品、在线培训和协同设计都属于企业内部的电子商务，而它通常是借助于内联网和公司门户网站来实现的。

企业-员工。企业对员工（Business to Employees，B2E）电子商务是企业内部电子商务的一个子集，在这种电子商务模式下，企业向员工传递服务、信息和产品。主要的一类是移动员工，如现场销售人员通过移动终端获得企业的产品或服务信息。

协同商务。当个人或群体在线上进行沟通与合作时，他们可能参与了协同商务（Collaborative Commerce，E-Commerce）。例如，处于不同地点的商务伙伴可以运用共同视频一起设计产品；在线库存管理，联合产品需求预测等。

端到端应用。端到端（Peer to Peer，P2P）的技术可以用于 C2C，B2B 和 B2C。这项技术能让联网的终端计算机之间进行直接传输，并共享数据文件。例如，PPS 可以让人们交换视频，迅雷可以让人们交换软件和其他数字产品。

电子学习。电子学习（E-Learning）是指利用网络来提供培训和正规教育。许多组织大量使用网络对员工进行培训和再培训，这类应用称为电子培训。如我国很多高校都使用网络教育的方式为继续教育学生提供教学服务。

电子政务。在电子政务（E-Government）模式下，政府向企业（G2B）或是个人（G2C）购买或提供产品、服务和信息。

三、电子商务简史

（一）国际电子商务发展简史

1. 基于 EDPS 的电子商务

EDPS 就是电子数据处理系统，那么这一阶段的电子商务的特点是什么呢？我们把计算机技术、数据库技术，网络通讯技术集成起来，形成一个信息系统来解决商务问题，这样一种这个系统呢，我们就称为基于 EDPS 的电子商务。

2. 基于 EDI 的电子商务

基于 EDI（电子数据交换）的电子商务是从 20 世纪 70 年代发展起来的电子商务，1978 年欧洲的国家在瑞典的斯德哥尔摩会议上提出要做 EDI 的电子商务，就是通过专用的网线建立一个 EDI 的这么一个中心把海关、商检、货代这些等等通过网络连接起来，实现信息的交流，并且为了减少这个贸易的纠纷，制定了一个 EDI 的标准。EDI 的标准就是指不同国家的这个机构，通过电子邮件进行交流，在填写海关报关单的时候，先用自己国家的语言来表达，然后通过 EDI 中心把它转换成标准的 EDI 的语言，然后传到对方，对方再把 EDI 的语言再翻译成本国的这个文字，这样就建立了一个中间的 EDI 的这个标准。

3. 基于 Internet 网络的电子商务

基于 Internet 网络的电子商务的发展背景，可以追溯到 1962 年的古巴导弹危机。为了保护美国军事指挥中心的安全，保障美国军事指挥通信线路的畅通，美国国防部委托美国国防部高级计划处进行研究。1964 年美国科学家保罗巴兰发表了《论分布式通讯网络》，提出了"最好的中心就是没有中心"这样一个富有哲理性的思想，奠定了基于 Internet 网络的电子商务基础。1969 年，美国国防部高级计划处就委托波尔特·达拉奈克和纽曼公司建成了一个网络叫 ARANET，ARANET 就是美国国防部高级计划处的一个简称，也是我们今天的基于 Internet 网络的雏形。

基于 Internet 电子商务是一系列信息技术发展的结果，这些技术经过了 50 多年的发展，经历了早期的 Internet，到 PC 机的出现，一直到局域网的使用等各个时期逐步形成了一个全球统一的"伯兰特市场",即在这样的市场中,获得价格、成本和质量信息的机会是均等的,市场中有无穷多的供应商,他们相互竞争,而消费者可以从世界各地获得与市场相关的信息。同样,商家也可以直接获得成千上万个消费者的信息。在这类似近乎完美的信息虚拟市场中,交易成本大大降低,因为查询价格、产品种类、支付方式、订单履行的情况的成本都下降了。对消费者来说,价格甚至成本都更加透明,消费者现在可以快速准确地知道全球大部分商品的最低成本、最优的质量和可用性、信息的不对称性大大减少了。有了 Internet 即时沟通的特性、强大的销售信息系统、以及低成本地在网站上改变价格清单这些优势,生产厂商就可以根据实际需求给产品实行动态定价,从而结束了全国统一价格和行业指导价格的局面,这也将导致某些市场中间商的消失,即"去中间化"。

（二）中国电子商务发展简史

中国的电子商务发展经历了萌芽与起步期、冰冻与调整期、复苏与回暖期、崛起与发展期、转型与升级期 5 个阶段。

1. 萌芽与起步期（1997-1999 年）

我国第一批电子商务网站的创办时期始于 1997 年。当时互联网全新的概念鼓舞了第一批新经济的创业者,他们认为传统的贸易信息会借助互联网进行交流和传播,商机无限。于是,从 1997 年到 1999 年,美商网、中国化工网、8848、阿里巴巴、易趣网、当当网等知名电子商务网站先后涌现出来。

在这个阶段,电子商务迅速发展的根本原因在于中国当时的经济环境对电子商务的迫切需求。同时,中国中小企业特别活跃,而且地域特别辽阔,商业信息也很不均衡,因此在买卖双方的共同推动下,电子商务在中国度过了蜜月期,电子商务产业从无到有,在短时间里积聚了大量资金,这也为电子商务的发展蒙上了一层阴影。

2. 冰冻与调整期（2000-2002 年）

2000-2002 年,在互联网泡沫破灭的大背景下,中国电子商务也受到严重的影响,创业者的信心经受了严峻的挑战,尤其是部分严重依靠外来投资输血,而自身尚未找到盈利模式不具备造血功能的企业,经历了冰与火的严峻考验。于是,包括 8848、美商网、阿里巴巴在内的知名电子商务网站进入残酷的寒冬阶段。最终 8848 网站等 75% 的电子商务企业倒下了,只有阿里巴巴等少部分的电子商务企业安然度过了互联网最为艰难的"寒潮"时期。

3. 复苏与回暖期（2003-2005 年）

电子商务经历低谷后,在 2003 年一场突如其来的"非典"后,出现了快速复苏回暖,部分电子商务网站也在经历过泡沫破灭后,更加谨慎务实地对待盈利模式,进行低成本经营。

4. 崛起与发展期（2006-2007 年）

互联网环境的改善、理念的普及成为电子商务的巨大发展基石,各类电子商务平台会员数量迅速增加,大部分 B2B 行业电子商务网站开始实现盈利。而专注 B2B 的网盛生意宝与阿里巴巴的先后上市成功引发的"财富效应"更是大大激发了创业者与投资者对电子商务的热情。IPO 的梦想、行业良性竞争和创业投资热情高涨这"三驾马车",大大推动了我国行业电子商务进入新一轮高速发展与商业模式创新阶段,衍生出更为丰富的服务形式与盈利模式,而电子商务网站数量也快速增加。

5. 转型与升级期（2008-现在）

全球金融海啸的不期而至,全球经济环境迅速恶化,致使我国相当多的中小企业举步维艰,尤其是外贸出口企业随之遇到极大困难。作为互联网产业中与传统产业关联度最高的电子商务，也难以独善其身。受产业链波及，外贸在线 B2B 首当其冲，以沱沱网、玩过商业网、慧聪宁波网、阿里巴巴为代表的出口导向型电子商务服务商，有些不得不关闭，有些裁员重组，有些增长放缓。

而与此同时，在外贸转内销与扩大内需、降低销售成本的指引下，内贸在线 B2B 与垂直细分 B2C 却获得了新一轮高速发展，传统厂商纷纷涉水，跨境 B2C 在 2014 年获得高速发展，B2C 由此取得了前所未有的繁荣。

第四节　数字化革命推动电子商务发展

一、数字化革命推动电子商务发展

推动电子商务发展的主要动力是数字化革命，数字化革命就在我们身边。每天，无论我们待在家里还是去工作，无论在办公室、学校还是在马路上，甚至战争的时候都会伴随数字化革命的发生，数字化革命的一个主要方面是数字经济。

数字经济指的是一种基于数字技术的经济，包括数字通信网络（互联网、内联网、外联网和增值网），计算机，软件和其他相关的信息技术。数字经济有时也被称为网络经济、新经济。

数字经济也指计算机和通信技术在互联网或是其他网络上融合所产生的信息流和技术，它们促进了电子商务的发展和巨大的组织变革。这种融合使得各种类型的信息（数据、音频、视频等）能够被储存，处理以及通过网络传送到世界各地。由于互联网及其应用的发展，硬件的升级（如个人电脑、手机），通信设备的进步（如网络电话、全球宽带的采用），数字媒体的高级应用（如网络视频、博客和维基百科）以及为提高生产效率而进行的信息技术投入，数字经济的前景一片光明。

数字化革命主要是通过给企业组织带来某些竞争优势来加快电子商务的发展，企业利用计算机和信息系统实现经营流程自动化，我们可以叫这类企业为数字企业。许多企业都在考虑如何将自己打造成数字企业，至少部分的数字企业，已成为数字经济的参与者。数字企业与实体企业的对比见表1-2。

表1-2　数字企业与实体企业的对比

实体企业	数字企业
在实体店里销售	在线销售
销售有形商品	同时销售数字产品
库存规模及生产计划由企业自主决定	在线整合的库存预测
纸质商品目录	智能型电子商品目录
实体市场	虚拟市场
使用电话、传真、增值网、传统的 EDI 技术	使用计算机、智能手机、互联网、外联网
时间不固定的实体拍卖市场	跨时空的在线拍卖市场
经纪人提供服务，帮助完成交易	虚拟中介、增值服务
纸质交割单	电子交割单

实体企业	数字企业
纸质招投标书	电子招投标（反向竞价）
推式生产模式，由需求预测决定生产规模	拉式生产模式，由订单决定生产
规模生产（标准化产品）	规模定制，由订单决定生产
人员推销，收取佣金	会员式营销，虚拟营销
口口相传，缓慢的广告效果	病毒营销，主要是通过社交网站
线性的供应链模式	基于集配中心的供应链
规模生产需要大量的资金投入	按订单生产对资本的要求低，可以先收款后生产
实体生产经营需要占压大笔资金	生产经营所需要的占压资金较少
客户价值诉求往往难以满足（成本>收益）	客户价值诉求可以得到满足（成本<收益）

　　数字革命已经深深地改变了人以及人的生活方式，改变了人们生活的方方面面。我们的生活、娱乐、购物、旅行、就医、受教育等。每天都会有新的数字化应用渗透到我们的生活中，例如数码相机、数字电视、数字汽车，不胜枚举，人们正在加速地迈进电子商务的潮流中。

　　经济、法律、社会、技术等各种因素以及经济全球化的趋势，使得企业的经营环境中竞争越来越激烈，具体见表1-3。客户则有了越来越明显的主动权。这些外部的环境因素变化非常快，非常激烈，往往无法预测。因此，企业必须快速反应。企业不仅要应对风险，而且要捕捉机遇。由于变化的速度越来越快，不确定因素越来越多，企业必须不断地推出新产品，速度要快，成本要低。

表1-3　企业面临的各种经营压力

市场及经济压力	社会压力	技术压力
激烈的竞争	员工结构的变化	更多的新技术与创新
全球经济	政府放松监管导致的竞争加剧	旧技术很快被淘汰
区域贸易协定	政府在企业间的平衡	信息爆炸现象越来越严重
有些国家过低的劳动力成本	政府补贴减少	与人力成本相比，技术成本越来越低
市场频繁、剧烈的波动	人们对道德及法律问题的更多关注	
消费者对市场的影响	企业承担更多的社会责任	
政府监管	动荡的政治环境、恐怖事件	

　　面对这样的经营环境，企业该如何应对？如何捕捉机遇，降低风险？许多传统的经营战略依然是有效的。但是，环境的瞬息万变，竞争的日益加剧，也要求经营者不断地调整、补充、淘汰原有的各种战略，同时，企业需要制订各种新的战略，战略贯穿于企业经营的全过程。

二、"互联网+"对传统产业的冲击

　　2015年3月5日上午十二届全国人大三次会议上，李克强总理在政府工作报告中首次提出"互联网+"行动计划。李克强总理所提的"互联网+"在较早相关互联网企业讨论的

"互联网改造传统产业"基础上已经有了进一步的深入和发展。李总理政府工作报告中提到"互联网+"战略，燃起了中国大地"互联网+"的烈火。互联网只是技术工具和信息传输管道，"互联网+"则是一种能力，大力发展这种能力已经成为趋势。

在《互联网+：跨界与融合》这本书中提到，"互联网+"的定义即"构建互联网组织，创造性地使用互联网工具，以推动企业和产业进行更有效的商务活动。"所以我们认为，互联网加应该从两大方面去理解：

一方面是"企业互联网+"。"互联网+"加于企业自身，即企业的生产、运营、管理、营销、组织、人才等诸多方面需要用互联网思维重塑。企业需要利用互联网思维改造企业的流程、管理模式、企业文化，实现决策和管理思维以及企业运营模式的互联网化，从而提升企业运营效率和绩效。

第二方面是"产业互联网+"。"互联网+"加于产业，加的是传统的各行各业，包括第一、第二和第三产业。过去十几年互联网的发展很清楚地显示了这一点，尤其是加在第三产业：加媒体产生网络媒体；加娱乐产生网络游戏；加零售产生电子商务；加金融产生互联网金融。

（一）"企业互联网+"

"互联网+"的第一方面是加于企业自身，即"企业互联网+"，其本质是用互联网思维重塑企业管理。因此，企业需要深度理解互联网思维，更需要充分利用互联网思维来武装企业管理。互联网思维是在互联网和移动互联网不断发展的背景下，对用户、产品、营销和商业模式重新审视的思考方式。

互联网思维是一套完整的思维体系，包括以下三大方面，而这三大方面相互作用，形成一个完整的体系，我们称之为互联网思维 UFO 模型。传统企业要实现"企业互联网+"，则需要深刻理解和运用互联网思维 UFO 模型，实现企业管理的"互联网+"。

互联网思维 UFO 模型包含三方面，如图 1-6 所示。

图 1-6　UFO 模型

U 代表 User Experience，即极致用户体验。实现极致用户体验需要三个原则，简称 Sim 原则，方便记忆可以记为 Sim 卡原则，要把这张 Sim 卡插到用户体验中。Sim 即 Simple（简单）、Iteration（快速迭代）和 Micro-Innovation（微创新）。

F 代表 Freemium，指的是用免费服务吸引用户，通过增值服务或广告实现收入。

O 代表 Operation，指 Product Operation，即进行持续的产品精细化运营。

1. Freemium，免费商业模式，互联网思维的关键起点

Freemium 是 Free（免费）和 Premium（费用）合并而成，即先免费服务吸引用户，然后通过增值服务收费或者广告投放，实现收入。Freemium 这种商业模式，我们也可以称之为"大盘经济模式"，即构建一个非常庞大的免费用户群大盘，然后通过增值服务或广告模式来赚钱。往往很多人在讨论互联网思维的时候，不包含这个关键方面，这是非常不应该的。成功的互联网企业如腾讯和奇虎 360 淋漓尽致的发挥这种模式。

腾讯公司的最早的大盘是 QQ，现在则是 QQ 和微信。用户通过 QQ 聊天是免费的，但是要获取更多的 QQ 特权如建立更多的大群，则是要每月付费成为 QQ 会员。在 QQ 的基础上，腾讯建立了 QQ 空间，要把 QQ 空间装扮得更好看，则每月要为黄钻付费；要在 QQ 空间投放广告，则需要付相应的广告费；在 QQ 的基础上，腾讯搭建了腾讯游戏平台，而游戏收入则为腾讯公司贡献了七成左右的收入（到 2018 年第四季度，腾讯游戏收入占公司营收比重为 35.57%）。

奇虎 360 公司通过杀毒免费的方法，快速地切入并成为安全软件第一的互联网公司。360 公司的大盘则是安全卫士，即通过免费为用户提供安全服务，构建了庞大的用户群体，并在此基础上，搭建了 360 浏览器、360 导航、好搜搜索引擎、手机助手等互联网应用，同时也构建了自己的游戏平台，并通过广告和增值服务盈利。根据财报数据，2019 年上半年，360 实现营业收入 59.25 亿元。互联网广告及服务、互联网增值服务、智能硬件业务仍为三六零的三大主营构成，分别实现营业收入 46.97 亿元、4.82 亿元、6.17 亿元。

小米公司的商业模式也属于互联网思维，只是雷军强调的比较少。小米公司的大盘是什么？是手机。那么手机免费了吗？没有。但对于硬件厂商来说，硬件零利润或者接近零利润其实就是免费，或者更时尚的说法叫利润超薄。所以，当年小米以这种利润超薄的心态来进入手机市场，在手机品质也不错的情况下，其效果不言而喻。小米还可以通过哪些方面赚钱？小米每台手机都预装 MIUI 操作系统，控制了小米手机的应用入口，为自己更好地搭建应用生态来赚钱；小米配件也是利润较高的方向；小米也搭建了游戏平台，通过游戏来赚钱。

从免费商业模式这个角度看，很多挂着互联网思维名义的餐厅或者食品，他们的商品卖得也不便宜，基本不符合免费商业模式或者利润超薄的模式，也就在所谓的客户体验上做一些文章。但从这个角度来看，还不属于互联网思维。

2. User Experience，极致用户体验

注意，我们这里说的是用户体验，而不是客户体验。正如 360 公司创始人周鸿祎先生说的，客户和用户虽然一字之差，但两者的意义却有很大的差别。客户是传统营销学和传统经济里面的概念。顾客是指除了自己以外的所有人，包括任何一个需要我们产品或服务的消费者甚至公司同事。传统的营销中，只要我们把产品或服务卖出去即可达到目的。但是，在互联网思维里面，用户是使用你产品或服务的人，我们把产品或服务卖给他或者送给他（免费），用户才刚开始跟我们打交道，我们需要通过产品或服务，每天让用户感知我们的存在和价值。以手机为例，如果你把手机卖给一个人，就不跟他"联系"了，这个人就是客户。但你通过某种方式每天跟他"联系"，如你在手机上提供软件服务，让这个人跟你发生"联系"，他就是你的用户。用户的概念才是互联网思维的范畴。

当然跟用户"联系"还不够，你还要给他提供极致的用户体验。什么叫极致用户体验？我们认为提供超越预期的产品或者服务才叫用户体验。比如在杀毒软件还收费的年代，周鸿祎先生提供的杀毒软件做得不错，而且还免费，这就是超越预期。或者像微信这种服务，运营商还在做语音收费的时候，微信提供了免费的通话功能，而且效果也不错，这就是超越预

期。当然，如果你要超越客户预期，你必须先满足用户需求，解决用户的痛点，而且是以非常简单的体验来解决用户的痛点，在此基础上再提供超越预期的服务或者功能点。我再举一个例子，比如说洗衣机，曾经有新闻报道过小孩死在洗衣机里面，不管这个死因究竟是什么，作为家长肯定很担心小孩也会犯同样的问题。所以，如果洗衣机厂商不仅仅提供洗得干净的洗衣机，还增加儿童保护的功能，如做一个密码锁把洗衣机盖锁住等，这样就有可能超越预期。

如何做极致用户体验，这里面有一个很重要的 SIM 原则：S 指 Simple（简单），少即是多的"极少主义"；不仅仅是产品设计，平面设计、建筑设计、装潢设计等也在提倡"极少主义"。我们在提供产品或者服务的时候，用户界面越简洁，用户操作也简单，可以最大限度地减少用户去分心。很多交互体验方面的书籍会详细阐述这方面更详细的内容，在此就不再赘述。总之，产品或服务和用户的交互过程中，一定是要遵循少即是多的"极少主义"理念，把过去使人感觉麻烦的操作步骤变成极简，做到操作便利，帮用户解决问题，避免用户做"艰难"的选择，用户往往最怕选择，所以我们要做到"Don't make me think（不需要我思考）"。

I 指 Iteration（迭代），即小步快跑，快速迭代。小步快跑，快速迭模式是"灰度上线（指拿一小部分用户来线上测试）—反馈—产品修改—修改—正式上线—修改—灰度上线—修改—正式上线—修改……"这样反复更新迭代的过程，是典型的互联网思维。好产品需要每月迭代几次，甚至可以做到每周迭代一次，因为绝大多数产品都不可能一步到位，只有"小步快跑，快速迭代"的快速改进方式，对细小局部创新永不满足的心态，才有可能把产品和服务打磨成精品。而目前很多高喊互联网思维的传统企业，在这方面做得远远不够。像腾讯或 360 这种产品导向的公司，很多日活跃用户过亿的产品都可以做到半个月迭代一次小版本，一个月做一次大的版本升级。

M 指 Micro-Innovation（微创新）。创新有两类：微创新和颠覆式创新。后者更多是发明和创造。而微创新更多的是讲从小处着眼，快速地、持续地改进用户体验，所以微创新最重要的是用户体验上的创新。腾讯和 360 的成功，做得更多的微创新，尤其是用户体验上的创新。QQ 本身就有很多微创新，比如 QQ 文件传输速度比 MSN 快；360 安全卫士从查杀流氓软件开始，也是一直在做微创新工作，查杀流氓软件就是微创新。360 开始给用户电脑体检也是微创新。微创新最重要的是换位思考，从用户角度出发，产品经理需要拥有极强的小白用户的还原能力，即像小白用户一样去思考，从小处着眼，贴近用户需求心理。有很多产品经理总把自己的需求当成用户的需求，这是微创新最大的忌讳。

3. Operation，精细化产品运营

近几年总是会出现一个怪象：满世界强调互联网产品设计，而很少人谈论互联网产品运营。互联网产品设计出来并正式上线并不代表产品的工作就结束了，设计再好的产品也不会自增长，因为好产品是运营出来的，互联网产品需要不断运营、持续打磨。互联网公司产品工作一般分为产品设计和产品运营两类团队，而两类团队都非常重要。产品运营是指为了扩大用户群、提高用户活跃度、寻找合适商业模式并增加收入所采取的运营手段。互联网运营常见的手段有特权体系/VIP、积分/等级、虚拟货币、虚拟礼券、促销活动、渠道运营、定价系统和策略奖励系统以及品牌广告。

成功的互联网运营要做到精细化运营。而成功的精细化运营需要大数据支撑，这是互联网产品运营区别于传统的产品运营最大的特点；另一个特点是所有的运营手段都可以进行线

上小范围的测试，并通过数据验证取最优运营手段。所以互联网产品运营人员需要非常好的数据意识，至少要知道如何和数据分析和数据挖掘人员合作来实现运营手段最优化。比如，某个增值服务的定价，我们可以通过线上做各个价格段的小范围测试，再通过数据分析结合定价模型来确定最优定价；对于促销活动，活动的广告创意可以通过线上小范围的 abtest 的方法来寻找最佳创意；对于推广渠道，可以通过评估不同渠道来使用产品的用户活跃度、流失率、留存率等指标来衡量渠道效果；对于服务或内容推荐，可以通过推荐算法实现精准推荐。好的互联网产品需要精细化的运营，而精细化运营需要大数据驱动。这也是互联网思维的很重要一方面，而这方面往往被忽视，尤其是传统企业。

总之，互联网思维包含了三大要素（User Experience、Freemium 和 Operation），而这三大要素相互作用，形成一个完整的体系，简称互联网 UFO 模型，而仅仅强调或者实施其中一方面都是不够的。互联网思维模型是我们在考察一个企业是否有互联网思维的基础，同时也是在互联网时代的大背景下，传统行业拥抱互联网很重要的思考方式和企业管理的新理念。

（二）"产业互联网+"

"互联网+"的第二大方面是"产业互联网+"，即第一、第二和第三产业的互联网化。比如，大家熟知的："互联网+集市卖家"有了淘宝，"互联网+银行"有了支付宝，"互联网+金融"有了余额宝，"互联网+出租车"有了滴滴出行。

利用互联网的平台，利用信息通信技术，把互联网和包括传统行业在内的各行各业结合起来，能够在新的领域创造一种新的生态。

我们认为未来两三年"互联网+"将在第一产业的农业（互联网农业），第二产业的制造业（尤其是工业 4.0），第三产业的交通、计算机服务和软件业、批发和零售、住宿和餐饮、金融、房地产、租赁、居民服务、教育、医疗、文化娱乐等行业产生深刻变化，并且，各行各业互联网化的过程中，大数据会加速各行各业的"互联网+"进程。互联网与传统产业的结合见图 1-7。

图 1-7　互联网与传统产业的结合

1. "金融互联网+"：互联网消费金融市场正在崛起，大型平台类互联网企业将驱动市场快速发展

金融领域的"互联网+"最典型的是互联网消费金融。互联网消费金融是指消费者通过互联网购买消费品提供消费贷款的现代服务金融方式，包括住房贷款、汽车贷款、旅游贷款和助学贷款等。我国互联网消费金融市场的快速崛起源于第三方支付及其他互联网金融业态的发展。如图所示，在2013年"互联网金融元年"，我国互联网消费金融实现了交易规模从年初18.6亿元到年末60亿元的飞跃，在2014年交易规模突破百亿元，到2015年交易规模突破千亿元。2015年后，我国互联网消费金融交易规模依然保持较快增长，到2018年年末交易规模突破了万亿元大关，高达19428.9亿元。虽然我国互联网消费金融市场发展迅速，取得了较好的成果，但由于金融压抑、信用约束等原因，其依然具有较大的发展潜力与市场规模上升空间。

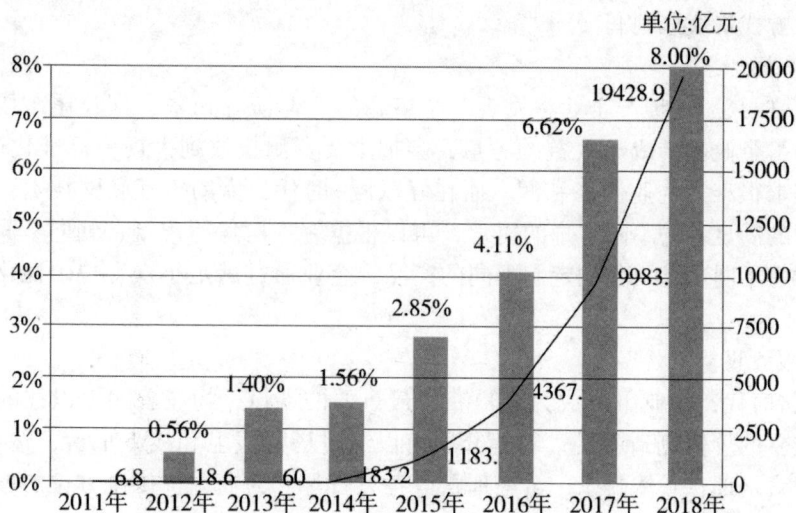

2. "健康互联网+"：健康领域正在快速互联网化，掀起互联网健康浪潮

健康医疗领域的"互联网+"最为值得关注的是互联网健康。过去是排队挂号、问诊、治疗；而通过互联网连接，可在线咨询、预约挂号，到医院确诊、治疗即可，节省双方时间；同时，医院可通过穿戴设备连接，对患者进一步跟踪服务，根据数据分析，有效预防病患和及时医治！最近3年时间内，无论是苹果、谷歌、微软等全球的高科技公司，还是BAT（百度、阿里巴巴、腾讯）等国内互联网巨头都在"觊觎"移动健康市场，从移动挂号到日常健康管理服务，从健康监测到慢病预防和慢病管理，互联网健康浪潮正在掀起。

3. "教育互联网+"：在线教育拐点到来，未来市场快速成长

随着互联网技术快速发展、社会对教育重视程度提高、经济水平不断提高，在线教育行业持续增长。iiMedia Research（艾媒咨询）数据显示，2020中国在线教育用户规模将达3.09亿人，市场规模将达4538亿元。在在线教育用户调查中，34.5%用户表示对K12在线教育有一定了解；38.1%用户认为教学讲解环节与技术相结合的关系密切；44.8%用户表示继续观望在线素质教育发展前景；思维和编程类在线素质教育中最受用户认可，占比37.2%。

受政策利好、社会教育意识加强以及中小学学生升学压力的影响，80年、90后父母教育意识的增强，素质教育需求也将愈加迫切。互联网的普及和发展带来的"互联网+教育"使得在线教育用户不断攀升，同时，各类在线教育平台不断开发下沉市场，扩大了在线教育市

场，致使在线教育用户规模进一步扩大。

在新冠肺炎疫情下，教育部于 1 月 27 日下发通知，要求 2020 年春季延期开学，学生在家不外出、不聚会、不举办和不参加集中性活动。各机构线下课程取消，而在线教育机构纷纷面向中小学生提供免费线上课程，保证疫情期间学生和家长顺利实现"停课不停学"。

4．"旅游互联网+"：在线旅游市场竞争更加激烈，市场正在酝酿变局

2018 年中国在线旅游市场交易规模为 15122.4 亿元，较 2017 年增长了 29.0%。下沉市场用户基数较大，旅游产品的平均客单价格较高，大部分低线级城市游客更倾向于通过线下渠道购买旅游产品，中国在线旅游市场仍有较大增长空间。

5．"房产互联网+"：房产领域 O2O 做闭环，加速转型迎发展

未来房地产企业的盈利模式将从目前有型资产（土地/房产）增值模式转变为客户服务增值模式，企业将以客户为中心，盈利点将由开发端逐渐转移至运营服务端，具体而言，企业将通过以下方式来获取利润：

1）长尾市场

在互联网+时代，房地产企业将发现一个广阔的"蓝海"市场，即长尾市场。在传统地产开发过程中，企业基于成本收益的考量，会把主要资源投放到大规模标准化产品市场中，小众客户的需求很难为企业带来利润。而在互联网+时代，借助于互联网技术，企业可以低成本、高效率的满足各种不同客户的需求，可以根据客户对房屋户型、朝向、面积、交通配套、园林景观等不同要求，分别定制不同的产品，企业通过满足小众客户个性化的需求，获取超额利润。

2）增值服务收益

在互联网+时代，物业服务成为客户获取最重要的端口，物业公司由以往的成本费用中心转型成为重要的价值创造中心。物业公司可以通过搭建线上和线下平台，整合文化旅游、医疗养老、教育培训、餐饮娱乐、金融理财等各方资源，为业主提供全方位的增值服务，满足社区居民个性化的需求，实现多方共赢。

3）规模效益

在互联网+时代，规模将成为企业最重要的赢利点。目前互联网行业的巨无霸，无一不是建立在规模的基础之上。目前房地产企业正在加速分化，小型房企融资能力和资金周转能力都严重受限，而大型房企则占据了更多的竞争优势，2017 年，房地产行业集中程度进一步提高。销售额前 10 强市场份额从 2011 年的 10.7%增加到 24.1%，销售额前 50 强市场份额从 2011 年的 21.1%增加到 45.3%，呈持续向龙头企业集中的态势，房地产行业集中程度正加速攀升。雷军曾说，如果以小米模式干房地产，可能只要一两年时间，就能达到 50%的市场占有率。在互联网思维的冲击下，房地产行业正在加速分化，规模正成为企业盈利至关重要的因素。

（4）互联网金融。为了更好地做闭环，很多大型房产网站进入互联网金融领域，主要瞄准用户购房和装修过程中的贷款问题。2014 年，我们看到房产网站在互联网金融方面的一系列大动作：搜房网通过成立互联网金融信息服务有限公司，并引入多方战略合作模式布局互联网金融体系。新浪和易居中国联手成立房金所金融服务股份有限公司，推出互联网房地产金融服务平台"房金所"。365 房产网拟成立金融信息服务有限公司。

本章小结

（1）商务活动是指为达到一定商业目的而进行的各种投资、收购、兼并、重组、贸易、合作、会议、培训、聚会、展览、报告等活动的总和。商务活动至少有两方参与的有价值物品或服务的协商交换过程，它包括买卖各方为完成交易所进行的各种活动。

（2）在传统模式下，商务活动往往采取面对面直接交易或纸面交易的方式来进行。传统商务具有信息不完善、耗费时间长、花费高、库存和产品积压、生产周期长、客户服务有局限等缺点。

（3）ICDT 模型将互联网空间从商务视角分为四个方面，分别为虚拟信息空间（Virtual Information Space，VIS），虚拟沟通空间（Virtual Communication Space，VCS），虚拟交易空间（Virtual Transaction Space，VTS），虚拟配送空间（Virtual Distribution Space，VDS）。

（4）电子商务（Electronic Commerce）是通过计算机网络进行的生产、营销、销售和流通活动。它不仅指英特网（Internet）上的交易活动，且指所有利用电子信息技术（IT）来解决问题、降低成本、增加价值和创造商业和贸易机会的商业活动，包括通过网络实现从原材料查洵、采购、产品展示、订购到出品、储运、电子支付等一系列的贸易活动。

（5）电子商务技术的八大特点包括普遍存在性、影响范围遍及全球、统一标准、丰富性、交互性、信息密度、个性化/定制化、社交技术。

（6）电子商务的五支柱框架理论认为，电子商务的五个政策支持领域分别是人、公共政策、市场营销和广告、支持服务、业务伙伴等。

（7）电子商务的类型有很多种分类方法，按照电子商务交易过程的数字化程度分为完全电子商务和不完全电子商务；按交易主体性质特征分为 B2B、B2C、C2C 等；按照开展电子商务的主体所使用的网络类型，可以分为基于 EDI 的电子商务、基于互联网的电子商务、基于内部网的电子商务、移动商务等四种。

（8）中国的电子商务发展经历了萌芽与起步期、冰冻与调整期、复苏与回暖期、崛起与发展期、转型与升级期 5 个阶段。

（9）互联网思维 UFO 模型，U 即极致用户体验，F 是用免费服务吸引用户，通过增值服务或广告实现收入，O 是进行持续的产品精细化运营。

习题集

一、单项选择题

1. 电子商务可以定义为：（　　）

A. 利用 Internet 和 WWW 进行商务交易　　B. 发生在企业内部的数字化事务和流程

C. 在机构以及个人间进行数字化的商务交易　　D. A 和 C.

2. 以下哪一项不能被看做是电子商务的前身（　　）：

A. Baxter Healthcare 的进入系统可能性极小的口令

B. 移动电子商务

C. 法国 Minitel

D. EDI

3. 除了 Internet 和 WWW 以外，以下哪项是电子商务不可缺少的技术（　　）

A. 客户/服务计算　　　B. 无线电计算　　　C. 同等计算　　　D. 主要框架计算

4. WWW 是（　　）

A. Internet 上最受欢迎的服务

B. 是按统一标准建立起来的网页

C. 是在 60 年代末建立起来的连接少数电脑的网页

D. 以上都不是

5. 电子商务技术使得商家能够更加了解消费者从而能够（　　）

A. 消费者得到的信息越少，信息越不值钱

B. 消费者得到的信息越多，信息越不值钱

C. 消费者得到的信息量和信息的价值成正比

D. 以上都不对

6. 互联网最早的发展是始于（　　）。

A. 20 世纪 70 年代　　B. 20 世纪 60 年代　　C. 20 世纪 80 年代　　D. 20 世纪 50 年代

7. 电子邮件诞生并发展于（　　）。

A. 1972 年　　　　　　B. 1974 年　　　　　C. 1971 年　　　　　D. 1973

8. WWW 最重要的特点是（　　）。

A. 连接的计算机可进行电子邮件的传输

B. 具有容易使用的标准图形界面

C. 连接的计算机可进行内容互访

D. 连接了世界上最多的计算机

9. 以下关于电子商务一般结构的说法不正确的是（　　）。

A. 目前最常用的内容传输结构是 WWW

B. 网络基础设施包括电话、有线电视、无线通信和互联网

C. VAN 是支持远程登录服务的

D. 公共政策和技术标准是所有电子商务应用和基础设施的两大支柱

10. 最成功的中介行业是（　　）。

A. 设备提供商　　　　B. 在线商品目录　　　C. 金融中介　　　　D. 信息排名服务商

二、多项选择题

1. 电子商务发展的基础在于（　　）的出现和发展。

A. 互联网　　　　　　B. 个人电脑　　　　　C. 局域网　　　　　D. TCP/IP

E. WWW

2. HTML 文件（　　）。

A. HTML 文件对一个特定文本元素的出现方式作出严格规定

B. 不同的程序可按照自己的标题显示方式把 HTML 文件显示出来

C. HTML 文件可通过 WWW 进行传输

D. HTML 文件只可用特定的程序读取

E. 以上说法都正确

3. 电子商务的类型有哪些

A. B2C　　　　　　　B. B2B　　　　　　　C. C2C　　　　　　　D. P2P

E. M-commerce

4. 下面关于电子商务含义的说法正确的是(　　　)。

A. 从通信的角度看，电子商务是要满足企业．消费者和管理者的愿望，如降低服务成本，同时改进商品的质量并提高服务实现的速度

B. 从业务流程的角度看，电子商务是实现业务和工作流程自动化的技术应用

C. 从服务的角度看，电子商务是通过电话线．．计算机网络或其他方式实现的信息．产品/服务或结算款项的传送

D. 从在线的角度看，是指提供在互联网和其他联机服务上购买和销售产品的能力

E. 以上说法都正确

5. 适用于电子商务和传统商务结合的业务流程有（　　　）

A. 昂贵珠宝和古董的销售　　　　　B. 寻找合作伙伴的服务

C. 汽车的购销　　　　　　　　　　D. 在线金融服务

E. 时装的购销

三、填空题

1. 电子商务的任何一笔交易，包含着以下三种基本的"流"，即_____、_____、_____。

2. 电子商务最早产生于_____年代。

3. 以企业为中心的电子商务的两种基本形式是_____、_____。

四、判断题（T—对 F—错）

1. 今天的电子商务不能没有 Internet 和 WWW 而存在。　　　　　　　　（　　）

2. 信息密度的增加是由于 Internet 和 Web 使得价格更加透明化，成本更加透明化，价格歧视减少。　　　　　　　　（　　）

3. 消费个性化是指递送货品或服务的变化要建立在消费者偏好或过去的购买行为上。　　　　　　　　（　　）

4. 第二代电子商务时期，传统的有经验的财富 500 强企业扮演了发展的主要的角色。　　　　　　　　（　　）

5. 今天的电子商务已经离不开 Internet 和 WWW。　　　　（　　）

6. 普遍存在性是电子商务技术七大特点之一。　　　　（　　）

7. 先行者是指第一个进入某一特定领域并迅速获得市场分额的企业。　　　　（　　）

8. 电子商务必须借助于 Internet 才能实现。　　　　（　　）

9. 电子商务包括三大主题，即技术．商务．社会。　　　　（　　）

10. 移动电子商务是电子商务的类型之一。　　　　（　　）

五、名词解释

1. 电子商务

2. 信息不对称

3. 虚拟市场

4. 移动电子商务

5. P2P 电子商务

六、简答题

1. 什么是 Internet．电子商务？

2. 简述什么是 E-Commerce. 什么是 E-Business？以及它们之间的区别？
3. 简要叙述电子商务技术的八大特点。
4. 中国电子商务的发展经历了哪几个阶段。
5. 互联网的主要功能和特征。

第二章　电子商务的商业模式

学习目标：

(1) 掌握商业模式含义及其 8 个要素。
(2) 掌握 B2C 电子商务商业模式的特点及分类。
(3) 理解 B2B 电子商务商业模式的特点及分类。
(4) 了解 C2C 电子商务商业模式的特点。
(5) 了解网络拍卖的类型。

开篇案例：淘宝网的电子商务模式

一、淘宝网简介

淘宝网（www.taobao.com），是中国最大的网购零售平台，亚太地区较大的网络零售商圈，属于阿里巴巴集团，由创始人马云在 2003 年 5 月 10 日创立。淘宝网现在业务跨越 C2C（个人对个人）、B2C（商家对个人）两大部分。淘宝注册会员覆盖了中国绝大部分网购人群，交易额占中国网购市场 80% 以上份额。

二、淘宝发展之路

2003 年年初，当时中国的网络购物市场中"易趣"一枝独秀，占据 90% 以上的市场份额。"易趣当时在中国做得很大，但我们发现它有很多弱点"。时任淘宝网项目负责人的孙彤宇所说的弱点，其中重要的一点是易趣坚持的收费原则。在瞄准对手的弱点之后，经过短短 120 天孙彤宇就完成了从详细的市场调研到组建 10 人团队的"创业"过程，马云在公开场合明确表示，淘宝网从它诞生起要免费三年，就这样淘宝网扛着"免费大旗"风风火火杀入了 C2C 市场，开创了一个电子商务的新时代。

2004 年，淘宝网上升到仅次于 eBay 易趣的第二位。2005 年，淘宝网开始把它的竞争对手们抛在身后。2006 年，淘宝网第一次在中国将互联网不仅仅是作为一个应用工具存在，成为生活的基本要素。2007 年，淘宝网有"全球购"用户可以托人在世界各地采购商品。2008 年淘宝与阿里巴巴合并，在中国有超过一百万的中小网站创造着超过 80% 的互联网流量，阿里巴巴帮助这些中小网站销售和变现他们的网络广告资源。2011 年阿里巴巴集团宣布，旗下淘宝公司将分拆为淘宝网（taobao），淘宝商城（tmall）和一淘网（etao）。2012 年，淘宝商城正式宣布更名为"天猫"。2014 年淘宝的实名认证升级。

淘宝网不靠交易佣金盈利，于是在 2007 年推出了广告收费模式，2008 年 4 月，淘宝又开始对 B2C "品牌商场"的店铺收取不等的店铺服务费、二级域名服务费和保证金等，开始曲线收费之路。

截止 2011 年年底，淘宝网单日交易额峰值达到 43.8 亿元，创造 270.8 万直接 且充分就业机会。随着淘宝网规模的扩大和用户数量的增加，淘宝也从单一的 C2C 网络集市变成了包括 C2C、团购、分销、拍卖等多种电子商务模式在内的综合性零售商圈。目前已经成为世界范围的电子商务交易平台之一。

2016 年 3 月 29 日，阿里巴巴集团 CEO 张勇为淘宝的未来明确了战略：社区化、内容化和本地生活化是三大方向。

2018 年 8 月 8 日，阿里巴巴淘宝透露将进军 MR（混合现实）购物领域，即将在 2018 年造物节上推出产品—淘宝买啊。2019 年 12 月 12 日，《汇桔网·2019 胡润品牌榜》发布，淘宝以 3000 亿元品牌价值排名第四。

三、淘宝网商业模式

（一）淘宝集市—C2C 模式

创建于 2003 年的淘宝网比起当时的网络大买家 eBay（易趣），是属于市场的后入者，在市场位置中扮演的是市场竞争者的角色，它的基本定位是一个从事零售业务的互联网公司，其业务架构基本都在模仿国外成熟的 C2C 网站。

由于淘宝网对这些创业者来说设置的门槛确实很低，卖家可以很快地从中有所盈利，久而久之，出现了大量专职的淘宝卖家，而网上开店也成为当今比较流行的一种职业了。以前偶发性的个人二手转让行为逐渐演变成为今天的有正常进货流程、持续性的、以盈利为目的的商业行为。而相对原本是消费者的经营者来说，他们在产品信誉度上更占优势，因而效果甚佳。至 2006 年，淘宝网从一个只有 7 名员工的购物平台网站，迅速成长为在中国 C2C 领域占据八成左右市场份额的网购业巨头。

（二）淘宝商场，平台式 B2C

阿里巴巴集团主席和首席执行官马云在 2006 年的中国零售业发展高峰论坛上曾表示："未来三年内（2006-2009 年）淘宝网将把自身定位从传统网上购物平台向零售业巨头转变，竞争对手将是沃尔玛、国美等零售巨头。"这标志着淘宝网的经营模式正式转变为 B2C 模式。

同年（2006 年），淘宝网新创建的淘宝商城向市场正式推出一种全新的 B2C 运营模式，即不涉及物流和商业运营，只提供第三方支付平台和信息流等中介服务的网络中介商。淘宝商城致力于整合数千家品牌商、生产商，为商家和消费者之间提供一站式解决方案，提供 100% 品质保证的商品，7 天无理由退货的售后服务，以及购物积分返现等优质服务。淘宝与京东、当当等"自营模式"的 B2C 企业最大的不同在于，它只是给卖家提供一个营销平台，并不直接参与销售、仓储、物流，被称为"平台模式"。

（三）大淘宝战略

2008 年 9 月，阿里巴巴集团宣布启动"大淘宝"战略。在这个战略中，50 亿元人民币的资金支持以及合并经营广告业务的兄弟公司阿里妈妈是两大亮点。

"大淘宝"就是要做电子商务的服务提供商，为所有的电子商务参与者提供"水、电、气"等基础服务。这就好比一些地方在招商引资之前首先要做到"三通一平"，提供良好的生产生活环境，然后方能引凤入巢，繁荣一方。淘宝网要做的"三通一平"，就是让所有的网商在网络平台上的营销、支付、物流以及技术问题都顺畅无阻。以淘宝五年来对网络零售的理解和投入，马云希望给数以万计的网商提供一个成套的网络零售解决方案，帮助他们以最低的成本和最高的效率开拓内需市场。

　　淘宝的动作令人眼花缭乱：面向第三方软件开发者开放 API，打造淘宝箱软件应用商店；与湖南卫视合作，将网购延伸至电视媒体；与联想移动合作，推出淘宝电器商城；与线下运营商合作，开设线下社区淘宝店……频频的动作显示出淘宝打造电子商务生态圈的野心。

四、淘宝网发展展望

　　虽然淘宝在互联网上的地位已经牢不可破，但是在线下用户中的影响力还是比较有限。对于这方面，淘宝为自己的未来找到了一个强大的对手——全球连锁零售业巨头沃尔玛。淘宝宣称将要在未来的 10 年内超越沃尔玛。看到淘宝近几年的发展速度，你会相信这并不是不可能的事情。中国有庞大的等待开启的内需市场，内需将替代外贸成为中国维持高速增长的一个引擎。并且目前中国的网上购物者以受过良好教育的年轻人为主，在未来 5~10 年，随着这一类人群的成长，他们将成为支撑社会消费的主体力量，他们所适应的消费模式将对淘宝未来目标的实现产生重要的作用。如果这最终成为了事实，那么淘宝将在颠覆了新兴的互联网零售行业后，又一次颠覆传统的实体零售行业。

（资料来源：网上资料收集整理）

第一节　电子商务的商业模式

一、概述

　　商业模式是为了实现客户价值最大化，把能使企业运行的内外各要素整合起来，形成一个完整的高效率的具有独特核心竞争力的运行系统，并通过最优实现形式满足客户需求、实现客户价值，同时使系统达成持续赢利目标的整体解决方案。电子商务商业模式是企业确定细分市场和目标市场之后，通过企业内部特定的组织结构和在价值网中的定位，运用网络信息技术，与价值网上的各合作成员整合相关的流程，最终满足客户的需要，并给企业带来盈利的方式。

　　可见，商业模式是为了在市场中获得利润而规划好的一系列商业活动（有时又叫业务流程）。商业模式是商业计划的核心内容。商业计划是一份描述企业业务模式的文件。而网络经济环境下的电子商务商业模式是指以利用和发挥 Internet 和万维网的特性为目标的商业模式。

二、商务模式的 8 个要素

　　如果你希望在任何领域都能建立一个成功的商业模式，而不仅仅是在电子商务领域，就必须确保这种商务模式能符合表 2-1 中所列举的 8 个要素。这 8 个要素是价值体现、盈利模式、市场机会、竞争环境、竞争优势、营销战略、组织发展、管理团队。其中价值体现和盈利模式是一个企业商务模式中最重要的，也是最容易辨认的部分。

表 2-1　商务模式的要素分析

商务模式要素	关键问题
价值体现	消费者为什么买你的东西
盈利模式	如何赚钱
市场机会	目标市场、市场容量
竞争环境	目标市场的竞争性企业
竞争优势	进入目标市场的特点、优势
营销战略	对产品和服务的销售计划
组织发展	相应的组织结构
管理团队	企业领导者的经历和背景

价值体现的是确定一个企业的产品或者服务如何满足客户的需求。为了确定或者分析一种价值体现，需要回答下述关键问题：为什么客户要选择与你的企业打交道，而不是其他的企业？你的企业能提供什么其他企业不提供或者不能提供的东西？从消费者的观点出发，成功的电子商务的价值体现包括产品供应的个性化和定制，产品查询成本的降低，价格发现成本的降低，以及购买的便利性等。

盈利模式是描述企业如何获得收入产生利润，以及如何获得高额的投资回报。商业组织的功能就是产生利润和产生高于其他投资的回报。仅仅有利润并不足以使企业成功。为了获得成功，企业必须产生高于投资于别处的回报。企业若做不到这一点就会被淘汰出局。

虽然有多种不同的电子商务盈利模式，但是大多数的企业主要采用其中的一种或几种模式的组合。这些模式包括广告盈利模式、订阅盈利模式、交易盈利模式、销售盈利模式和会员制模式。

广告盈利模式指的是企业提供一个刊登广告的场所，并向广告客户收取费用。那些能吸引大量的浏览者，或是能吸引高度专业化、与众不同的浏览者，并且能获得用户关注的网站，都能收取高额的广告费。例如，新浪网的收入主要来自于出售横幅广告等各类广告的收入。这一模式原本是网上最主要的盈利模式，虽然现在它还是网上的主要收入来源，但已经失宠了。

订阅盈利模式是指企业向用户提供信息和服务，并向用户收取访问其所提供内容的费用。从订阅盈利模式的经验来说，要想成功地做到让客户对于网上信息需支付费用的做法不感到厌恶，则所提供的内容就必须是高附加价值的，在其他地方是不容易获得的，或者是不容易被复制的优质信息。

交易费用盈利模式是指企业从授权或进行交易中收取费用。例如，京东商城建立了一个网上交易市场，第三方卖家成功地出售了物品，则京东商城将从中收取小额的交易费。

销售盈利模式是企业通过销售产品、信息或服务来获得收入。有些企业如当当网通过销售图书、音乐及其他产品来获得收入。

会员盈利模式是企业向会员推荐业务，收取推荐费，或者从会员成交的销售额中提取一定百分比的收入。例如腾讯公司向会员推荐超级会员业务等而获取收入。

市场机会是指企业所预期的市场以及企业在该市场中有可能获得的潜在财务收入机会。市场机会通常划分成更小的细分市场。实际的市场机会是由你希望参与竞争的每一个细分市场的收入潜力来定义的。

竞争环境是指与其他企业在同一个市场空间经营、销售相似的产品。企业的竞争环境受下列因素的影响：有多少活跃的竞争对手，其企业规模有多大，每一个竞争对手的市场份额有多大，这些企业的盈利情况如何，以及他们如何进行产品定价等。通常，企业有直接的竞争对手，又有间接竞争对手。直接竞争对手是那些在同一个细分市场销售同类产品或服务的企业。间接竞争对手是那些处于不同的行业但仍然产生间接竞争的企业。在任何一个细分市场中，若存在大量的竞争对手，则意味着该市场饱和了，很难获得利润。反之，缺少竞争对手的市场则意味着这是一个可以进入的未开拓的市场，也可能意味着这是一个已经尝试过失败的、无利可图的市场。分析竞争环境可以帮助你对市场做出判断。

竞争优势是指当企业能比它的竞争对手生产出更好的产品，或是向市场推出更低价格的产品时，它就获得了竞争优势。许多企业能获得竞争优势，因为它们总是能以某种与众不同的方式获得其竞争对手无法获得的生产要素，可能是供应商、物流商方面的优越条件，也可能是人力资源方面的优势，或者是产品的专利保护、价格方面的优势等。

营销战略是由如何进入一个新市场、吸引新客户的具体举措构成的营销计划。营销战略渗透在企业为将产品或者服务推销给潜在消费者而所做的每一件事情中。

组织发展是描述企业如何组织所要完成的工作，从而实现企业目标。一般来说，企业可以划分成各个职能部门，如生产、运输、市场营销、客户支持、财务等。其业务范围相对明确，同时又相互协作，从而实现良好的组织发展规划。

管理团队是企业中负责各类商业模式运作的员工。管理团队的主要职责是为企业迅速获得外界投资者信任，准确捕捉市场信息，构建企业发展战略等。

三、对电子商务商业模式进行分类的困难

目前有许多电子商务商业模式，而且每天还有更多的模式出现。这些模式的数量仅仅受到人们想象力的局限，当然，这里所列举的不同模式也不可能穷尽所有的商务模式。然而，即使有大量的模式，但是人们还是能确定电子商务领域已经发展起来的基本业务模式类型，并描述它们的主要特征。需要注意的是，在划分商务模式时并没有一种完全正确的方法，认识这一点非常重要。

这里对商务模式进行分类的方法是根据电子商务应用的不同领域——B2C、B2C、C2C 等来进行的。但需要注意的是，基本相似的模式可能会出现在多个领域中。例如，在线零售商模式（又称电子零售商模式）与电子分销商模式就很相似。但是，它们在各自所应用的领域中对于市场的关注点还是有些区别的。对于 B2C 的电子零售商来说，其商务模式主要关注的是向个体消费者销售，而对于电子分销商来说，其业务模式则主要关注于向另一个企业销售。

所采用的电子商务技术的类型也能影响商务模式的分类。例如，移动电子商务是指通过无线网络进行的电子商务，而电子零售商务模式也能应用在移动电子商务中，不过，尽管其基本商务模式与 B2C 基本一样，但还是要适应移动电子商务环境的挑战。

最后，还需要注意的是，有些企业会同时采用几种商务模式。例如，淘宝网可以认为是 C2C 模式，但也可以看成是 B2C 的市场创建者。而且淘宝网采用无线网络技术，允许客户使用智能电话或者其他无线上网设备来进行网络购物的话，那就可以看成移动商务模式。

第二节　B2C 电子商务的主要商务模式

B2C（Business to Customer，有时写作 B to C）电子商务是以 Internet 为主要手段，由商家或企业通过网站向消费者提供商品和服务的一种商务模式。目前，在 Internet 上遍布了各种类型的 B2C 网站，提供从鲜花、书籍到计算机、汽车的各种消费品和服务。这种模式基本上等同于电子化的零售，它随着万维网的出现而迅速发展起来。目前，各类企业在互联网上纷纷建立网上虚拟商场，从事网上零售业务。

B2C 目前发展较为成熟的电子商务商业模式主要有门户网站、电子零售商、内容提供商、交易经纪人以及社区服务商等。

一、门户网站

门户网站是在一个网站上向用户提供强大的 Web 搜索工具，以及集成为一体的内容与服务提供者。

在门户网站的发展中，逐步形成了水平型门户网站和垂直型门户网站两大类型。水平型门户网站将市场空间定位于 Internet 上所有用户，如美国在线、MSN 以及中国的新浪网、搜狐网、网易均属水平型门户网站。垂直型门户网站的市场空间定位于某个特定的主题和特定的细分市场。如美国的 iBoats.com，为美国划船消费市场的门户网站。在中国，如雅昌艺术网，将市场定位为大型艺术品，通过资讯、交流、交易等各个方面功能的整合，将艺术机构的传统形象及服务带入互联网世界，建立多赢的商业模式。

门户网站的盈利模式主要依靠广告费、订阅费以及交易费等。但并非每个门户网站都能够有很好的收益。事实上，网络中有大量的门户型网站，但排名前 10 位的网站约占整个门户市场搜索引擎流量的 90%。究其原因，很多排名靠前的门户网站都是最早开展网上业务的，因而具有先行者的优势，从而不断积累产生非常好的品牌知名度。消费者信任可靠的网络服务提供商，如果要他们转移到其他网络服务商的网站，他们会承担更大的转移成本，因此使消费者对品牌门户网站更为偏好。

二、电子零售商

电子零售商是在线的零售店，其规模各异，内容也相对丰富，既有像当当网一样大的网上购物商店，也有一些只有一个 Web 页面的本地小商店。

由于电子零售具有为消费者省时间、给消费者以方便、帮消费者省钱、向消费者传送信息等优点，因此对于这种新的零售形式的诞生，无论国内还是国外，消费者都表现出了相当高的热情。

电子零售商按照其来源和特征，可以分为以下五种类型。

（1）邮购商。原来从事目录邮购的企业，将产品发布方式转移到互联网上成为电子零售商。知名度高、邮购业务成熟的邮购商由于客户积累和经营，在电子商业中有优势。

（2）制造商直销。制造企业直销绕过批发商和零售商，直接与客户进行交易。

（3）虚拟电子零售商。虚拟电子零售商是直接通过互联网向客户销售商品的公司。

（4）鼠标加水泥零售商。鼠标加水泥零售商是指传统的实体商业企业，在原有的渠道外增加互联网向客户销售商品的公司。这种既经营实体商店又做网络销售的公司模式，称为多渠道销售模式。

（5）互联网集市。为电子零售商提供公共服务的平台企业。有两种类型：提供商业目录和服务共享购物中心。

三、内容提供商

内容提供商是通过信息中介商向最终消费者提供信息、数字产品、服务等内容的信息生产商，或直接给专门信息需求者提供定制信息的信息生产商。由于电子商务的发展，出现的因特网内容提供商（Internet Content Provider，ICP）是指在 Internet 上提供大量丰富且实用信息的服务提供商。ICP 提供的产品就是网络内容服务，包括搜索引擎、虚拟社区、电子邮箱、新闻娱乐等。

内容提供商将市场定位为信息内容的服务上，因此成功的信息内容是内容提供商模式的关键因素。信息内容的定义很广泛，包含了知识产权的各种形式，即以有形媒体（如书本、光盘或者网页等）为载体的各种形式的人类表达。

内容提供商的盈利模式主要有内容订阅费、会员推荐费以及广告费等。由于内容服务的竞争日趋激烈，一些内容服务商的网络内容并不收费，如一些报纸和杂志的在线版纷纷推出了免费的举措，它们的盈利模式主要是通过网络广告或者借助网络平台进行企业合作促销、产品销售链接以及网友自助活动等获得收益。

四、交易经纪人

交易经纪人是指通过电话或者电子邮件为消费者处理个人交易的网站。采用这种模式最多的是金融服务、旅游服务以及职业介绍服务等。在金融服务方面，工商银行、建设银行等推出的网上金融服务成为金融个人服务的新亮点。在旅游服务方面，以携程网、去哪儿网等为代表的旅游电子商务也纷纷通过电话或者邮件形式为旅游者提供便利。在职业介绍方面，智联招聘、前程无忧等是网上职业经纪人的代表。

交易经纪人的盈利模式主要通过向每次交易收取佣金获得收益。比如，在网上股票交易中，无论是按单一费率还是按交易规模相关的浮动费率，每进行一次股票交易，交易经纪人就获得一次收益。在旅游电子商务中，在线成交一次机票、景点门票以及酒店客房的预订，旅游电子商务企业便按一定比例获得提成。职业介绍网站一般是预先向招聘企业收取招聘职位排名的服务费，然后向求职者收取会员注册费等，再对招聘企业和求职者进行撮合、配对等服务。

五、市场创建者

市场创建者建立了一个数字化的市场，使得买卖双方能够在此"会面"，展示产品，检索产品，并为产品定价。在 Internet 和万维网出现之前，市场创建者主要依靠实际的场所来建立市场。万维网改变了这一切，将市场从实际的场所中分离出来，如淘宝网（天猫）是一个同时为企业和消费者提供服务的在线拍卖网站。

淘宝（天猫）网的模式是为买卖双方建立一个数字化的电子市场，使得它们可以在此"会面"，协商价格，进行交易。这与交易经纪人是不一样的，交易经纪人主要是直接为他们的客户进行交易，其作用相当于较大规模市场中的代理人。但是在淘宝（天猫）网中，买方和卖方都是他们自己的代理人。

　　市场创建者的潜在市场机会很大，但这仅当企业有足够的财力和良好的营销计划来将足够的买方和卖方吸引到市场上来才会出现。除了营销和建立品牌外，企业的管理团队组织结构也会影响到新市场的建立，特别是如果有些经理人有曾经从事同类业务的经验的话，影响会更大。所以企业的成败与其快速投入运营的能力有很大关系。

六、服务提供商

　　电子零售商在网上销售商品，而服务提供商则提供在线服务。有些在线服务是收费的，而有些则通过其他途径，如通过广告或通过收集对直销有用的个人信息获利。

　　服务提供商的基本价值体现在于，他们向消费者提供了比传统服务更有价值、更便利、更省时、成本更低的服务。服务提供商可以通过收取订阅费，对一次服务收取一次性费用，或者收取购买产品或送货的佣金来获得收入。与通过销售产品来盈利的零售商很相似，服务提供商通过销售知识、专门技能和成果来获得收入。

　　服务种类的多样性使服务提供商所拥有的机会十分巨大，并与实际商品的市场机会一样有潜力。我们生活在基于服务的经济与社会中，不断增长的对于便利产品和服务的需求，向当前和未来的服务提供商预示了很好的发展前景。

　　服务提供商的营销策略应该旨在减少消费者对于利用在线服务商进行交易的顾虑，同时还要与现有的和潜在的客户建立信任和熟悉的关系。为了做到让客户满意，服务提供商面临的第一个挑战是要让客户熟悉自己的品牌，第二个挑战则是要促使消费者去尝试自己所提供的服务。

七、社区服务商

　　社区服务商是指那些创建数字化在线环境的网站，有相似兴趣、经历以及需求的人们可以在社区中交易、交流以及共享信息。

　　网络社区服务商的构想来源于现实的社区服务，但实际的社区服务通常受到地域限制，并不能很好地整合需求，从而无法实现个性化的服务。而网络社区服务商通过构建数字化的在线环境，将有相似的人联系在一起，甚至利用在线身份扮演一些虚拟的角色。社区服务商的关键价值在于建立一个快速、方便、一站式的网站，使得用户可以在这里关注他们最感兴趣、最关心的事情。

　　社区服务商的盈利模式较为多样化，包括收取信息订阅费、获得销售收入、收取交易费用、会员推荐费用以及广告费等。

第三节　B2B 电子商务的主要商务模式

　　B2B（Business to Business，有时写作 B to B）指的是商家（泛指企业）对商家的电子商务，即企业与企业之间通过互联网进行产品、服务及信息的交换。B2B 目前应用较为广泛的模式主要有电子市场、电子分销商、B2B 服务提供商以及信息中介等。

一、电子市场

　　电子市场有时称之为 B2B 交易中心，由于其潜在的市场规模，成为 B2B 电子商务中最为成熟和有前景的商业模式。一个电子市场就是一个数字化的市场形态，供应商和商业采购均可以在此进行交易。

对于买方来说，利用 B2B 电子市场只要在一个地方就能够收集信息，检验供应商，收集价格，根据最新发生的变化进行更新。而另一方面，对于卖方来说，则能够从与买方的广泛接触中不断优选，因为潜在的购买者越多，销售的成本越低，而成交的机会和利润也就越高。

从电子市场的整体来看，可以最大限度地减少识别潜在的供应商、客户和合作伙伴，以及在双方和多方开展交易所需要的成本和时间等。因此，电子市场的出现，可以降低交易成本，简化交易手续，获得更多的交易机会。

目前全球的电子市场，主要出现了两种细分模式：综合型电子市场和垂直型电子市场。综合型电子市场又称为水平型电子市场，主要针对较大范围的企业来进行销售商品和服务。在中国，阿里巴巴成为综合交易平台最成功的企业之一，慧聪网、买麦网也是综合型电子市场的重要代表。而垂直型电子市场主要针对特定的行业，如钢铁、汽车、化学或者物流配送等，这些行业多为生产资料性行业，成交量大、专业性强，垂直型电子市场迅速成为该行业商业信息、物资信息的集成地。目前中国较为成熟的有中国化工网、中国纺织网等。

二、电子分销商

电子分销商是直接向各个企业提供产品和服务的企业。电子分销商与 B2B 电子市场有所区别。B2B 电子市场是将许多企业放在一起，使他们有机会与其他公司做生意，而电子分销商则是由一家寻求为多个客户服务的企业所建立的。

三、B2B 服务提供商

B2B 服务提供商是指向其他企业提供业务服务的企业。通过整合各方资源提供集中物流服务、公共服务、信用保障服务、支付服务的一站式服务与供应链运作整体解决方案给客户，并对客户决策产生影响。从本质上看，B2B 服务提供商就是为企业及采购、分销等供应链过程提供服务的。

四、信息中介

信息中介是以收集消费者信息并将其出售给其他企业为商业模式。目前的信息中介主要为面向供应商模式，中介将消费者信息收集给供应商，供应商利用这些信息向特定的消费者有针对性地提供产品、服务和促销活动。面向供应商的信息中介可分为两类：受众代理和商机制造者。

受众代理是收集消费者信息，并用来帮助广告商向最适合的受众做广告；商机制造者则收集消费者信息，通过数据挖掘形成消费者的特征、偏好，然后他们指导供应商将符合消费者需求的产品和服务销售给消费者。信息中介的盈利主要靠信息费用和数据挖掘后的咨询费用等。

第四节　C2C 电子商务模式

C2C 就是消费者（Consumer）与消费者（Consumer）之间的电子商务。C2C 交易是电子商务中最活跃的交易行为，几乎每秒钟都有人在 C2C 网站达成商品交易。简单地讲，C2C 网站就是为个人商品交易提供平台的网站。目前比较有名的 C2C 网站有淘宝网、易趣网、拍拍网等。C2C 在互联网上有几种应用方式，最为人所知的是网上拍卖，此外还包括分类广告、个人服务、个人交易、虚拟资产出售以及支持性服务。

一、C2C 模式下的网上拍卖

（一）网络拍卖

网络拍卖是一种新兴的电子商务模式，其最大优势在于充分利用了互联网快捷、低成本、广域性等特点，将拍卖这种原本运作复杂的交易方式简易化、平民化，从而使更广大的人群参与到拍卖中来成为可能。它的创始者和最成功的典范是美国的 eBay 公司，eBay 发布的财报显示，2019 年营收 108 亿美元，总交易额 902 亿美元。网络拍卖正是以其简易化、平民化的优势，迅速风靡了美国，并很快蔓延到全世界。我国的网络拍卖开始于 1999 年，虽然起步较晚，但发展却相当迅速，目前已有中拍网（http://www.a123.com.cn）、雅宝、网猎、网易、易趣、搜狐、新浪、酷必得等百余家网站参与其中，其中不仅有专业拍卖网站，更有综合性的门户网站和其他类型网站。网络拍卖已经成为各网站借以吸引网民关注、提升人气的重要手段之一。

网络拍卖在不同的网站可能有不同的名称，比如"竞买""竞卖""竞价""竞标""竞购""倒置式竞买"等。名目虽然繁多，但这些名称不同的交易模式都采用了同一种定价机制——价格竞争机制，因此，也称为竞价交易。

竞价交易模式在传统经济条件下就已存在。它是指通过价格的竞争机制使价格在买卖方之间达到最终均衡的交易模式。竞价交易根据价格的走向可以分为竞高价交易和竞低价交易，其中竞高价交易的代表就是拍卖。《拍卖法》第三条规定："拍卖是指以公开竞价的形式，将特定物品或者财产权利转让给最高应价者的买卖方式"。

网络中的"竞买""竞卖""竞价""竞标""竞购"等竞价交易，同样也是公开竞价、物归最高应价者，本质上难脱拍卖的几个特点，只是因为利用了互联网这一新兴媒介，在表象上与传统拍卖有些许不同，是荷兰式拍卖的网络版而已。

此外还有一种网络交易模式值得一提，就是"集体议价"。经常有人把它也看作拍卖，或看作拍卖的变异，其实这种观点是错误的。集体议价与拍卖之间是风马牛不相及。集体议价采用的多为 CtoB 模式，它强调的是"汇聚需求"，即一件商品先确定一个初始价，此后每增加一个购买需求或需求每汇聚到一定程度，商品的价格便下降一个阶梯。之所以说集体议价不是拍卖，是因为在集体议价中并无竞价的过程。竞价需要买卖的双方当事人中至少有一方要是两人以上，并且这同一方的两人之间要存在利益上的竞争关系，这样才能形成价格上的"竞"。而集体议价中虽然买方为两人以上，但其相互之间的价值取向是一致的，即汇聚需求以达到降低卖方价格的目的，彼此之间没有竞争的关系，所以不是竞价，自然更不是拍卖或拍卖的变异了。当然集体议价也不是网络商凭空发明出来的，在传统经营中我们也能找到它的影子——批发。批发中卖方的薄利多销与集体议价中卖方的规模降价在本质上是一致的，只不过集体议价中多了一个买方汇聚需求、聚沙成塔的过程。

网站经营者在拍卖过程中究竟处于什么样的地位呢？它仅仅是提供类似于交易场所的电子平台吗？其实目前的网络拍卖存在 A、B 两种基本模式。A 模式的运作规程、运作理念与《拍卖法》所规范的拍卖基本一致，网站经营者起着拍卖公司的作用，即先接受委托，对拍品的质量、权属进行审查，然后再在网站上以自己的名义进行拍卖，并收取佣金。这种模式直接适用《拍卖法》即可。B模式是卖方直接将拍品的信息上传到拍卖网站，然后拍卖的一切过程就可由网站程序自动完成，不再有网站方的人工介入与审查。

由于网站方提供的并不是一块能够由交易者自由使用的空地，而是预先设计好的程序，这套程序体现的是网站方的风格、意志，所以整个拍卖过程无论是卖方的上传信息还是买方的应价竞价直到最后的确认，都要受到程序的控制，而不能依据交易双方自己的意志自由进行。同时，网络拍卖的竞价过程主要采取的是倒计时方式，即先由卖方将拍品的竞价起始与截止时限输入网站程序，然后由网站的程序对竞价过程加以倒计时控制。时间开始，程序打开数据通道，允许应价数据流入；时间届满，再关闭通道，阻止数据流入。这个开启与关闭的命令是由程序完成的，它的依据虽然是卖方确定的始末时间，但掌握时间标准的既不是卖方电脑时间，也不是买方电脑时间，而是网站服务器的系统时间。可见，网站方通过对程序的控制掌握了对竞价阶段的控制权，这与拍卖公司的作用是一致的。那么，网站方就必须要基于控制作用而承担相应的责任。但由于网站方并不直接接触拍品，所以又不能像拍卖公司那样要求其对拍品质量问题直接向买方负责。

（二）拍卖的形式

电子商务的发展使拍卖概念得到极大延伸，它不仅保留了传统的拍卖方式，还将拍卖延伸到普通商品的交易中，同时在信息技术的支持下出现了许多创新的拍卖形式，如反向拍卖（逆拍卖）、集体议价、由你定价等。借助互联网或其他通信技术完成的拍卖统称为在线拍卖（E-Auction）。

正向拍卖（Forward Auction）就是指传统的拍卖方式，根据竞价策略不同又被分为英式拍卖、荷兰式拍卖、"集体"议价、密封式拍卖等形式。

英式拍卖是最常见的拍卖方式。它是一种公开的增价拍卖，即后一位出价人的出价要比前一位的高，竞价截止时间结束时的最高出价者可获得竞价商品的排他购买权。

荷兰式拍卖是一种公开的减价拍卖，多适合于大库存量的产品销售。在线荷兰式拍卖与传统荷兰式拍卖方式不完全相同，它并不要求一定以减价的方式报价，其交易规则是出价高者获得优先购买权，相同报价者出价在先者获得优先购买权，最后以所有中标人中的最低报价成交。

"集体"议价是一种不同于传统拍卖的网络拍卖类型，多适用于C2B的形式。商家将商品的基础价格（初始价）公布，然后开放给消费者报价和下订单，消费者的报价可以低于基础价，但有一定限制，在某个购买期内销售量越大，价格就会走向越低，最后购买者以所有中标人的最低价成交。这是一种类似量折扣的销售形式，使个人消费者也能享受到批发的价格，是团购的一种变形。

密封式拍卖是指买主只有一次报价机会的拍卖，竞价者相互之间不知道对方的报价，也称为静默拍卖。报价最高者获得购买权，但成交价有两种模式，一种就是以最高报价成交，另一种模式是以第二高价成交，这种模式又称为Vickrey拍卖。

逆向拍卖（Reverse Auction）是相对正向拍卖而言的，又叫拍卖或反向拍卖。它是指消费者可以提供自己所需的产品、服务需求和价格定位等相关信息，由商家之间以竞争方式决定最终产品、服务供应商，从而使消费者以最优的性能价格比实现购买，多应用于B2B、G2B。

招标、团购都可以使用逆拍卖机制，"由你定价"也可以看作一种逆拍卖机制，虽然它没有请求报价（Request For Quote，RFQ）、连续竞价过程，但它仍然是由商家之间以竞争方式决定出最终产品或服务供应商。

双向拍卖是一种特殊的拍卖方式，它是指由多个买主和卖主对同一标的物同时报价和寻价，匹配时既考虑价格同时还考虑数量。像上海证券交易所（sse.com.cn）、上海期货交易所（shfe.com.cn）都是最典型的双向拍卖。

（三）拍卖中涉及的几个概念

"竞买人"指参加拍卖公司举办的拍卖活动，在拍卖公司登记并办理了必要手续，且根据中国法律规定具有完全民事行为能力的参加竞购拍卖品的自然人、法人或者其他组织。法律、法规对拍卖品的买卖条件或对竞买人的资格有规定的，竞买人应当具备规定的条件或资格。本规则中，除非另有说明或根据文义特殊需要，竞买人均包括竞买人的代理人；"买受人"指在拍卖公司举办的拍卖活动中以最高应价购得拍卖品的竞买人；"委托人"指委托拍卖公司拍卖本规则规定范围内拍卖品的自然人、法人或者其他组织。除非另有说明或根据文意特殊需要，委托人均包括委托人的代理人；"拍卖品"指委托人交予拍卖公司供拍卖活动拍卖的物品，尤其指任何图录内编有任何编号而加以说明的物品；

（四）拍卖中的竞价卖法

在竞价卖法中，经常使用起始价、底价和一口价。

起始价是指出售商品最初拍卖时开始的价格。底价是委托人出售商品的最低价格，即能接受成交的心理价位。一口价指只要有人出价达到该价格，立即成交购得相应数量商品。

三者的关系为一口价≥底价>起始价。

根据卖法不同，一般有以下几种拍卖方式。

（1）只设起始价：即无底价竞标卖法，起始价就等于底价，有买家竞标可成交。

（2）起始价+底价：即有底价竞标卖法，底价设置应大于等于起始价，当竞标结束，有买家出价达到底价，即告竞标成功。

（3）只设一口价：只要有买家的出价达到卖家预设的一口价，即成功购得该商品。

（4）起始价+底价+一口价：即竞标中兼有一口价的卖法，买家可以同时设置以上三项，这时须遵守一口价≥底价>起始价，买家既可以参与竞标，也可立即以一口价购得该商品。

（5）起始价+一口价：即无底价竞标中兼有一口价的卖法，一口价应大于起始价。竞标成功的买家按购买数量、出价高低依次与卖家网上成交，价高者得到所需数量的商品。

二、分类广告

人们每天可以通过分类广告来与其他人进行交易。基于互联网的分类广告与报纸上的广告相比有很大的优势，因为网络覆盖的范围是全国范围的，而不是仅局限在本地。这使得可得商品和服务的供应大大增加，也使得潜在购买者的数量大大提升。最成功的C2C分类广告网站之一就是58同城，另外一个例子是赶集网。许多报纸也在线提供分类广告。许多情况下，在一个网站上增加一个广告会将它自动加入大量合作伙伴的分类版。这使得广告曝光量迅速增加却没有增加任何成本。一些网站还提供搜索引擎供用户使用以缩小所需物品的搜索范围。此外，基于互联网的分类广告通常能够被一些私人组织免费发布，易于编辑或修改，而且很多情况下还能够展示待售商品的照片。

分类广告的主要类别和报纸上一样：交通、房地产、就业、普通商品、计算机、门票、旅游等。一旦某人找到一则广告并得到详细情况，他就可以发送电子邮件或者打电话给另一方询问更多的信息或者购买该商品。大多数分类广告是免费提供的。一些分类广告站点通过向刊登大幅广告的卖家收取费用来盈利，尤其当卖家是大企业的时候。特别应该注意的是，分类广告站点对广告内容不承担任何责任。

三、个人服务

在互联网上可以找到很多个人服务（律师、装修设计、在线咨询和顾问等）。一些可以在分类广告中看到，另外的则列在专门的网页站点和目录中。有些是免费的，有些是收费的。在购买个人服务之前必须非常小心，欺诈或者是违法的事情时有发生。

四、C2C 交易

C2C 交易有几种形式。如实物交易 C2C 是产品或服务在没有金钱参与的情况下进行的交易；或者是用户模式，即买卖双方通过 C2C 找到对方并当面进行协商和交易；或者是用户相互交换产品信息；或者是通过淘宝闲鱼平台之类的二手交易平台进行交易。

五、虚拟资产交易

在中国，成千上万的网络游戏玩家正在通过网络买卖虚拟资产。随着各种网络游戏例如"征途"等的发展并受到越来越多的玩家欢迎，玩家们都拥有了由自己命名的虚拟资产。在玩游戏的过程中，玩家可以通过拍卖来买卖这些虚拟资产。当然，这是有风险的，黑客会窃取物品，甚至游戏管理员会卖掉玩家的物品。由于缺乏产业规范，玩家损失了虚拟资产只有很少的可能得到赔偿。还有买家可能不会支付货款的欺诈风险。

本章小结

（1）商业模式是为了实现客户价值最大化，把能使企业运行的内外各要素整合起来，形成一个完整的高效率的具有独特核心竞争力的运行系统，并通过最优实现形式满足客户需求、实现客户价值，同时使系统达成持续赢利目标的整体解决方案。电子商务商业模式是企业确定细分市场和目标市场之后，通过企业内部特定的组织结构和在价值网中的定位，运用网络信息技术，与价值网上的各合作成员整合相关的流程，最终满足客户的需要，并给企业带来盈利的方式。

（2）商务模式的 8 个要素是价值体现、盈利模式、市场机会、竞争环境、竞争优势、营销战略、组织发展、管理团队。

（3）B2C 目前发展较为成熟的电子商务商业模式主要有门户网站、电子零售商、内容提供商、交易经纪人以及社区服务商等。

（4）B2B 目前应用较为广泛的模式主要有电子市场、电子分销商、B2B 服务提供商以及信息中介等。

（5）电子商务的发展使拍卖概念得到极大延伸，它不仅保留了传统的拍卖方式，还将拍卖延伸到普通商品的交易中，同时在信息技术的支持下出现了许多创新的拍卖形式，如反向拍卖（逆拍卖）、集体议价、由你定价等。借助互联网或其他通信技术完成的拍卖统称为在线拍卖（E-Auction）。

习题集

一、单项选择题

1. 以下哪一项不是有效商业模式的要素之一？（　　）

A. 价值体现　　　　B. 管理团队　　　　C. 信息不对称　　　　D. 赢利模式

2. （　　）涉及其他在同一市场销售相似产品的公司

A. 竞争优势　　　　B. 竞争的环境　　　C. 先行者优势　　　D. 市场机会

3. 一个企业的（　　）描述企业如何获得收入产生利润以及获得高额的投资回报。

A. 价值体现　　　　B. 赢利模式　　　C. 营销战略　　　D. 竞争优势

4. 下面哪个公司是利用交易费用赢利模式？（　　）

A. 易趣　　　　　　B. 百度　　　　　C. 雅虎　　　　　D. GOOGLE

5. 在（　　）赢利模式里，企业向会员推荐业务，收取推荐费，或者从成交的销售额中提取一定百分比的收入。

A. 广告　　　　　　B. 订阅　　　　　C. 会员制　　　　D. 交易费用

6. 一个市场存在大量竞争者意味着（　　）

A. 该市场未开拓　　　　　　　　　B. 该市场已经饱和

C. 在该市场很难获得利润　　　　　D. B 和 C

7. 不公平竞争优势指（　　）

A. 一个完美市场

B. 一家企业在其他企业不能获得的要素上建立起来的优势

C. 一家企业有比其他企业更多的资源

D. 以上都是

8. 垂直市场（　　）

A. 在网上为特殊企业提供产品和服务

B. 在不同的行业销售产品和服务给大量公司

C. 包括全部 Internet 的用户

D. 以上都不是

9. （　　）是一个行业或企业内，从原材料到形成最终产品或服务的过程中所进行的一系列活动。

A. 供应链　　　　　B. 价值链　　　　C. 企业战略　　　　D. 物流链

10. （　　）战略是在狭小的细分市场和产品市场进行竞争的战略。

A. 范围　　　　　　B. 差异化　　　　C. 成本　　　　　D. 集中

二、多项选择

1. 企业的竞争环境受下面哪些因素的影响（　　）

A. 有多少活跃的竞争对手　　　　　B. 企业规模

C. 每一个竞争对手的市场分额　　　D. 企业的赢利情况

2. 企业战略包括以下哪几项（　　）

A. 差异化　　　　　B. 成本领先　　　C. 范围扩张　　　D. 集中战略

3. 企业的赢利模式包括以下哪几项（　　）

A. 广告赢利模式　　　　　　　　　　　　B. 间接赢利模式

C. 交易费用赢利模式　　　　　　　　　　D. 销售赢利模式

4. B2B 服务提供商向其他企业提供以下哪些服务（　　　）

A. 会计服务　　　　B. 交易服务　　　　C. 经融服务　　　　D. 打印服务

5. B2B 电子商务的主要商业模式有以下哪几种（　　　）

A. 市场/交易所　　　B. 电子分销商　　　C. B2B 服务提供商　　D. 信息中介

三、判断题

1. 价格体现定义了商家的产品或服务怎样满足消费者的需求。　　　　　　（　　）

2. 单纯的利益已经足以使一个公司成功。　　　　　　　　　　　　　　（　　）

3. 技术驱动型的商务变革历史告诉我们先行者缺乏资源去保持他们的优势。（　　）

4. 所有的公司都需要一个机构去有效的实现他们的商业计划和战略。　　　（　　）

5. 电子零售商的进入壁垒非常高。　　　　　　　　　　　　　　　　　（　　）

6. 电子分销商是直接向各个企业提供产品和服务的企业。　　　　　　　（　　）

7. 商业模式是商业计划的核心。　　　　　　　　　　　　　　　　　　（　　）

8. Internet 的统一标准提高了行业和企业营运成本。　　　　　　　　　（　　）

9. 信息中介以收集消费者信息并免费提供给其他企业为商业模式的企业。（　　）

10. 易趣的商业模式是 B2B 电子商务模式。　　　　　　　　　　　　　（　　）

四、名词解释

1. 电子商务商业模式

2. 市场机会

3. 企业价值链

4. 企业战略

5. 应用服务提供商

五、简答题

1. 简述 B2B 电子商务的主要应用。

2. 什么是赢利模式？描述电子商务企业使用的 5 种主要的赢利模式。

3. 什么是商业模式？如何与商业计划相区分？

4. 一个有效的商业模式的 8 要素是什么？

5. B2C 商业模式有哪些类型？

6. B2B 商业模式有哪些类型

7. 按参与者来分，C2C 拍卖的类型有哪些？

第三章　B2C 电子商务：网络零售与网络服务

学习目标：

(1) 掌握电子零售商的类型。
(2) 了解电子商店的功能。
(3) 理解电子商店经营的核心要素。
(4) 了解适合网上销售的商品的特点。
(5) 了解个人网上银行提供的主要服务。
(6) 了解我国保险电子商务的主要业务模式。
(7) 了解旅游电子商务的类型。
(8) 了解在线招聘的类型。

开篇案例：京东零售集团————是中国线上线下最大的零售集团

一、京东零售集团简介

2019 年，京东商城正式升级为京东零售集团，并确立了"以信赖为基础、以客户为中心的价值创造"的经营理念，不断完善以供应链为基础的友好交易零售平台。目前，京东零售已服务了超过 3 亿家庭用户和 700 万企业用户，并成为全球众多品牌商的首选合作伙伴。通过积极布局全渠道业务，京东零售在线上线下众多场景为消费者打造了极致的购物体验。

京东零售集团持续创新，不断为用户和合作伙伴创造价值。致力于在不同的消费场景和连接终端上，通过强大的供应链、数据、技术以及营销能力，在正确的时间、正确的地点为客户提供最适合他们的产品和服务。

过去十五年，京东零售通过打造全球最佳客户体验和行业最优效率，赢得了客户的信赖。京东零售已完成全品类覆盖，是中国领先的电脑数码、手机、家电、消费品零售商。

京东是中国最大的电脑数码产品零售平台，致力于为用户打造极致购物体验，成为众多电脑数码知名品牌最大的线上零售渠道。京东超市是中国市场线上线下领先的超市，目前已经成为众多知名国际快消品牌的全渠道最大零售商。

在高增长潜力品类中，通过构建全球时尚和奢侈品生态体系，京东时尚正成为国内外顶级品牌开拓中国市场的重要合作伙伴。京东居家为消费者提供高品质的家装、家具、家居日用产品及服务。全品类发展的京东生鲜已成为线上最大的生鲜零售平台，目前拥有 32 万个 SKU，覆盖海鲜水产、水果、蔬菜、肉禽蛋品等，可为消费者提供超过 50 个国家和地区的生鲜产品，并通过 7FRESH 七鲜超市线上线下相结合为消费者创造最佳客户体验。京东推出国内首个全面专注于大进口业务的消费平台——京东国际，打造可信赖的进口商品一站式消费平台。

2019年起，京东全面发力本地化生活服务，致力于为消费者搭建起一个覆盖汽车、房产、旅行、本地生活、拍卖等相关实物品类及虚拟服务的平台，提供从商品到服务、从线上到线下、覆盖各方面需求的优质生活服务。2019年5月，京东健康正式宣布独立运营。目前，京东健康已经建立起完整的"互联网+医疗健康"生态，以用户为中心，打造一体化的就医购药体验，提供医药健康电商、互联网医疗、健康服务、智慧医疗解决方案四大业务板块的产品和服务。

面对发展迅速的下沉新兴市场，京东零售形成了以主站和创新业务"京喜"双轮驱动的战略，并融合线上线下模式，以创新的社交、社群电商，为下沉新兴市场消费者带来高质量的低价好物。京喜业务以全面升级的京东拼购业务为核心，基于包括微信、手机QQ两大亿级平台在内的六大移动端渠道，通过高质价比的好货及丰富的社交玩法，打造全域社交电商平台。

京东零售企业业务为政府、企业及事业单位提供智能化、定制化的采购管理解决方案，帮助企业提高采购效率，合理管控成本。

经过多年的积累，京东零售已经成为一家典型的以技术驱动为主的零售公司。在数字化的基础上，京东零售不断推进智能化能力建设，通过大数据、人工智能等各项技术实现行业的降本增效，以及最优的用户体验。智能化、全渠道的履约网络能从不同场景和业态中选出成本最优、效率最高的订单生成路径和配送方案。

二、业务模式

京东零售除了在电脑数码、家电、通讯、消费品、生鲜、企业业务等强势品类或业务上巩固优势地位，还对创新业务进行了大规模的梳理整合，培育出新的爆发点和增长点。

2019年，京东旗下全新的社交电商平台"京喜"推出，随即爆发出巨大的能量。上线三个月，京喜即跑出"惊喜速度"，日均订单量稳超百万。京东11.11期间，京东全站新用户中来自京喜的近4成，京喜用户中超过7成来自3到6线下沉新兴市场。京东零售也完成了主站大秒杀和京喜的下沉市场双轮驱动布局。

面对下沉市场，京东零售拥有供应链等零售基础设施优势，也可以依靠多年积累的品控能力和服务保障，为消费者带来"低价不低质"的购物体验，再加上互联网对下沉市场的不断渗透，布局正逢其时。

1. 京东零售主营业务：

2019年，京东家电、电脑数码、通讯、消费品等品类强势巩固行业领先地位。京东家电占据中国家电市场全渠道零售商榜首，京东战略投资五星电器并展开深入合作；京东继续保持中国最大电脑数码产品零售平台的地位，并在C2M领域全面爆发；京东与合作伙伴成立京东5G生态联盟，率先完成从产品到场景再到行业的5G布局；京东超市成为知名国际快消品牌的全渠道最大零售商，京东生鲜也是线上最大的生鲜零售平台，商超品类（包含消费品及生鲜）过去两年消费用户数增长超过60%；京东企业业务与6000家大型政企类客户、700万家中小微企业客户建立合作，2020年将帮助100个合作伙伴突破10亿元销售额；京东新通路搭建了由省仓、城市仓、城市群仓和联合仓组成的一体化B端仓配网络，实现从供应链到供应网的升级；京东PLUS会员数突破1500万。

2. 全渠道生态平台

全渠道的核心要素是供应链管理、数字化运营和整合营销的能力，我们希望将这三大能力贯穿到各种场景——无论是京东自己的场景、还是合作伙伴的场景，实现货的统一、人的统一，从而实现成本、效率和用户体验的进一步优化。

2019 年 11 月，京东零售发布全渠道生态平台，与合作伙伴在多端场景下推动成本、效率和用户体验的全新升级。"物竞天择"项目打通京东超市、品牌伙伴及社会化网点的商流、物流、信息流，智能决策成本最优、效率最高的订单履约路径，满足用户即时消费需求；京东开普勒在非中心化、非开放式货架场景的交易份额高速增长，引入的订单金额超过京东全站的 10%。此外，全球最大电器体验店京东电器超级体验店开业；7Fresh 七鲜生活和七范儿两大创新业态落地；京东"装修惠万家"与百安居展开线上线下战略合作；京东之家、京东便利店、京东家电专卖店、京东京车会等升级拓展，带来线上线下一体化的消费体验。

目前，我们已经在消费品、汽车、医药等众多领域开展了全渠道业务的推进，并取得了不错的效果。比如物竞天择项目就是全渠道规划里的一部分，用户在京东选择商品，物竞天择系统会通过智能算法，在京东到家、品牌门店、KA 商超和社区服务店等多种履约方式中选择出社会成本最优、效率最高的方案。运营成本平均节约 50% 以上，且用户平均只需 2 小时、最快 15 分钟就会收到商品。

3. 京喜平台

2019 年 9 月，京喜全新上线，并完成京喜 APP、微信一级入口、京喜小程序、手 Q 购物入口、京喜 M 站、粉丝群六大渠道全域布局。至此，京东零售以站内大秒杀业务和站外京喜为基础的下沉市场双轮驱动战略正式成型。京喜着力打造商品、供应链、购买体验三大竞争力，上线三个月即跑出"惊喜速度"，日均订单量稳超百万。京东 11.11 全站新用户近 4 成来自京喜，京喜用户超 7 成来自 3-6 线下沉市场。

4. 下沉新兴市场

下沉新兴市场是实现业务突破的重要组成部分。京东零售的下沉将是整体的下沉，而不仅仅是某个产品、或是某个业务单元的下沉。我们将以供应链为核心，打造独特的产业带拓展计划和 C2M 定制模式，顺应下沉新兴市场消费升级的浪潮，为用户提供源源不断的、超高性价比的商品。在线上依托京东主站和京喜业务双轮驱动，在线下则深度运营近 300 家京东电脑数码专卖店、超过 1.2 万家京东家电专卖店、100 多万家京东掌柜宝合作门店实现场景触达和体验，同时结合京东物流的"千县万镇 24 小时达"计划，以及京东数科的金融服务，以组合拳的方式对下沉新兴市场进行全面拓展，并由消费端逐渐走向产业端，实现一揽子的体系化下沉。

5. 平台生态

平台生态关乎京东零售未来的可持续增长和生态繁荣。平台生态不仅包括传统意义上的 POP 业务，也涵盖京东的自营生态。京东零售的整体业务中，POP 和自营同等重要：自营是供应链能力的体现，POP 是商品丰富性、技术和服务能力的体现，两者互为补充、相互促进。

2019 年京东基于自营店铺开放了营销、运营、数据等各方面的核心能力，推动自营采销和品牌商进行更好地协作，让商家店铺的私域流量和公域流量更好地相互流转，助力品牌商和商家的业务增长。

2020 年，京东将实现 POP 和自营的健康发展。在以自营为主的品类上，进一步强化京东的供应链优势，借助规模效应为用户带去更为物美价廉的商品，POP 则丰富商品和服务的多样性。在以 POP 为主的品类上，重点建立良性生态规则，让优质商家形成标杆效应，增加用户购物频次。京东还将建立完善的商家成长体系，并通过各种举措更好地服务商家，让商家能够在京东上更好的成长。

三、客户体验

这主要体现在两个方向，在消费端，京东不只是一个交易平台，更将时间纵轴延伸到售前与售后方面，售前让消费者更好地了解商品，售后则提供维护、二手回收等一系列服务，给客户提供覆盖全产品生命周期的售前、售中、售后的闭环服务，为消费者打造全链条的消费体验。同时，也将了解到的消费者需求定向反馈到前端供应链，帮助品牌商更好的理解消费者，和品牌商一起为消费者提供更好更个性化的产品和服务。

（一）产品

京东零售在线销售商品包括家用电器、汽车用品；手机数码；电脑、软件、办公；家居、厨具、家装；服饰鞋帽；个护化妆；钟表首饰、礼品箱包；运动健康；母婴、玩具、乐器；食品饮料、保健品十大类逾 10 万种。其中家用电器、手机数码、电脑商品及日用百货四大类超过 3.6 万种商品。

（二）定价

京东零售在 C2M 反向定制领域已拥有成熟的商业模式和开发能力；率先采用大数据和 AI 技术管控价格，确保给消费者最实、最稳、最具竞争力的价格。

（三）送货

京东物流将全力推进全国范围内物流时效升级，通过"城市群半日达（211 限时达）"，加快城市群内部以及城市群之间的流通速度，包括京津冀、长三角、成渝、长江中游、中原、关中平原等全国十余个城市群在内，"半日达"服务已成标配。同时，在"24 小时达"城市覆盖率 95% 基础上，重点针对低三-六线城市城区、县城以及周边乡镇，发起"千县万镇 24 小时达"时效提速计划，通过仓储投入、大数据备货、智能设备投入、运力与配送班次加密等，使 24 小时配送服务触达更多人群。

（四）支付

京东商城可接受的支付方式包括①货到付款，由京东自己的配送人员提出交付，送货人员随身携带移动 POS 机进行处理借记卡和信用卡，他们也接受现金，②京东支付，包含打白条、银行卡，京东闪付等支付体验。③第三方支付：使用第三方网上支付平台进行支付，如微信支付、Apple Pay、云闪付、微信好友代付等。

（五）顾客服务

2019 年，京东零售全面落地 NPS（用户体验指数）考核机制，体验类指标首次成为 KPI，体现出京东零售践行经营理念和实现有质量增长的决心。在 NPS 机制指引下，一年来用户体验大幅提升。京东客服目前拥有 1 万多名员工，是中国电商行业规模最大、服务和技术能力领先的客服团队，也是京东零售的核心竞争力之一。在过去十年累计投入超过 150 亿元的基础上，京东零售将继续加大对客服的投入。此外，京东零售致力于平台的开放共治，通过护宝锤、京信用等创新产品为商家打造健康公平的平台生态，激励商家为消费者提供更为优质的商品和服务。

四、技术平台

2019 年，京东零售推进运营各环节的数字化，并以此为基础加速向智能化迈进，实现基于数据的业务模式创新和智能化运营，成为典型的以技术驱动为主的零售公司，目前，京东零售的技术研发人员已超过员工总数的三分之一。京东零售在 C2M 反向定制领域已拥有成熟的商业模式和开发能力；率先采用大数据和 AI 技术管控价格，确保给消费者最实、最稳、最具竞争力的价格；今年京东 11. 11 期间，超过 3416 万次服务由智能客服处理。

在供应链中台上，我们将继续巩固供应链的核心优势，打造"多端、多场景下的智能供应链升级"，包括正向全渠道供应链和反向 C2M 供应链，以及洞察、选品、定价、采购、履约、预测、优化等众多组件，以实现高效率和低成本的支持新场景。业务中台要把主站沉淀下来的系统和能力进行快速对接、快速迭代，同时实现自我学习、自我完善。技术中台在 2019 年以一套服务、一套口径、一套标准统一支撑各业务场景，累计节约了 10 亿元左右的研发成本，大大提升了前台应用和创新的效率，今年需要更加深入的夯实核心能力建设，并加速零售云的建设。数据中台要持续通过对数据资产的管理、数据能力的打造，实现产品化、平台化、应用化。

五、面临的困难

京东零售成立之初，面临着巨大的压力。从外部看，全球经济下行的压力加大，互联网人口红利消失，竞争更加残酷。从内部看，京东零售的组织能力和行为方式出现了偏差，由行业的颠覆者变成了被挑战者，但思想上和机制上都没有做好相应的准备。

面对困难，京东零售明确了"以信赖为基础、以客户为中心的价值创造"的经营理念。这其中，信赖是立足的根本，客户是永远的指挥棒，价值是存在的唯一理由。

京东零售迎来四大变革：从单纯追求数字，到追求有质量增长的变化；从单纯以货为中心，到以客户为中心的变化；从纵向垂直一体化的组织架构，到积木化前中后台的变化；从创造数字到创造价值的人才激励导向的变化。

来源：公众号——京东黑板报

京东商城的案例说明，与传统零售商相比，企业在线销售既有优势又有劣势。企业在线销售能简化供应链，形成一种全新的网络销售系统，这比传统零售更加有效率。企业在线销售能够为消费者创造更好的价值定位，改善消费者服务和提高满足感。另一方面，企业在线销售常常获得微薄的利润，没有实体店向非网络用户进行销售。相反，大型的实体店，如沃尔玛、大润发等都有忠实的用户基础，建立了非常有效的库存控制和执行系统。面临激烈的市场竞争，企业只有依靠创新的商业模式和经营战略，充分了解网络消费者的消费行为和偏好，才能保证持续地成功经营。

第一节　网络零售概述

网络零售商实际上就是销售中介，介于制造商和客户之间，尽管有许多制造商是直接将产品销售给消费者，但是它们主要的销售渠道还是依靠批发商和零售商。在实体环境里，零售是在商店或是在厂家的直销店里完成的，客户要购物，必须亲自去商店。有些企业产品很多，客户有几百万上千万（如宝洁公司），它们就要利用零售商来提高销售的效率。然而，即使有的企业的产品不多，它们也需要依靠零售商来接触各地众多的客户。

网络购物的快速发展，其原因是多方面的。

首先，现代化的生活节奏使人们外出购物的时间越来越少，交通的拥挤与日趋增大的店面延长了购物的时间和精力，琳琅满目的商品也使消费者眼花缭乱，人们迫切需要新的、快捷和方便的购物方式及服务。

另外，激烈的市场竞争迫使制造商和零售商须不断去寻求降低商品成本和费用、缩短流转周期的途径。电子零售正是迎合了这种需求。同时，也使消费者免去了车马之劳，并使消费者在商品的海洋中得到了最好的服务。

现代科学技术，尤其是电子信息技术全面地、全方位地向商品流通领域渗透，对传统的商业购销调存以及交易、流通、消费等商业结构、商业地位都产生了深刻影响。信息技术的发展带来新的商业革命，形成网络零售业。

在网络上开展的零售业务称为网络零售（E-Tailing），在网络上开展零售业务的厂商就是网络零售商（e-tailer）。网络零售既可以用固定价格的形式销售，也可以用竞价的形式销售。网络零售业给制造商带来了便利，它们可以直接将产品销售给客户，省去了中间环节。

零售以及网络的概念暗示着销售的对象是个别的消费者，也就是 B2C 电子商务。但是，有时候很难区分 B2C 和 B2B 的业务。例如亚马逊中国网站大多是向个体消费者销售图书，但是它也专门设立了一个部门，负责向企业销售图书。戴尔公司通过公司网站同时向个人消费者和企业销售产品。

第二节　网络零售的模式

人们可以用各种方式对网络零售的商业模式进行分类。例如，有些人按照商品种类或是销售地域对网络零售商进行分类，另一些人则是按照收益规模对网络零售商进行分类。我们这里主要是按照配送渠道的不同将网络零售商分成五大类。

一、邮购商

许多原来从事目录邮购的企业，增加一个网络新渠道，就可以开展这样的业务。有些企业还有实体门店，由于客户积累和经营，在电子零售中有优势。

二、制造商

这是指制造商（如戴尔、耐克等）利用公司网站直接向个体消费者开展销售活动。

三、虚拟网络零售商

虚拟网络零售商没有实体门店，只开展网络销售。比较典型的是当当网、京东商城等。

四、鼠标加水泥零售商

这一类中又有两个分支，取决于企业初创时的经营模式。过去，人们把传统企业开发了自己的网站，作为辅助经营手段，这样的企业称为"鼠标加水泥式企业"。但是，现在也出现了反过来发展的情况。一些成功经营的网络零售商自己创办实体店铺，利用网络环境建立的品牌优势支撑实体门店的传统经营。这种既经营实体商店又做网络零售的公司模式，称为多渠道销售模式。典型代表是国美在线和苏宁易购。按照这种模式，客户购物时有多种选择，看哪种渠道最方便。

五、互联网集市

这种网络集市是由多个独立的网络店铺组合而成的。有两种类型：提供商业目录和服务共享购物中心。

商业目录集市基本上就是按照商品种类组成的一组商业目录。网站上的商品目录或者旗帜广告对商品或是店家进行广告。用户点击商品或是某个店铺的时候，通过链接转换到销售商的店铺，然后完成交易。

服务共享集市中，消费者搜索到商品，完成订购和支付，然后选择配送方式。网站提供所有的这些服务。一般情况下，客户喜欢在网站卖场中浏览多个店铺，但是使用同一个购物车，完成一次支付。

互联网集市的代表是天猫商城、京东商城，当当网也能吸引其他网络零售商在网站销售，形成互联网集市。国外还有雅虎网站的卖场也是这样操作的。

六、其他网络零售模式

有些 B2C 网站向消费者提供广泛的、基于社交圈子的购物体验。参与社交网络销售的企业向购物者提供 3 种活动形式，即搜索、整合、分享信息。购物者以集体行动的方式，他们沟通渠道主要是博客、微博、微信以及其他的网络工具。消费者的这些沟通、交流活动形成了多种基于社交的商务模式，例如在线团购。

（一）在线团购

由于宏观经济状况不景气，所以越来越多的消费者利用互联网购物，以此来节省费用。使用在线团购的模式，就能找到足够的消费者去争取厂商提供的数量折扣价，还可以省下运输费和其他的费用。人数越多，折扣的幅度就越大。此类网站有这样的一种机制，那就是要求团购成员提供对商品和服务的反馈信息。此类 B2C 网站依靠的是社交网络成员之间的"口口相传"。团购网比较著名的有大众点评网、美团网、百度糯米等。

（二）定位商务

定位商务（Location-Based E-Commerce，LBS）是一种无线通信技术，利用这样的技术，商家在一个特定的时间向某一区域的客户发送广告信息，这里还涉及 GPS 定位技术。这种技术是移动商务的一部分。

（三）虚拟可视化购物

网络销售模式刚问世的时候，网站管理员面临的挑战是如何提供与实体门店相似的购物体验。在实体世界，85% 的购买行为是在货架边完成的，对实体零售来说，货架边的冲动型购物是收益的主要来源。许多消费者喜欢冲动型购物，那是因为有许多商品他们不亲眼看见是不会购买的。

3D 技术，尤其是现在虚拟现实技术（Virtual Reality，VR）能够帮助购物者得到与在实体店相似的体验。VR 的优势在于它比实体环境更加真实。全真的数字化室内装饰可以帮助客户判断家具放在哪个位置合适，可以点击鼠标来调整家具的位置。虚拟试衣室可以让你面对屏幕，观看自己试穿新衣的效果，动一动手，衣服的颜色就会变化，想要将衣服改得长一点或者短一点，也只需要动动手。再动动手，衣服也可以换一件。

第三节　电子零售商店的结构和功能

一、电子零售商店的前台功能

电子零售商店的功能是实现商品或服务的买卖，所以与实体商店一样有其基本的构成部分，电子商店的一般构成如图 3-1 所示。

图 3-1　当当网首页

网上商店的前台功能主要包括以下几个方面。

1. 会员登录

会员登录前显示登录框，登录后显示"××您已登录"等字样，可修改会员资料和密码。

2. 推荐商品

指定在首页出现的推荐商品，包括商品缩图、名称、价格等。

3. 特价商品

指定特价商品。

4. 热卖商品

公布热卖商品。

5. 多级商品分类检索

按类别检索商品。

6. 商品搜索

可按类别和关键词搜索商品。

7. 购物车

像超市实际购物车一样可以将欲购买的商品放置其中，可以更改数量或撤销某些商品。

8. 收银台和订单生成

将商品放置购物车后，可以进入收银台，确认支付和配送方法后生成订单。在生成订单的同时，系统发邮件通知商店管理员。会员还可以查询自己订单的处理情况和历史订单。

9. 网站公告

发布网站公告。

10. 顾客点评

在每个商品的详细介绍中，带有顾客点评，会员可以发布自己的评论。

11. 留言板

供顾客自由留言与公司沟通。

12. 友情链接

和其他网站交换友情链接。

13. 广告位

安排动画或其他形式的广告。

14. 客户支持

可以在线提交反馈信息，管理员在后台查看。

二、电子商店的后台系统功能

一般网上商店后台系统功能如图 3-2 所示。

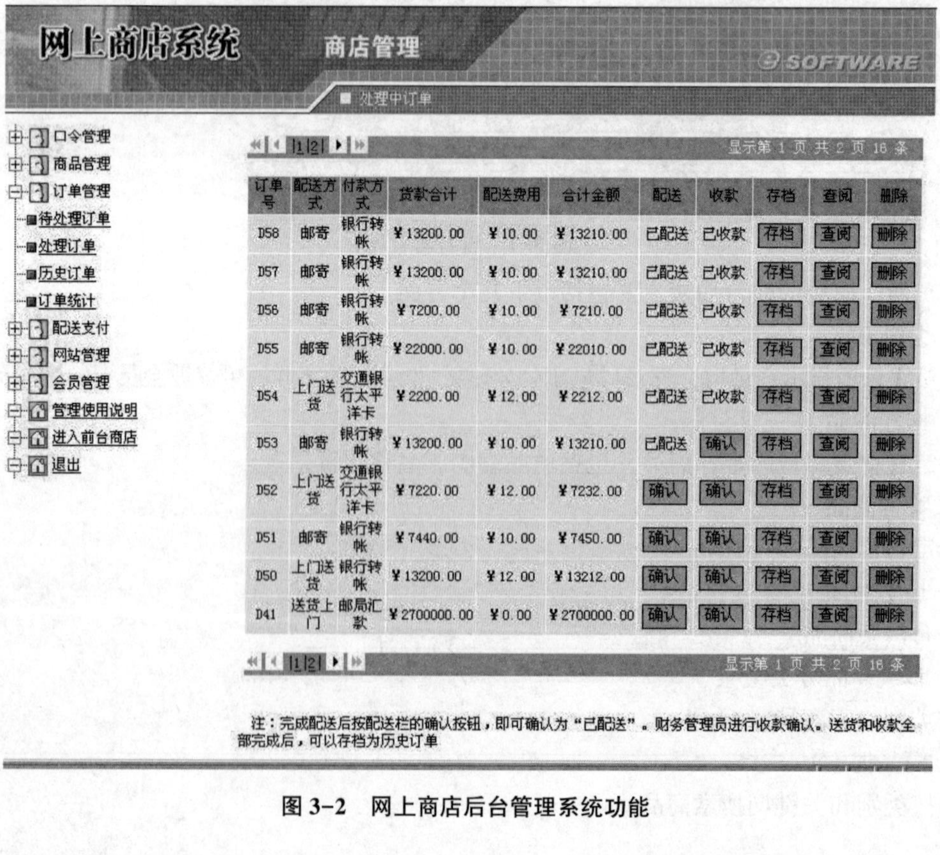

图 3-2　网上商店后台管理系统功能

1. 口令管理

系统管理员可管理其他管理员的账户，设定工作人员的不同操作权限、修改管理密码等。

2. 商品管理

（1）商品类别管理：包括添加、删除、修改商品分类。可按实际需要，设置多级商品分类。

（2）分类商品管理：在不同的类别下管理商品，包括商品上传、修改和删除等功能。商品资料包括商品名称、品牌、产地（生产商）、市场价、VIP 会员价、商品详细介绍等。商品的图片展示分为缩图和正式图。

3. 订单管理

（1）待处理订单：由于网上购物的特殊性，并非所有确认订单的会员都是真实需要购买商品的，因此可在系统中设置"待处理订单"管理模块。可以通过电话、邮件等方式和会员联系，当会员正式确认需要购买商品时，确认订单，订单就进入了"处理中订单"的列表中。

（2）处理中订单：显示用户已经确认购买的订单。"处理中订单"包括了订单配送确认和收款确认等步骤，可以由管理员进行确认，确认时系统会自动发送邮件给客户。

（3）历史订单：完成了配送和收款的订单是已经完成的订单，可以将其存档，供日后查对之用。

（4）订单统计：按时间统计销售额等资料。

4. 会员管理

修改、删除会员资料，确认或取消 VIP 会员等。

5. 网站管理

（1）评论管理：可管理顾客点评。

（2）公告管理：发布、删除商店公告。

（3）弹出窗口管理：控制是否在首页弹出广告窗口，修改窗口内容等。

（4）广告位管理：管理网站固定广告位和浮动广告，可控制是否使用浮动广告。

（5）友情链接：可增加、删除友情链接。

（6）访问统计：查询访问统计。

（7）其他管理：修改关于我们、联系方法、版权信息等资料。

6. 配送支付管理

在客户生成订单时需要指定配送和支付方式，该功能专门增加或删除相关配送和支付方法。

第四节　个体消费者网上购物流程

消费者到网上商店购物的过程与实际商店类似，一般流程如图 3-3 所示。

1. 浏览商品

网络消费者通过网上商店提供的多种搜索方式，如产品组合、关键字、产品分类、产品品牌查询等商店经营的商品进行查询和浏览。

2. 选购商品

网络消费者按喜欢或习惯的搜索方式找到所需的商品后，可以浏览该商品的使用性能、市场参考价格等商品简介，以及本人在该商店的购物积分等各项信息。然后在查询到想要购买的商品编号和品名的购物条中输入所需的数量，并单击"订购"按钮，即可将商品放入购物车。此时购物者可在产品购买/购物车中看到自己选购的产品。在确定采购之前，消费者可在购物车中查看、修改选购的商品。

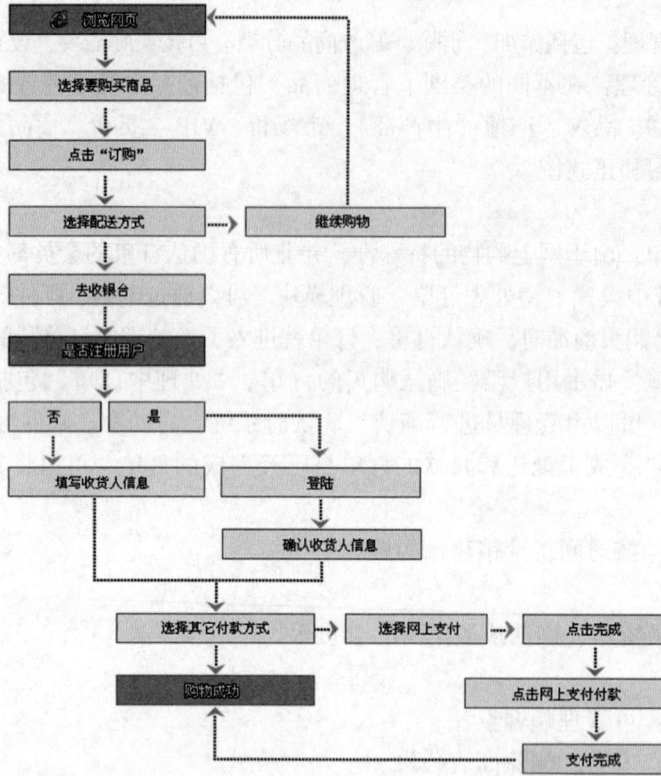

图3-3　消费者网上购物流程

3. 用户注册

网络消费者在第一次访问网上商店进行选购时，先要在该网上商店注册姓名、地址、电话、电子邮件等必要的用户信息，以便在网上商店进行相关的操作。

4. 支付货款

支付货款有多重形式。除网上支付、移动支付之外，货到付款也是众多网上购物者常用的付款方式之一，特别是在自营配送或第三方配送的 B2C 交易中，客户在收到货物及发票后将钱款直接交给配送人员，并由配送人员带回客户的意见。

5. 配送货物

网上购物者在确定需购买的商品后，可选择货物配送方式。当商店在确定了用户所订购的商品后可以根据客户的要求在用户希望的时间内将商品邮寄或送货上门。

6. 购物后评价

网上消费者收货后，对所购买的商品进行检查，并对商品质量及购物过程进行评价。

第五节　电子零售商店经营的核心要素

对于电子商务厂商尤其是新成立的 B2C 电子商务厂商要在市场站稳脚跟，需要做更多的工作，其中最为关键和核心的是要解决七大要素，如图 3-4 所示。

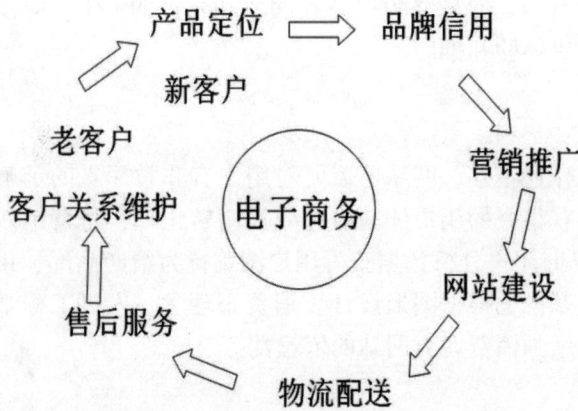

图 3-4　电子零售商店经营的核心要素

一、产品定位

电子商务网站特别是垂直型 B2C 需要更加专注于前期产品定位，从而增强网站凝聚力和专业性，以提升电子商务网站整体运营能力。核心关注三点：一是产品的现实购买市场及潜力要大，二是产品线上销售毛利润要高，三是网络销售能提供不可替代的优势（如价格、服务等）。

适合网上销售的商品的特点可以归纳为以下几点。

（1）品牌认知度高；

（2）由知名供应商提供的可信的担保；

（3）数字化的产品；

（4）相对便宜的产品；

（5）购买频繁的产品；

（6）基本不需要查看实物，有标准规格的产品；

（7）大家熟悉的即使在传统商店也不能打开包装的产品。

这些适合在网上销售的产品类型有旅游、计算机硬件和软件、电子消费品、办公设备、运动器材、图书和音乐、玩具、保健和美容、文化娱乐、服装和纺织品、珠宝、汽车、服务业、宠物用品、其他商品。

二、品牌信用

品牌影响力包含两个方面的含义：一是电子商务网站本身的品牌影响力，二是销售产品的品牌影响力。前者通过投入营销费用加上后续服务逐步建立，而后者是产品自身品牌影响力带来的。作为新设立的网站必须通过营销和主营产品的选择解决品牌影响力也就是信用的问题。

三、营销推广

营销需要分阶段和根据厂商自身情况选择。仅仅依赖一种营销渠道（不论线上还是线下）难以实现理想的效果。厂商应该根据产品定位和品牌，结合营销预算选择营销渠道。如资金实力允许，前期应选择线下 DM 直销、线下与线上促销活动结合、线上+实体店相结合、植入式营销等进行整合营销。但最终为提高利润率和营销的 ROI，应该将订单完成尽量转移到线上完成，线下仅提供体验和推广。

四、网站建设

仅仅做好前期的工作还不够，网站还需要对用户有非常深入的了解，合理地设置购买流程、产品分类等，用户获得好的用户体验将有效提高转化率，将营销效果最大化，并节约后续营销成本。如通过 Web 用户分析数据获得用户浏览行为给产品部、市场部及决策提出一些可预见性的支持，在此基础上根据图形设计、消费心理学、人机工程学、社会学等学科知识增强可用性、易用性，增强消费者对网站的依赖性等。

五、物流配送

在完成网上电子商务交易后，电子商务网站需要向消费者配送相关物品，物流系统的完善性将为电子商务带来更好的口碑宣传和良好的用户感受。但对于刚成立的电子商务网站而言，建立自营物流配送体系成本较高，因此需要选择较好的物流合作伙伴，并在未来资金实力允许的情况下，建立库存运维中心，以提升货物到达率；完善物流信息化平台，以提升电子商务网站整体运营能力。

六、售后服务

在完成网上电子商务交易后，还需要提供良好的售后服务保障。尤其是对单价比较高、功能比较复杂的产品，只有这样才能进一步加强用户对网站的信赖程度和信心，吸引用户后续购买。

七、客户关系维护

在一个购买周期结束后，网站还需要根据积累起来的用户数据定期做客户关系维护。通过客户关系管理，了解客户需求及满意度，改进网站后续服务，提升网站黏性，使用户形成循环购买和良好的口碑，进一步提升网站销售量降低营销成本，最终实现盈利。

在以上七点核心因素基础上，用户评论对网购有很大的影响。目前，消费者通过搜索引擎、博客、社区、比较商品网站以及电子商务网站评论系统获得信息，以支持消费者决策，因此购物网站也需要关注用户评论及口碑等相关各项指标。

第六节　网上服务业

一、服务的定义

在工业发达国家，如美国、欧洲及一些亚洲国家，服务业是整个国民经济中份额最大，发展最快的部分。由于社会分工，一部分人不从事工农业生产，只为他人提供非工农业产品的效用或有益活动，人们便把这种现象称之为服务。究竟什么是服务？代表性的定义有以下几种。

（1）1960 年，美国市场营销学会（AMA）将服务定义为用于出售或者是用产品连在一起进行的出售活动，利益或满足感。

（2）1963 年，著名学者雷根（Regen）将服务定义为直接提供满足（交通、房租）或者与有形商品及其他服务（行用卡）一起提供满足的不可感知活动。

（3）1990 年，北欧学者格鲁诺斯（Gronroos）将服务定义为服务是指或多或少具有无形特征的一种或一系列活动，通常（但并非一定）发生在顾客同服务的提供者及其有形的资源，商品或系统相互作用的过程中，以便解决消费者的有关问题。

综合以上各种定义，可将服务定义为服务是具有无形特征却可给人带来某种利益或满足感的可供有偿转让的一种或一系列活动。

二、服务业的划分

我国服务业的统计范围与国际通行的范围基本一致，根据我国的标准国民经济行业分类，所有的产业部门划分为三个产业，第一产业是农林牧渔业，第二产业是工业和建筑业，第三产业是除第一产业和第二产业之外的部门，也就是服务业。

由于我国的服务业是在经济发展的不同阶段建立和发展起来的，因此，包括的范围广泛，既有传统的行业，如邮电业、交通运输业、商业饮食业、居民服务业、修理业等，又有新兴的服务部门，像旅游业、广告业、文化体育娱乐业、房地产开发及管理业、电子商务、金融业、软件业、信息咨询服务业等现代服务业。

基于服务业概念的相对性和多层次性，现代服务业有狭义和广义之说。从狭义来说，现代服务业是相对于"传统服务业"而言的，它伴随信息技术的应用和信息产业的发展而出现，是信息技术与服务业结合的产物。具体包括两类：一类是直接因信息产业和信息化的发展而产生的新兴服务业形态，如计算机和软件服务、移动通信服务、信息咨询服务等；另一类是通过应用信息技术，从传统服务业改造和衍生而来的服务业形态，如金融、房地产、电子商务等。从广义来看，现代服务业成长壮大和对传统服务业改造升级而形成的新型服务业体系，体现为整个服务业在国民经济和就业人口中的重要地位，以及服务业的高度信息化水平等方面。

三、现代服务业的特点

（一）知识和信息密集型

除了有些职业（如清洁、园艺等体力劳动的提供者）外，知识和信息密度型基本上可以说是服务业最重要的特征。为了提供价值，服务业要处理大量的信息并聘用高技术的、受过一定教育的劳动者。例如，要提供法律服务，需要那些具有法律学位的律师，律师事务所要处理大量的文本信息。医疗服务也是如此。金融服务要求在信息处理方面有很大的投资以追踪交易的情况和投资的情况。正是出于这些原因，所以很多服务特别适合应用电子商务和利用互联网的优点，这些服务是收集、存储、传递高质量的信息和提供可靠、快速的沟通。

（二）个性化和定制化

尽管几乎所有的服务都要求一定的个性化和定制化，但要求的程度有所不同。有些服务，如法律、医疗和会计服务，对个性化的要求很高——服务的提供者要根据个人或对象的需要来准确地调整服务。其他服务，如金融服务，则通过允许个人从有限的服务菜单中进行选择而从定制化中受益。互联网和电子商务技术提供个性化和定制化服务或提供服务组合的能力，是制约电子商务迅速发展的主要因素。未来服务业的扩张将部分依赖于电子商务企业将定制化服务转变为真正个性化服务的能力。

四、网络金融服务

金融，一般是指金融资产，也可以说是与金融资产流通和信用有关的各种活动。严格地讲，金融是指在社会经济生活中金融资产流通和信用活动以及与其相关联的一切经济关系的总和。具体地讲，金融作为一个经济范畴，其内容包括金融关系、金融活动、金融机构、金融工具、金融市场等一切与金融资产信用相关的经济关系和活动。在这里，融通的主要对象是货币和货币资金，而组织这种融通的机构则为银行的其他金融机构。因此，金融活动涉及货币、信用、银行和非银行金融机构、金融市场等诸多方面。凡是货币和货币资金的借贷、收付、有价证券的发行、转让和外汇的买卖，以及与上述活动密切相关的信托、保险等都属于金融活动。

金融机构是从事各类金融活动的组织，一般是指商业银行、保险公司、投资基金机构、证券公司、期货经纪公司等，在不同的金融机构中有着不同的金融业务。

网络金融是利用互联网作为金融产品、服务和信息的业务媒介，运用信息技术对金融业务相关流程进行重组，为客户提供全面的金融服务的一种模式，既包括传统金融服务在互联网的延伸，也包括互联网与金融相结合而产生的新形态，是信息时代的一种金融模式。其中，信息技术将数字化手段渗透到金融活动的各个环节，对金融服务提供者而言，信息技术显著提高了金融信息采集、处理、发布、检索等工作的深度和广度，为不断创新金融产品，不断改善金融服务提供了技术基础；对金融消费者而言，信息技术大幅拓宽了金融交易、支付结算、产品交割等工作的时间与空间，为提高金融服务覆盖面，提高金融业的普惠性和民主性提供了技术支持。

（一）网上银行

1. 网上银行模式

网上银行，包括两个层次的含义，一个是机构概念，指通过信息网络开班业务的银行；另一个是业务概念，指银行通过信息网络提供的金融服务，包括传统银行业务和因信息技术应用带来的新兴业务。在日常生活和工作中，我们提及网上银行，更多的是指第二种概念，即网上银行服务的概念。网上银行业务不仅仅是传统银行产品简单地向网上的转移，其服务方式和内涵也发生了一定的变化，而且由于信息技术的应用，又产生了一系列全新的业务品种。网上银行最早起源于美国，其后迅速蔓延到 Internet 覆盖的各个国家。美国安全第一网上银行（SFNB）从 1996 年就开始了网上金融服务。

目前国际上提供网上银行服务的机构分为两种，一种是原有的负担银行（Incumbent Bank），机构密集，人员众多，在提供传统银行服务的同时推出网上银行系统，形成营业网点、ATM、POS 机、电话银行、网上银行的综合服务体系，这种形式的网上银行占了网上银行总数的 90% 以上，国有四大银行工农中建都属于这类网上银行。另外一种是信息时代崛起的直接银行（Direct Bank），机构少，人员精，采用电话、Internet 等高科技服务手段与客户建立密切的联系，提供全方位的金融服务，如阿里银行。

2. 网上银行主要业务

随着银行电子技术的发展，网上银行的业务及服务功能也在不断地创新和发展，特别在发达国家，由于网上银行起步早，技术先进，网上银行几乎可以提供与传统的营业网点相同的服务。根据服务对象的不同，可以把我国网上银行划分为个人网上银行与企业网上银行。

（1）个人网上银行。个人网上银行是指银行通过互联网，为个人客户提供账户查询、转账汇款、投资理财、在线支付等金融服务的网上银行服务。使客户可以足不出户就能够安全便捷地管理活期和定期存款、支票、信用卡及个人投资等。

一般来说网上银行的业务品种主要包括基本业务、网上投资、网上购物、个人理财、企业银行及其他金融服务。

基本网银业务：商业银行提供的基本网上银行服务包括在线查询账户余额、交易记录、下载数据、转账和网上支付等。

网上投资：由于金融服务市场发达，可以投资的金融产品种类众多，国外的网上银行一般提供包括股票、期权、共同基金投资和 CDs 买卖等多种金融产品服务。

网上购物：商业银行的网上银行设立的网上购物协助服务，大大方便了客户网上购物，为客户在相同的服务品种上提供了优质的金融服务或相关的信息服务，加强了商业银行在传统竞争领域的竞争优势。

个人理财助理：个人理财助理是国外网上银行重点发展的一个服务品种。各大银行将传统银行业务中的理财助理转移到网上进行，通过网络为客户提供理财的各种解决方案，提供咨询建议，或者提供金融服务技术的援助，从而极大地扩大了商业银行的服务范围，并降低了相关的服务成本。

（2）企业银行。企业银行服务是网上银行服务中最重要的部分之一。其服务品种比个人客户的服务品种更多，也更为复杂，对相关技术的要求也更高，所以能够为企业提供网上银行服务是商业银行实力的象征之一，一般中小网上银行或纯网上银行只能部分提供，甚至完全不提供这方面的服务。

企业银行服务一般提供账户余额查询、交易记录查询、总账户与分账户管理、转账、在线支付各种费用、透支保护、储蓄账户与支票账户资金自动划拨、商业信用卡等服务。此外，还包括投资服务等。部分网上银行还为企业提供网上贷款业务。

除了银行服务外，大商业银行的网上银行均通过自身或与其他金融服务网站联合的方式，为客户提供多种金融服务产品，如保险、抵押和按揭等，以扩大网上银行的服务范围。

3. 网上银行特点

（1）降低银行交易成本。据国外资料统计，通过不同途径进行每笔交易的成本如下：营业网点为 1.07 美元，电话银行为 0.54 美元，ATM 为 0.27 美元，PC 为 0.15 美元，Internet 为 0.1 美元。可见，网上银行的交易成本为最低的。

（2）为客户提供更高质量的金融服务。网上银行与传统的营业网点相比，网上银行提供的服务是更加标准化和程序化的服务，避免了由于个人情绪及业务水平不同带来的服务质量的差异。

（3）提供的服务简便、快捷、不受时空限制，节约时间，降低客户交易成本。

（4）有助于树立银行良好形象。开办网上银行是一家银行的标志，社会公众能从中享受高质量的金融服务，增强了客户与银行的业务联系，提高了客户对银行的认知率，在无形中树立了银行的良好形象和良好信誉。因而，网上银行能增强银行的竞争力。

（5）业务智能化、虚拟化。传统"砖瓦型"银行，其分支行以物理形式存在，主要借助于物质资本，通过众多银行员工的辛苦劳动为客户提供服务。而网上银行主要依赖走终端机和互联网，借助现代技术让客户以自助形式自己在短时间内完成账户查询、资金转账、现金存取等银行业务。

（6）服务个性化。传统银行一般是单方面开发业务品种，向客户推销产品和服务，客户只能在规定的业务范围内选择自己需要的银行服务，而互联网为银行服务提供了交互式的沟通渠道，客户可以在访问网上银行站点时提出具体的服务要求，网上银行与客户之间采用一对一的金融解决方案，使金融机构在与客户的互动中，提供有特色、有针对性的服务，通过主动服务赢得客户。

（7）金融服务创新的平台。传统银行的业务创新主要围绕资产业务，针对商业银行的资产负债业务，进行资产证券化，对金融产品进行改造与组合，满足客户和银行新的需求。而网上银行侧重于利用其成本低廉的优势和互联网丰富的信息资源，对金融信息提供、企业资信评估、理财顾问、资金头寸控制、专家投资分析等业务进行创新和完善，提高信息的附加值，强化银行信息中介职能。

（二）网络证券服务业

1. 现状

2019 年深市股票成交金额 73 万亿元 同比增长 46.13%。2019 年，上交所债券市场总成交 221.79 万亿元。Wind 统计显示，截至 2019 年 12 月 31 日，全国已发公募产品的基金管理公司达 140 家，管理基金数量共 6084 只，管理规模总计 14.81 万亿，规模较去年（2018-12-31）增加 1.77 万亿。其中非货币理财基金资产规模总计 7.39 万亿，较去年增加 2.52 万亿。

同时，我国 2016 年基金交易规模为 11.1 万亿人民币。交易规模的提升，以及在世界范围内排名的提高，都说明中国的资本市场吸引力越来越大，如果能在互联网金融大潮下，对互联网技术加以应用，那么中国证券行业未来潜力十分巨大。

在互联网金融时代，未来金融行业对 IT 的投入主要集中在以下两个方面：一方面，数据收集及处理。通过数据可以帮助金融企业迅速精准地找到目标客户，并针对这些客户进行精准的广告投放。而随着营销手段和呈现方式的逐步丰富，已有的金融产品也更容易找到目标客户，使得金融企业在互联网上获取新用户的能力以及产品销售能力大大提高；另一方面，移动互联网。移动互联网是互联网的升级和进化，在互联网领域，各金融企业的竞争格局相对固定，未来谁能够在移动互联网占领先机，则会提前取得战略优势。

2. 网络证券服务运作模式

证券公司自身资源的调整、发展方向的转变，以及作为金融产品输出渠道的天然优势，使证券行业对互联网的应用和理解逐渐加深，并在实践过程中，从单纯的功能输出、产品输出向综合金融服务全方位嵌入发展。

（1）开户导向模式。由于长期以来证券公司都遵循"开户-佣金"的简单运营模式，因此自身资本实力较弱的证券公司在互联网应用上，首先想到的就是利用互联网开户，以牺牲佣金的方式换取客户规模的增长。这种模式比较简单。

开户导向模式的优势在于以下几个方面：首先，见效快。由于之前证券公司能够提供给用户的金融服务大多停留在股票交易层面，因此以低廉的佣金作为吸引，对现有用户的诱惑比较大，能够在短时间内，积累起用户规模；其次，手续便捷。由于功能比较单一，所以该模式能够成功的另一要素，就是使用方便。无论从外在呈现还是功能实现方面均做到最大限度的简便；最后，吸引关注。除了网上交易外，以低佣金的方式，用专门的网络平台实现网上开户转户，被视为证券互联网化的重要一步，因此能够吸引媒体的广泛报道，吸引社会关注。

（2）网上商城模式。证券公司开展零售业务，除了线下网点渠道以外，在线上最简单也最普通的方式就是开通网上商城。在原有官网的基础上，开辟"金融商城""产品超市"等子栏目，亦可以独立域名与官网形成联动。

网上商城模式的优势在于以下几个方面：一方面，可过渡性好。在互联网环境下，用户十分熟悉证券公司官网，因此不存在网上商城先期推广的问题，老用户可以迅速地知道证券公司开展了新的业务。另一方面，扩大影响力。证券公司开展零售业务虽有时日，但却很少有股民知道自己的券商有类似业务。加之售卖的产品透明度较低，使零售业务始终处于不温不火的夹层中。网上商城利用互联网超高的传播效率，在最短时间内让用户及合作伙伴了解证券公司的动态以及所售产品，扩大了影响力。

（3）O2O 模式。O2O 模式是证券行业基于行业本身特点，结合互联网金融环境，通过深刻思考金融的本质，进而总结出的证券互联网模式，这种模式生命力强，既能发挥证券公司的优势，又能融合互联网的优势，是互联网与证券相互结合所带来的飞跃。

证券公司可利用资本实力与互联网公司展开合作，在网络布局以获取潜在客户。但由于利益分配问题，强势证券公司与强势互联网公司之间的合作难以深入和持久，因此应与强势互联网公司以营销推广合作为主，而与金融垂直类媒体展开深度合作，实现更多功能的后台对接。

传统金融行业的用户十分担心网络环境的安全性，因此线下网点是可以有效打消他们安全性忧虑的因素之一。而且 Offline 部分，必须有大量的线下网点进行配合，尤其在二三线城市，对用户需要有一个实体的营业部进行服务承接。

证券公司的工作人员、客户经理需要对现有用户进行引导，把他们引到线上来，利用证券公司的网络渠道完成业务。同时，证券公司也及时扩大 IT 团队，尤其移动互联网研发团队，保证用户使用的流畅性、用户体验，以及新产品功能的开发。

（三）网络保险服务业

保险是指投保人根据合同约定，向保险人支付保险费，保险人对于合同约定的可能发生的事故因其发生所造成的财产损失承担赔偿保险金责任，或者当被保险人死亡、伤残、疾病或者达到合同约定的年龄、期限时承担给付保险金责任的商业保险行为。

互联网保险指保险公司或保险中介机构通过互联网为客户提供产品及服务信息以实现网上营销、在线投保、承保、核保、保全和理赔等保险业务，和通过第三方机构实现保险相关费用的电子支付。

2019 年，互联网财产保险保费收入 838.62 亿元，同比增长 20.60%，高出财产保险市场同期增长率近 10 个百分点。2017 年中国互联网保险规模保费将达到 1218.8 亿，渗透率将达到 4.5%。中国互联网保险高速增长的主要原因：首先，理财型保险产品网上销售热度大增，互联网车险保费收入增速在一个明显的上升通道；其次，互联网金融大热带动网民对于网购金融产品的认知度和购买率；第三，保险企业对与互联网渠道的重视度大增，加大力度拓展互联网渠道。

目前国内外比较常见的保险电子商务模式有以下几种。

（1）保险公司网站模式。保险公司网站模式是最初也是目前国内最常见的保险业电子商务模式，保险公司通过建立自己的网站向客户介绍本公司的保险产品和服务，并且提供与保险业务相关的各种信息。这种模式的主要目的是保险公司通过网络宣传和介绍自己的公司和产品，树立良好的市场形象。目前各大保险公司都构建了自己的企业网站，比如平安保险、中国人寿等。用户可以在网上获得绝大部分保险产品的咨询服务，但只有部分标准化的产品如车险、旅游保险等可以在线投保。

（2）保险产品网站模式。保险产品网站模式是指保险公司建立起独立的电子商务平台，实现保险产品的网上销售以及为客户提供电子化服务等功能。

（3）综合性网站模式。综合性网站模式在提供其他信息服务的同时，还常常提供金融和保险的网站链接，例如，在销售汽车主题下面，为客户设置汽车贷款和汽车保险的链接；在退休生活主题下面，设置养老保险的链接。

（4）网上保险经纪人模式。网上保险经纪人又被称为保险信息集合中心、搜寻器、保险超市或保险购物中心。这类网站是独立的，不为特定的保险公司进行宣传和服务。与传统保险经纪人完全不同，它专门提供各种保险产品的价格并对这些来自不同保险公司的产品进行比较。比如易保网、优保网。

（5）网上风险市场模式。这类网站扮演着风险交换站的角色，专门为保险公司、再保险公司和大型公司相互交换大型风险和风险组合提供场所和服务。

（6）反向拍卖模式。反向拍卖模式是指那些有特定的保险需求，或者保险采购额比较大的机构和个人通过专门的保险网站向保险公司发布求购信息，保险公司通过竞标的方式参与保险业务的交易。这是一种较为典型的 C2B 电子商务交易方式，政府机构、大型企事业单位购买大额保险时，这种方式最合适。

（7）第三方网上商城模式。第三方网上商城模式是我国一种新兴的网上保险模式，2010年年初，泰康人寿、华泰人寿、阳光保险、平安保险等保险公司登陆淘宝商城通过淘宝网销售旗下保险产品。目前淘宝网保险区在售产品主要是旅游意外险、综合意外险、交通工具意外险、家庭财产保险等四类。

（四）新兴网络金融服务模式

网络金融服务是通过深度利用互联网精神和技术所提供的融资服务，真正发挥了互联网有别于传统金融业在融资功能方面的优势。主要有三类模式，网络信贷（P2P）模式，众筹模式和阿里金融模式。

一是网络信贷（Peer to Peer，P2P）。P2P 最早始发于欧美发达经济体，以网络信贷平台作为借贷的载体和媒介，为个人与个人之间的借贷提供中介服务。目前 P2P 融资平台可分成两类：信息服务模式和担保赔付模式。一种是信息服务模式。借款人在平台上发布个人资料、借款需求和最高利率等信息，出借人通过利率竞价等方式与借款人达成借款协议。为了分散风险，一笔借款的资金可以由多个出借人提供。借贷过程中借贷双方自由发布信息，自主成交，网站仅充当撮合平台，通过收取中介费盈利，没有线下审核环节，不对贷款提供担保。如美国 Prosper 和中国拍拍贷。另一种是担保赔付模式。该类平台不仅起到提供借贷信息的中介作用，还全程参与借贷过程，包括考察借款人的资信情况，实时监测借款人的还款动向，帮助贷款人进行款项催收。当借款人迟延还款时，在一定条件下由平台先期垫付本金和利息偿还贷款人。典型代表是英国的 Zopa、美国的 Lending Club 和国内的宜人贷。其中，Lending Club 的创新之处在于其使用 Facebook 应用平台和其他在线社区将出借人和借款人聚在一起，借款人可以在 Lending Club Facebook 应用中发出借款请求。Lending Club 模式不仅划分信用等级，还规定了利率水平。宜信公司的"宜人贷"在国内 60 多个城市和 20 多个农村地区建立了强大的全国协同服务网络，为宜人贷平台两端的客户提供包括信用咨询、评估、信贷方案制定等多方面专业的全程信用管理和财富管理服务。此外，宜人贷还通过分散贷款和保障金制度降低出借人的风险。

二是众筹模式。"众筹"概念来源于"众包"（Crowdsouring）和"微型金融"（Micro-finance）。Mollick（2012）对"众筹"给出的定义为融资者借助于互联网上的"众筹"融资平台为其项目向众多投资者融资，每位投资者通过少量的投资金额从融资者那里获得实物（如预计产出的产品）或股权回报。美国的 Kickstarter 网站是一家典型的众筹融资公司，曾被时代周刊评为最佳发明和最佳网站。

三是阿里金融模式。阿里金融主要包括阿里小贷（阿里巴巴小额贷款在线服务）和"余额宝"两类业务。阿里小贷是小额贷款公司网络贷款平台的典型代表，成立于 2010 年，是中国首个通过互联网专门面向网商放贷的小额贷款公司。阿里小贷专注服务于阿里巴巴网及淘宝网平台上的小微企业和自主创业者，主要满足会员企业在生产经营过程中产生的流动资金需求。该模式金融服务特点：一是金额小、期限短、随借随还，且无须抵押物和担保人。二是从客户申请贷款到贷前调查、审核、发放和还款采用全流程网络化操作，申贷、审贷、放贷全流程在线完成，淘宝订单贷款最快仅需申请 3 分钟就放贷，即使阿里巴巴信用贷款，申请 7 天内也可获贷。三是阿里小贷整合了电子商务数据公开、透明、可记载的特点，解决了传统金融行业与个人及小企业贷款存在的信息不对称、流程复杂等问题，具有风险管理优势。

五、在线旅游服务业

（一）在线旅游的定义

依托互联网，以满足旅游消费者信息查询、产品预订及服务评价为核心目的，囊括了包括航空公司、酒店、景区、租车公司、海内外旅游局等旅游服务供应商及搜索引擎、在线旅行社（OTA）、电信运营商、旅游资讯及社区网站等在线旅游平台的新产业正处于快速上升期。该产业主要借助互联网，与传统旅游产业以门店销售的方式形成巨大差异，被旅游从业人士称之为"在线旅游"。在线旅游指的是通过网络的方式查阅和预订旅游产品，并可以通过网络分享旅游或旅行经验，而非通过在线（网络）的方式旅游或旅行。

在线旅游服务的核心价值，即提供旅游相关信息、提供形成安排预订服务的功能。

提供旅游相关信息。无论互联网发展到什么程度，客户都不可能自己在无尽的信息中自己整理和分析，所以他们都需要有这样的公司整理所有信息，但是这些公司提供的信息需要尽量客观中立，以便于他们做出明智的选择。随着社交网站的发展，OTA 需要提供更多客户产生的信息，即由其他利益无关方提供的信息，这些信息更客观更全面。

提供旅游预订服务。旅游预订服务最终也有存在的价值，因为用户在合理的价格区间内，他们趋向于选择方便、安全的预订模式。而价格透明和趋同性的增强，用户会逐渐使用以前已经习惯使用并且觉得安全的方式。

（二）在线旅游类型分类

（1）综合 OTA。以携程、艺龙、同程为代表，号召是一站式服务。酒店、机票、自由行、独家产品什么都做，目前携程依旧占据龙头老大的位置。

（2）媒体平台型。以去哪儿、酷讯、淘宝旅行、蚂蜂窝、穷游网等为代表，盈利模式是靠广告。其中去哪儿是旅游搜索引擎，酷讯、淘宝旅行是旅游搜索引擎，蚂蜂窝和穷游网则是 UGC 型在线旅游网站。

（3）垂直领域 OTA。这个类型的代表有途牛网，主要制作旅游独家产品，做单个 OTA 线；住哪网，专门做酒店业务。这种公司的优点是定位鲜明，在细分领域有较大的用户黏性。

（4）移动 APP。移动端又分为三类，一类是预订类，像携程、去哪儿等移动客户端；一类是工具类，比如"飞常准"等；第三类是企业的移动端产品，比如七天、如家的手机客户端；还有一类是旅行游记攻略共享，比如在路上、面包旅行等。

（三）在线旅游与传统旅游业的区别

在线旅游服务中介能够提供传统旅游中介的各种服务，例如提供一般的旅游信息，订票、购票、安排住宿和娱乐活动等。但是在线旅游服务中介也提供传统中介没有的服务，如旅游小常识，车票，机票信息（免费发送电子邮件、告知优惠价车票、机票信息），专家意见，驾车地图，聊天室，公告板等。有些网站还提供一些创新服务，例如在线旅游竞拍活动等。

在线旅游服务企业的收益模式包括直接收益（佣金）、广告收益、潜在顾客开发收益、咨询费收益、会员费或注册费以及收益分享费等。由于旅游网站及各种服务网站发展迅速，行业里似乎不再考虑信誉、顾客忠诚、品牌等原先一些十分关注的问题。但是，在线旅游服务业的竞争还是非常激烈的，利润率很低，客户忠诚度也不高，产品、服务的商品化很快。因此，价格透明，开展各种培养忠诚客户的活动依然是影响客户行为的主要办法。

在线旅游服务行业将会有三个重大的发展趋势。第一，在线旅游企业要用客户服务信息和相关的服务来提升自己的差异化优势，为客户提供价值。第二，旅游信息搜索功能越来越强大，这是指提供搜索相关旅游网站的服务网站，它们可以帮助消费者搜索优惠价格，并且比较旅游产品的价值。第三，在线旅游企业越来越多地使用社交商务的模式，向潜在的旅游者提供信息，而且利用旅游网站研究潜在客户的消费行为。

2005 年以来，利用社交网络（例如博客、微博、微信等）搜索旅游信息的现象越来越普遍，旅游者利用各种网站规划自己的行程。旅游回来，他们会在网络上晒体会，好的、坏的体验都会在网上分享。旅游企业、营销管理人员和其他各类管理人员都清楚地意识到社交网络在公司的在线经营中发挥着至关重要的作用。有时候，企业最重要的工作变成了关注第三方平台上游客究竟如何评价一家旅游企业。

旅游者在其"朋友圈"分享信息后，他们的需求和预期都会发生变化。他们希望获得更多的正确信息。社交网络已经把单独的在线销售活动转变为主动联系客户，它影响着旅游企业产品营销与配送的方法。不少社交网络有专门的旅游板块，它们的作用相当于旅游行业的渠道。

六、在线招聘服务业

（一）在线招聘的含义

在线招聘又称为网络招聘，是指企业通过互联网寻找和吸引候选人发送电子简历前来应聘，并借助互联网对其进行初步筛选而组织的一系列活动。网络就业市场把寻找工作的个人及招募有专门技术员工的企业联系在一起。

随着中国整体国民经济稳步增长，网络招聘雇主招聘需求也随之增长；据艾瑞咨询统计，2015 年底中国中小企业数量为 6890 万家，截止到 2018 年底，中国中小企业的数量已经超过了 3000 万家，个体工商户数量超过 7000 万户，贡献了全国 50% 以上的税收，60% 以上的 GDP，70% 以上的技术创新成果和 80% 以上的劳动力就业。

中小企业人才 需求旺盛，为网络招聘市场带来新的发展契机。中国网络发展迅速，网络招聘提供更多的服务能力和更好的服务水平。网络就业市场越来越普及，所以，求职者及招聘单位都不再使用（至少不再单独使用）传统的招聘广告和招聘方式，而是青睐网络招聘广告和在线招聘活动。除了在一些专门网站（例如前程无忧、智联招聘等）上刊登广告外，许多大公司都在公司网站上开辟专门的招聘板块，这样既可以降低招聘成本，又可以及时地填补岗位空缺。

（二）在线招聘行业模式分类

中国网络招聘行业典型模式分为综合网络招聘模式、移动招聘模式、社交招聘模式、垂直社交模式和分类信息网站模式。

（1）综合招聘模式，代表性企业有前程无忧、智联招聘等，综合招聘模式发展较早，这类企业目前是网络招聘的领军企业，市场份额超过 60%。

（2）移动招聘模式，其是网络招聘行业在移动互联网趋势下发展的新方向。目前在移动端发力的企业主要有前程无忧、智联招聘等综合招聘网站和大街网、Linkedin 等社交招聘网站。

（3）社交招聘模式，是基于社交圈子和职业人脉的招聘方式，代表企业有大街网、Linkedin 等网站。

（4）垂直招聘模式，是指专注于某个行业、特定人群或是某个特定区域的招聘服务，代表企业有拉钩网、猎聘网、南方人才网等网站。

（5）分类信息网站模式，代表性企业有 58 同城、赶集网等网站，这类网站主要发布蓝领人群的招聘信息，招聘业务只是这类网站的一部分业务。

（三）网络招聘未来发展趋势

1. 移动招聘

招聘企业持续发力移动招聘市场。移动互联网仍在高速发展，网络招聘行业借势发力移动端，早在 2011 年前程无忧就推出了手机招聘 App，随后各典型模式也开始注重移动端，特别是社交招聘类，如大街网等企业也推出移动 App 抢占移动份额。不过，由 PC 端转移而来和移动端新增的用户依然体量较小，未来有比较大的增长空间。

2. 多元人才服务

传统的网络招聘企业专注于线上招聘，以招聘业务为主。未来，结合线上线下提供人才测评、网络招聘、人事外包、教育培训等多元业务的企业才具有发展潜力。前程无忧、智联招聘等网络核心企业已经开始向多元人才服务战略进行转移。

3. 垂直招聘

目前 IT 技术、销售人才、高端人群、专业人群等垂直招聘已经比较受到行业内关注。拉钩网、猎聘网等垂直网络招聘网站正在崛起，未来针对细分人群的招聘服务将会迎来较快发展。

本章小结

（1）在网络上开展的零售业务称为网络零售（E-Tailing），在网络上开展零售业务的厂商就是网络零售商（E-Tailer）。

（2）按照配送渠道的不同将网络零售商分成五大类：邮购商、制造商直销、虚拟电子零售商、鼠标加水泥零售商、互联网集市。

（3）电子商店的前台功能一般包括会员登录、推荐商品、特价商品、热卖商品、多级桑普分类检索、商品搜索、购物车、收银台与订单生成、网站公告、顾客点评、留言板、友情链接、广告位、客户支持等；电子商店的后台管理功能一般包括口令管理、商品管理、订单管理、会员管理、网站管理、配送支付管理等。

（4）电子商店经营的核心要素包括产品定位、品牌管理、营销推广、网站建设、物流配送、售后服务、客户关系管理等七个方面。

（5）服务是具有无形特征却可给人带来某种利益或满足感的可供有偿转让的一种或一系列活动。从狭义来说，现代服务业是相对于"传统服务业"而言的，它伴随信息技术的应用和信息产业的发展而出现，是信息技术与服务业结合的产物。

（6）网上银行，包括两个层次的含义，一个是机构概念，指通过信息网络开办业务的银行；另一个是业务概念，指银行通过信息网络提供的金融服务，包括传统银行业务和因信息技术应用带来的新兴业务。

（7）网络金融服务是通过深度利用互联网精神和技术所提供的融资服务，真正发挥了互联网有别于传统金融业在融资功能方面的优势。主要有三类模式，网络信贷（P2P）模式，众筹模式和阿里金融模式。

（8）在线旅游指的是通过网络的方式查阅和预订旅游产品，并可以通过网络分享旅游或旅行经验，而非通过在线（网络）的方式旅游或旅行。在线旅游服务的核心价值，即提供旅游相关信息、提供形成安排预订服务的功能。

（9）在线招聘又称为网络招聘，是指企业通过互联网寻找和吸引候选人发送电子简历前来应聘，并借助互联网对其进行初步筛选而组织的一系列活动。网络就业市场把寻找工作的个人及招募有专门技术员工的企业联系在一起。

习题集

一、单项选择题

1. 哪种零售商最象网上零售商：（　　　）

A. 专卖店　　　　　B. 日用品　　　　　C. 邮购与电话订购　D. 杂货

2. 以下哪一项不是耐用品？（　　　）

A. 手机　　　　　　B. 服装　　　　　　C. 设备　　　　　　D. 家具

3. 以下哪个部门在网上销售的机会最小？（　　　）

A. 专卖店　　　　　B. 传统零售商　　　C. 汽油和燃料经销商D. 邮件定单目录

4. 大多数的零售商有以下哪项组成（　　　）

A. 拍卖商　　　　　B. 制造商　　　　　C. 传统零售商　　　D. 网上零售商

5. 以下都是目录零售商的挑战除了（　　　）

A. 印刷和邮递的高成本　　　　　　　　B. 建立一个可靠的网站

C. 提高毛利润　　　　　　　　　　　　D. 建立高效的订货发货系统

6. 以下哪一家企业属于鼠标加水泥型企业：（　　　）

A. 易趣　　　　　　B. 淘宝　　　　　　C. 联想　　　　　　D. 阿里巴巴

7. 以下哪一项占零售业的比重最大(　　)
A. 耐用品　　　　　B. 网上零售　　　　C. 餐饮　　　　　D. 杂货

8. 在服务业中最大的服务行业是(　　)
A. 金融．保险．房地产　B. 健康服务　　　　C. 商业服务　　　D. 旅游服务

9. 传统的金融服务提供者中哪一类提供财产保险(　　)
A. 银行　　　　　　B. 投资公司　　　　C. 信用卡公司　　D. 保险公司

10. 哪一类服务部门吸引了最多的电子商务受众(　　)
A. 在线佣金服务　　B. 在线银行服务　　C. 在线旅游服务　D. 在线职业服务

11. 在线旅游服务最大的收益部分来源于(　　)
A. 酒店预定　　　　B. 车辆预定　　　　C. 飞机/旅游预定　D. 飞机预定

12. 以下都是交易经纪的例子除了(　　)
A. 期货经济　　　　B. 房地产代理商　　C. 会计　　　　　D. 招聘代理商

13. 以下服务都对个性化要求很高除了(　　)
A. 合法的服务　　　B. 金融服务　　　　C. 媒体服务　　　D. 会计服务

14. 以下都是金融服务业的发展趋势除了(　　)
A. 工业合并　　　　　　　　　　　B. 数字金融服务
C. 纯网络公司比多种渠道公司发展迅速　D. 全球趋势

15. 以下哪一项是招聘业中最大的一部分(　　)
A. 综合职位招聘　　　　　　　　　B. 猎头搜索服务
C. 猎头公司服务　　　　　　　　　D. 介绍服务

16. 以下哪一项不是金融服务业的发展趋势(　　)
A. 储蓄和贷款　　　B. 资产保值　　　　C. 资产增值　　　D. 不动产买卖

17. 以下哪一项是网上消费者进行得最多的金融活动(　　)
A. 进行网上银行业务　　　　　　　B. 查询股票行情
C. 支付账单　　　　　　　　　　　D. 进行股票交易

二、多项选择题

1. 以下哪几项属于耐用品(　　)
A. 汽车　　　　　　B. 家电　　　　　　C. 服装　　　　　D. 家具

2. 以下哪几项属于易耗品(　　)
A. 汽车　　　　　　B. 百货　　　　　　C. 唱片　　　　　D. 药品

3. 以下哪几家企业属于鼠标加水泥型零售商(　　)
A. 沃尔玛　　　　　B. 易趣　　　　　　C. 阿里巴巴　　　D. 联想集团

4. 以下哪几家企业属于虚拟商家(　　)
A. 易趣　　　　　　B. 阿里巴巴　　　　C. 淘宝　　　　　D. 卓越

5. 制造商直销有哪几种销售模式(　　)
A. 供给推动模式　　B. 供给拉动模式　　C. 需求拉动模式　D. 需求推动模式

6. 金融服务业提供以下哪几种服务(　　)
A. 储蓄和贷款　　　B. 资产保值　　　　C. 资产增值　　　D. 资产的流动

7. FIRE 是指(　　)
A. 金融　　　　　　B. 保险　　　　　　C. 房地产　　　　D. 投资

8. 金融门户网站为消费者提供以下哪些服务(　　　)
   A. 比较购物服务　　　　　　　　B. 独立的理财建议
   C. 进行财务规划　　　　　　　　D. 进行股票投资
9. 网上旅游服务提供以下哪些服务(　　　)
   A. 预订机票　　　B. 预约租车　　　C. 预定旅馆　　　D. 预订游程
10. 企业可通过以下哪些方式来招聘员工(　　　)
   A. 印刷品分类广告　　B. 招聘会　　　C. 校园招聘　　　D. 职业介绍所

三、判断题（T—对　F—错）

1. 沃尔玛在网上和网下的销售都同样成功。　　　　　　　　　　　（　　）
2. 尽管网上零售商有非常高的失败率，却有更多的消费者在网上购物。（　　）
3. 汽车、家电、家具都属于耐用品。　　　　　　　　　　　　　　（　　）
4. 沃尔玛属于鼠标加水泥型零售商。　　　　　　　　　　　　　　（　　）
5. 制造商直销指绕过零售商这一中介，直接在网上向消费者出售商品。（　　）
6. 目录零售商以面向国内市场的网下目录零售为主要销售渠道。　　（　　）
7. 经济生存能力指企业在一定时期内作为有赢利的商业企业生存下来的能力。（　　）
8. 网上零售市场的进入成本远远低于现实中开设零售店面的开销。　（　　）
9. 虚拟商家收入几乎全部来自网上销售。　　　　　　　　　　　　（　　）
10. 保险公司一般可分为人寿保险公司及财产保险公司和灾害保险公司。（　　）
11. 现在，工作招聘中最主要的是决策层的招聘。　　　　　　　　（　　）
12. 金融服务业是信息技术中的最大投资者。　　　　　　　　　　（　　）
13. FIRE 指金融．保险和流动资产。　　　　　　　　　　　　　　（　　）
14. 交易经纪像中间人那样起到推动交易的作用。　　　　　　　　（　　）
15. 网上股票交易是发展得最快的金融活动。　　　　　　　　　　（　　）
16. 一般而言，既有固定营业网点又有可靠的网上产品的多渠道金融服务公司要比纯网上公司增长速度更快。　　　　　　　　　　　　　　　　　　　　　　（　　）
17. 网上旅游业主要由两部分组成：休闲旅游．不受限定的商务旅行以及有限定的商务旅行。　　　　　　　　　　　　　　　　　　　　　　　　　　　（　　）
18. 招聘网站受欢迎的原因主要在于它使求职者和招聘双方都节省了时间和金钱。
　　　　　　　　　　　　　　　　　　　　　　　　　　　　　　（　　）
19. 招聘服务是 Internet 上最成功的网上服务之一。　　　　　　　（　　）

四、名词解释

1. 供给推动模式
2. 需求拉动模式
3. 目录零售商
4. 制造商直销
5. 网络银行
6. 网络招聘

五、简答题

1. 电子商业的特点有哪些？
2. 电子商店的经营策略主要有哪些？

3. 按销售渠道分，电子零售的商业模式有哪些？

4. 你认为网络银行有哪些特点？

5. 列出并说明企业用来寻找和吸引求职者的 5 种传统的招聘方式。与新的网上招聘凡是相比，这些方式有哪些不足？

第四章　B2B 电子商务：供应链管理与协同商务

学习目标：

(1) 掌握 B2B 电子商务的概念。

(2) B2B 电子商务的特征。

(3) 掌握电子商务交易活动的类型。

(4) 掌握供应链的概念及特点。

(5) 了解供应链管理的特点。

(6) 了解电子供应链的概念。

(7) 掌握协同商务的概念及协同商务的内容。

开篇案例：阿里巴巴商业模式

阿里巴巴 B2B 公司是全球电子商务的领先者和中国最大的电子商务企业，其电子商务业务主要集中于 B2B 的信息流，是电子商务服务的平台服务提供商。阿里巴巴 B2B 着力于营造电子商务信任文化。其独具中国特色的 B2B 电子商务模式为中小企业创造了崭新的发展空间，在互联网上建立了一个诚信的商业体系。数据显示，阿里巴巴 2019 财年收入 3768.44 亿元，同比增长 51%。阿里表示，2019 财年为商家带来增量生意 9096 亿元，移动月度活跃用户数 7.21 亿人，新增 1.04 亿人。年度活跃消费者达到 6.54 亿，比去年同期上涨 1.02 亿。新价值方面，2018 年阿里巴巴向国家纳税 516 亿，带动纳税超 2500 亿；2018 年阿里巴巴平台创造 4082 万个就业机会；截止 2018 年 9 月，淘宝内容创业者数量 160 万等。

(一) 企业基本情况

阿里巴巴 B2B 公司的总部位于中国杭州，在中国大陆超过 30 个城市设有销售中心，并在香港、瑞士、美国、日本等设有办事处或分公司，2019 年 5 月阿里集团正式员工 10 万 8 千人，阿里巴巴集团是全球电子商务的领先者，是中国最大的电子商务公司，自 1999 年成立以来，阿里巴巴集团茁壮成长。到 2019 年已在多个业务领域开展业务：

●阿里巴巴国际交易市场（www. alibaba. com）——是阿里巴巴集团最先创立的业务，目前是领先的全球批发贸易平台。

●淘宝网（taobao. com）——创立于 2003 年，是以商务为导向的社交平台，通过大数据分析为消费者提供既有参与感又个性化的购物体验。

●天猫（www. tmall. com）——创立于 2008 年，致力为消费者提供选购品牌产品的优质购物体验.

●全球速卖通（www. aliexpress. com）——创立于 2010 年，是为全球消费者而设的零售平台，其主要买家市场包括俄罗斯、美国、巴西、西班牙、法国和英国。

● 1688（www. 1688. com；前称"阿里巴巴中国交易市场"）——创立于 1999 年，是中国领先的网上批发平台，覆盖普通商品、服装、电子产品、原材料、工业部件、农产品和化工产品等多个行业的买家和卖家。

● 蚂蚁金融服务集团——专注于服务小微企业与普通消费者。蚂蚁金融服务集团正打造一个开放的生态系统，与金融机构一起，共同为未来社会的金融提供支撑。蚂蚁金融服务集团旗下业务包括支付宝、蚂蚁聚宝、芝麻信用和网商银行等。

● 阿里云（www. alibabacloud. com）——创立于 2009 年，为阿里巴巴集团旗下的云计算业务，根据 IDC 基于 2016 年收入的统计是中国最大的公共云服务供应商。

● 阿里妈妈（www. alimama. com）——创立于 2007 年，是让商家和品牌在阿里巴巴集团旗下电商平台及第三方平台投放各类广告信息的网上营销技术平台。

● 菜鸟网络——是阿里巴巴集团的关联公司，致力于满足现在及未来中国网上和移动商务业在物流方面的需求。

（二）B2B 公司业务里程碑

1999 年，本为英语教师的马云与另外 17 人在中国杭州市创办了阿里巴巴网站，为小型制造商提供了一个销售产品的贸易平台。其后，阿里巴巴茁壮成长，成了主要的网上交易市场，让全球的中小企业透过互联网寻求潜在贸易伙伴，并且彼此沟通和达成交易。阿里巴巴于 2007 年 11 月 6 日在香港联合交易所上市，现为阿里巴巴集团的旗舰业务。

1999 年，阿里巴巴集团成立。

2000 年 10 月，推出"中国供应商"服务以促进中国卖家出口贸易。

2001 年 8 月，为国际卖家推出国际站"诚信通"会员服务。

2002 年 3 月，为从事中国国内贸易的卖家和买家推出中国站"诚信通"服务。

2003 年 11 月，推出通讯软件"贸易通"，让买方和卖方通过网络进行实时沟通交流。

2005 年 3 月，中国交易市场推出"关键词竞价"服务。

2006 年 7 月，淘宝大学课程推出，向买家和卖家提供电子商务培训及教育。

2007 年 11 月，阿里巴巴成功于港交所主板上市。

2008 年 4 月，淘宝网推出专注于服务第三方品牌及零售商的淘宝商城（现称"天猫"）。

2009 年 9 月，阿里巴巴集团庆祝创立十周年，同时成立阿里云。

2010 年 3 月，淘宝网推出专注于限时促销的销售和营销平台聚划算。

2010 年 4 月，全球速卖通正式推出，让中国出口商直接与全球消费者接触和交易。

2011 年 6 月，淘宝商城（现称"天猫"）从淘宝网分拆，成为独立平台。

2011 年 10 月，聚划算从淘宝网分拆，为独立平台。

2012 年 9 月，阿里巴巴集团完成对雅虎初步的股份回购并重组与雅虎的关系。

2013 年 5 月，阿里巴巴集团与多家物流公司共同创立菜鸟网络。

2014 年 2 月，作为天猫平台延伸方案的天猫国际正式推出，让国际品牌直接向中国消费者销售产品。

2014 年 9 月，阿里巴巴集团于纽约证券交易所上市。

2014 年 10 月，经营支付宝的阿里巴巴集团关联公司蚂蚁金融服务集团正式成立。

2015 年 6 月，阿里巴巴集团及蚂蚁金融服务集团宣布将合资成立中国本地生活服务平台公司口碑。

2016 年 7 月，阿里巴巴集团举办首届淘宝造物节，展示淘宝商家的创意和设计。

2017 年 3 月 21 日，阿里巴巴宣布全资收购大麦网，阿里巴巴集团副总裁、阿里文化娱乐集团秘书长张宇，出任大麦网 CEO。

2018 年 4 月 2 日，阿里巴巴集团、蚂蚁金服集团与饿了么联合宣布，阿里巴巴已经签订收购协议，将联合蚂蚁金服以 95 亿美元对饿了么完成全资收购。

2018 年 9 月 19 日，阿里巴巴首席技术官张建锋在云溪大会上表示，阿里巴巴将成立平头哥半导体有限公司，这使得阿里巴巴成为继 IBM、微软、谷歌和英特尔之后，全球第五家启动量子硬件研发项目的大型科技企业。

2019 年 3 月，NBA 中国与阿里巴巴共同宣布，双方将升级战略合作伙伴关系，在 NBA 视频内容和节目传播、电商和大数据等方面展开全面合作。

2019 年 7 月，发布 2019《财富》世界 500 强：阿里巴巴集团位列 182 位。

2019 年 9 月 6 日，阿里巴巴宣布与网易达成战略合作。阿里巴巴集团以 20 亿美元全资收购网易旗下跨境电商平台考拉，同时阿里巴巴作为领投方参与了网易云音乐此轮 7 亿美元的融资。2019 年 11 月 13 日，阿里巴巴已获准在香港发行股票，并开始为时一周的面向全球投资者的路演，然后在 11 月 25 日开始交易；13 日晚间，阿里巴巴集团在香港联合交易所网站提交了初步招股文件，正式启动香港 IPO 计划。港公开发售将于 2019 年 11 月 15 日上午 9 时正开始。11 月 26 日，阿里巴巴港股上市。

2019 年 12 月 16 日，中国工商银行与阿里巴巴、蚂蚁金服在京签署全面深化战略合作，加快构建数字金融的合作发展新生态。

2020 年 1 月 3 日，上榜 2019 年上市公司市值 500 强，排名第一。

二、电子商务业务模式内容和创新

在市场经济成熟的美国各行业前三大公司掌握着绝大多数的市场和资源，基本上所有的电子商务都是为这些大公司服务。但中国 99% 的企业都是中小企业 市场经济环境与美国迥然不同，这就决定了中国要发展电子商务就只能为中小企业服务，它不应该是美国电子商务的 B2B（Business to Business）概念，而应是商人对商人（Businessman to Businessman）的模式，通过互联网建立商务网站，可以帮助中国企业出口，也帮助国外企业进入中国；另外，中小企业和民营经济是推动中国经济高速发展的重要力量，中小企业使用电子商务是一种趋势。因此在 1999 年，阿里巴巴正式创立，其使命是"让天下没有难做的生意"。

阿里巴巴的电子商务业务主要集中于 B2B 的信息流，是电子商务信息服务的平台服务提供商。阿里巴巴实行会员制度，主要开展"诚信通"会员和"中国供应商"会员有偿服务。会员企业可以通过网站阅读行业新闻，了解行业市场动态，及时掌握供求状况，查询和发布供求信息。会员采购商和供应商通过阿里巴巴网站进行自由供需对接，达成企业间的合作与贸易。阿里巴巴作为平台提供者不介入会员企业间的交易行为，阿里巴巴网站分为中文站及国际站。

（一）营造电子商务信任文化——"诚信通"

马云认为在 B2B 领域，最终决定胜负的不是资金或技术，而是"诚信"。国内在线支付系统的不发达、邮政网络的滞后、诚信环境的缺位，使得安全支付成为电子商务发展的一大瓶颈。

2002 年 3 月，阿里巴巴启动了"诚信通"计划，该计划主要通过第三方认证、证书及荣誉、阿里巴巴活动记录、资信参考人、会员评价等 5 个方面，来审核申请"诚信通"服务的商家的诚信。该计划实施的结果显示，诚信通的会员成交率从 47% 提高到 72%。这是用传统手段而非技术手段来解决网络商家之间的信任问题。

在阿里巴巴构建的商务平台上"诚信通"档案是"诚信通"会员必填的基本信息。它用来展示会员的一些基本诚信情况，由四个部分组成：A&V 认证信息、阿里巴巴活动记录、会员评价、证书及荣誉。

在向商家提供服务的基础上，阿里巴巴每年向"诚信通"企业会员收取 2800 元的会员费，"诚信通"个人会员收取 2300 元的会员费。针对商家都希望自己的商品在搜索中排在第一位的心理，阿里巴巴推出了另外一项收费服务——"关键字竞价"企业可以通过竞价排名，锁定关键词，让自己的产品在众多的商品中排名靠前，从而获得更多的商业机会。据调查统计，有 85% 的买家和 92% 的卖家会优先考虑与诚信通会员合作，诚信通会员的成交率也是普通会员的 7 倍。

（二）主要产品——"中国供应商"服务

"中国供应商"服务是基于全球浏览量第一的商贸网站——阿里巴巴，为出口企业提供的向海外买家展示企业和产品的外贸推广服务。阿里巴巴通过全方位海外推广，让出口企业轻松接轨全球市场。

阿里巴巴向"中国供应商"会员主要提供以下服务

（1）提供专业企业商务网站，企业可全面展示产品及公司信息，更好地吸引全球买家的眼球。

（2）对企业进行第三方身份审核，确保企业的真实性，更好地帮助买家找到值得信赖的供应商。

（3）提供排名优先服务，帮助企业提升产品曝光率，抢占市场制高点。

（4）提供客户管理系统"My Alibaba"，轻松实现外贸信息一体化管理。

（5）通过海外分支机构组织参加国际展会，向与会买家派发光盘手册和产品目录帮助。企业实现线下展会和线上电子商务的一体化推广。

（6）提供外贸及电子商务实战培训服务，帮助企业提升外贸人员的电子商务实战及外贸能力。

（7）在国内开展会员俱乐部活动、帮助出口企业共享外贸管理经验，共赢同发展。

（三）安全的电子支付工具——"支付宝"

为解决电子商务支付环节的安全问题，2003 年 10 月阿里巴巴首先在淘宝网推出了独立的第三方支付平台——"支付宝"，正式进军电子支付领域。

2005 年 2 月，支付宝又推出了"全额赔付"制度，对于使用支付宝而受骗遭受损失的用户，支付宝将全部赔偿其损失。支付宝又将全额赔付制扩展至阿里巴巴，以及所有采用支付宝支付工具的电子商务公司。主动全额赔付以保障用户利益，在国内电子商务网站尚属首例，这一制度一方面显示了阿里巴巴解决电子商务支付问题的决心，也表现出对"支付宝"产品的绝对信心。

（四）促进贸易融通——全球速卖通

全球速卖通是阿里巴巴面向全球市场打造的在线交易平台，被称为"国际版淘宝"，也是中国唯一一个覆盖了"一带一路"沿线全部国家和地区的跨境电商平台。据统计数据显示，速卖通的用户已遍及全球 220 多个国家和地区，"一带一路"沿线国家用户占据了 45.4%，不仅如此，速卖通的业务还在持续扩大中。阿里巴巴国际平台不仅帮助国内的产品走出去，而且带动了许多"一带一路"沿线国家的中小企业产品"走进来"，增加了中国与"一带一路"沿线国家中之间的友好贸易往来。

天猫国际是阿里巴巴为国内消费者打造的直供海外原装进口商品的跨境电商平台。截至当前，天猫国际已将 4000 余个种类和两万多个品牌引入中国市场。预计未来 5 年，天猫国际将覆盖超过 120 个国家和地区。全球速卖通和天猫国际的推广，使"一带一路"沿线国家的跨境电商联系更加密切。如图 5 所示，出口指数越高，表明中国出口至该国的商品越多，进口指数越高，表明中国进口该国的商品越多。由表中可以看出，俄罗斯的出口指数最高，占比最大，其中阿里巴巴国际平台的作用不可忽视。在阿里巴巴的物流基础的投资下，中国运往俄罗斯包裹的日程大大缩短，由原来的 70 天缩短至 10 到 15 天，极大地刺激了俄罗斯消费者的购买欲。目前，国际速卖通已经成为俄罗斯电子商务市场占有率最高的平台，俄罗斯贡献了速卖通全年订单的 40%，运往俄罗斯的海外商品，有 90% 来自中国。

三、经济效益和社会效益

（一）经济效益

阿里巴巴独特的 B2B 商业模式带来了丰厚的收益：2003 年，阿里巴巴实现了每天收入 100 万元；2004 年，实现每天利润 100 万元；2005 年，实现每天税收 100 万元。

通过借助互联网，阿里巴巴创立了自己独特的经营模式：一是向全球买家展示中国企业，二是向中国企业提供国际买家，将中国企业长此以往的商业习惯向更高一级的行为阶层推进，使他们迅速地向网络商务靠拢，从而为海外企业所熟悉。

（二）社会效益

阿里巴巴集团未来的核心发展战略是，"建设电子商务基础设施，培育开放、协同、繁荣的电子商务生态系统"。而这一切都将统一在社会责任的大旗下。

实际上，阿里巴巴之所以把社会责任作为企业未来战略，与其在社会责任方面的作为分不开。阿里巴巴以信息服务平台开创的 B2B 模式在过去的五年中，用电子商务整合传统产业，创立了自己的品牌；其模式已经逐渐得到了社会的承认，为自己赢得了诸多的荣誉，在国内和国际产生了一定的社会影响。阿里巴巴对社会做出了很大的贡献，比如以下几方面。

1. 为中小企业赢得了新的发展空间

阿里巴巴的 B2B 电子商务的发展，给中国部分中小企业带来新的发展空间。会员企业通过公司网站了解到国内及国外市场变化，及时调整生产和生产物资采购，有助于降低企业生产成本，增强企业的竞争力。中国企业借助阿里巴巴信息服务平台展示，推广产品，打破了交易会受时间、空间和流通渠道的限制；其国际买家也呈全球分布状况。

2. 创立诚信体系，建立商业信用

2001 年，阿里巴巴联手全国工商联、国务院发展研究中心等部门共同发起倡议，在中国设立"9·19"诚信日。2002 年，阿里巴巴创造性地推出"诚信通"产品，提供对阿里巴巴会员企业和淘宝网商的认证服务，进行了网上诚信社区的建设，推动阿里巴巴网上商业信用的建立。互联网上搭建了一个诚信的商业体系，这是当前中国社会环境最为缺乏的东西。

四、发展特点

（一）突出诚信目标，努力打造阿里巴巴的信用体系平台

阿里巴巴通过"诚信通"服务来建立阿里巴巴网上信用。阿里巴巴的"诚信通"服务是一个交互式网上信用管理体系，将建立信用与展示产品相结合，从传统的第三方资信认证、合作商的反馈和评价、企业在阿里巴巴的活动记录等多方面，记录并展现企业在电子商务中的实践和活动。

针对阿里巴巴的不同会员，采取不同的措施以推进诚信建立。

1. 免费会员

对于阿里巴巴的免费会员，主要是采用事前和事后两种监督方法。由阿里巴巴信息编审部门、诚信社区和服务人员，对可疑信息进行盘查处理。

2. "诚信通"会员

"诚信通"会员的信用情况主要通过企业身份认证、证书及荣誉、会员评价、经验值的几个方面体现。同时，通过"诚信通"指数把上述值量化，供浏览者参考。阿里巴巴不直接介入会员之间的贸易纠纷或者法律事务，通过提供评价体系以及社区的一套投诉和监督系统来约束所有"诚信通"会员的行为。

3. "中国供应商"会员

阿里巴巴委托华夏国际企业信用咨询有限公司对"中国供应商"会员提供 A&V 信用认证。2005 年以前公司委托邓白氏国际信息咨询有限公司为"中国供应商"会员提供对国外企业的信用调查服务；2005 年改由奥美资讯提供。

（二）以客户为第一，以服务取胜

阿里巴巴以方便客户，为客户赢利为目标和作为取舍、衡量公司的业务标准；提供了各项增值服务方便用户，降低企业在交易中的难度。为缩减买卖双方的沟通周期，阿里巴巴推出了贸易沟通软件工具"贸易通"和"Trade Manager"，内嵌和集成了多项阿里巴巴的网上功能；据阿里巴巴统计，阿里巴巴的网上会员近 50% 是通过相互介绍得知阿里巴巴并使用该平台；各行业会员通过阿里巴巴商务平台双方达成合作者的占总会员比率近 50%。

（三）创立阿里学院，建立第一个企业商学院

2004 年 9 月 10 日，阿里巴巴和杭州电子科技大学、英国亨利商学院联合成立阿里学院，阿里学院是中国互联网行业中第一个企业商学院。学院成立的目的：一是培训客户，强化电子商务知识，包括做出口贸易的政策法规的培训；二是培养阿里巴巴内部员工，提升其业务能力。阿里学院成立的宗旨是"把电子商务还给商人"。帮助中小型企业和广大网商真正掌握并成功运用电子商务理念和使用电子商务平台，获得商业上的成功，提高企业的综合竞争力。阿里学院在不断的探索与实践中逐步形成了在线培训、现场授课和培训认证三位于一体的教学模式。阿里学院总部设在杭州，并在广州、上海、青岛等十四个城市设有培训分部，培训足迹遍布全国。阿里学院的课程主要针对"诚信通"会员和"中国供应商"会员，重点在于电子商务培训，包括电脑、网络操作、贸易和外贸知识，网站操作和产品使用。

五、发展计划

（一）努力提升服务范围和功能，面向未来构造生态化商业系统

阿里巴巴 B2B 公司认为，国内电子商务平台企业要进一步的突破，就必须在服务模式、服务环节、服务范围和服务功能上努力创新。具体的原因有三。

首先，电子商务交易服务的服务环节将从交易前向交易中和交易后延伸。电子商务交易服务平台的服务环节几乎都集中在交易前的环节，即搜寻和发布商务信息以降低交易成本。未来几年，电子商务交易服务平台将有选择地针对一部分类型的企业、产品和服务，提供在线成交和交割服务。从"产生交易"转向"管理交易"，阿里巴巴平台正在引领国内电子商务进入一个新阶段，在交易环节和交易范围上实现跃迁。

其次，电子商务的服务范围将从外部市场交易向企业内部运营渗透。电子商务通过提供在线软件和信息系统服务——如在线 ASP、CRM 和财务管理等，为企业提供全面 IT 运营服务。

再者，电子商务服务平台的服务将实现集成化。电子商务服务平台拥有海量客户以及理解和服务客户的能力，为服务体系中的其他角色——如信用、认证、支付和现代物流等提供了良好的运营环境，未来将有越来越多的信用、认证、支付和现代物流等服务集成于电子商务服务平台上，从而进一步提高整个电子商务服务业的服务水平。

（二）正视困难，抓住机遇，打造世界一流 B2B 网站

阿里巴巴认识到，在启蒙和起步阶段逐渐过去后，我国 B2B 产业的发展，仍面临诸多实质性难题。阿里巴巴 B2B 公司作为一家仅次于网盛生意宝（中国化工网）诞生于杭州、长于杭州的企业，在成长过程中一直得到了杭州市政府部门的指导和支持。在未来的发展中，阿里巴巴 B2B 公司将持续努力打造世界一流的 B2B 网站，继续巩固杭州这一世界级商业信息中心的地位，着力把杭州打造成"全球电子商务之都"。

（资料来源：根据网上资料编写）

第一节　B2B 电子商务的概念、特点及模式

一、B2B 电子商务的概念

B2B（Business to Business，有时写作 B to B）指的是商家（泛指企业）对商家的电子商务，即企业与企业之间通过互联网、外联网、内联网或企业的私有网络以电子形式进行产品、服务及信息的交换。这种交易可以发生在企业及其供应链成员之间，也可以发生在企业及其企业客户或任何其他企业之间。

B2B 的主要特点就是企业试图通过电子自动交易或沟通合作过程来提高它们自身的效率。推动企业开展 B2B 电子商务的要素多种多样，例如降低成本、提升竞争优势、利用宽带互联网平台、利用企业或是公共的网络交易平台，协调与供应商、客户间的关系，减少履约延误的现象，利用先进技术整合企业内、企业间的各种系统等。

二、B2B 的市场规模及发展历程

中国 B2B 市场交易规模近五年来一直保持稳步增长，iiMedia Research（艾媒咨询）数据显示，2019 年中国 B2B 市场交易规模达到 25.94 万亿元，预计 2020 年交易规模达 31.19 万亿元，年增长率均在 20% 以上。艾媒咨询分析师认为，受政策利好、市场需求、技术环境的影响，B 端市场发展迅速，未来企业采购规模将持续扩大，发展前景良好。

从各细分行业的发展来看，B2B 特别是中小企业 B2B 运营商近年来不断寻求运营模式与盈利模式的多元化探索和改革，从而推动整体交易规模的稳定增长。

从技术的发展角度来看，B2B 电子发展到现在经历了五个阶段（图 4-1）。第一阶段，企业主要是在线发布产品信息；第二阶段，企业进行在线订购；第三阶段，企业更多地进行个性化定制化；第四个阶段，协同商务、移动商务、供应链优化、多渠道经营成为企业电子商务发展的重点；第五个阶段，包含了与供应商、买家、政府机构、其他商业伙伴的协同，还包含企业内部、外部供应链的优化及智能销售系统。

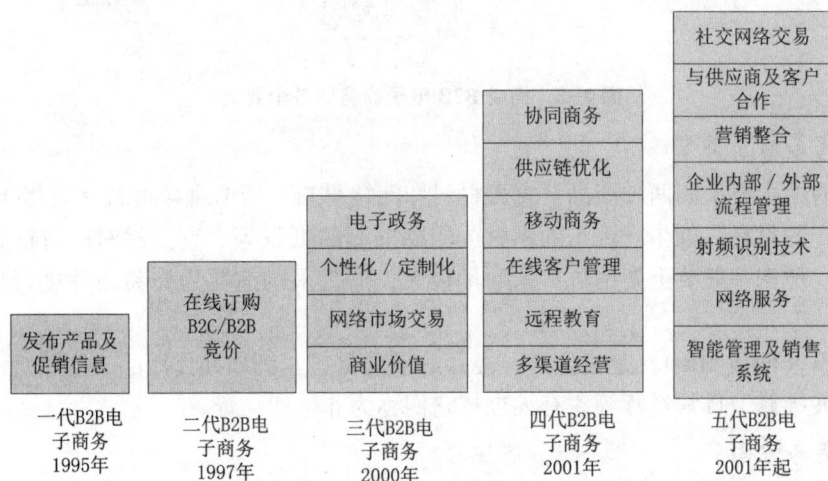

图 4-1　B2B 电子商务发展历程

三、B2B 电子商务的特征

B2B 电子商务交易有着各种特征。

（一）交易各方组成：买方、卖方、中介（图 4-2）

B2B 电子商务可以在制造商与客户之间直接进行，也可以通过网络中介进行。中介是第三方，由其在买卖双方间撮合交易。中介可以是虚拟的，也可以是砖瓦加水泥式的双渠道中介。阿里巴巴是将买家和卖家集成在一起的网络平台，是典型的 B2B 电子商务中介。

（二）企业如何进行 B2B 交易

B2B 电子商务交易有现场（实时）采购及战略（系统）采购两种主要形式。现场采购指的是一旦有需求就购买商品或是服务，购买的价格是随行就市。买卖双方不一定要预先建立合作关系。股票交易和期货交易都属于现场采购的形式。战略采购则是基于长期合同的购买活动。买卖双方相互是了解的。

现场采购一般是临时决定，实时购买的，因此在公共交易网络上完成比较省时省力。而战略采购则需要双方面对面谈判，这种谈判可以在线进行，也可以离线进行。

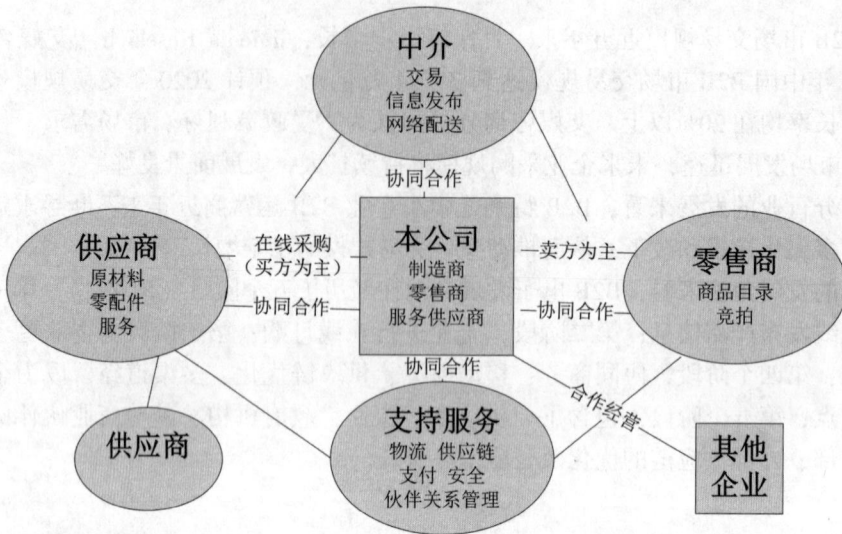

图 4-2　构成 B2B 电子商务的各个要素

（三）交易商品类型

B2B 交易中主要采购两种商品：直接材料和间接材料。所谓直接材料（直接 MRO）是指直接用于生产的材料，如生产汽车的钢材、印刷书籍的纸张等。直接材料的特征是一般可以预测和计划。他们一般要上架销售，采购量很大，而且采购前要为交易条件进行长时间的讨价还价。

间接材料（间接 MRO）是指生产、经营的辅助材料，例如办公用品、照明灯泡等。企业用它们来开展维修、日常经营等。有人也将它们称为非生产物资。

（四）交易方向

B2B 电子商务市场可以分为垂直市场和水平市场两种。垂直市场是只针对一个行业细分的市场，例如电子产品市场、汽车市场、医疗设备市场、钢材市场、化工品市场等。而水平市场则是供应各个行业都能使用的商品、服务市场，例如办公用品市场、电脑市场、旅游市场等。

B2B 电子商务市场的特征取决于市场上交易什么商品以及交易的形式。例如我们可以这样来对 B2B 电子商务市场来分类（表 4-1）。

表 4-1　电子商务市场分类

MRO / 采购策略	直接 MRO	间接 MRO
战略性采购策略	纵向分销商	横向分销商
现场采购策略	纵向交易所	横向交易所

三、B2B 的优点

B2B 的优点取决于采用的模式。总的来说，B2B 的主要优点如下。

（1）提供新的销售（购买）机会；

（2）降低销售成本（对卖家）；

（3）降低采购成本（对买家）；

（4）降低企业的管理成本；

（5）由于供应商之间的竞争加剧（价格的透明度也有所增强）和库存水平降至最低限度，企业的库存成本大幅度下降；

（6）通过减少文档处理工作和自动完成采购流程中的某些工作来减少交易成本；

（7）通过确保零部件的"准时交货"来增强企业的生产弹性；

（8）通过加强交易双方的合作和减少质量纠纷来提高企业产品的质量；

（9）通过与供应商共享产品涉及和制造计划来缩短企业的生产周期；

（10）增加企业与供应商和销售商的合作机会；

（11）形成更加透明的价格——实际的买卖价格在市场上一目了然。

B2B 的使用对买卖双方有利，但可能会淘汰分销商和零售商，这种现象被称为去中介化。

第二节　B2B 电子商务交易活动的类型

买方和卖方的数量以及 B2B 中使用的参与程度与模式决定了 B2B 交易的基本类型。具体分为卖方模式、买方模式、交易市场模式、供应链及协同商务模式（图 4-3）。

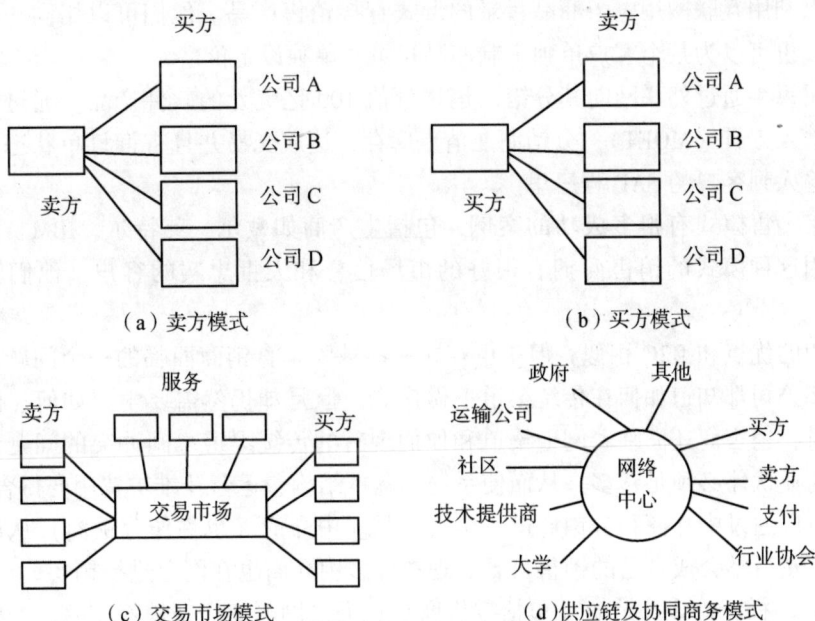

（a）卖方模式　　　（b）买方模式

（c）交易市场模式　　　（d）供应链及协同商务模式

图 4-3　B2B 电子交易市场分类

一、一对多：卖方电子交易市场

卖方模式（图4-4），就是一个卖家面对多个买家，类似于直销B2C模式，即生产商或零售商通过电子商店致谢向消费者销售商品。在B2B电子交易市场中，卖方可以是向零售商、批发商或是其他企业销售商品的生产商。如宝钢、英特尔、思科、戴尔。也可以是向零售商、批发商或是其他企业销售商品的分销商，如固安捷。在两种情况下，卖方电子交易市场都包括一个卖家和多个买家。在这种模式中，个体消费者和企业买家可能会使用同一个卖方电子交易市场，他们也可能会使用不同的市场。

图4-4　卖方电子交易市场结构

这种B2B模式的结构和B2C电子商务的相似，主要区别在于流程的不同。比如说，在B2B中，大用户可以拿到定制化的产品目录和价格。通常情况下，企业会划分B2C和B2B订单。这样做的原因是B2C和B2B的订单履行流程以及定价模式不同。

一对多模式主要有三种营销方法：①通过电子目录销售；②通过正向拍卖销售；③谈判达成长期的合同下的一对一销售。

（一）通过电子目录销售

企业可以利用互联网用电子商品目录的形式直接销售产品。他们可以用同一种目录面对所有的客户，也可以为某个客户单独定制商品目录，单独设定价格。

微软公司每年通过外联网向其分销商销售价值100亿美元的软件产品。通过微软基于外联网的订单输入工具（MOET），分销商能清点库存，达成交易并且查询订单状态。网上订单信息能自动输入到客户的SAP程序里。

B2B直接销售模式有很多成功的案例，包括生产商如戴尔、英特尔、IBM、思科、宝钢等，只要使用这种模式的销售商拥有很好的市场信誉和大批忠实的客户，他们就可以取得成功。

尽管直销的优点和B2C相似，但是也存在一些缺陷。直销商面临的一个问题就是如何找到买主。许多公司都知道如何在传统渠道下做广告，但是却仍然需要学习如何在网上联系潜在买家。同时，销售商还面临着网上渠道和他们现有的传统渠道之间冲突的问题。另一个缺陷是，在线商业伙伴必须足够多，从而使系统的基本结构、运营及维护费用变得合理。

企业也可以通过中介商和分销商进行销售商品。中介商（也称作分销商）从许多卖家那里购买商品，然后整合成自己的销售目录。现在许多中介商也在网上进行销售。

如同B2C一样，许多分销商（包括零售商）也通过网上商店来销售产品。一些知名的针对企业的分销商如沃尔玛的山姆会员店等。大多数网络分销商都在水平市场上销售，这也意味着它们向不同行业的公司销售产品。但也有一些只针对一个行业（垂直市场）。大部分中介商都以固定价格销售产品，但也有一些会提供数量折扣。

（二）通过正向拍卖销售

竞价销售在 B2B 电子商务中十分普遍。许多企业使用正向拍卖的形式将自己不需要的物资和设备处理掉。在这种情况下，需要处理的商品会在拍卖方展示（有的是在企业，有的是在拍卖行）。对于 B2B 销售商来说，正向拍卖有如下好处。

（1）获得收益。正向拍卖支持在线、离线的各种销售活动。正向拍卖方便企业快速、便捷地处理多余物资，退回各种商品，为企业提供了一个新的渠道。

（2）节省开支。拍卖活动不仅为企业带来收益，而且可以降低企业运营成本。这实际上就增加了利润。

（3）提升了"黏度"。正向拍卖有助于提供网站"黏度"，也就是签字客户可以在网站上停留的时间。黏度是客户忠诚度的一个重要指标，黏度越高，预期的营运收入也就越高。

（4）开发新会员，提高转化度。组织拍卖活动会增加网站的注册会员，他们有可能成为将来的客户。

公司可以在自己的网站上拍卖。像 GM 和宝钢之类经常进行拍卖的大型知名公司都会在自己的网站上建立一套拍卖机制，它们会支付建立、运营以及维护该拍卖网站的费用。但是，如果公司已经有一个通过电子目录销售的电子市场，进行拍卖的额外成本也不会很高。

公司也可以利用中介商来进行拍卖。中介商能够提供增值服务来吸引许多潜在买家来访问该拍卖网站。中介商可以通过自己的或者是卖家的网站为卖家进行私下拍卖。公司也可以借助第三方（如易趣）在公开市场上进行拍卖。

利用第三方拍卖网站有许多有利的地方。第一，企业不需要为拍卖投入资金，如购置硬件、宽带、雇佣技术人员等；第二，企业不需要承担为处理冗余资源发生的人员成本和机会成本；第三，B2B 拍卖中介网站运营速度快，可以帮助企业开展实实在在的、定制化的拍卖活动。如果不是利用中介，普通的企业一般要花几周的时间才能在公司自己的网站上开始拍卖。

利用中介还有一个好处是账单的处理和资金回笼快。因为这些工作都是由中介来完成的。例如中介可以帮助客户企业逐一计算商品装运重量，然后向客户企业收取运输费，运输费一般与佣金合并收取。当然这些服务不是免费的，中介收取用佣金是因为它们为客户带来了方便，也提供了增值服务。

利用中介的另一个好处与谁拥有并控制拍卖信息有关。在中介商举行的专场拍卖中，中介商以公司的名义而不是自己的名义来组织拍卖。但是中介商要负责收集网上流量、网页浏览以及会员注册的数据，设置所有的拍卖指标（交易费用结构、用户界面、报告），并整合信息流和物流。当然，如果公司要处理闲置资本，而不想公之于众，其明智的选择便是借助中介商组织的公开拍卖。

（三）谈判达成长期的合同下的一对一销售

除了普通类型的拍卖外，在电子商务中，还可以通过在线谈判的形式进行成交。在谈判过程中，买卖双方轮回议价并最终达到一个共同的可接受价格。在现实世界中，谈判也是一种众所周知的方法，特别是对于某些价格昂贵或者特殊的产品，如房子、汽车以及珠宝等。谈判中还会涉及一些非价格方面的因素，如运输、担保、支付方式以及信用等。电子市场的出现，使得谈判可以涉及几乎所有的产品和服务。

为了完成交易，买卖双方需要按照以下过程来进行。

（1）搜索。谈判开始之前，需要搜索有关产品和买卖双方的所有信息。

（2）选择。买卖双方需要决定买（卖）什么以及选择哪个买家（卖家）。这时，买家需要根据自己选择的标准（如价格、担保、有效性、交货时间以及卖家声誉），对所采购的产品和提供该类产品的卖方进行评估。

（3）谈判。谈判阶段主要焦点是确定交易的条款，如价格、产品质量、交货期以及支付方式等。根据产品、谈判对象以及市场的不同，谈判的持续时间和复杂性也不同。

（4）反复选择与谈判。按顺序重复上述步骤，直到达成一致的结果，并且签订合同。

（5）交易完成。在确定了产品、供应商和价格之后，最后一步就是完成交易。该步骤的工作包括根据谈判阶段确定的条款进行在线支付和产品的运送。其他活动，如客户服务、担保以及退款等也在该阶段实施。

二、多对一：买方电子交易市场和电子采购

在卖方为主的网络市场中，买方的采购部门有时需要人工输入订单信息。此外，靠人工搜索网络店铺或者网络卖场，对产品和商家进行比较，也是很费时费力的事情。因此，一些大型买家会开设自己的采购市场，称为买方为主的网络市场，由买方邀请卖方出价并完成订购活动。我们用采购表示企业购买商品和服务的活动。

采购管理指的是企业为了实现自己的经营目标购买商品、服务过程中的计划、组织、协调和控制等工作。其中包括了 B2B 电子商务中的易耗品及服务的购买，还包括信息的流动和商务关系的构建。

采购活动环节繁复，所以费时也很长。一般的采购活动要包括以下一些环节。

（1）搜索商品：利用搜索引擎、商品目录、展示厅、商品展示会等搜索商品。

（2）了解商品的属性和交易条件：利用商品比价引擎、质量报告、商品及商家调研等手段对商品进行比较。

（3）谈判或参加团购：利用智能软件同商家进行商务谈判。

（4）签署协议或合同：利用合同管理软件签署合同、安排融资、购买保险。

（5）制作采购订单：利用计算机辅助系统制作订单，确定每次采购的时间和数量，制定采购人。

（6）确定包装、运输和配送方式：利用在线追踪的方式或射频识别技术来追踪货物运输情况。

（7）安排出票、支付、费用核算、管理、预算控制等事宜。

图 4-5 显示的是传统采购流程，它的效率很低。例如，如果采购的商品价值很高，采购人员一般会花费很多的时间和精力去完成一项采购工作。这些工作包括确定供应商，就价格和其他交易条件进行谈判，与战略伙伴建立合作关系，对供货商进行评估和认证，等等。如果采购人员忙于采购低价值的维修保养用品，他就不会有足够的时间和精力去应付大件商品的采购。

传统采购流程中还有许多影响工作效率的因素，例如供货商送货延迟，匆忙订购导致采购价过高，等等。采购中还有一种低效工作称为即兴式采购，这是指为了应付急用，计划外的购买活动，这样做的结果就是谈判不够深入，导致采购价格过高。

为了扭转上述局面，企业就需要改造自己的采购流程，调整采购冒失，特别是可以启用网络采购（在线采购）。

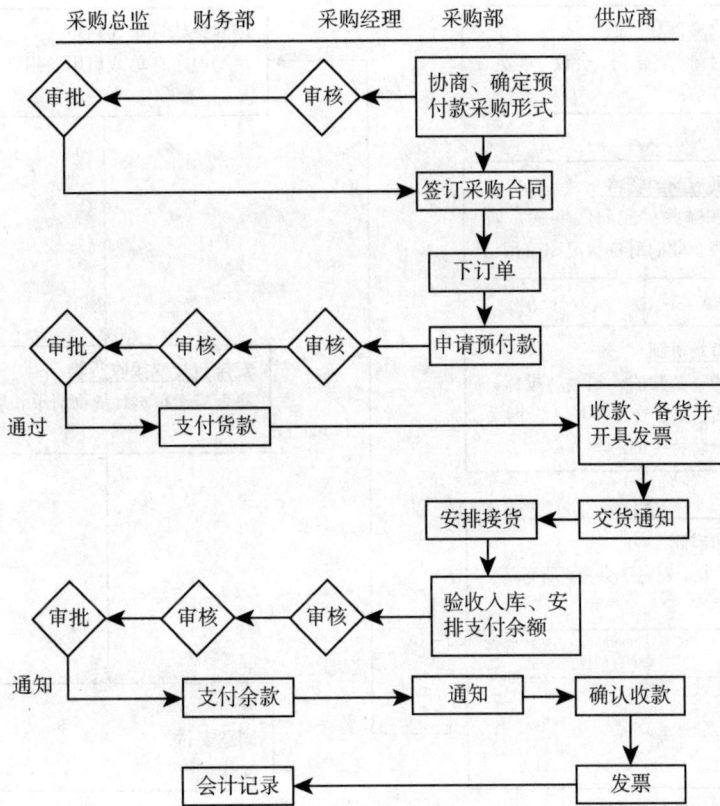

图 4-5　传统采购流程

　　网络采购指的是利用互联网（或 EDI 专用网络）在企业间开展商品、服务等的购买活动。

　　网络采购其实不仅指采购一项工作。这是一个综合性平台，就是利用互联网方便、快捷、低成本地采购商品，而且要与企业的基本目标相吻合。如今的经营环境要求企业关注经营目标，缩短商品的市场化周期，提升全球竞争力，网络采购有助于企业更加顺畅地完成采购任务，做好企业的核心工作，提高盈利能力。

　　通过信息技术对采购的改进已经进行了几十年。改进的真正契机在于电子采购的使用，即公司通过网络购买商品和服务。网络采购可以细分成四种形式：①在公司自己网站上购买；②在卖方的网络店铺购买；③在交易平台上购买；④在其他网站上购买。不管哪一种方式，都涉及以下几个环节，图 4-6 为常见的电子采购流程。

　　通过简化并自动化复杂的采购流程，采购人员可以把注意力集中在更多战略采购上，并能实现以下目标。

　　（1）提高采购人员的生产率（节约更多的时间和减少工作压力）；

　　（2）通过商品标准化、逆向拍卖、数量折扣和合并采购来压低购买价格；

　　（3）改进信息流和管理（例如供应商的信息和价格信息）；

　　（4）尽量减少非合约购买；

　　（5）改进支付流程，加快支付以节约资金（对卖方而言）；

　　（6）与供应商建立有效的合作关系；

　　（7）确保每次准确交货；

寻找供应商和产品 电子目录、宣传册、会议、展览、电话、访问	创建采购订单（PO） 填写电子订单或启用备用订单

确认供应商的资格 可以和哪些供应商做生意？研究这些企业的财务状况和信用	

选择市场机制 私有的、公共的、拍卖（投标）交易所、实物交易市场（投标系统有一套特殊的流程）	安排装货或接收货物 检查装运单据、货物清单和质量

比较和磋商 比较价格、财务、交货、质量等。选择卖家	

采购安排 签订合同 安排付款	支付 同意支付 安排转账

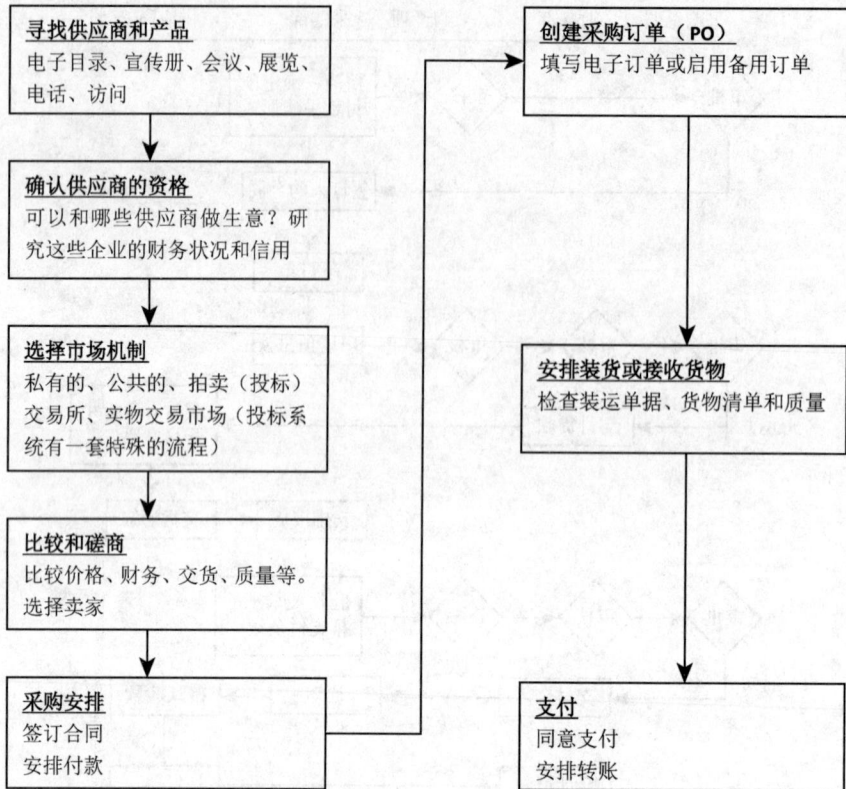

图4-6 买方电子采购流程

（8）通过自动化减少订单填写和处理时间；

（9）降低对采购人员技能和培训的要求；

（10）减少供应商数量；

（11）精简采购流程，使其简洁，快速；

（12）简化发票对账和问题调解程序；

（13）降低每张订单的管理成本；

（14）寻找能够快或更便宜地提供商品和服务的供应商；

（15）在采购中实现预算控制；

（16）将购买或发货过程中的人为错误减至最低；

（17）监管和规范采购行为。

电子采购的一种重要方法就是逆向拍卖，即供应商被邀请来投标，出价最低的中标。在B2B逆向拍卖中，买家可以在自己的网站上创建一个电子交易市场，并邀请潜在的供应商向自己需要的商品投标。这种逆向拍卖中的"邀请"是一份叫作报价请求的表格或文件。

政府和大公司经常举行逆向拍卖，除了可以节省可观的资金，网上流程速度更快，而且管理费用更低。它还能帮助买家找到最便宜的产品和服务。

图4-7展示了逆向拍卖的流程。第一个步骤是向潜在买家发出投标邀请。收到投标后，买家的合同和采购部门人员对投标进行评估，并决定接受哪个投标。

首先，由采购部门拟定招标采购工作计划；计划主要内容包括招标物资名称、规格、数量、技术质量标准、估价金额、用途、招标时间、聘请专家人数，然后报公司主管领导批准

第一步　公布招标邀请

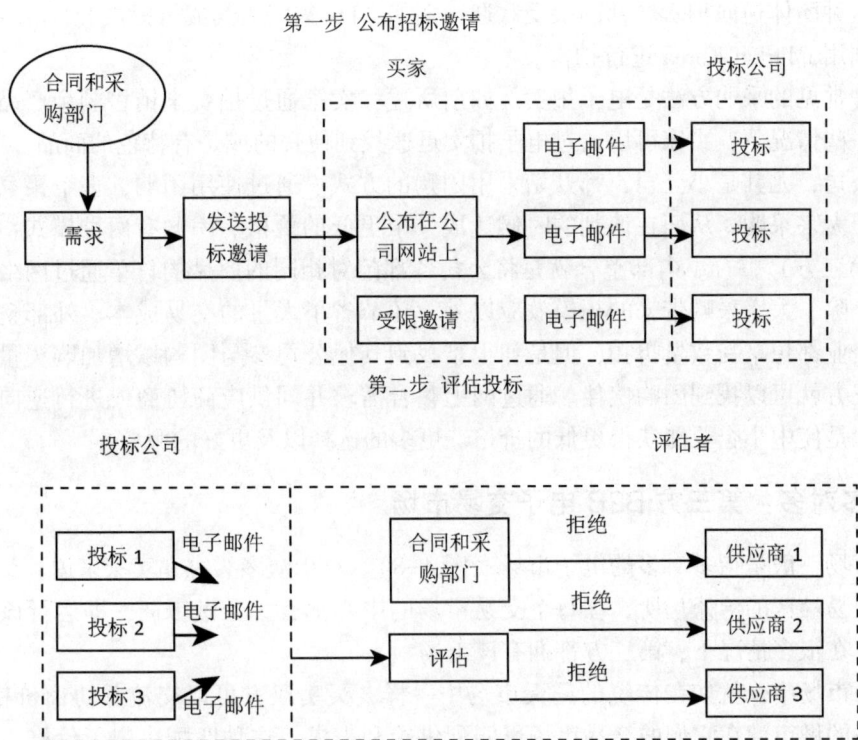

图 4-7　逆向拍卖流程

后，按确定的投标方式开展招标工作。招标工作本着"公开选购、公平竞争、公正交易"的原则，严格按程序办事；任何人不得更改程序和私自插进未经确定的单位参加投标，不得私自与供应商串通，泄露招标秘密，如有违反，严肃处理。

采购部门于投标截止日前若干个工作日在网上发布招标公告；凡是与招标有关的内容，需要向投标人公开的，一律在网上发布；不能公开的，也不能私下泄露给任何投标方。采购部门应当根据采购项目的要求认真编制招标文件；招标文件分为两个部分，即"招标标书"和"投标须知"。采购部门在投标供应商提供招标文件前，应按招标文件要求对投标供应商资信进行预审。

供应商根据招标文件的要求编制投标文件；投标文件加盖供应商单位印章并由法定代表人或其授权代理人签署后，以电子文档的方式在投标截止前，通过加密邮件发送给招标指定的邮箱；在招标规定的截止时间前，按招标所规定的金额或比例缴纳投标保证金，通过网上电子银行汇入招标办公室指定的银行账户；投标截止时间前，供应商可以提供补充、修改文件（亦按规定密封），也可以书面申请撤回投标，这些文件可以采用加密邮件形式传送至招标指定的邮箱。

采购部门按规定的时间和地点组织开标，开标时应当众检查和启封投标书，宣读供应厂商投标文件，宣布评标、定标的原则和办法；评标委员会依照"公正、科学、合法"的原则和招标文件要求进行评标；评标结束后，采购部门应在三个工作日内以电子文档的形式向中标厂商发出《中标通知书》，同时向落标厂商发出《落标通知书》；中标单位在接到《中标通知书》后，应按通知指定的时间、地点，签订物资供需合同。

B2B 逆向拍卖可以在私有市场上进行，也可以由若干个买方公司组团，在发起者的网站上进行。这种团体逆向拍卖在韩国很受欢迎，例如，LG 集团为其成员提供 LG MRO 拍卖，三星集团则利用 iMarket Korea 进行拍卖。

另一种常见的采购方法是电子拍卖。如前所述，卖家通过拍卖来销售剩余产品甚至普通商品。在一些情况下，买家可以通过电子拍卖迅速找到便宜的或是有特色的商品。

许多公司，尤其是小公司，都开始采用团购的方式。通过使用团购，多个买家的订单能整合成一个大宗采购，从而在谈判的时候达成一个更低的价格。团购有两种模式：内部整合与外部（第三方）整合。内部整合就是将公司各部门对相同的商品的订单通过网络整合并且自动补给。除了大宗采购带来的规模效应以外，还节省了大量的交易成本。外部整合是因为很多中小企业都想享受数量折扣，但是却很难找到其他公司参与团购以增加购买量了，但通过外部第三方就可以找到团购伙伴。通过网上整合需求并同供应商协商或进行逆向拍卖，第三方的理念是使中小企业能获得更低的价格、更多的选择以及更好的服务。

三、多对多：第三方 B2B 电子交易市场

交易市场一般是指多对多的电子市场（图 4-8）。对于众多买家和卖家来说，交易市场是一个电子交易社区的洽谈场所，在每个交易市场的中心都有一个做市商，即运行该交易市场的第三方。在很多情况下，第三方都拥有该市场。

在交易市场中，就如在传统的露天市场中一样，买卖双方可以交流并协商价格和数量。垂直和水平的做市商在它们的交易市场里匹配供给和需求，这种匹配决定了价格。这一价格通常是动态的并随着供给和需求的变化而变化。动态定价是指价格随时间快速变化，而且不同的客户可能面对不同的价格。股票市场和拍卖市场就是动态定价的典型例子。

在大多数交易市场中，产生动态定价的主要步骤如下。

（1）公司公布待采购的买价或待出售产品的卖价；

（2）拍卖（正向或逆向）开始进行；

（3）买家和卖家能看到买价和卖价，但可能看不到是谁公布的。匿名是动态定价的决定因素；

（4）买家和卖家对买价和卖价进行实时交流。有时候买家会联合起来获得一定数量的折扣价格（团购）。

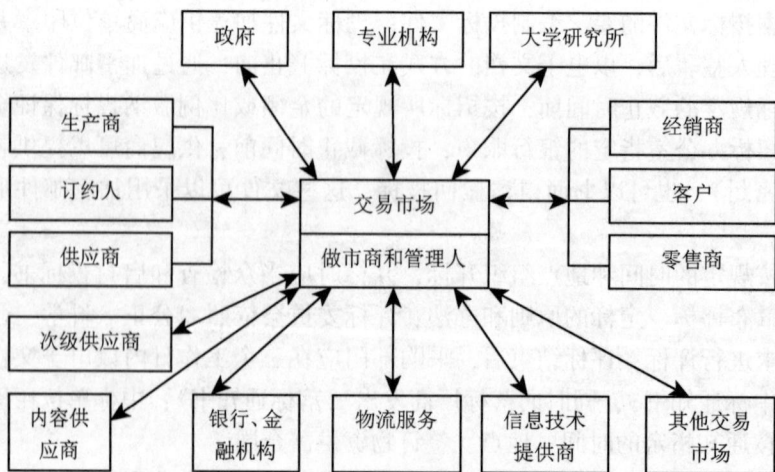

图 4-8　交易市场：信息的流动和获取

交易市场有三种主要的功能。

1. 匹配买方和卖方

（1）创建代售产品目录；

（2）整合并公布不同的代售产品；

（3）提供价格和产品信息；

（4）组织报价、易货交易和拍卖；

（5）匹配供应商的报价和买家需求；

（6）比较价格和产品；

（7）支持买家和卖家之间的谈判和协定；

（8）提供买家和卖家的产品目录。

2. 为与市场交易相关以及支付提供便利

（1）提供交易平台和体质，例如安排向买家发送信息、货物或服务的物流活动；

（2）提供账单和支付信息，包括联系地址；

（3）规定交易价格；

（4）输入可搜索的信息；

（5）保证用户能使用交易市场并确保公司用户是合格的；

（6）支付供应商货款，收取交易费用，并提供其他第三方服务；

（7）登记并审核买家和卖家；

（8）保证信息和交易的安全；

（9）组织团购。

3. 提供诸如法律和法规框架等基础制度

（1）确保在交易市场达成的交易符合商业法规、合同法、进出口法和知识产权保护法等的规定；

（2）维护技术设施以及支持大规模的、复杂的交易；

（3）提供连接买卖双方的标准系统的功能；

（4）得到合适的网站广告商并收取广告及其他费用。

交易市场有很多好处，包括提高市场效率，向买家和卖家提供寻找新合作伙伴的机会，削减采购 MRO 的管理费用，以及加快交易流程。它们还能推进全球贸易并为见多识广的买家和卖家创建交流平台。

虽然有这些优点，但是买家和卖家需要意识到它们面临的交易市场的风险，如交易市场的失败或衰退，然后不得不靠自己的力量匆匆寻找新的交易市场或买家和卖家。另外买家还面临着产品质量差，从不好的交易市场上得到不完全的信息的潜在风险。

如同其他所有机构一样，交易市场也需要收入才能存活。因此，不管交易市场的所有者是谁，都需要考虑如何获得收入。以下是交易市场潜在收入来源。

（1）交易费。交易费是卖方每达成一笔交易支付给交易市场的佣金。但是，卖方也可能会拒绝缴纳交易费，尤其是在涉及固定客户的情况下。交易市场为了吸引卖方，对每笔交易收取较低的费用。因此，为了弥补开支，交易市场必须产生足够的交易量，寻找其他收入来源或提高交易费。

（2）服务费。一些交易市场成功地把它们的收入模式从佣金模式过渡到服务费模式。相对于佣金，卖家更愿意掏钱购买增值服务。有时候，买家也要支付服务费。

（3）会员费。会员费是固定的年费或月费。它通常可以使消费者获得一些免费的服务或折扣。但问题在于较低的会员费会导致交易市场入不敷出。而高的会员费又会影响参与者的积极性。

（4）广告费。交易市场也能通过在信息门户部分刊登广告来收取广告费。例如，一些卖家可能想提高它们的知名度，并为刊登在门户上的特殊广告付费。

（5）其他收入来源。如果交易市场举行拍卖，就能收取拍卖费用。还能对专利信息或软件收取许可费。

第三节　供应链与供应链管理

一、供应链的概念

早期的观点认为供应链是制造企业中的一个内部过程，它是指把从企业外部采购的原材料和零部件，通过生产转换和销售等活动，再传递到零售商和用户的一个过程。传统的供应链概念局限于企业的内部操作层上，注重企业自身的资源利用。

有些学者把供应链的概念与采购、供应管理相关联，用来表示与供应商之间的关系，这种观点得到了研究合作关系、JIT关系、精细供应、供应商行为评估和用户满意度等问题的学者的重视。但这样一种关系也仅仅局限在企业与供应商之间，而且供应链中的各企业独立运作，忽略了与外部供应链成员企业的联系，往往造成企业间的目标冲突。

后来供应链的概念注意了与其他企业的联系，注意了供应链的外部环境，认为它应是一个"通过链中不同企业的制造、组装、分销、零售等过程将原材料转换成产品，再到最终用户的转换过程"，这是更大范围、更为系统的概念。

而到了最近，供应链的概念更加注重围绕核心企业的网链关系，如核心企业与供应商、供应商的供应商乃至与一切前向的关系，与用户、用户的用户及一切后向的关系。此时对供应链的认识形成了一个网链的概念，像丰田、耐克、尼桑、麦当劳和苹果等公司的供应链管理都从网链的角度来实施。

从以上分析的基础之上，我们给出供应链的定义："供应链是围绕核心企业，通过对信息流、物流、资金流的控制，从采购原材料开始，制成中间产品以及最终产品，最后由销售网络把产品送到消费者手中的将供应商、制造商、分销商、零售商、直到最终用户连成一个整体的功能网链结构模式。"它是一个范围更广的企业结构模式，它包含所有加盟的节点企业，从原材料的供应开始，经过链中不同企业的制造加工、组装、分销等过程直到最终用户。它不仅是一条连接供应商到用户的物料链、信息链、资金链，而且是一条增值链，物料在供应链上因加工、包装、运输等过程而增加其价值，给相关企业都带来收益。

二、供应链的结构模型

根据以上供应链的定义，其结构可以简单地归纳为如图4-9所示的模型。

从图4-9中可以看出，供应链由所有加盟的节点企业组成，其中一般有一个核心企业（可以是产品制造企业，也可以是大型零售企业，如美国的沃尔玛特），节点企业在需求信息的驱动下，通过供应链的职能分工与合作（生产、分销、零售等），以资金流、物流或/和服务流为媒介实现整个供应链的不断增值。

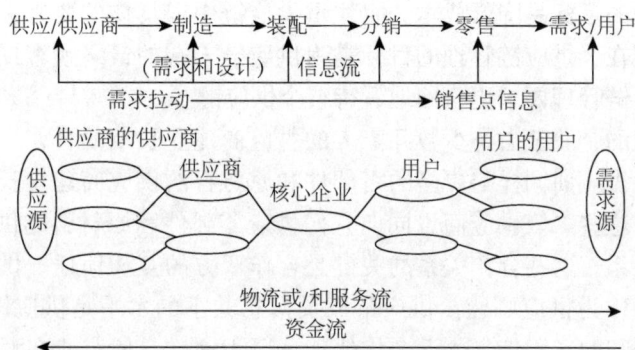

图 4-9　供应链的网链结构模型

三、供应链的特征

从供应链的结构模型可以看出，供应链是一个网链结构，由围绕核心企业的供应商、供应商的供应商和用户、用户的用户组成。一个企业是一个节点，节点企业和节点企业之间是一种需求与供应关系。供应链主要具有以下特征。

（1）复杂性。因为供应链节点企业组成的跨度（层次）不同，供应链往往由多个、多类型甚至多国企业构成，所以供应链结构模式比一般单个企业的结构模式更为复杂。

（2）动态性。供应链管理因企业战略和适应市场需求变化的需要，其中节点企业需要动态地更新，这就使得供应链具有明显的动态性。

（3）面向用户需求。供应链的形成、存在、重构，都是基于一定的市场需求而发生，并且在供应链的运作过程中，用户的需求拉动是供应链中信息流、产品/服务流、资金流运作的驱动源。

（4）交叉性。节点企业可以是这个供应链的成员，同时又是另一个供应链的成员，众多的供应链形成交叉结构，增加了协调管理的难度。

四、供应链管理的概念

计算机网络的发展进一步推动了制造业的全球化、网络化过程。虚拟制造、动态联盟等制造模式的出现，更加迫切需要新的管理模式与之相适应。传统的企业组织中的采购（物资供应）、加工制造（生产）、销售等看似整体，但却是缺乏系统性和综合性的企业运作模式，已经无法适应新的制造模式发展的需要，而那种"大而全，小而全"的企业自我封闭的管理体制，更无法适应网络化竞争的社会发展需要。因此，"供应链"的概念和传统的销售链是不同的，它已跨越了企业界限，从建立合作制造或战略伙伴关系的新思维出发，从产品生命线的"源"头开始，到产品消费市场的"汇"，从全局和整体的角度考虑产品的竞争力，使供应链从一种运作性的竞争工具上升为一种管理性的方法体系，这就是供应链管理提出的实际背景。

近年来企业已经认识到，可通过更主动地同供应商谈判来降低采购成本并提高产品质量。企业可以同供应商建立长期的合作关系，同供应商一起寻求以更低的成本更快更好地为顾客服务的方法。这种主动同供应商合作来改进产品和业务流程的过程称为供应链管理。开展供应链管理的企业可以协调供应链成员的工作，从而突破等级制结构的局限，在供应链成员中创造一种新型的网络组织形式。

供应链管理最初的目标是降低成本。它注重供应链中很具体的要素，努力寻找提高业务流程效率的机会。现在，供应链管理的目标是为供应链末端的最终顾客提供更多的价值。比起以前，现在的供应链管理要求更全面地看待整个供应链。

开展供应链管理的企业努力与少数几家大的供应商建立长期的合作关系，这些供应商称为一级供应商；一级供应商同样与更多的零部件和原材料的供应商建立长期的合作关系，后者称为二级供应商；这些二级供应商也同向它们供应零部件和原材料的供应商——三级供应商建立同样的合作关系。这些合作关系的关键是合作双方的互相信任。供应链成员之间形成的这种长期合作关系称为供应联盟。供应链成员信息共享的水平是供应链管理的主要障碍。企业常常不愿意把详细的经营信息告诉合作伙伴，以为这样会使企业在竞争中处于不利的地位，进而对企业造成损害。

为了建立稳定的长期合作关系，购买者希望供应链各个环节的供应商降低产品的价格并改进产品的质量。然而，为了创造价值，需要供应链所有成员共享信息并彼此合作。理想的情况是，供应链的协调创造了足够的利润，让每层的供应商都能享受到成本下降和效率提高带来的好处。

通过合作，供应链成员可以降低成本、增加最终顾客获得的产品或服务的价值。如果低层的供应商（二级和三级供应商）不知道哪些因素对最终顾客很重要，或者不知道在行业价值链的其他层次中业务流程还存在哪些问题和瓶颈，供应链成员之间的协调计划和设计所带来的优势就更明显了。

供应链管理主要涉及四个主要领域：供应（Supply）、生产计划（Schedule Plan）、物流（Logistics）、需求（Demand）。由图4-10可见，供应链管理是以同步化、集成化生产计划为指导，以各种技术为支持，尤其以Internet/Intranet为依托，围绕供应、生产作业、物流（主要指制造过程）、满足需求来实施的。供应链管理主要包括计划、合作、控制从供应商到用户的物料（零部件和成品等）和信息。供应链管理的目标在于提高用户服务水平和降低总的交易成本，并且寻求两个目标之间的平衡（这两个目标往往有冲突）。

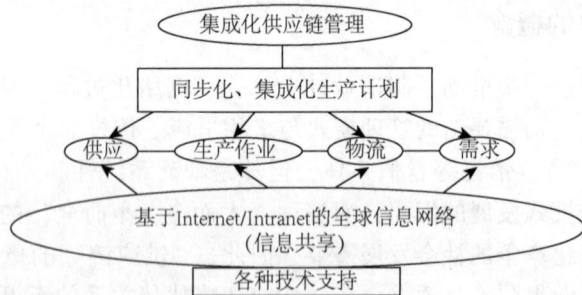

图4-10　供应链管理涉及的领域

在以上四个领域的基础上，可以将供应链管理细分为职能领域和辅助领域。职能领域主要包括产品工程、产品技术保证、采购、生产控制、库存控制、仓储管理、分销管理。而辅助领域主要包括客户服务、制造、设计工程、会计核算、人力资源、市场营销。

由此可见，供应链管理关心的并不仅仅是物料实体在供应链中的流动，除了企业内部与企业之间的运输问题和实物分销以外，供应链管理还包括以下主要内容。

（1）供应链产品需求预测和计划；

（2）供应链的设计（全球节点企业、资源、设备等的评价、选择和定位）；

(3) 企业内部与企业之间物料供应与需求管理；

(4) 基于供应链管理的产品设计与制造管理、生产集成化计划、跟踪和控制；

(5) 基于供应链的用户服务和物流（运输、库存、包装等）管理；

(6) 企业间资金流管理（汇率、成本等问题）；

(7) 基于 Internet/Intranet 的供应链交互信息管理等。

供应链管理注重总的物流成本（从原材料到最终产成品的费用）与用户服务水平之间的关系，为此要把供应链各个职能部门有机地结合在一起，从而最大限度地发挥出供应链整体的力量，达到供应链企业群体获益的目的。

从供应链管理的内容可以看出，供应链管理的特点主要表现为以下几方面。

1. 以客户为中心

在供应链管理中，顾客服务目标的设定优先于其他目标，它以顾客满意为最高目标。供应链管理本质上是满足顾客需求，通过降低供应链成本的战略实现对顾客的快速反应，以此提高顾客满意度，获取竞争优势。

2. 跨企业的贸易伙伴之间密切合作

在供应链管理中，企业超越了组织机构的界限，改变了传统的经营意识，建立起新型的客户关系。企业意识到不能仅靠自己的资源来参与市场竞争，提高经营效率，而要通过与供应链参与各方进行跨部门、跨职能和跨企业的合作，建立共同利益和合作伙伴关系，发展企业之间稳定良好、共存共荣的互助合作关系，建立一种双赢关系。

3. 集成化管理

应用网络技术和信息技术，重新组织和安排业务流程，实现集成化管理。离开信息及网络技术的支撑，供应链管理就会丧失应用的价值。可见，信息已经成为供应链管理的核心要素。通过应用现代信息技术，如商品条码技术、物流条码技术、电子订货系统、POS（Point Sales）数据读取系统、预先发货清单技术、电子支付系统等，使供应链成员能快速有效地获得客户的需求信息，并对信息做出及时响应，满足客户的需求。信息技术能缩短从订货到交货的时间间隔，提高企业的服务水平。信息技术的应用提高了事务处理的准确性和速度，减少了人员，简化了作业过程，提高了效率。

4. 供应链管理对物流实现一体化管理

物流一体化是指不同职能部门之间或不同企业之间通过物流合作，达到提高物流效率、降低物流成本的目的。供应链管理实质上是通过物流企业内部各部门及供应链各级企业连接起来，改变交易双方利益对立的传统观念，在整个供应链范围内建立起共同利益的协作伙伴关系。供应链管理把从供应商开始到最终消费者的物流活动作为一个整体统一管理，始终从全局把握物流的各项活动，使整个供应链的库存水平最低，实现供应链整体物流最优化。在供应链管理模式下，库存不是必要的，而演变成一种平衡机制。供应链管理更强调零库存，使供应链成员结成战略同盟，进行信息交换与共享，减少了资金占用和库存维持成本，避免缺货现象的发生。

五、电子供应链的概念

电子商务的应用促进了供应链的发展，也弥补了传统供应链的不足，通过先进的电子商务技术（如 XML 等）和网络平台，可以灵活地建立起多种组织间的电子连接，如企业网站、Extranet、电子化市场等，将供应链上企业各个业务环节孤岛连接在一起，使业务和信息实现集成和共享，使一些先进的供应链管理方法变得切实可行；从基础设施的角度看，传统的供应链管理一般建立在私有专用网络上，这需要投入大量的资金，只有一些大型的企业才有能力进行自己的供应链建设，并且这种供应链缺乏柔性，而电子商务使供应链可以共享全球化网络，使中小型企业以较低的成本加入到全球化供应链中。

电子供应链是供应链发展的必然趋势，是电子商务和供应链自然结合的结晶。综合供应链和电子商务以及 Internet 网络技术的相关知识，可将电子供应链定义为围绕核心企业，以 Internet 为平台，以电子商务为手段，通过对物流、资金流与信息流的整合和控制，从采购原材料开始，制成中间产品以及最终产品，最后由销售网络把产品送到消费者手中的，将供应商、生产商、分销商、零售商、直到最终客户连成一个整体的网链结构和模式。

这个定义包含了以下几个方面的内容。

（1）以核心企业为中心，通过核心企业来构建整个供应链网络。

（2）通过 Internet 和电子商务来整合供应链中的物流、资金流、信息流，从而能够及时、快速地响应客户服务。

（3）电子供应链与传统供应链一样，是一个网络结构和模式，构建电子供应链的目的在于提高整个供应链的效率和竞争力，从而使供应链中各成员的经营成本最小化、利润最大化。

（4）电子供应链上各节点都是产权相互独立的主题。

从电子商务和供应链管理各自的特征来看，二者具有很强的黏合性：电子商务利用 Internet 技术将企业、客户、供应商以及其他商业和贸易所需环节连接到现有的信息技术系统上，将商务活动纳入网络中，彻底改变了现有的业务作业方式和手段，从而实现充分利用有限资源、缩短商务环节和周期、提高效率、降低成本、提高服务质量的目标。而供应链管理正是建立在供应链各成员具有一个共同的战略目标、满足顾客需求基础之上的；电子商务强调综合效益的提高，而供应链管理的实践证明了这种预期的存在性；电子商务强调人、技术、管理三者在商务活动中的有效集成，以及包括工作流程、商务活动组织等方面在内的创新。而供应链管理强调供应链各成员的集成，实现成员之间的信息共享，同时供应链成员之间的战略伙伴关系也为创新提供了有利条件和可行性。在二者存在黏合性的同时，电子商务也对供应链管理提出了新的要求：要求供应链各成员采取积极主动的态度，依靠自觉行动，遵循"与网络相容"的原则，形成与电子商务相融合的自我约束机制，在整个供应链中系统和综合地考虑电子商务的特性，使供应链的所有业务更加有效、更加灵活，取得更大效益。而实现这一目标的前提是有效地开展基于电子商务的供应链管理。

基于电子商务的供应链管理是电子商务与供应链管理的有机结合，它以客户为中心，集成整个供应链过程，充分利用外部资源，实现快速敏捷反应，极大地降低库存水平。具体来说，它具有以下一些优势。

1. 有利于保持现有的客户关系

电子商务使竞争从企业间的竞争逐渐演化为供应链之间的竞争。为吸引、保留现有客户，需要为其提供更快捷、成本更低的商务运作模式。而基于电子商务的供应链管理直接沟通了供应链中企业与客户之间的联系，并且在开放的公共网络上可以与最终消费者进行直接对话，从而有利于满足客户的各种需求，保留现有客户。

2. 有利于开拓新的客户和新的业务

实施基于电子商务的供应链管理，不仅可以实现企业的业务重组，提高整个供应链效率，保留现有客户，而且由于能够提供更多的功能、业务，必然会吸引新的客户加入供应链，同时也带来新的业务。

3. 有利于提高营运绩效

实施基于电子商务的供应链管理，不仅能使供应链各个企业降低生产成本，缩短需求响应时间和市场变化时间，还能为客户提供全面服务，使客户能够获得最好品质的产品和服务，同时实现最大增值；而且能为供应链中各个企业提供完整的电子商务交易服务，实现全球市场和企业资源共享，及时供应和递送订货给顾客，不断降低运营和采购成本，提高运营绩效。

4. 有利于分享需要的信息

基于电子商务的供应链交易涉及信息流、产品流和资金流。供应链中的企业借助电子商务手段可以在互联网上实现部分或全部的供应链交易，从而有利于各企业掌握跨越整个供应链的各种有用信息，及时了解顾客的需求以及供应商的供货情况，同时也便于客户实现网上订货并跟踪订货情况。

六、电子供应链的主要内容

供应链管理与电子商务相互结合，产生了供应链管理领域新的研究热点——电子商务供应链管理（E-Commerce Supply Chain Management，简称 e-SCM）。e-SCM 的核心就是高效率地管理企业的信息，帮助企业创建一条畅通于客户、企业内部和供应商之间的信息流。

企业不仅要协调企业内计划、采购、制造、销售的各个环节，还要与包括供应商、承销商等在内的上下游企业紧密结合。BZB 模式的电子商务面向企业整个供应链管理，并带来了供应链的变革，使企业降低交易成本、缩短订货周期、改善信息管理和提高决策水平，从质量、成本和影响速度三方面改进企业经营，增强企业竞争能力。

基于电子商务的供应链管理是电子商务与供应链管理的有机结合，它以顾客为中心，集成整个供应链过程，充分利用外部资源，实现快速敏捷反应，极大地降低库存水平。供应链管理的最大挑战是如何合理确定优先级，并定位所需资源，取得最理想的目标效益。

基于电子商务的供应链管理的系统模型如图 4-11 所示，电子商务供应链的主要内容包括以下几个方面。

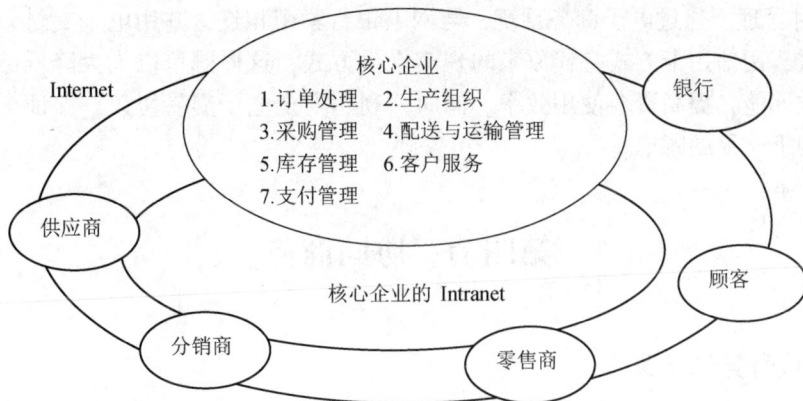

图 4-11 基于电子商务的供应链管理系统模型

（1）订单处理。通过电子商务系统进行订单分析和订单状况管理。当收到客户订单时，核心企业要及时分析所需产品的性能要求，判断是否能达到订单中的技术指标，在能够达到要求的条件下进一步分析订单中产品的成本、数量和利润。借助电子商务进行订单处理，供应链可以急剧地减少订单成本和订单处理的出错率，缩短订单的循环周期，大大提高营运效率。

（2）生产组织。核心企业使用电子商务系统协调与供应商的准时供应程序，与多个供应商之间协调制订生产计划。此外，由于在订单处理中可以提供核心企业有关产品销售和服务的实时信息，这样在一定程度上会使销售预测变得精确，反过来又大大改善生产组织管理。

（3）采购管理。通过电子商务系统，有效地实现与供应商地信息共享和信息的快速传递。一方面，通过互联网提供给供应商有关需求信息和商品退回情况，同时获得供应商的报价、商品目录、查询回执，从而形成稳定、高效的采购、供应体系；另一方面，通过网上采购招标等手段，集成采购招标和互联网优势，扩大采购资源选择范围，使采购工作合理化，大大减少采购人员，有效降低采购成本。此外，也使核心企业与供应商之间的协商变得合理化。

（4）配送与运输管理。通过电子商务系统，对配送中心的发货进行监视，对货物运至仓库进行跟踪，同时实现对配货、补货、拣货和流通加工等作业管理，使配送的整个作业过程实现一体化的物流管理。此外，通过对运输资源、运输方式、运输线路的管理和优化，对运输任务进行有效的组织调度，降低运输成本，并实现对运输事项和货物的有效跟踪管理，确保制定的货物能够在指定的时间运送到指定的地点。

（5）库存管理。通过电子商务系统，核心企业通知供应商有关订单的交送延迟或库存告急，使库存管理者和供应商追踪现场库存商品的存量情况，获得及时的信息以便更有准备；实现对存储物资有效管理，及时反映进销存动态，并且实现跨区域、多库存的管理，提高仓储资源的利用，进而促使库存水平降低，减少总的库存维持成本。

（6）客户管理。应用电子商务系统，核心企业的客户通过互联网可以非常方便地联络有关服务问题，通知并要求解决所发生的任何服务问题，而核心企业则通过互联网接受客户投诉，向客户提供技术服务，互发紧急通知等。这样一来，可以大大缩短对客户服务的响应时间，改善与客户间的双向通讯流，在保留住已有的客户同时，吸引更多的客户加入到供应链中来。

（7）支付管理。通过电子商务系统，与网上银行紧密相连，并用电子支付方式替代原来支票支付方式，用信用卡方式替代原来的现金支付方式，这样既可以大大降低结算费用，又可以加速货款回笼，提高资金使用效率。同时，利用安全电子交易协议，保证交易过程的安全，消除对网上交易的顾虑。

第四节　协同商务

一、协同商务的含义

协同商务（Collaborative Commerce，以下简称 C-Commerce）被誉为是"下一代的电子商务"，而其基本思想是 Gartner Group 早在 1999 年提出的。Gartner Group 对于协同商务的定义是："一种激励具有共同的商业利益的价值链上的合作伙伴的商业战略，它主要是通过对于商业周期所有阶段（从产品研发期直到最后的分销阶段）的信息共享来实现。协同商务的目标是在满足不断增长的顾客需求的同时来增强获利能力。价值利益的所有成员通过将他们的核心竞争优势组合起来创造新的产品或者服务来获取利润，这些新的产品和服务的价值将比各个组成部分的简单集合大得多。"

"协同商务"的理论原型来自于 20 世纪 90 年代初的"虚拟组织"理论。简而言之，"虚拟组织"理论主要是指：各个独立的企业之间建立动态的临时合作，来完成业务。它包含有两个重要的观点："动态"和"跨企业"。动态的意思是，企业间的这种合作是基于当时的利益的，伴随着业务的完成，合作也就自然终结，下一个合作事项完全视业务的需要而定。跨企业的意思是，合作是在两个甚至多个独立个体间展开，彼此并没有固定的关联性。

"虚拟组织"理论的背后反映着全球经济一体化的深刻变革。由于全球经济一体化的出现，企业面临史无前例的市场范围最大化，同时也面临着史无前例的竞争激烈度最大化。在这种情况下，企业一方面要最大限度地发现市场机会，急速发展；另一方面还要最大限度地捍卫传统领地，击退进攻。任何一家企业，即使是通用汽车这类全球行业的领导厂商也独木难支。

所以，这种完全基于利益与任务的虚拟组织理论也就应运而生。沿着虚拟组织的两大观点，延伸出了当前非常时髦的两大应用，动态观点直接导致了动态企业模型的理论；而跨企业的观点直接催生了供应链理论。

协同商务是一个包含产品全过程的协作活动，从产品的设计一直到最终的分销阶段。它包括企业内部协同和多企业系统。企业内部协同，是指不同部门计划之间、各层次计划之间，以及不同周期计划之间的协同，如多股东间的协同，库存、生产、销售、财务部门计划间的协同，公司战略、战术、运作层次计划间的协同，长短期计划间的协同等。主要目标是整合企业内部资源，排除信息孤岛沿着企业既定的战略方向运作。多企业协同，是指对于整个供应链的协同。它包括各企业间的信息共享以及各个企业间相关业务流程的整合，使得企业的所有规划与运作，都不单单从本企业自身的角度出发，而要兼顾整个供应链的最优化。

协同商务对 B2B 电子商务的集成作用具体体现在以下五个方面。

（一）信息协同

采购方和供应方共享信息，采购方将其库存情况和所需产品的要求等信息传递给供应方，使供应方对其上游企业有很好的可视性，提高交货的准确度和速度；供应方也将有关自己产品的信息和采购方分享，加强双方的信赖。

（二）产品生产协同

在整个动态联盟进行统一计划时，需要供应商的协同。同时，通过信息反馈和教育机构赔损支持，在供应商之间促进质量改善和质量保证。

（三）产品设计协同

客户或内部企业科研部门设计个性化产品的同时，将设计信息及时与供应商共享，令供应商可以在第一时间进行产品开发和生产，更好地满足自身需要。

（四）采购协同

企业将近期的采购计划定期下达给供应链上游供应商，同时将采购订单下达给供应商。供应商可根据企业的采购计划和订单进行生产安排，并将执行情况及时上传。若确认不能完成采购订单，应迅速告诉企业，使企业对之有明确的了解，及时调整生产计划或寻找其他方案。

（五）预测协同

通过 ERP（企业资源计划）系统，可以从市场的变化推算出企业对原材料需求的变化，并将变化通过采购平台传递给供应商。后者调整自己的备货计划，提高抵抗风险的能力。

二、协同商务的主要内容

IBM 在其红皮书 *B2B Collaborative Commerce with Sometime*，*Quick Place and Web Sphere Commerce Suite* 中将协同商务分为四部分内容。

（一）信息与知识的共享（Information and Knowledge Sharing）

将企业内部人员与他们完成自己工作所需要的信息联系起来。一方面信息要足够充分，甚至包括后台 ERP 系统的一些数据，另一方面这些信息是根据员工自身定制的相关信息，员工将只能访问与他们相关的信息。

（二）业务整合（Business Interactions）

当需要企业内部或者跨企业的员工需要协作以达到企业目标时，都需要借助业务整合来展开。例如包括协商合同、对招标书（Request For Proposal，RFP）的反馈、新产品设计以及计划规划等。

（三）建立合作社区（Community Building）

当涉及的人员需要询问问题、分享想法或者解决重大问题时，需要借助合作社区来进行。例如在线会议、在线培训课程、讨论区甚至在线聊天环节。

（四）商务交易（Business Transactions）

协同商务必须提供安全而又可靠的商务交易流程，包括财务交易、订单管理、票据管理以及存货管理，这些交易结果必须及时向后台系统进行更新。

自 1999 年 Gartner 提出协同商务概念后，协同商务也迅速成为厂商们研究的热点。许多"协同商务解决方案"陆续出台，知名厂商产品如 IBM 的 Lotus Sametime、Lotus QuickPlace 结合 IBM WebSphere Commerce Suite 提出的协同商务解决方案，SAP 所倡导的"协同、集成、功能强大"的 mySAP.com 协同电子商务平台，JDE 所推崇的 Freedom to Choose Power to Share 的 ONEWorld XE 系统。国内厂商近年来也推出了一下自己的产品，很多来自于 ERP 厂商，比如用友、金蝶等相继推出了自己的协同商务解决方案，而新的厂商比如成立于 2000 年的泛微也发布了泛微协同商务系统（E-Cology）。

目前提出的解决方案虽然界面、功能上有较大差别，但从结构来看，基本模块划分都是类似的。完整的一套协同商务系统包括多个模块，每个模块有多个部件，通过整合，它们形成一个完全集成的基于 Web 的方案，包括企业信息门户、知识文档管理、客户关系管理、人力资源管理、资产管理、项目管理、财务管理、工作流管理、供应链管理。

本章小结

（1）B2B（Business to business，有时写作 B to B）指的是商家（泛指企业）对商家的电子商务，即企业与企业之间通过互联网、外联网、内联网或企业的私有网络以电子形式进行产品、服务及信息的交换。

（2）B2B交易的基本类型。卖方模式、买方模式、交易市场模式、供应链及协同商务模式。

（3）卖方模式，就是一个卖家面对多个买家，类似于直销B2C模式，即生产商或零售商通过电子商店致谢向消费者销售商品。一对多模式主要有三种营销方法：①通过电子目录销售；②通过正向拍卖销售；③谈判达成长期的合同下的一对一销售。

（4）一些大型买家会开设自己的采购市场，称为买方为主的网络市场，由买方邀请卖方出价并完成订购活动。采购的方式包括逆向拍卖，通过网络店铺或商品目录采购、向整合卖方商品目录的中间商采购、企业组织团购等。通过网络采购，企业可以节约大量的人力、财力。

（5）交易市场一般是指多对多的电子市场。对于众多买家和卖家来说，交易市场是一个电子交易社区的洽谈场所，在每个交易市场的中心都有一个做市商，即运行该交易市场的第三方。

（6）供应链是围绕核心企业，通过对信息流、物流、资金流的控制，从采购原材料开始，制成中间产品以及最终产品，最后由销售网络把产品送到消费者手中的将供应商、制造商、分销商、零售商，直到最终用户连成一个整体的功能网链结构模式。

（7）电子供应链定义为围绕核心企业，以Internet为平台，以电子商务为手段，通过对物流、资金流与信息流的整合和控制，从采购原材料开始，制成中间产品以及最终产品，最后由销售网络把产品送到消费者手中的，将供应商、生产商、分销商、零售商，直到最终客户连成一个整体的网链结构和模式。

（8）协同商务的定义是一种激励具有共同的商业利益的价值链上的合作伙伴的商业战略，它主要是通过对于商业周期所有阶段（从产品研发期直到最后的分销阶段）的信息共享来实现。协同商务的目标是在满足不断增长的顾客需求的同时来增强获利能力。

习题集

一、单项选择题

1. （　　）可以同时展示数千家制造商间接产品的电子目录帮助双方完成交易。
A. 电子分销市场　　B. 电子采购市场　　C. 电子交易市场　　D. 行业合作集团

2. （　　）是将众多供应商和他们的潜在用户集中在同一个动态实时的交易环境中的独立在线交易市场。
A. 电子分销市场　　B. 电子采购市场　　C. 电子交易市场　　D. 行业合作集团

3. （　　）是将数百家网上供应商集中在一起，为付费加盟企业提供数以百万计的保养和维修用商品的独立中介交易市场。
A. 电子分销市场　　B. 电子采购市场　　C. 电子交易市场　　D. 行业合作集团

4. （　　）是企业自己拥有的．允许采购企业从有限的经授权合作的供应商处购买直接供给品的垂直交易市场。
A. 电子分销市场　　B. 电子采购市场　　C. 电子交易市场　　D. 行业合作集团

5. 以下哪一项是B2B电子商务发展的第一步（　　）。
A. EDI　　　　　　　　　　　　B. 定单自动登录系统
C. 电子商铺　　　　　　　　　　D. 私人网站

6. B2B 电子商务发展最快的行业将发生在(　　)。

A. 化工行业　　　　　　　　　　　B. 采矿行业

C. 服装行业　　　　　　　　　　　D. 计算机及通信设备行业

7. 电子交易市场有时可以看成是(　　)。

A. 一对多市场　　B. 多对多市场　　C. 多对少数市场　　D. 一对一市场

8. 行业合作集团有时可以看成是(　　)。

A. 多对多市场　　B. 多对少数市场　　C. 一对一市场　　D. 一对多市场

9. 以下都是 B2B 电子商务潜在的利润除了(　　)。

A. 更低的管理成本　　　　　　　　B. 更低的搜索成本

C. 更低的价格透明度　　　　　　　D. 更低的交易成本

10. EDI 开始是(　　)系统。

A. 文件清除　　　　　　　　　　　B. 文件自动化操作

C. 持续补充存货　　　　　　　　　D. 基于 HTML

二、多项选择题

1. EDI 是(　　)

A. 买方解决方案　　　　　　　　　B. 从中心向四周发散的系统

C. 卖方解决方案　　　　　　　　　D. 从四周向中心发散的系统

2. 采购的类型包括以下哪几类(　　)

A. 直接供给品　　B. 间接供给品　　C. MRO 商品　　D. 合同订购

3. 电子采购市场(　　)

A. 属于水平结构的在线交易市场

B. 属于垂直结构的在线交易市场

C. 可以为会员企业提供 MRO 的现货交易

D. 不能为会员企业提供 MRO 的现货交易

4. 电子交易市场能够为以下哪些行业提供现货采购服务(　　)

A. 计算机　　　　B. 通信设备　　　C. 电子设备　　　D. 食品

5. 在线交易市场可以分为哪几种类型(　　)

A. 拍卖型　　　　B. 竞价型　　　　C. 议价型　　　　D. 固定价格

三、判断题

1. 个人网站是最大的 B2B 电子商务形式。　　　　　　　　　　　　(　　)

2. EDI 系统是卖方解决方案。　　　　　　　　　　　　　　　　　(　　)

3. EDI 系统是从中心向四周发散的系统。　　　　　　　　　　　　(　　)

4. 垂直市场是指专门为特定的行业提供专业化产品和服务的市场。　(　　)

5. 水平市场是为不同行业提供通用的产品和服务的市场。　　　　　(　　)

6. 需求链明显是合作性商务的要素之一。　　　　　　　　　　　　(　　)

7. 行业联盟是典型的买家市场。　　　　　　　　　　　　　　　　(　　)

8. 直接供给品是直接用于产品生产过程的各种商品。　　　　　　　(　　)

9. 商品流动性通常由市场中买卖双方的数量以及交易的数量和规模来衡量。　(　　)

10. 电子分销市场可以同时展示数千家制造商间接产品的电子目录帮助双方完成交易。

(　　)

四、名词解释

1. 垂直市场
2. 水平市场
3. 供应链
4. 协同商务

五、简答题

1. 请至少举出 5 点 B2B 电子商务的潜在优点。
2. 请描述出供应链的定义与供应链管理系统的主要任务。
3. 请解释水平市场与垂直市场的区别。
4. 电子采购的形式有哪些？电子采购有什么优势？

第五章　移动电子商务

学习目标：

(1) 了解移动电子商务的概念和内涵。

(2) 掌握移动电子商务的特点。

(3) 理解移动电子商务的基础。

(4) 掌握移动通信技术。

(5) 掌握移动网络类型。

(6) 理解基于价值链的移动电子商务模式。

开篇案例：中国移动的 5G 时代

2000 年 04 月 20 日，中国移动通信集团公司在北京注册成立。2017 年 12 月，中国移动通信集团公司进行公司制改制，企业类型由全民所有制企业变更为国有独资公司，并更名为中国移动通信集团有限公司。2019 年 7 月，《财富》世界 500 强排行榜发布，中国移动通信集团公司位列 56 位。注册资本 3000 亿人民币，资产规模近 1.7 万亿人民币，员工总数近 50 万人，2019 年财报全年营收 7459 亿元。

2020 年 2 月 27 日，中国移动为赴湖北医疗人员提供话费减免服务，惠及 2.8 万人。同时，为赴湖北医疗人员及省内抗疫医务人员提供免停机服务，惠及 80.8 万人。

一、5G 迅猛发展

2019 年 6 月 6 日，工信部正式向中国电信、中国移动、中国联通、中国广电发放 5G 商用牌照，中国正式进入 5G 商用元年。

2019 年 11 月 15 日，在 2019 中国移动全球合作伙伴大会上，中国移动董事长杨杰在总结该公司在 4G、5G 的发展成绩，2019 年是中国 5G 元年，随着 5G 商用牌照的发放，5G 资费套餐的发布，5G 正式进入用户时代。站在这个重要的时间节点，杨杰首选回顾了中国移动在 5G 前期推广中所取得成绩。

一是坚持标准先行，牵头制定新一代移动通信技术应用需求和新一代移动通信网络架构标准，牵头 50 个国际标准关键项目、位居全球电信运营企业首位。

二是注重产业引导，发起设立 5G 联创产业基金，集聚各方资源，推进中频段 5G 端到端产业成熟。

三是科学部署网络，扎实开展 5G 网络建设，目前开通 5G 基站近 5 万个，已在 50 个城市正式提供 5G 商用服务。

四是强化业务创新，牵头成立全球 5G 联合创新中心，建设 23 个开放实验室，加快与头部企业融合创新，打造了智慧交通、智慧能源等约 50 个 5G 行业示范应用，孵化了超高清视频、云游戏等 5G 特色个人业务。

华为在 5G 标准必要专利上全球排名第一，中国移动牵头制定 5G 网络架构国际标准。据 2019 年 12 月中国信息与通讯研究院发布《2019 年 11 月国内手机市场运行分析报告》，数据显示，从整个 2019 年 10-11 月，5G 手机出货量达到 835.5 万部，增势明显。

这一年，中国移动提出了构筑"力量大厦"的宏大目标，打造了基于规模的融合、融通、融智的价值经营体系和协同高效的能力合力活力型组织运营体系，深入实施"5G+"计划，全面、广泛、深刻的战略部署，使得中国移动 2019 年的成绩斐然。在用户拓展上，中国移动仍然坐稳"宝座"，发展移动用户达 9.4 亿、家庭用户 1.8 亿、集团用户 900 万、物联网连接 7.5 亿户。同时，作为 5G 建设的主力军，中国移动在 5G 发展中实现了"领跑"，截至 2020 年 2 月底，中国移动 5G 基站数已经超过 8 万个，5G 套餐用户数已达 1000 万。

二、5G 时代更大的价值

在 5G 迈入商用之际的 2019 年，中国移动这个全球网络、用户规模最大的通信运营商以行动证明："大象不仅能跳舞，而且还能很灵活。"面向未来，作为中国最大的电信运营企业，杨杰表示，中国移动将深入实施"5G+"计划，携手实现"五个升级"，创造 5G 时代更大的价值。

（一）是推进技术迭代，深化网络能力智能升级。

坚持以 SA 为目标架构，充分发挥 2.6GHz 与 4.9GHz 双频协同带来的覆盖、容量优势，强化 5G 与 AICDE 融合创新，打造"覆盖全国、技术先进、品质优良"的 5G 精品智能网络。

打造云网融合能力，加快网络云化转型，建强云基础设施，拓展"固定+移动"多种接入方式的应用场景，融合 5G 端到端网络切片特性，打造云网边协同、泛在智能的一站式"移动云"服务。

打造智慧中台能力，建设人工智能共享平台，强化数据深度挖掘和融合应用，打造关键共性 AI 能力，支撑内外部产品联合创新。

打造安全保障能力，深化区块链等技术应用，强化全方位网络安全态势感知和集中管控，提供数据、应用、主机防护等超 50 项安全保障服务。

（二）融入千行百业，助力产业转型动能升级

联合垂直行业的优质合作伙伴，挖掘个性化长尾需求，聚焦 14 个重点行业打造 100 个 5G 应用示范，助力千行百业数字化转型。

赋能产业融合，推动 5G 深度融入各行各业生产经营管理各环节，打造工业互联网平台、农业 AI 大脑，探索推进智慧工厂、智慧电网、智慧农田等建设，助力劳动密集型生产向无人化、少人化转型。

驱动要素融通，打通信息壁垒和数据孤岛，促进信息资源融通共享、业务应用智能协同，创新推广智慧金融、远程教育等信息化解决方案，提升民生服务供给能力。

促进管理融智，努力成为领先的新型智慧城市运营商，推进智慧城市建设、运营、服务一体化，推动城市智慧大脑、应急指挥等智能平台规模应用，不断提升城市治理效能。

（三）服务百姓大众，促进信息消费体验升级

顺应用户信息消费需求变化，创新推广具有移动特色的 5G 应用，让广大用户在共享 5G 发展成果上拥有更多获得感。

丰富业务权益，聚焦 4K 直播、在线音乐、VR/AR、旅游出行、电子商务等领域，打造优质头部权益"强磁场"，加强金融、合约、会员等权益合作和联合运营，规模推广"连接+应用+权益"融合产品。

丰富产品形态，升级"5G+极光宽带"双千兆产品，深化大屏运营，推广和家亲、AI 交互、家庭云等智能应用，打造智慧安防、家中看护、环境监测等一体化解决方案。

丰富商业模式，根据业务、服务、用户等不同属性，开放速率、时延、连接等 5G 网络差异化服务能力，提供分层分级的网络保障，促进创新应用的商业变现。

（四）优化品牌体系，加速用户全量服务升级

坚持把服务作为企业发展的根本，与时俱进完善品牌服务体系，不断满足用户个性化、多样化、定制化需求，切实提高用户的认知度、信任度、满意度。

塑造服务口碑，坚持以用户为中心，深化全方位、全过程、全员服务体系建设，设立 5G 用户服务专席，提供不换卡、不换号、不办理即可入网的一站式便捷服务。联合产业链上下游锻造网络端到端优良品质，切实保障用户感知。

推动品牌升级，围绕高端尊享、时尚趣味、实惠便捷等多样化需求，开展全球通、动感地带、神州行三大品牌焕新升级行动，创新推出家庭、政企市场品牌，彰显有品质、有品味、有品德的品牌形象。

加强联合推广，面向合作伙伴搭建品牌共享共创平台，创新品牌授权、合作运营等模式，统筹积分、折扣、触点等各类资源，强化品牌联合推广、促销、服务，释放品牌溢出效应。

（五）完善共赢机制，实现开放合作生态升级

立足 5G 全球化分工、协同化推进的发展特征，加快打造功能互补、良性互动、协同攻关、开放共享的新型合作生态，共同做大 5G"移动朋友圈"。

创新合作模式，发挥超高清视频联盟等作用，深化内容生产、制作、分发的全产业链合作，打造用户共享、内容共用、发展共商的合作模式。加强 5G 泛智能终端合作，推动终端多模、多频、多形态发展，降低使用门槛、提升操作性能。2020 年将推出"双百亿计划"，聚合权益、终端、内容等优质资源，深化合作成果共享。

优化合作流程，依托产业数字化联盟，打造智能终端、行业应用、集成服务三类合作伙伴资源库，大幅缩短合作流程与结算周期，快速牵引合作项目落地。

拓展合作边界，发挥资本连接、聚合作用，完善 5G 重点领域投资布局，力争未来 5 年投资达千亿规模。积极响应"一带一路"倡议，深化与全球合作伙伴在基础设施互联互通、应用协作创新、网络安全保障等方面的交流合作，共建网络空间命运共同体。

资料来源：http://finance.sina.com.cn/stock/relnews/us/2019-11-15/doc-iihnzhfy9418436.shtml

第一节　移动电子商务的概述

移动电子商务也称移动商务 MB（Mobile Business）或 MC（Mobile Commerce），由电子商务（E-Commerce）的概念衍生出来，是"有线的电子商务"向"无线的电子商务"演变的结果。移动电子商务，作为一种新型的电子商务模式，是指依托无线互联网络，利用手机、PDA（个人数字助理）等通信设备与因特网有机结合，进行 B2B 或 B2C 的商业信息交互和各类电子商务活动。它是我国移动通信技术与电子商务技术的深度融合体。近些年随着电子商务和移动互联网的迅速发展，以及移动通信技术的日趋成熟，为移动电子商务提供了发展的技术保障。而中国智能手机的普及、手机购物消费人群的壮大和企业对移动电子商务的重视则是移动电子商务崛起的市场保证。因此，有人预测，移动电子商务将决定 21 世纪新企业的风貌，也将改变生活与旧商业的地形地貌。

移动电子商务的主要实现技术有无线应用协议（WAP）、通用分组无线业务、移动 IP 技术、蓝牙技术、移动定位系统技术、RFID 射频识别技术、云计算、大数据与物联网技术等等，巧妙地发挥了移动电子商务无处不在、随时随地的特点。极大地方便了中国移动手机用户的手机交易、医疗、娱乐和移动终端银行业务办理等各种电子商务活动，使手机用户和潜在手机客户摆脱了时间和空间的限制，从而使得移动电子商务拥有更加广阔的发展前景。

一、移动电子商务含义

（一）电子商务的概念

为了便于理解移动电子商务，我们先回顾有关电子商务的典型英文名称，以便为讨论移动电子商务的含义提供参照。

1. Electronic Commerce

这是使用最多的电子商务术语，主要强调电子贸易，可以看成狭义的电子商务，强调资金流、物流和信息流的有机统一。

2. Electronic Business

这是 IBM 主推的概念，强调的是电子业务。根据这个概念，电子商务除了电子贸易外，还包括企业业务，包括生产、设计、存储、企业内物流、财务等电子化。

在互联网尚不普及时，人们就提出了电子商务概念，包括各项电子数据处理，在局域网或企业专用网络上实现。后来，随着因特网的普及，人们已经逐渐达成共识：电子商务就是建立在因特网基础之上的一种新型的商务活动。

（二）移动电子商务的概念

关于上述电子商务的概念，移动电子商务也有类似说法。

1. 狭义的移动电子商务

这一概念只涉及货币类交易的商务模式，可以看作对应于 Electronic Commerce 的 Mobile Commerce。

2. 广义的移动电子商务

指通过移动设备随时随地获得的一切服务，涉及通信、娱乐、商业广告、旅游、紧急求助、农业、金融、学习等。可以看作对应于 Electronic Business 的 Mobile Commerce。

上述两种说法中，都用两个重要的特征即"移动"与"商务"。也正因为如此，国外常用"Mobile Commerce"来表示移动电子商务。

移动通信技术发展经历了 1G、2G、2.5G、3G、4G、5G 等多个发展阶段。尤其是 2.5G 时代，以诺基亚为代表的移动通信设备商生产了大量外形小巧、功能齐全、价格不高的手机，使得手机进入寻常百姓家。人们除了使用手机进行语音通信外，短信和彩信产品也得到长足的发展。人们越来越多地借助手机实现移动信息查询、广告、音频图像的下载等服务。这些服务构成了早期的移动电子商务应用，并逐渐引起了人们的重视。显然，此时的移动电子商务不是只涉及货币交易的狭义移动电子贸易，而是涉及了广义的移动电子业务。仔细分析这类服务，可以发现它们又不是完全的移动电子贸易，而更像一种混合形式。

直到现在，虽然上述服务已经非常普及，但学术界的很多移动电子商务研究还主要关注移动信息服务为主的业务范畴。

二、移动电子商务的特点

与传统的电子商务活动相比，移动电子商务具有如下几个特点。

（一）开放性、包容性

移动电子商务因为接入方式无线化，使得任何人都更容易进入网络世界，从而使网络范围延伸更广阔、更开放；同时，使网络虚拟功能更带有现实性，因而更具有包容性。

（二）无所不在性

移动电子商务的最大特点是"自由"和"个性化"。传统电子商务已经使人们感受到了网络所带来的便利和快乐，但它的局限在于它必须有线接入，而移动电子商务则可以弥补传统电子商务的这种缺憾，可以让人们随时随地结账、订票或者购物，感受独特的商务体验。

（三）广泛性

在电信用户发展方面，截止 5 月末，三家基础电信企业的移动电话用户总数近 15 亿户，同比增长 10%，1~5 月净增 7831 万户。其中，移动宽带用户（即 3G 和 4G 用户）总数达 12.3 亿户，占移动电话用户的 82.3%；4G 用户总数达到 10.9 亿户，占移动电话用户的 73%。显然，从电脑和移动电话的普及程度来看，移动电话远远超过了电脑。而从消费用户群体来看，手机用户中基本包含了消费能力强的中高端用户，而传统的上网用户中以缺乏支付能力的年轻人为主。由此不难看出，以移动电话为载体的移动电子商务不论在用户规模上，还是在用户消费能力上，都优于传统的电子商务。

（四）可识别性

对传统的电子商务而言，用户的消费信用问题一直是影响其发展的一大问题，而移动电子商务在这方面显然拥有一定的优势。这是因为手机号码具有唯一性，手机 SIM 卡片上存贮的用户信息可以确定一个用户的身份，而随着未来手机实名制的推行，这种身份确认将越来越容易。对于移动商务而言，这就有了信用认证的基础。

（五）个性化

由于移动电话具有比 PC 机更高的可连通性与可定位性，因此移动商务的生产者可以更好地发挥主动性，为不同顾客提供定制化的服务。例如，开展依赖于包含大量活跃客户和潜在客户信息的数据库的个性化短信息服务活动，以及利用无线服务提供商提供的人口统计信息和基于移动用户当前位置的信息，商家可以通过具有个性化的短信息服务活动进行更有针对性的广告宣传，从而满足客户的需求。

（六）便捷性

移动通信所具有的灵活、便捷的特点，决定了移动电子商务更适合大众化的个人消费领域，比如自动支付系统，包括自动售货机、停车场计时器等；半自动支付系统，包括商店的收银柜机、出租车计费器等；日常费用收缴系统，包括水、电、煤气等费用的收缴等；移动互联网接入支付系统，包括登录商家的 WAP 站点购物等。

（七）创新性

移动电子商务领域因涉及 IT、无线通信、无线接入、软件等技术，并且商务方式更具多元化、复杂化，因而在此领域内很容易产生新的技术。随着我国 5G 网络的兴起与应用，这些新兴技术将转化成更好的产品或服务。所以移动电子商务领域将是下一个技术创新的高产地。

三、移动电子商务提供的服务

目前，移动电子商务主要提供以下服务。

（1）银行业务：移动电子商务使用户能随时随地在网上安全地进行个人财务管理，进一步完善因特网银行体系。用户可以使用其移动终端核查其账户、支付账单、进行转账以及接收付款通知等。

（2）交易：移动电子商务具有即时性，因此非常适用于股票等交易应用。移动设备可用于接收实时财务新闻和信息，也可确认订单并安全地在线管理股票交易。

（3）订票：通过因特网预订机票、车票或入场券已经发展成为一项主要业务，其规模还在继续扩大。因特网有助于方便核查票证的有无，并进行购票和确认。移动电子商务使用户能在票价优惠或航班取消时立即得到通知，也可支付票费或在旅行途中临时更改航班或车次。借助移动设备，用户可以浏览电影剪辑、阅读评论，然后订购邻近电影院的电影票。

（4）购物：新一代的移动电子商务系统，融合了 4G、5G 移动技术、智能移动终端、VPN、数据库同步、身份认证及 Webservice 等多种移动通讯、信息处理和计算机网络的最新的前沿技术，以专网和无线通讯技术为依托，使得系统的安全性和交互能力有了极大的提高，为电子商务人员提供了一种安全、快速的现代化移动执法机制。

（5）娱乐：移动电子商务将带来一系列娱乐服务。用户不仅可以从他们的移动设备上收听音乐，还可以订购、下载或支付特定的曲目，并且可以在网上与朋友们玩交互式游戏，还可以游戏付费，并进行快速、安全的博彩和游戏。

（6）无线医疗（Wireless Medical）医疗产业的显著特点是每一秒钟对病人都非常关键，在这一行业十分适合于移动电子商务的开展。在紧急情况下，救护车可以作为进行治疗的场所，而借助无线技术，救护车可以在移动的情况下同医疗中心和病人家属建立快速、动态、实时的数据交换，这对每一秒钟都很宝贵的紧急情况来说至关重要。在无线医疗的商业模式中，病人、医生、保险公司都可以获益，也会愿意为这项服务付费。这种服务是在时间紧迫的情形下，向专业医疗人员提供关键的医疗信息。由于医疗市场的空间非常巨大，并且提供这种服务的公司为社会创造了价值，同时，这项服务又非常容易扩展到全国乃至世界，我们相信在这整个流程中，存在着巨大的商机。

（7）移动应用服务提供商（MASP）：一些行业需要经常派遣工程师或工人到现场作业。在这些行业中，移动 MASP 将会有巨大的应用空间。MASP 结合定位服务技术、短信息服务、WAP 技术，以及 Call Center 技术，为用户提供及时的服务，提高用户的工作效率。

移动电子商务作为一种新型的电子商务方式，利用了移动无线网络的优点，是对传统电子商务的有益的补充。尽管目前移动电子商务的开展还存在安全与带宽等很多问题，但是与传统的电子商务方式相比，移动电子商务具有诸多优势，得到了世界各国普遍重视，发展和普及速度很快。

四、移动电子商务的发展

随着移动技术、计算机技术和移动终端技术的发展，移动电子商务技术已经经历了三代。

以短讯为基础的第一代移动电子商务技术存在着许多严重的缺陷，其中最严重的问题是实时性较差，查询请求不会立即得到回答。此外，由于短讯信息长度的限制也使得一些查询无法得到一个完整的答案。这些令用户无法忍受的严重问题也导致了一些早期使用基于短讯的移动电子商务系统的部门纷纷要求升级和改造现有的系统。

第二代移动电子商务系统采用基于 WAP 技术的方式，手机主要通过浏览器的方式来访问 WAP 网页，以实现信息的查询，部分地解决了第一代移动访问技术的问题。第二代的移动访问技术的缺陷主要表现在 WAP 网页访问的交互能力极差，因此极大地限制了移动电子商务系统的灵活性和方便性。此外，由于 WAP 使用的加密认证的 WTLS 协议建立的安全通道必须在 WAP 网关上终止，形成安全隐患，所以 WAP 网页访问的安全问题对于安全性要求极为严格的商务系统来说也是一个严重的问题。这些问题也使得第二代技术难以满足用户的要求。

新一代的移动电子商务系统，也就是第三代移动电子商务系统融合了 3G、4G 移动技术，智能移动终端，VPN，数据库同步，身份认证及 Webservice 等多种移动通信、信息处理和计算机网络的最新的前沿技术，以专网和无线通信技术为依托，使得系统的安全性和交互能力有了极大的提高，为电子商务人员提供了一种安全、快速的现代化移动执法机制。

移动支付已成为中国网民支付的主要方式。数据显示，全球主要经济体中，中国国内移动钱包消费占比最高，其中电子商务消费中移动钱包消费占比达到 65%。英国、德国、美国则位列其后，而日本则是国内移动支付普及较少的国家。艾媒咨询分析师认为，得益于支付宝、微信支付等产品发展成熟，中国移动支付发展成熟度在全球具有领先优势。随着各大第三方支付平台对业务应用场景不断扩展延伸，目前移动支付已经渗透至用户主要生活场景，移动支付交易频次和总体交易规模呈现高速增长态势。iiMedia Research（艾媒咨询）数据显示，2018 年中国移动支付交易规模达到 277.4 万亿元，较 2017 年增长 136.7%，2019 年第一季度交易规模达 83.9 万亿元。2018 年中国移动支付用户规模较 2017 年增长 17.2%，达到 6.59 亿人，预计 2019 年移动支付用户规模将突破 7 亿人，增至 7.33 亿人。艾媒咨询分析师认为，在技术日趋成熟以及龙头平台对产品推广加强的环境中，移动支付产品在网民中的渗透度不断扩大。未来随着国有支付机构在该领域投入扩大，移动支付产品将实现对用户的更大覆盖。

（一）手机网民的规模不断扩大

中国互联网络信息中心（CNNIC）30 日在京发布的第 44 次《中国互联网络发展状况统计报告》（以下简称《报告》）指出，我国手机网民规模达 8.47 亿人，较 2018 年年底增长 2984 万人；网民手机上网比例达 99.1%。与五年前相比，移动宽带平均下载速率提升约 6 倍，手机上网流量资费水平降幅超 90%；"提速降费"推动移动互联网流量大幅增长，用户月均使用移动流量达 7.2GB，为全球平均水平的 1.2 倍；移动互联网接入流量消费达 553.9 亿 GB，同比增长 107.3%。

（二）智能终端的性能不断提升

随着智能终端在手持设备领域的快速普及，消费者对于智能终端的选择也已经呈现多样化和个性化，特别是对于智能终端内容的选择已经成了消费者更为看重的一个关键因素。

目前的智能终端，其屏幕更大，色彩更清晰，而且速度也更快。性能的提升，也吸引了更多的用户去购买使用。近两年的苹果、华为、三星等产品的盛行，就说明了这样的道理。用户需求和技术发展的相互作用，推动智能终端向着更高速运算、更智能化的方向发展，从而吸引更多的用户使用，并使得移动服务向纵深处发展和延伸。

（三）移动电子商务的应用不断创新

移动电子商务在当今社会已经被越来越多的人熟知并使用。随着4G的普及，运营商手机上网包月套餐的推出，手机终端功能的提升，以及相关政府部门的高度重视，促进这一产业的高速发展，移动电子商务业务范围也逐渐扩大，它涵盖了金融、信息、娱乐、旅游和个人信息管理等领域。其主要应用领域包括网上银行业务、网上订票、网络购物、娱乐服务、网络比价、信息推送与分享等。

终端的普及和上网应用的创新是移动电子商务新一轮增长的重要因素。随着触屏手机市场份额的逐步提升，触屏手机性能的不断增强，移动上网应用出现创新热潮，同时手机价格不断走低，降低了移动智能终端的使用门槛，从而促成了普通手机用户向手机上网用户的转化。目前，消费者已经基本养成了通过移动智能终端上网的习惯，为移动电子商务的进一步发展奠定了优良的基础。

（四）移动电子商务的发展趋势

移动电子商务发展空间巨大。移动电子商务在现今互联网技术、信息化技术不断发展的带动之下也在不断完善并为企业及客户带来更多有利影响，特别是信息化时代所产生的新的信息管理模式及技术，使得移动电子商务未来的发展更具有可塑性空间。

1. 多元化发展趋势

现代化数字技术（如：大数据技术、AI技术、区块链技术等）在移动电子商务方面的广泛应用也加速了线上电子商务平台与线下传统产业和供应链的配套资源之间的融合，也使得电子商务的发展呈现出更加多元化的发展趋势。

2. 安全性发展趋势

安全性问题是电子商务在技术上必须解决的问题，随着电子商务模式的不断创新，使得现有的一些政策难以适应出现过度监管或者监管不当的情况，安全性问题也进一步凸显。据现有移动电商的发展情况，国家各相关机构会逐步提出有关方面的政策，促使网络运营商逐步建立并实施移动互联网络的安全保障体系与系统并延用至各电商平台的信息系统安全防护机制。

3. 便利性发展趋势

随着移动电子商务顾客群体的增加，管理信息系统服务业将会逐渐拓展应用范围，使之延伸至供应链的前后两端，最终形成整个供应链的信息协同，增强企业服务效率从而为顾客带来更为便利的服务，随时随地地进行移动电子交易，真切地体验到移动电子商务发展所带来的便利性。

4. 合作性发展趋势

大部分的商务活动中都会涉及到移动电子商务，商业活动的发展必然要通过多方面的相互合作，除了需要的是信息管理的支撑，还需要这一活动中的各个环节都要紧密合作与协调。同时，国际合作也变得更为密切，全球的电子商务技术、支付、以及物流等各个方面的产业资源也在不断的朝着集聚共享、协同化的方向发展。

移动电子商务作为电子商务的重要组成部分，具有便利化程度高、个性化程度强和良好的移动性的特点。在商务活动之中让企业和居民的生活方式得到极大便利，其发展也必然呈现上升态势，为电子商务发展引领新方向、涉入新领域。而信息系统在移动电子商务领域的良好利用也将助力移动电商的发展，使其发挥更大的作用。信息系统在电子商务领域得到广泛应用是必然趋势也是必要条件。移动电子商务和信息系统之间的协调和融合还有很多技术上和管理上的缺陷需要完善，如数据库建设、信息系统整合、系统间信息交互、计算机网络设备维护等。只有将这些工作做好，其功能才能真正发挥并营造企业、商家和客户三赢的良好商业环境。

第二节　移动电子商务技术基础

移动电子商务超越时间和空间的限制，只用一个手机或其他无线终端，使人们通过移动通信设备获得数据服务，通信内容包括语音、数字、文字、图片和图像等，在移动中进行电子商务。移动电子商务的发展主要取决于移动通信技术的空前发展，移动通信工具与因特网连接的无线上网技术以及因特网服务商所提供的无线上网服务设备。

一、移动商务通信技术

在现在的信息时代，随着手机、掌上电脑等这些移动通信终端的发展，人们对通信的要求日益迫切，人们越来越希望在任何时候、任何地点与任何人都能够及时可靠地交换任何信息。显然，想要实现这种愿望，在大力发展固定通信的同时，更需要积极地发展移动通信。

移动通信（Mobile communication）是移动体之间的通信，或移动体与固定体之间的通信。移动体可以是人，也可以是汽车、火车、轮船、收音机等在移动状态中的物体。移动通信是进行无线通信的现代化技术，这种技术是电子计算机与移动互联网发展的重要成果之一。移动通信技术经过第一代、第二代、第三代、第四代技术的发展，目前，已经迈入了第五代发展的时代（5G移动通信技术），这也是目前改变世界的几种主要技术之一。

（一）第一代移动通信技术（1G）

1982年，美国推出了Advanced Mobile Phone System（AMPS），又称国际标准IS-88。这个标准的推出，受到了用户们的普遍欢迎，用户量大增。现在所指的1G就是AMPS。第一代移动通信系统最重要的特点体现在移动性上，这是其他任何通信方式和系统不可替代的，从而结束了过去无线通信发展过程中时常被其他通信手段替代而处于辅助地位的历史。

第一代移动通信技术（1G）是指最初的模拟、仅限语音的蜂窝电话标准，制定于20世纪80年代，主要采用的是模拟技术和平分多址（FDMA）技术，模拟蜂窝系统的容量有限、保密性差，不能提供漫游，在许多地方正被逐步淘汰。

（二）第二代移动通信技术（2G）

为了满足人们对传输质量、系统容量和覆盖面的需求，第二代移动通信也随之产生。第二代移动通信系统主要有欧洲的GSM、数字高级移动电话系统DAMPS或TDMA，码分多址CDMA技术等，目前我国广泛应用的是GSM系统。1G主要使用了模拟技术，而2G使用了数字技术，其主要特性是为了移动用户提供数字化的语音业务以及高质低价服务。第二代移动通信具有保密性强、频谱利用率高、能提供丰富的业务、标准化程度高等特点，使移动通信得到了空前的发展。

1. GSM 移动通信系统

GSM 是 Global System For Mobile Communications 的缩写，是全球移动通信系统的简称。由欧洲电信标准组织 ETSI 制订的一个数字移动通信标准。GSM 自 90 年代中期投入商用以来，被全球超过 100 个国家采用。GSM 系统主要由移动台（MS）、移动网子系统（NSS）、基站子系统（BSS）和操作支持子系统（OSS）四部分组成。如图 5-1 所示。

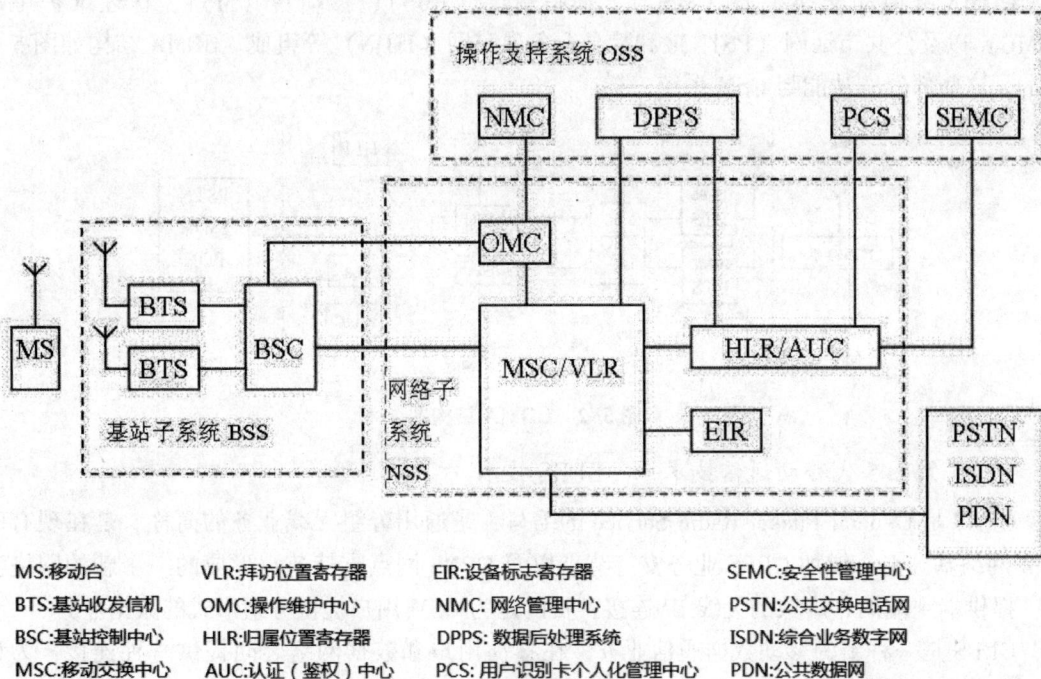

MS:移动台	VLR:拜访位置寄存器	EIR:设备标志寄存器	SEMC:安全性管理中心
BTS:基站收发信机	OMC:操作维护中心	NMC:网络管理中心	PSTN:公共交换电话网
BSC:基站控制中心	HLR:归属位置寄存器	DPPS:数据后处理系统	ISDN:综合业务数字网
MSC:移动交换中心	AUC:认证（鉴权）中心	PCS:用户识别卡个人化管理中心	PDN:公共数据网

图 5-1　GSM 系统结构

（1）移动台（MS）。移动台是公用 GSM 移动通信网中用户使用的设备，也是用户能够直接接触的整个 GSM 系统中的唯一设备。移动台的类型不仅包括手持台，还包括车载台和便携式台。随着 GSM 标准的数字式手持台进一步小型、轻巧和增加功能的发展趋势，手持台的用户将占整个用户的极大部分。

（2）基站子系统（BSS）。基站子系统（BSS）是 GSM 系统中与无线蜂窝方面关系最直接的基本组成部分。它通过无线接口直接与移动台相接，负责无线发送接收和无线资源管理。另一方面，基站子系统与网络子系统（NSS）中的移动业务交换中心（MSC）相连，实现移动用户之间或移动用户与固定网络用户之间的通信连接，传送系统信号和用户信息等。当然，要对 BSS 部分进行操作维护管理，还要建立 BSS 与操作支持子系统（OSS）之间的通信连接。

（3）移动网子系统（NSS）。移动网子系统（NSS）主要包含有 GSM 系统的交换功能和用于用户数据与移动性管理、安全性管理所需的数据库功能，它对 GSM 移动用户之间通信和 GSM 移动用户与其他通信网用户之间通信起着管理作用。NSS 由一系列功能实体构成，整个 GSM 系统内部，即 NSS 的各功能实体之间和 NSS 与 BSS 之间都通过符合 CCITT 信令系统 No. 7 协议和 GSM 规范的 7 号信令网路互相通信。

（4）操作支持子系统（OSS）。操作支持子系统（OSS）需完成许多任务，包括移动用户管理、移动设备管理以及网路操作和维护。

2. IS-95 CDMA 数字蜂窝通信系统

CDMA 是 Code Division Multiple Access 的缩写，是码分多址的简称。1993 年 7 月，美国电信工业协会（TIA）将 CDMA 定为美国数字蜂窝的临时标准 IS-95。由于 CDMA 系统具有抗干扰性强、保密性好、容量高等优点，许多国家都觉得 CDMA 有很大的应用前景，纷纷引进了这个技术。现在 CDMA 已经在很多国家广泛使用。

CDMA 由移动交换中心（MSC）、基站系统（BBS）、移动台（MS）、管理维护中心（OMC）以及公共市话网（PSTN）和综合业务数字网（ISDN）等组成。CDMA 结构如图 5-2 所示。这些部分的功能与 GSM 系统一样。

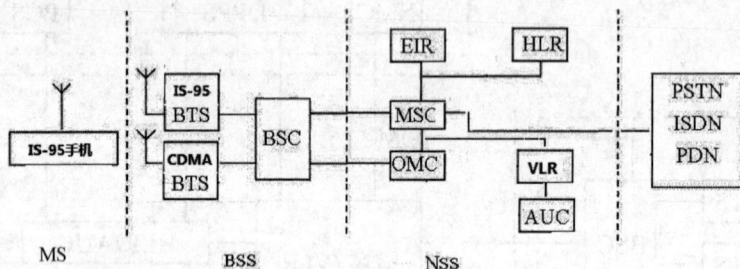

图 5-2　CDMA 结构图

（三）第 2.5 代移动通信技术——GPRS 技术

GPRS 是 General Packet Radio Service 的缩写，是通用分组无线业务的简称。是在现有的 GSM 网络基础上，增加 GPRS 业务支持节点以及 GPRS 网点支持节点形成的一个新的网络实体，提供端到端的、广域的无线 IP 连接，目的是为 GSM 用户提供分组形式的数据业务。

GPRS 是一种新的移动数据通信业务，在移动用户和数据网络之间提供一种连接，为移动用户提供高速无线 IP 服务。GPRS 网络分为两个部分：无线接入和核心网。GPRS 提供了一种高效、低成本的无线分组数据业务，特别适用于间断的、突发性的和频繁的、少量的数据传输，可以应用于数据传输、远程监控等方面，也适用于偶尔的大数据量传输。GPRS 网络结构如图 5-3 所示。

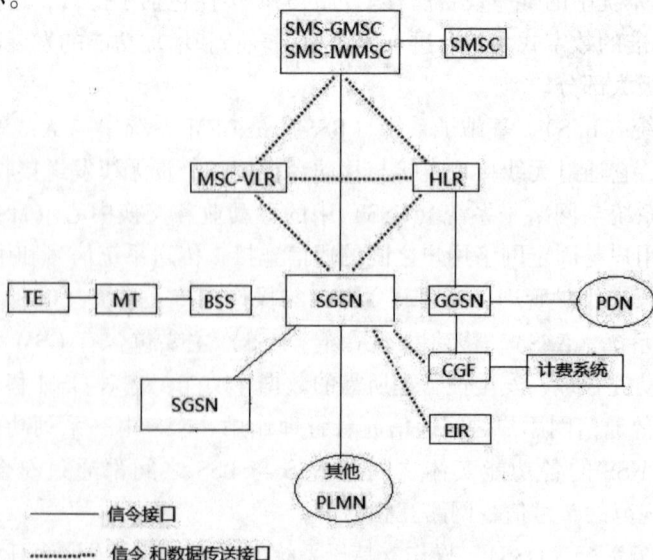

图 5-3　GPRS 系统结构图

GPRS 系统的接本网络结构。

（1）移动台（MS）是用户使用的设备，由移动端（MT）和终端单元（TE）构成。

（2）服务 GPRS 支持节点（SGSN）主要负责记录移动台的当前位置的信息，有执行移动性管理和路由选择等功能。

（3）网关 GPRS 支持节点（GGSN）负责 GPRS 网络与外部分组数据网的连接，并提供必要的传输通路。

（4）计费网关（CG）通过 Ga 接口实现 GPRS 系统的计费，收集各 GSM 系统发送的计费数据记录，然后将这些记录发送给计费系统。

（5）域名服务器（DNS）负责提供 GPRS 网内部 SGSN、GGSN 等网络节点的域名解析以及 APN 的解析。

（四）第三代移动通信技术（3G）

第三代移动通信，即国际电信联盟（ITU）定义的 IMT - 2000（International Mobile Telecommunication-2000），简称 3G。相对于第一代模拟通信系统（1G）和第二代 GSM、CDMA 等通信系统（2G），3G，一般地讲是指将无线通信与国际因特网的多媒体通信结合的新一代移动通信系统。2000 年 5 月，国际电信联盟确定了 WCDMA、CDMA2000 与 TD-SCDMA 作为第三代移动通信的三大主流无线接口标准。

1. WCDMA

WCDMA 是通用移动通信系统（UMTS）的空中接口技术，接入方式为 IMT-DS，核心网络基于 GSM/GPRS，所以许多 WCDMA 的高层协议和 GMS/GPRS 基本相同或相似。图 5-4 所示就是从 GSM 到 WCDMA 的发展。

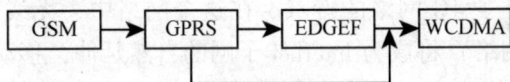

图 5-4　GSM 到 WCDMA 的发展

2. CDMA2000

CDMA2000 是在 IS-95 基础上的进一步发展，它对 IS-95 系统有向后兼容性，为了支持分组数据业务，核心网络在 ANSI-41 网络的基础上，增加了支持分组交换的部分，并逐步向全 IP 的核心网过渡。2008 年，中国电信通过收购联通的 CDMA 网络，拿到了梦寐以求的移动通信牌照，开启了筚路蓝缕的全业务创新之路，十年之内用户规模增长 10 倍；2019 年，在 5G 大规模商用前夜，中国电信又作出了新的抉择，全力拥抱 5G 的同时，与 CDMA 彻底告别。目前全球共有 336 家商用 CAMA2000 运营商，它们分布在 123 个国家和地区。

3. TD-SCDMA

时分同步的码分多址技术（Time Division-Synchronous Code Division Multiple Access，TD-SCDMA）作为中国提出的 3G 标准，自 1998 年正式向 ITU（国际电联）提交以来，完成了标准的专家评估、ITU 认可并发布。TD-SCDMA 标准是我国第一个具有完全自主知识产权的国际通信标准，而且在国际上被广泛接受和认可，是我国通信史上重要的里程碑，也是我国通信史上的重大突破，标志着中国在移动通信领域进入了世界领先之列。

（五）第四代移动通信技术（4G）

虽然 3G 传输率快，但是还存在着很多不尽如人意的地方。第四代移动通信技术（4G）

希望能够提供更大的频宽，满足 3G 尚不能达到的在覆盖、质量、造价上支持的高速数据和高分辨率多媒体服务的需要。该技术能进一步提高数据传输速度，集 3G 与 WLAN 于一体并能够满足几乎所有用户对于无线服务的要求。

4G 是 3G 技术的进一步演化，是在传统通信网络和技术的基础上不断地提高无线通信的网络效率和功能。通俗一点理解，最能概括 4G 技术的就是两句话：一是 4G 能提供高速移动网络宽带服务；二是 4G 基于全球移动通信 LTE（Long Term Evolution）标准之上。4G 系统的网络结构如图 5-5 所示。

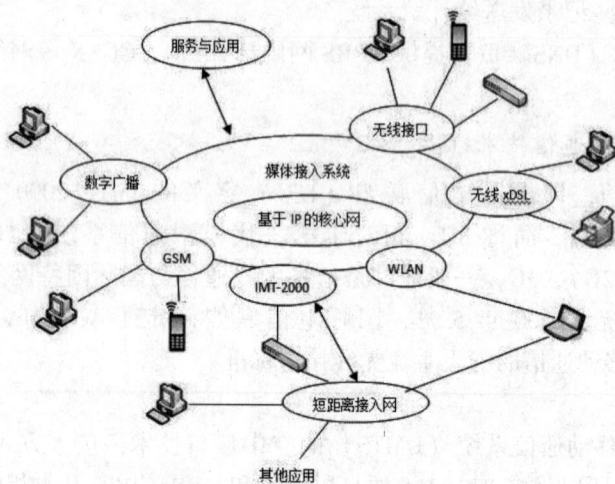

图 5-5　4G 系统网络结构

全 IP 比较恰当地描述了 4G 网络的特点。在这个网络中，无线网络（包括 WLAN、2G、3G 移动通信网络和其他网络）将成为 Internet 子网的自然延伸，移动终端是可激活的 IP 客户端。而且，全网络的信息传输速率更快、带宽更宽、容量更大、智能性更高、兼容性更强，多媒体质量更高。

4G 通信技术将会推动关键技术的过渡，逐渐发展出一种以 OFDM 技术为主导，又吸收了 CDMA 技术的双核技术。为了满足 4G 系统的要求，我们必须对 3G 的软件进行升级，使 3G 运行的精确度、速率、平稳性更高。我们需要不断完善技术，既要保证 3G 资源的完整，又可以促使 3G 成为 4G 的一部分，实现从三代到四代的过渡。

（六）第五代移动通信网络（5G）

5G 移动通信是与 4G 移动通信技术相对而言的，是第四代通信技术的升级和延伸。从传输速率上来看，5G 通信技术要快一些，稳定一些，在资源利用方面也会将 4G 通信技术的约束全面的打破。同时，5G 通信技术会将更多的高科技技术纳入进来，使人们的工作、生活更加的便利。

5G 移动网络与早期的 2G、3G 和 4G 移动网络一样，都是蜂窝网络，在这种网络中，供应商覆盖的服务区域被划分为许多被称为蜂窝的小地理区域。

4G 网络推广开始，一直到现在，通信行业已经全面掌握了 4G 的核心技术，例如 XLTE 等。自 3G 开始，发展到 4G 最主要的不同之处就是速度快，4G 在下载速度方面有了全新的改变，但是 5G 其下载速度会更突出，而且网络连接也会更稳定。具体来说，5G 移动通信网络的特点有五个方面：

1.5G 高数据速率

5G 网络给大家最直观的印象就是高速率，网络的理论下行速度为 10Gb/s，1 秒下载几部高清电影再也不是幻想。数据传输速率远远高于以前的蜂窝网络，比当前的有线互联网要快，比先前的 4GLTE 蜂窝网络快 100 倍。但是在我们现实的世界可能无法达到那个速度，实际上，在实际使用环境（而不是专门构建的测试站点）中，DOCOMO 记录的速度超过 2Gbps，这个速度也让人能感到与之前的移动网络速度的差距。下图也可以直观的让我们看见 5G 与前面的移动网络比较速度的差异。

5G 的高不仅仅是速度快而已，它还根据不同的使用设备切分成不同属性的片层。这样你所有的用网设备全部接入都不会再有之前卡顿的现象。

5G 比喻成高速路，用网设备就是在道路上行驶的车辆。5G 不仅仅是加速了上网的速度。它还加宽了道路，并且将不同的车分道。使他们更快更通畅的在路上行驶。

2.5G 时延

5G 另一个优点是较低的网络延迟（更快的响应时间），低于 1 毫秒，而 4G 为 30~70 毫秒。而正是这些减少出来的时间解决了很多我们目前 4G 无法解决的问题，低延迟可以在各个地方用到。低时延才是 5G 的真正王牌，实际上，以不少联网游戏为例，越是具有实时对抗的特性，开发者就越需要在时延的优化上下功夫。在 4G 上游戏开发商无法做到的事情在 5G 的环境下。可以做到让玩家更直观感受的游戏。当然低时延不仅仅是在游戏上有体验，低时延的另一大重要意义在于，加入 4G 比 5G 慢的这 19ms 差距在游戏中只是关乎玩家的胜负的话，那么在自动驾驶、智慧工厂、机械臂远程手术上则直接关乎的是生命安全。

3.5G 泛在网与万物互联

5G 的万物互联的意思是在生活中的每一个地方都这网络存在，使我们无时无刻可以上网，在 5G 时代的时候可能到时候就是万物可上网。你家里的台灯，沙发甚至马桶都可以联网成为智能设备让你生活的更加智能与舒适。

泛在网还可以在之前网络不好的地方比如厕所，地下室，电梯中拥有良好的网络环境。可以部署大量的传感器，进行环境、空气质量甚至变化，地震监测，使生活智能化。

泛在网这个特点在一定程度上，比高速网络更重要，只有很少的局部覆盖、高速网络，不能保证服务和体验，而泛在网络是体验的基本保证。毕竟你先要连上网才可以讲求它的速度。

4. 低功耗

现在之所以很多智能设备无法普及的原因之一是能耗大、经常要充电。手机、耳机、眼镜、手环、皮带、手表等产品可以加大智能化程度，但是由于功耗较大，需要不断充电，很多产品并没有带给人方便，也就无从推广。在 5G 进入我们生活后，大多数设备不需要太多能量就可以维系 5G 的环境。在这个低功耗里面我们就可以长时间，更智能的去体验和享受到 5G 带来的智能革命生活。

二、移动网络技术

所谓无线网络，既包括允许用户建立远距离无线连接的全球语音和数据网，也包括为近距离无线连接进行优化的红外线技术及射频技术。当无线用户之间由于距离或其他原因，不能直接进行信息传播而必须通过中继方式进行时，称为无线网络通信方式。网络可以有多种形式，最经典的是星状网络。位于网络中央的中继器可以是移动网络中的基站，是由发射机和接收机组成, 将来可以由一个无线设备的信号中继到另一个无线设备, 保证网络内的用户通信。图 5-6 是无线网络的架构。

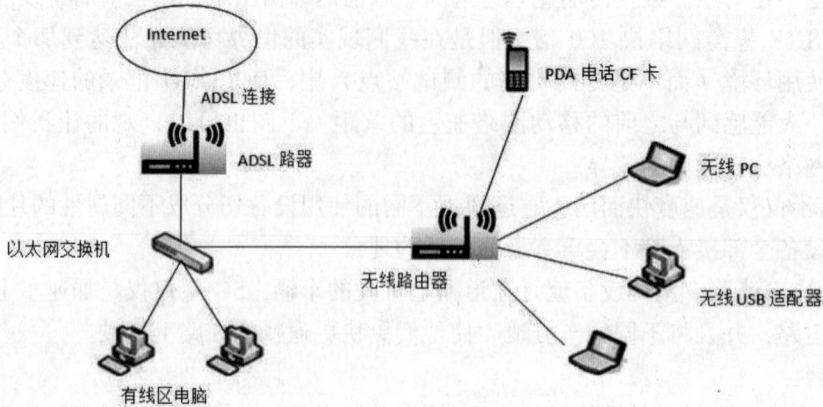

图 5-6　无线网络的架构

整个无线网络可以划分为无线广域网 (WWAN)、无线城域网 (WMAN)、无线局域网 (WLAN) 和无线个域网 (WPAN)。目前, 无线网络只是在 WLAN 领域和 WPAN 领域发展比较成熟。后者在小范围内相互连接数个装置所形成的无线网络, 例如蓝牙连接耳机及掌上电脑。而 WMAN (WiMax) 提出不久, 还有很多问题尚未解决。

（一）无线局域网 (WLAN)

无线局域网 (Wireless LAN, WLAN) 是指以无线电波作为传输媒介的局域网。无线局域网包括三个组件: 无线工作站、无线 AP 和端口, 如图 5-7 所示。WLAN 技术可以使用户在公司、校园、大楼或机场等公共场所创建无线连接, 用于不便于铺设线缆的场所。目前, 无线局域网主要使用 WiFi 技术。随着以太网的广泛应用, 无线局域网能在一定程度上满足人们对移动设备接入网络的需求。

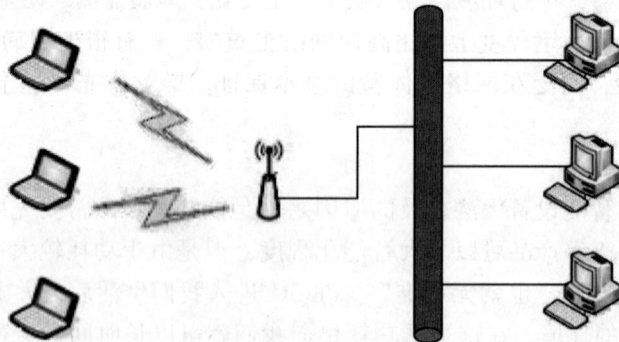

图 5-7　无线局域网结构图

WiFi (Wireless Fidelity) 是 IEEE 定义的一个无线网络通信的工业标准 (IEEE802.11), 在无线局网的范畴是指 "无线相容性认证", 同时也是一种无线联网的技术, 通过无线电波来连接网络。WiFi 是一种可以将个人电脑, 手持设备 (如 PDA、手机) 等终端以无线方式相互连接的技术。

目前除了家庭网络外, 还没有完全建立在无线技术上的网络。使用 WiFi 技术配置的网络常常与现有的有线网络相互协调共同运行。WiFi 一边可以通过无线电波与无线网络相连, 另一边可以通过无线网关连接到无遮蔽双绞线（Unshield Twisted Pair，UTP）电缆。

（二）无线个域网（WPAN）

无线个域网（Wireless Personal Area Network，WPAN）是通过无线电波连接个人邻近区域内的计算机和其他设备的通信网络。目前主要的 WPAN 技术就是蓝牙和红外通信。

1. 蓝牙

蓝牙是由爱立信、国际商用机器、英特尔、诺基亚和东芝等五家公司于 1998 年 5 月共同提出开发的一种全球通用无线技术标准。蓝牙是一种替代线缆的短距离无线传输技术，使特定的移动电话、笔记本电脑以及各种便携式通信设备能够相互在十米左右距离内共享资源。蓝牙有很多优点：蓝牙的成本比较低，保证了蓝牙的广泛实施；任一蓝牙设备在传输信息时都要有密码，保证了通信的安全性；蓝牙的通信距离为 10 米，可以在办公室内任意传输；蓝牙具备自动发现能力，使用户能够通过很简便的操作界面访问设备；跳频技术使蓝牙系统具有足够高的抗干扰能力。

2. 红外通信

红外线是指波长超过红色可见光的电磁波，红外通信（IrDA）顾名思义就是通过红外线进行数据传输的无线技术，利用红外线技术在电脑或其他相关设备间可以进行无线数据交换。目前使用的红外线已经发展到了 16Mb/s 的速率。

无线电波和微波已被广泛地应用在长距离的无线通信中，但由于红外线的波长较短，对障碍物的衍射能力差，所以更适合应用在需要短距离无线通信的场合，进行点对点的直线数据传输。随着移动计算和移动通信设备的日益普及，红外数据通信已经进入了一个发展的黄金时期。目前，红外通信在小型的移动设备中获得了广泛的应用，包括笔记本电脑、掌上电脑、游戏机、移动电话、仪器仪表、MP3、数码相机以及打印机之类的计算机外围设备等。

（三）无线城域网（WMAN）

无线城域网（Wireless Metropolitan Are Network，WMAN）采用无线电波使用户在主要城市区域的多个场所之间创建无线连接，而不必花费高昂的费用铺设光缆、电缆和租赁线路。如图 5-8 所示。IEEE 为无线城域网推出了 802.16 标准，同时业界也成立了类似 WiFi 联盟的 WiMax 论坛。

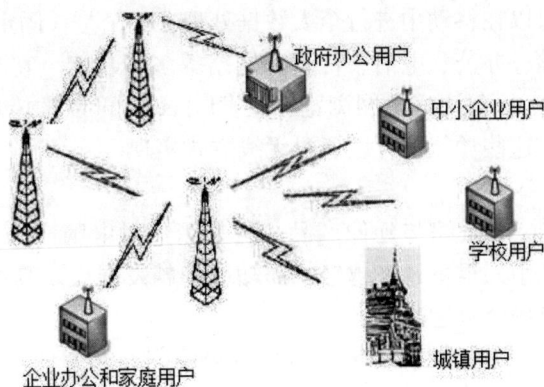

图 5-8　无线城域网结构图

WiMax 的全名是微波存取全球互通（Worldwide Interoperability for Microwave Access），WiMax 应用主要分成两个部分：一个是固定式无线接入，另一个是移动式无线接入。现阶段的主要应用系统为以 IEEE802.16d 标准给主的固定宽带无线接入系统和以 IEEE802.16e 标准为主的移动宽带无线接入系统。WiMax 也有自身的许多优势：实现更远的传输距离；提供更高速的宽带接入；提供优良的"最后一公里"网络接入服务；提供多媒体通信服务；应用范围广。

（四）无线广域网（WWAN）

无线广域网（Wireless Wide Area Network，WWAN）是指覆盖全国或全球范围的无线网络，提供更大范围内的无线接入。IEEE802.20 是 WWAN 的重要标准，是由 IEEE802.16 工作组于 2002 年 3 月提出的，并为此成立了专门的工作小组，这个小组 2002 年 9 月独立为 IEEE802.20 工作组。IEEE802.20 是为了实现高速移动环境下的高速率数据传输率，以弥补 IEEE802.1x 协议族在移动性上的劣势。IEEE802.20 技术可以有效解决移动性与传输速率相互矛盾的问题，是一种适用于高速移动环境下的宽带无线接入系统空中接口规范。

三、移动通信终端和移动通信操作系统

（一）移动通信终端

移动通信终端产品现在非常多，个人移动通信终端主要包括手机、掌上电脑、笔记本电脑、GPS 定位设备等。按照网络的不同有 GSM、CDMA、WCDMA、TD-S CDMA 等；按照结构的不同，有直板机、折叠机和滑盖机的区分；各种终端产品对使用者来说没有太大的区别，主要是运营商不同，包括中国移动、中国联通、中国电信等，功能上大同小异，但是外观上千差万别。

1. 手机

手机通常被视为集合了个人信息管理和移动电话功能的手持设备。日本以及我国港台地区通常称为手提电话、携带电话，早期又有"大哥大"的俗称，是可以在较广范围内使用的便携式电话终端。手机按性能分为智能手机和非智能手机。目前手机已经发展至 4G 时代。

2. 掌上电脑

掌上电脑属于个人数字助理的一种，正如"掌上电脑"这个名字一样，它在许多方面和我们的台式机类似。比如，它同样有 CPU、存储器、显示芯片以及操作系统等。掌上电脑和台式机的区别就是一个可以在移动中进行个人数据处理，一个是在固定点进行个人数据处理。这种手持设备集中了存储、办公、电话、传真和网络等多种功能。它不仅可用来管理个人信息（如通讯录、计划等），而且可以上网浏览、收发E-mail，可以发传真，甚至还可以当作手机来用。尤为重要的是，这些功能都可以通过无线方式实现。

3. 笔记本电脑

笔记本电脑是台式 PC 的微缩与延伸产品，也是用户对电脑产品更高需求的必然产物。其发展趋势是体积越来越小，重量越来越轻，而功能却越发强大。其便携性和备用电源使移动办公成为可能，因此市场容量迅速扩展。

4. GPS 定位设备

全球定位系统（Global Position System，GPS）是在全球范围内实时进行定位、导航的系统。GPS 功能必须具备 GPS 终端、传输网络和监控平台三个要素，缺一不可。GPS 定位设备功能包括全球卫星定位、电子导航、语音提示、偏航纠正，GPS 导航系统现在已经被广泛使用。

（二）移动通信操作系统

操作系统是对计算机系统内各种硬件和软件资源进行控制和管理、有效组织多道程序运行的系统软件，是用户与计算机之间的接口。以前广泛认为操作系统就是计算机所拥有的，现在手机应用了操作系统。手机上采用的操作系统有 Symbian、Windows Mobile、Android、iOS。

1. Symbian 操作系统

Symbian 操作系统就是 Symbian 拥有的、专用于手机应用软件开发的平台。Symbian 是一个实时性、多任务的纯 32 位操作系统，具有功耗低、内存占用少等特点，非常适合手机等移动设备使用。

由于诺基亚一直将 Symbian 作为其智能手机产品的唯一操作系统，Symbian 多年来一直在手机操作系统市场领先，但近年来 Symbian 的市场份额严重下滑，并且这一趋势仍在延续。主要原因在于随着 IPhone、Android 这两种操作系统的兴起，Symbian 在用户体验方面已经落后。不过在中低端领域，由于价格相对低廉，并且易用性较高，Symbian 仍然具有一定的优势。

2. Windows Mobile 操作系统

Windows Mobile 是微软为手持 PC 开发的通用操作系统，是开放的、可裁剪的、32 位的实时嵌入式窗口操作系统。Windows Mobile 系列操作系统主要包括 Pocket PC、Smart Phone。

相比其他智能手机操作系统，Windows Mobile 的缺点在于其操控显得更复杂，系统运行速度比较慢。比起 iPhone、Android 等产品，同样采用触摸屏操作的 Windows Mobile 手机，在操控体验方面差距明显。

3. Android 操作系统

Android 是 Google 于 2007 年 11 月 5 日宣布的基于 Linux 平台的开源手机操作系统，Android 的系统架构和其操作系统一样，采用了分层的架构如图 5-9 所示。Android 分为四个层，从高层到低层分别是应用程序层、应用程序框架层、系统运行库层和 Linux 核心层。

（1）应用程序。Android 会同一系列核心应用程序包一起发布，该应用程序包包括E-mail客户端，SMS 短消息程序，日历，地图，浏览器，联系人管理程序等。所有的应用程序都是使用 Java 语言编写的。

（2）应用程序框架。开发人员也可以完全访问核心应用程序所使用的 API 框架。该应用程序的架构设计简化了组件的重用；任何一个应用程序都可以发布它的功能块并且任何其他的应用程序都可以使用其所发布的功能块（不过得遵循框架的安全性限制）。同样，该应用程序重用机制也使用户可以方便的替换程序组件。

隐藏在每个应用后面的是一系列的服务和系统，其中包括以下几方面。

①丰富而又可扩展的视图（Views），可以用来构建应用程序，它包括列表（Lists），网格（Grids），文本框（Text Boxes），按钮（Buttons），甚至可嵌入的 Web 浏览器。

②内容提供器（Content Providers），使得应用程序可以访问另一个应用程序的数据（如联系人数据库），或者共享它们自己的数据。

③资源管理器（Resource Manager），提供非代码资源的访问，如本地字符串，图形，和布局文件（Layout Files）。

④通知管理器（Notification Manager），使得应用程序可以在状态栏中显示自定义的提示信息。

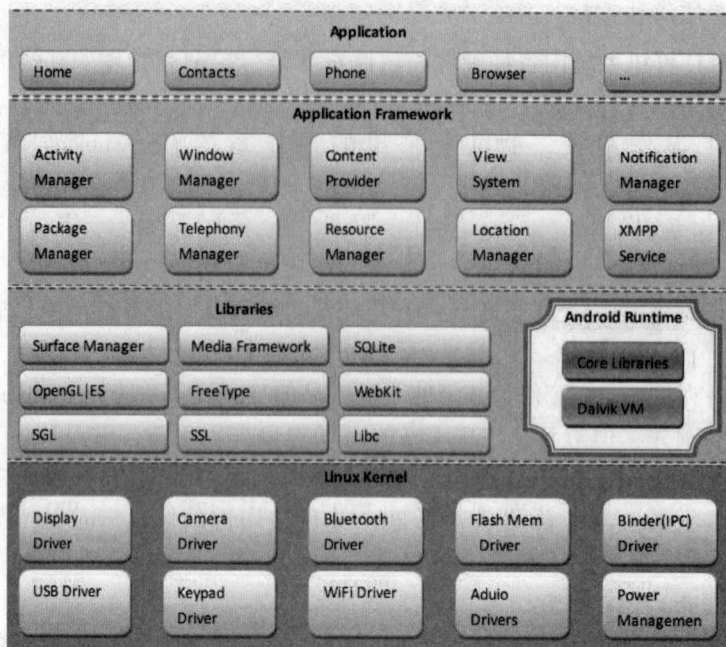

图 5-9　Android 系统架构

⑤活动管理器（Activity Manager），用来管理应用程序生命周期并提供常用的导航回退功能。

（3）系统运行库。

①程序库。Android 包含一些 C/C++库，这些库能被 Android 系统中不同的组件使用。它们通过 Android 应用程序框架为开发者提供服务。以下是一些核心库。

a. 系统 C 库：一个从 BSD 继承来的标准 C 系统函数库（Libc），它是专门为基于 Embedded Linux 的设备定制的。

b. 媒体库：基于 PacketVideo Open Core；该库支持多种常用的音频、视频格式回放和录制，同时支持静态图像文件。编码格式包括 MPEG4，H. 264，MP3，AAC，AMR，JPG，PNG。

c. Surface Manager：对显示子系统的管理，并且为多个应用程序提供了 2D 和 3D 图层的无缝融合。

d. LibWeb Core：一个最新的 Web 浏览器引擎，支持 Android 浏览器和一个可嵌入的 Web 视图。

e. SGL：底层的 2D 图形引擎。

f. 3D libraries：基于 OpenGL ES 1. 0 APIs 实现；该库可以使用硬件 3D 加速（如果可用）或者使用高度优化的 3D 软件加速。

g. FreeType：位图（Bitmap）和矢量（Vector）字体显示。

h. SQLite：一个对于所有应用程序可用，功能强劲的轻型关系型数据库引擎。

②Android 运行库。Android 包括了一个核心库，该核心库提供了 Java 编程语言核心库的大多数功能。

每一个 Android 应用程序都在它自己的进程中运行，都拥有一个独立的 Dalvik 虚拟机实例。Dalvik 被设计成一个设备可以同时高效地运行多个虚拟系统。Dalvik 虚拟机执行（. dex）

的 Dalvik 可执行文件，该格式文件针对小内存使用做了优化。同时虚拟机是基于寄存器的，所有的类都经由 JAVA 编译器编译，然后通过 SDK 中 的 "dx" 工具转化成 .dex 格式由虚拟机执行。

Dalvik 虚拟机依赖于 Linux 内核的一些功能，比如线程机制和底层内存管理机制。

（4）Linux 内核。Android 的核心系统服务依赖于 Linux 2.6 内核，如安全性，内存管理，进程管理，网络协议栈和驱动模型。Linux 内核也同时作为硬件和软件栈之间的抽象层。

中国移动、中国联通、中兴通讯、华为通信、联想等大企业纷纷使用了 Android 系统，而且 Android 手机系统是开放的，服务是免费的，使用 Android 手机的人也就越来越多，安卓在中国的前景十分广阔。

4. iOS 操作系统

iPhone OS 或 OS X iPhone 是由苹果公司为 iPhone 开发的操作系统。他主要是给 iPhone 和 iPod Touch 使用，原来这个系统名为 iPhone OS，直到 2010 年 6 月 7 日 WWDC 大会上宣布改名为 iOS。

iOS 的系统架构分为四层，由上到下一次为：可触摸层（Cocoa Touch Layer）、媒体层（Media Layer）、核心服务层（Core Services Layer）、核心操作系统层（Core Os Layer）如图 5-10 所示。

图 5-10　iOS 的系统架构

（1）触摸层：为应用程序开发提供了各种常用的框架并且大部分框架与界面有关，本质上来说它负责用户在 iOS 设备上的触摸交互操作。

（2）媒体层：通过它我们可以在应用程序中使用各种媒体文件，进行音频与视频的录制，图形的绘制，以及制作基础的动画效果。

（3）核心服务层：我们可以通过它来访问 iOS 的一些服务。

（4）核心操作系统层包括内存管理、文件系统、电源管理以及一些其他的操作系统任务。它可以直接和硬件设备进行交互。

从最初的 iPhone OS，演变至最新的 iOS 系统，横跨 iPod touch、iPad、iPhone，成为苹果最强大的操作系统，能给用户带来极佳的使用体验。

第三节　移动电子商务商业模式

一、基于价值链的移动电子商务模式划分

商业模式的划分关系到企业未来采取何种模式为客户服务并创造价值。Paul Bambury 认为："商业模式的划分应该从新经济出现的商业模式与旧经济中已有的商业模式差异出发，将互联网中的商业模式分为两大类：移植模式和享赋模式。" Crystal Dreisbachand 认为："企

业提供的商品可以分为三种：一是产品，二是服务，三是信息，因此可以将互联网上的商业模式分为，基于产品上销售的商业模式、基于服务销售的商业模式和基于信息交互的商业模式。"

基于价值链构建的移动电子商务模式框架如图 5-11 所示。

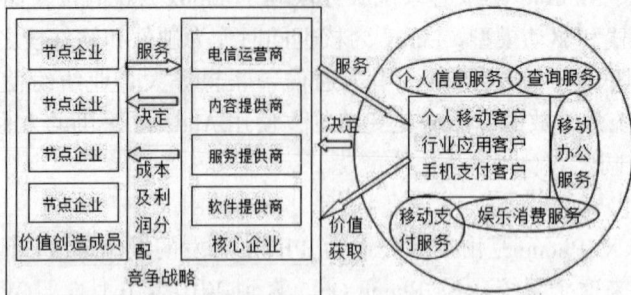

图 5-11　基于价值链的移动电子商务模式框架

首先从框架图的结构来看，该移动电子商务模式完全是以价值链为基础，包括移动客户、核心企业以及节点企业。其中，移动客户是移动电子商务模式的核心，包括个人移动客户，行业应用客户以及手机支付客户，核心企业，由电信运营商、内容提供商、服务提供商以及软件提供商构成，这四个核心企业是当前 4G、5G 环境下，在移动电子商务市场中占核心地位，并拥有主要资源的企业，因此处于核心地位；节点企业即为价值创造的成员，他们一般占有很少的资源，或者实力不如核心企业，但在整个商业模式中也扮演重要的角色。

其次，从整个移动电子商务模式的运营机制角度来看，整个移动电子商务模式是以客户的需求为价值获取的来源，并依据客户的不同需求由不同的企业提供相应的服务。一般由核心企业领导，并与节点企业合作共同为用户提供服务，利益分配是根据各个企业在服务中的贡献大小进行。

最后，从内部竞争战略角度来看，该移动电子商务模式是根据跟整个产业以及价值链的发展来制订统一的竞争战略，同时产业内的各个企业也根据其自身所担当的不同角色来制订合适自身发展的相应竞争战略，以保证各个企业在相互合作的前提下进行有效的竞争，更好地为移动客户服务，使得整个移动电子商务模式良性的发展。

移动电子商务模式是围绕着移动价值网上的核心企业构建。根据移动电子商务模式中的核心企业，当前环境下三种主要的移动电子商务模式分别是运营商主导的移动电子商务模式、服务提供商主导的移动电子商务模式、第三方主导的移动电子商务模式。

二、运营商主导的移动电子商务模式

运营商是移动电子商务价值网内的核心企业之一，可以借助其自身的优势来领导价值链。其独特的优势在于掌握大量的资源，因为大多数的服务均需要通过运营商的网络接入才能进行。此外，运营商拥有规模巨大的客户资源，这些客户资源都是其用来开展移动电子商务的潜在用户群。

移动运营商主导的移动电子商务模式产生于 3G 网环境下移动电子商务价值链形成的初始期。此时，语音收入仍然是产业的最主要利润来源，移动运营商处于价值链上的主导地位，提供内容应用服务的移动服务提供商的能力仍然有限，移动电子商务产业发展还不成熟，需要处于价值链主导地位的移动运营商整合资源，构建整个移动电子商务产业链的运营，从而带动移动电子商务产业的发展。价值链结构如图 5-12 所示。

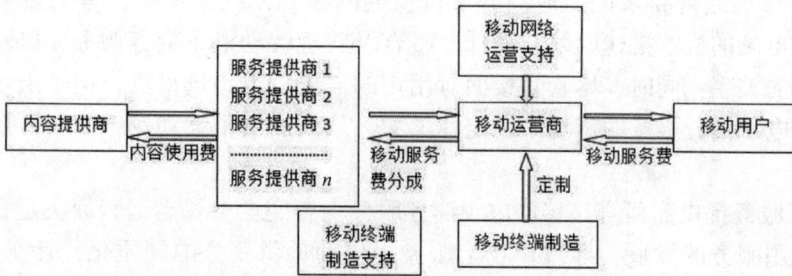

图 5-12　运营商主导的移动电子商务价值网络

这种由移动运营商主导的商业模式特点如下。

（1）从下游的移动运营商来看，拥有核心资源：用户与传输网络，并作为移动电子商务服务内容的管理和提供者，它处于价值链的主导位置。向下，移动运营商可以及时了解用户的需求偏好及需求转变，从而设计并开发新的应用服务。其后再向上，根据服务的内容来选择合适条件的移动服务提供商，购买服务提供商，提供的移动电子商务服务内容来满足市场上用户的需求，与此同时，移动运营商还要负责一定的市场业务推广。其后再向上，根据服务的内容来选择合适条件的移动服务提供商、购买服务提供商提供的移动电子商务服务内容。

（2）在开发设计移动电子商务服务的同时，运营商还必须整合资源，构建价值链的其他所有环节的运营。这就要求移动运营商在选择移动电子商务服务提供商的同时，还要整合移动终端设备制造商、移动应用服务提供商等其他移动电子商务价值创造环节，为下游移动用户提供移动电子商务服务，承担相应成本。

（3）移动运营商由于其在价值链中的主导地位，可以构建自己的服务品牌，选择适合的服务提供商、终端设备制造商，也拥有对中间产品的优先定价权。移动运营商对移动电商服务的收益进行分成。

（4）由于 3G 环境下移动电子商务服务发展初期，服务提供商并不成熟，仅根据移动运营商的需要提供移动电子商务服务内容，市场同质性较强，竞争激烈，在价值链中处于劣势，但不承担其他的成本和风险。因此从上游移动服务商来看，他所在的行业存在大量同质的企业，移动运营商对各大服务提供商来说相当重要。如果移动运营商不为服务提供商提供网络的接入，上游的服务提供商将会失去市场而倒闭，也就是说服务提供商对移动运营商的依赖程度很高。

这种移动运营商主导的商业模式，其优点如下。

（1）对于移动运营商而言，它享有价值链上的绝对控制权，即使在服务提供商仍不成熟的环境下，运营商仍然能选择服务提供商，构建自己的品牌，提供新的移动电子商务服务，而且享有利益分配的大头；同时移动运营商能够通过客户关系管理，更好地了解客户的需求，确保了能够提供更多的能为消费者所接受的移动电子商务服务。

（2）对于服务提供商而言，移动运营商构建的增值价值链，为他们带来了新的发展契机，而运营商对服务提供商的选择又加剧了他们之间的竞争，从而带动了服务提供商的发展，这又反过来提高了运营商的服务质量。

（3）对用户而言，移动电子商务服务种类的增加，能够更好地满足移动用户的需求，使得用户能够获得更好的服务。

而它的缺点体现在以下几方面。

（1）对于移动运营商来说，他们处于价值链的核心，就必须综合考虑整个价值链的发展，从而投入更多的成本搭建网络，设计、整合及管理移动电子商务服务，以及管理价值链各个部分之间的关系；同时，尽管直接面对用户的需求进行市场推广，但是由于技术的先进性，使得移动电子商务服务的市场不确定性增加，从而加重了移动运营商所需要承担的成本和风险。

（2）对于服务提供商而言，移动电子商务服务内容完全由移动运营商决定，一定程度上限制了其他应用服务的发展，导致市场上服务提供商提供服务的同质化，且竞争尤为激烈，在价值链中处于劣势。

（3）对于用户而言，所能够选择的移动电子商务服务种类有限，服务内容比较单一，中国移动的"移动梦网"、中国联通的"互动视界"就属于这种价值链结构。随着移动电子商务产业的发展，移动电子商务应用服务将逐渐替代语音业务，成为移动电子商务产业的主要收入来源，内容提供商、服务提供商将不断发展壮大，而受到技术、资源等因素的限制，移动运营商将有可能逐步让出价值链的主导地位，移动电子商务价值链也将随之改变。

三、服务提供商主导的移动电子商务模式

当移动电子商务价值链发展到后期，移动电子商务的发展以及用户需求的多样化将使得价值链的最增值环节向移动服务提供商转移，技术推动以及需求拉动都使得服务提供商与移动运营商的力量对比发生显著变化。当移动电子商务应用服务成为整个的移动电子商务产业的主要收入来源时，服务提供商将掌握用户资源，并因此可能替代移动运营商主导整个移动电子商务价值。具体的价值链结构如图5-13所示。

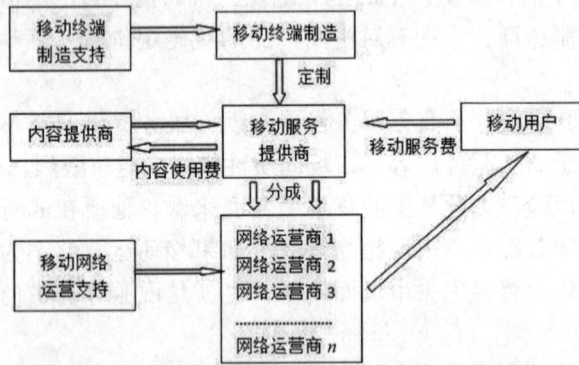

图5-13　服务提供商主导的移动电子商务价值网络

这种由服务提供商主导的移动电子商务模式的特点如下。

（1）对于移动运营商而言，作为用户和服务提供商之间的接入整合者，运营商仅需要提供自己的网络资源。提供接入服务是服务提供商提供服务的一个渠道，这使得它承担的风险较小，但价值链中的主导地位已经从运营商转移至服务提供商。同时，服务提供商渠道的多样性，导致移动运营商面临较为激烈的市场竞争，移动运营商如果不能提供对用户具有吸引力的移动电子商务应用服务，运营商将会失去市场，即移动运营商对服务提供商的依赖程度提高。

（2）服务提供商掌握用户资源，在整个移动电子商务价值链中占有优势地位。服务提供

商与移动运营商合作，向用户提供移动电子商务应用服务；同时，服务提供商还会直接面对用户的需求进行市场推广，这使得它能及时掌握用户的心理，掌握市场动态，开发新的业务以及满足用户需求，建立自己的业务品牌，然后再选择合适的渠道推广业务。因此，服务提供商具有新业务的垄断权。

（3）服务提供商取代移动运营商成为价值链的主导者，享有中间产品的优先定价权。

这种以服务提供商主导的移动电子商务模式适合于移动电子商务业务发展成熟，服务提供商比较成熟的市场，而它的优势如下。

（1）对于移动运营商而言，它提供的是接入服务，所需要承担的风险较小，同时还可以提高剩余网络的利用率来增加收入，并通过移动电子商务服务维系老用户、吸引新用户，扩大用户的市场份额；由于主导地位的转移，移动运营商降低了整合整个价值链的成本，因此，运营商可以专注于维护网络，提高网络质量。

（2）对服务提供商而言，它更加贴近用户的需求，同时，为了避免信息服务同质性的竞争，就需要提供更快、更新、更贴心的移动电子商务服务。除此之外，它还可以整合渠道以满足不同用户的需求，促进下游移动运营商之间的竞争，这也间接地提高了移动网络运营商的网络及服务质量。

（3）服务提供商为了避免信息服务的同质性而带来的激烈竞争，保持在价值链中处于主导地位，就必须不断改进、开发、设计符合客户需求的移动电子商务应用服务内容，这就极大丰富了移动电子商务服务种类。因此，对于用户而言，可以选择的移动电子商务服务种类及途径都更多、更好，需求也更容易满足。

（4）对于用户而言，所能选择的服务种类、质量都得到了极大的提高，用户满意度增加。

而它的缺点体现在以下几方面。

（1）移动运营商放弃了价值链的控制权，对客户需求的了解也有所降低，因此，移动运营商并不了解所提供的移动电子商务服务是否满足用户的需求，同时可能受制于大的服务提供商而提供用户满意度不高的服务，在整个价值链中处于劣势，面临更加激烈的竞争，被动地接受服务提供商的信息服务定价而依赖于服务提供商。

（2）服务提供商为了开发有竞争力的移动电子商务服务，就必须投入大量的成本进行服务开发设计，但市场环境的不确定性又使得服务提供商们在新技术条件下承担极大的风险。

这种服务提供商主导的价值链模式，服务提供商相对成熟，能够获得利润的大部分，但也承担极大的风险。而相对移动运营商来说，尽管在价值链中处于劣势地位，获得的利润不多，但他可以以此稳固移动运营商的市场份额，从而在激烈的同行业竞争中获得竞争优势。

四、第三方主导的移动电子商务模式

随着 3G 环境下移动电子商务产业的发展，移动电子商务服务层出不穷，由于受制于技术、资源的限制，移动运营商们将很难持续维持主导整个价值链，而服务提供商的成熟也非一蹴而就。而此时，在移动电子商务价值链上，就有可能出现整合移动电子商务服务的第三方，它可能是发展较为成熟的应用服务提供商，掌握手机应用平台的终端设备制造商，也可能是一个虚拟的网络运营商，通过构建移动电子商务产业服务平台，主导整个移动电子商务价值链。其价值链结构如图 5-14 所示。

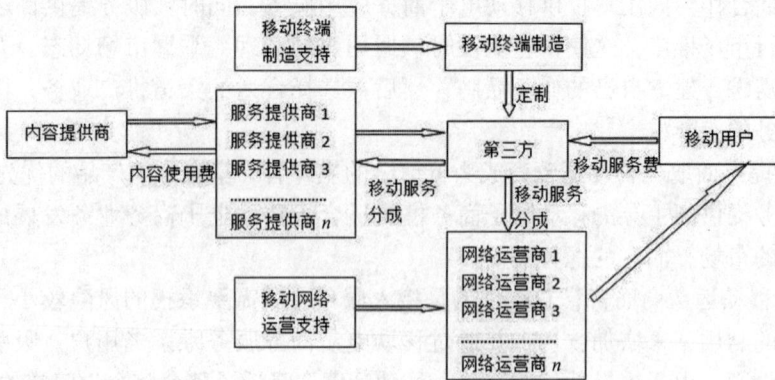

图 5-14　第三方主导的移动电子商务价值网络

在第三方主导的价值链结构下，移动运营商只需要与第三方进行合作，分享利润，而由第三方搭建平台，并整合服务提供商的应用服务。这种模式的特点如下。

（1）对于第三方而言，它在价值链中占据着非常重要的地位。无论它是掌握先进技术的应用服务提供商、终端设备制造商，还是虚拟的移动网络运营商，它搭建了网络平台并制订了标准，整合了服务提供商与移动运营商之间的合作，在整个价值链中都处于主导地位。同时，第三方掌握了用户资源，他将直接面对用户，并承担一定的市场开拓任务，因此，第三方在整个价值链中占有绝对的优势。

（2）而对于移动运营商而言，他们逐渐丧失了价值链中的主导地位，与第三方属于供求关系；同时，随着第三方对价值链控制的增加，对用户需求习惯的掌握，移动运营商将面临更为激烈的市场竞争，而在价值链中处于劣势。

（3）对于移动服务提供商而言，面对规范的技术标准，他们只能接受这个技术标准并适应它。它们处于价值链的后端，受制于搭建平台的第三方，只有接入它们的平台，才能向用户提供应用服务，在价值链中处于劣势。

这种由第三方主导的移动电子商务模式的优点如下。

（1）第三方主导的价值链下，搭建统一的平台，容易形成规范的技术标准，从而更好地为移动电子商务市场所接受。

（2）为没有网络资源的虚拟移动网络运营商提供了进入移动电子商务价值链的机会，有利于促进移动电子商务产业的发展。

（3）对于移动网络运营商而言，它与第三方是合作的关系，搭建平台及提供什么样的应用服务是由第三方决定的，因此，不必承担额外的开发成本及风险，同时能从中获利。

（4）对于服务提供商而言，接受并适应既定的技术标准将减少市场的不确定性，降低服务的开发成本。

（5）对于用户而言，既定的技术标准意味着将更方便地使用各种移动电子商务服务。

而它的缺点体现在以下几方面。

（1）对于移动运营商而言，它丧失了价值链中的主导地位，而与第三方分享利润，竞争加剧，所能分配的利益也有所减少。

（2）对于服务提供商而言，应用服务的内容由控制网络平台的第三方决定，在利益分配上也处于劣势地位而受制于第三方。

（3）对于用户而言，尽管与移动运营商主导的价值链相比，移动电子商务服务的种类和质量得到了改善，但由于第三方对移动电子商务业务平台的控制，用户所能接受的移动电子商务服务内容仍然有限。

第三方主导价值链的移动电子商务应用在电信管制放松、掌握先进技术的国外已经有了成功的案例，如美国高盛公司的 BREW 平台、诺基亚的手机电视业务、英国虚拟运营商 virgin 百货等。

随着移动电子商务价值链内部竞争局势、链上企业力量对比及相互依赖程度的改变，移动电子商务价值链上企业之间的关系也将不断发生变化，并形成不同移动电子商务价值链结构，进而催生更多的新兴移动电商模式。

本章小结

本章主要介绍移动电子商务的基本含义、特点、发展趋势，在此基础上介绍了移动电子商务技术基础，这些技术基础包括移动通信技术、移动网络技术以及移动通信终端和移动通信操作系统。围绕移动商务模式着重分析了基于价值链的移动电子商务模式，包括运营商主导的移动电子商务模式、服务提供商主导的移动电子商务模式和第三方主导的移动电子商务模式。移动电子商务是电子商务发展的新业态，是电子商务的一个新分支，对于电子商务的未来十分重要。

习题集

一、名词解释
1. 移动电子商务（广义与狭义）
2. GSM
3. 4G
4. WLAN
5. 移动通信操作系统
6. 运营商主导的移动电子商务模式

二、选择题
1. 移动电子商务因为接入方式无线化，使得任何人都更容易进入网络世界，从而使网络范围延伸更广阔．更开放；同时，使网络虚拟功能更带有现实性，因而更具有包容性。是指移动电子商务的哪一个特点？（　　　）

A. 开放性、包容性　　　B. 无所不在性　　　C. 广泛性　　　　　　D. 可识别性

2. GSM 移动通信系统是属于（　　　）

A. 第一代移动通信技术　　　　　　　B. 第二代通信技术

C. 第三代通信技术　　　　　　　　　D. 第四代通信技术

3. 无线局域网主要使用（　　　）

A. 蓝牙　　　　　　B. 红外线通信　　　C. WiFi 技术　　　D. WiMax

4. 下列哪一个是基于 Linux 平台的开源手机操作系统（　　　）

A. Symbian　　　　B. Windows Mobile　　C. Android　　　D. iOS

5. 在移动电子商务市场上服务提供商提供服务的同质化高，且竞争尤为激烈，一般

是(　　)

　　A. 运营商主导的移动电子商务模式

　　B. 服务提供商主导的移动电子商务模式

　　C. 第三方主导的移动电子商务模式

　　D. 都不是

三、简答题

1. 试述移动电子商务的概念和内涵

2. 试述移动电子商务的特点

3. 试述移动电子商务的发展趋势。

4．移动电子商务的技术基础包括哪些？

答：移动电子商务的技术基础包括

（1）移动商务通信技术

（2）移动网络技术

（3）移动通信终端和移动通信操作系统

5. 移动通信技术主要有哪些？

6. 移动网络都有哪些类型？

7. 基于价值链的移动电子商务模式有哪些？

8. 登陆并浏览中国移动（http：//www.10086.cn）、中国联通（http：//www.10010.com）及中国电信网站（http：//www.189.cn）。分析并总结它们的移动商务业务，思考这些业务能带来或者提高哪些方面的增值服务。

第六章　网络营销原理与应用

学习目标：

(1) 掌握网络营销的含义、特点与功能。
(2) 理解网络营销的基础理论。
(3) 了解网络消费者的需求特征。
(4) 掌握网络消费者的购买决策过程。
(5) 了解营销型企业网站及其功能。
(6) 掌握常见的网络营销工具和方法。

开篇案例：江小白的网络营销

众所周知，由于传统广告渠道营销费用高昂，在白酒销售行业中，有的白酒企业甚至要支出每年营业额的20%-25%作为广告费。但对于一个新的白酒品牌江小白来说，它却没有投入太多的营销费用，却从2012年3月正式上市，当年就创下以销售额5000万的佳绩。之后，更是以每年100%的销售增速发展，短短几年，销售额就达到3个亿。那么它是如何做到的呢？答案就在我们的网络营销中。

一、江小白简介

江小白，是重庆江小白酒业有限公司旗下江记酒庄酿造生产的一种自然发酵并蒸馏的高粱酒品牌。江小白酒业是一家综合性酒业公司，拥有完备的全产业链布局，集高粱育种、生态农业种植、技术研发、酿造蒸馏、分装生产、品牌管理、现代物流和电子商务为一体。当前，旗下拥有江记酒庄和驴溪酒厂生产酿造基地，江记农庄高粱种植基地，以及"江小白"、"江记酒庄"、"驴溪"等高粱酒品牌。其中，"江小白"已经成为年轻人首选的中国酒品牌，并远销海内外20多个国家。

江小白致力于传统重庆高粱酒的老味新生，以"我是江小白，生活很简单"为品牌理念，坚守"简单包装、精制佳酿"的反奢侈主义产品理念，坚持"简单纯粹，特立独行"的品牌精神，以持续打造"我是江小白"品牌IP与用户进行互动沟通。其战略方向是，在传承传统工艺的基础上，推动中国酒利口化、时尚化和国际化实践，为消费者、合作伙伴和员工"创享愉悦"。

"简单纯粹"既是江小白的口感特征，也是江小白主张的生活态度。江小白提倡年轻人直面情绪，不回避，不惧怕，做自己。"我是江小白，生活很简单"的品牌主张延用至今，已经渗透进21世纪的现代青年生活的方方面面，并繁衍出"面对面约酒"、"好朋友的酒话会"、"我有一瓶酒，有话对你说"、"世界上的另一个我"、"YOLO音乐现场"、"万物生长青年艺术展"、"看见萌世界青年艺术展"、"江小白Just Battle国际街舞赛事"，《我是江小白》

动漫 等文化活动。

二、江小白营销方式

江小白诞生之初，就将消费者定位为年轻人，那么针对年轻人的营销方式应该有什么不同呢？就是要大量的应用网络营销的各种工具，因为年轻人都在互联网上。那么现在的互联网营销方式，哪种方法对品牌宣传帮助最大，那就是非社会化媒体营销莫属了。

江小白也认识到这一点，可以说他是现在做社会化媒体营销里面最成功的企业之一。江小白的标语是，我是江小白，生活很简单。从江小白的所有包装，我们都可以感觉到这一点，那就是产品媒体化。

产品媒体化的意思就是要让产品传递信息，像媒体一样去设计。随着经济发展，消费升级，很多从事营销的人们都在感叹，现在这个年代，最难琢磨的莫过于消费者。以前的企业营销，大部分都是我说你听，然后就能收到很好的效果，比如传统的电视广告树立品牌就是这样。但现在不同了，通过给消费者洗脑的营销方式，现在看效果越来越差。

互联网时代，企业营销都在探索。从目前来看，与消费者最有效的沟通模式，某过于互动营销、场景营销。在这两点上，江小白也能发挥的淋漓尽致。除去地铁广告，江小白基本上没有传统的营销方式。

江小白酒业创始人陶石泉表示，江小白绕开在传统媒体上投放广告，一是因为费用太贵，二是因为传统媒体只是单项传播，它又不能反馈意见，又不能点赞，也不能批评你。陶石泉评价社交媒说，社交媒体不一样，永远都是互动的，所以是建立在我们这种品牌最好的一种方式。

三、江小白的微博营销

江小白自诞生之日起，便将自己的品牌特色延伸到了网络营销层面。为了达到与年轻的消费者沟通，其官方微博除了发布产品和品牌信息外，把更多的精力放在了与用户的交流互动上，展开了各种各样的微博互动活动，这些活动都拉近了产品本身与消费者之间的距离。对于利用互动性很强的社交媒体来说，江小白的微博营销显示出几个鲜明的特点。

首先，善于文案植入。它将有意思的话题与江小白的产品连在一起。比如在当年的 6 月份国足与叙利亚的比赛，江小白的微博营销就植入了它的语录，做自己，哪怕曾被质疑。这就引起了许多消费者的共鸣。

其次，对应自己的品牌形象，将微博的运营完全拟人化。在所有的热点事件时发声，表明自己的态度，这些都使得江小白成为年轻人心目中最信赖的品牌。从最早的钓鱼岛争端抵制日货，到昆明恐怖主义袭击提醒大家远离恐怖分子，几乎在每一个热点事件发生时，都能看到江小白在网络媒体上的表态。

最后，利用微博互动作为线上工具，组织线下活动并与线上形成互动，以增强粉丝粘性。比如，有一个活动叫寻找江小白，就是要求粉丝们将在生活遇到的所有的江小白拍下来，回传给互联网。被粉丝们找到江小白有餐单上的、有餐馆里面的、也有单瓶酒上的、也有地铁广告上的。这样的活动更加增加了江小白的消费者对这个产品的喜爱。

除了微博，微信也成为江小白的营销渠道之一。相比微博，微信的私密程度更高。江小白的公关总监舒波表示，除了微信公众账号外，江小白还运营着一个叫小白哥的私人账号，该私人账号有专人负责维护，它可以更有效的拉近消费者和产品之间的关系。

四、江小白何去何从

定位于年轻一代，让江小白很快脱颖而出。但是仅仅做年轻人这个细分市场又会显得空间过于狭窄。那么究竟应该如何拓展市场空间？江小白想到了举办线下的同城约酒大会，江小白的团队也在重新思考如何拓展客户这一个问题。通过网络营销的各种方法，包括线上线下融合发展，江小白的品牌推广，在网络营销时代发展的非常迅猛，而且越来越有超越传统白酒品牌的趋势。

第一节　网络营销的含义、特点与功能

一、网络营销的含义

营销作为一门学科，于20世纪初诞生于美国，经历了几次观念的转变，营销理论有了较大的发展。根据菲利普·科特勒给出的定义，营销是个人和集体通过创造、提供并同他人交换产品价值，以获得其所需所欲物的一种社会和管理过程。即营销的核心和本质是交换。网络营销概念出现比较晚，与其他新兴学科一样，目前还没有一个公认的、完善的定义。同时，由于网络营销环境的不断发展变化，并涉及多个学科，不同的研究人员具有不同的学科背景，因此从不同的角度对网络营销的认识、研究方法和研究内容方面会存在一定的差异：有些人侧重技术实现手段，有些人认为网络营销就是网上销售，也有些人注重网站的推广技巧等。

要想对网络营销有一个较为全面的认识，就必须对网络营销下一个比较合理的定义。网络营销根据其实现方式有广义和狭义之分，广义的网络营销指一切利用计算机网络进行的营销活动，而狭义的网络营销专指基于因特网的营销活动。本书以企业实际经营为背景，以网络实践应用为基础，引用学者冯英健对网络营销的定义：网络营销是企业整体营销战略的一个组成部分，是为实现企业总体经营目标所进行的，以互联网为基本手段，营造网上经营环境的各种活动。

二、网络营销的特点

随着互联网技术的成熟和发展，网络已逐渐渗透到各行各业中，成为人们生活和工作的一部分。遍布全球的各种企业、团体、组织以及个人通过互联网跨时空地联结在一起，使得相互之间进行信息的交流和沟通变得更加的简便和容易。由于互联网所具有的特性，使网络营销具有了传统营销所不能比拟的优势，并呈现出以下一些特点。

（一）时空的无限性

通过互联网进行信息交换可以不受时间的约束和空间的限制，因此企业能有更多的时间和在更大的空间中进行营销，真正实现全天候24小时，随时随地向客户提供全球性的营销服务，以达到尽可能多地占有市场份额的目的。

（二）表现形式多样化

网络技术的发展，使媒体支持形式从单一的纯文本，发展到图像、动画、音频、视频等多媒体形式，使企业可以借助各类形式全方位的展现商品，消费者也能够更加直观的了解和感受商品，从而有效地促进了交易的达成。

（三）信息交流的双向性

通过互联网企业不仅可以向客户全面展示商品，还可以和顾客进行双向互动式的沟通，通过买卖双方的双向交流，企业可以及时地了解消费者的需求，并对之进行统计研究，指导企业进行产品设计、为消费者提供更好的商品信息和服务。

（四）界面设计人性化

在互联网上进行的促销活动是一种低成本的与人性化的促销方式。通过互联网可以实现一对一的营销活动，在此过程中消费者占据主导地位，是一种非强迫性和循序渐进式的诱导，避免传统的强势推销活动给消费者带来的不适感。并且，企业可以通过信息提供与交互式沟通，与消费者建立起一种长期的、相互信任的良好合作关系。

（五）市场具有成长性

互联网的高科技性，决定了其使用对象大部分集中于年轻的、具有较高收入的和高教育水准的群体，由于这部分群体的购买力强，而且具有很强的市场影响力，因此网络营销是一个极具开发潜力的市场渠道。

（六）营销过程的整合性

互联网提供了一种全程的营销渠道，营销活动包括从商品信息的发布到交易操作的完成和售后服务的全过程。同时，企业可以借助互联网将不同的传播营销活动进行统一的设计规划和协调实施，通过统一的传播途径向消费者传达信息，从而可以避免不同传播渠道中的不一致性产生的消极影响。

（七）营销方式具有超前性

作为一种强大的营销工具，互联网兼具渠道、促销、电子交易、互动顾客服务以及市场信息调研与分析等多种功能，并且其一对一的营销能力，正迎合了定制营销与直复营销的未来趋势。

（八）信息传递的高效性

网络营销应用计算机储存大量的信息，可以帮助消费者进行查询，所传送的信息数量与精确度，是其他传统媒体所不能比拟的。同时可以根据市场的需求，及时更新产品组合或调整商品的价格，因此能及时有效地了解和满足顾客的需求，

（九）营销活动的低成本性

网络营销使交易的双方借助互联网进行信息交换，替代传统的交易方式，不但可以减少印刷与邮递成本，还可以减少店面租金，节约水电与人工等销售成本，同时也减少了交易双方谈判的次数，提高了交易的效率。

（十）营销人员的技术性

网络营销是以互联网为依托，网络自身的技术性使得企业在实施网络营销时必须有一定的技术投入和技术支持，必须改变企业传统的组织形态，提升信息管理部门的功能，引进懂营销与计算机技术的复合型人才，才能具备和增强本企业在网络市场上的竞争优势。

三、网络营销的基本功能

网络营销作为一种新生事物，它在市场营销中发挥了很多传统营销不具备的作用。随着

网络技术的发展，网络用户的不断增加，它的作用越来越受到人们的关注，它的功能主要表现在以下几个方面。

（一）网上调研

通过市场调研获取顾客需求偏好，发现行为变化规律，是提高企业市场占有率，赢得市场的重要手段。互联网的双向互动性为网上调研提供了良好的条件。相对于传统市场调研，网上调研具有高效率、低成本的特点。在互联网上进行调研主要有两种形式：委托调研和自行调研。

（二）网上宣传

随着网络用户的增加，通过网络这一新的信息传播媒介，宣传企业产品，提高企业的知名度和美誉度成为一种成本低、效益高的好办法。同时可以使企业网下品牌在网上得以延伸和拓展。通过一系列的推广措施，获得必要的访问量，达到顾客和公众对企业的认知和认可，实现顾客的忠诚，获取更多的直接受益。

（三）网上销售

企业网上调研和宣传的最终目的是把自己的产品通过网络这一媒介销售出去。目前在网上销售产品一般采用两种形式。

（1）网上直销。企业通过网络绕开中间商，以最短的通道，最短的时间，跨越地理上的距离与障碍，通过配送系统直接将产品送到消费者手中。

（2）网上分销。尽管企业可以通过网络进行直销，但由于多种原因，由企业直接销售不仅效率低，而且成本高。互联网的介入，有效地改善了企业与分销商之间的关系，加强了企业对渠道的管理和控制，使分销真正成为企业活动的自然延伸。企业通过虚拟专用网络进行分销，可以及时调整产品产量、品种、等级，为企业降低库存提供条件。

（四）营销集成

互联网作为一种新的市场环境，不仅是对企业的某一环节和过程产生重大影响，还将在企业组织、运作及管理理念上产生重大影响。由于互联网不仅能加强与客户的沟通，而且还加强了与原料供应商、制造商的联系，这就为企业充分利用合作伙伴的生产能力，实现产品设计、制造及销售服务的全过程提供了条件。网络营销的这种功能把营销从单纯的销售向生产扩张，向企业联盟扩张，向虚拟企业扩张，实现了营销的集成。互联网营销的集成是对互联网的综合运用，是对传统商业关系的整合，它从根本上改变了企业在信息化时代的地位，即企业不仅仅只是产品的制造者，而且还是外部资源的整合者，各种服务的提供者。在网络条件下，各种企业通过互联网相互联系、相互融合，充分发挥各自的优势，形成共同发展的合作伙伴关系，形成了新的企业形式。

第二节　网络营销的基础理论

目前，网络营销作为一门学科还缺乏基础理论的支撑，该学科中的大多数理论来源于经济学、行为学、市场营销学，甚至计算机通讯学，本节将阐述这些与网络营销有关的基础理论，它们分别是软营销理论、直复营销理论、数据库营销理论、长尾理论、六度分离理论及150法则、众包及威客理论等。

一、软营销理论

软营销也称为软文营销，是指企业或个人利用互联网向受众传递的信息的过程中，采用更具有理性化，更易于被顾客接受的手段，进而实现信息共享与营销整合。软营销是生命力比较强的一种广告形式，也是很有技巧性的广告形式，软文是相对"硬"广告的一种概念，它是由企业的市场策划人员或广告公司的文案人员来负责撰写的"文字广告"。与"硬"广告相比，其精妙之处就在于一个"软"字，绵里藏针，收而不露。等到受众发现这是一篇软文的时候，难免已经掉入了被精心设计过的"软文广告"陷阱。软营销追求的是一种春风化雨、润物无声的传播效果。软营销文字可以不要华丽、可以无须震撼，但一定要推心置腹说家常话，因为最能打动人心的还是家常话；绵绵道来，一字一句都是为消费者的利益着想。

软营销具有以下几个特点。

（1）软营销本质是仍是广告。其追求低成本和高效回报的特点无法回避商业的本性。

（2）软营销具有伪装形式。它广泛存在于新闻资讯，管理思想，企业文化，技术、技巧文档，评论，包含文字元素的游戏等一切文字资源中。

（3）软营销的载体必须制造信任。软营销必须使受众相信你，相信是受众行动的前提。

（4）软营销关键要求把产品卖点说得明白透彻。软营销要让受众对你所传递的信息有比较清楚的印象，才能实现其营销目的。

（5）软营销着力点是兴趣和利益。软营销要引起受众的兴趣，同时考虑受众的核心利益，为他们着想。

（6）软营销的重要特性是口碑传播性。软营销的有效传播途径是口碑，口碑传播真实性、接受度高，同时成本低，效率高。

二、直复营销理论

直复营销起源于邮购活动。1498 年，阿尔定出版社的创始人阿尔达斯·马努蒂厄斯在意大利威尼斯出版了第一个印有价目表的目录。这普遍被认为是最早有记载的邮购活动。据专家分析，面临激烈的市场竞争，维持一个老顾客所需的成本是寻求一个新顾客成本的 0.5 倍，而要使一个失去的老顾客重新成为新顾客所花费的成本则是寻求一个新客户成本的 10 倍。如何把传统广告投放得到的新客户保持下去并转化为忠实客户是我们进行直复营销的一个重要目的。文德曼先生在 1967 年首先提出直复营销的概念。他认为人类社会开始的交易就是直接的，那种古典的一对一的销售（服务）方式是最符合并能最大限度地满足人们需要的方式，而工业革命所带来的大量生产和大量营销是不符合人性的、是不道德的。

直复营销指在没有中间分销商的情况下，利用消费者直接通路来接触及传送货品和服务给客户。美国直复营销协会（ADMA）将它定义为"一种为了在任何地点产生可以度量的反应或达成交易而使用一种或几种广告媒体的互相作用的市场营销体系"。直复营销最大特色为"直接与消费者沟通或不经过分销商而进行的销售活动"，它利用一种或多种媒体，理论上可到达任何目标对象所在区域，且是一种可以衡量回应或交易结果之营销模式。"直"是指不通过中间商而直接把产品销售给最终用户；"复"是指企业与顾客之间的交互、回复和重复，企业和顾客之间相互了解对方的努力、行为并做出明确的回应，达到双方满意并不断进行合作。

互联网作为一种交互式的可以双向沟通的渠道和媒体，它可以很方便地为企业与顾客之间架起桥梁，顾客可以直接通过它订货和付款，企业可以通过互联网接收订单、安排生产，直接将产品送给顾客。基于互联网的直复营销将更加契合直复营销的理念。这表现在以下四个方面。

首先，直复营销作为一种相互作用的体系，特别强调直复营销者与目标顾客之间的"双向信息交流"。互联网作为开放、自由的双向式的信息沟通网络，企业与顾客之间可以实现直接的一对一的信息交流和直接沟通，企业可以根据目标顾客的需求进行生产和营销决策，在最大限度满足顾客需求的同时，提高营销决策的效率和效用。

其次，直复营销活动的关键是为每个目标顾客提供直接向营销人员反馈的渠道，企业可以凭借顾客反馈找出不足，为下一次直复营销活动做好准备。互联网的方便、快捷性使得顾客可以便捷的通过互联网直接向企业提出建议和购买需求，也可以直接通过互联网获取售后服务。企业也可以从顾客的建议、需求和要求的服务中，找出企业的不足，按照顾客的需求进行经营管理，减少营销费用。

第三，在直复营销活动中，强调在任何时间、任何地点都可以实现企业与顾客的"信息双向交流"。互联网的全球性和持续性的特性，使得顾客可以在任何时间、任何地点直接向企业提出要求和反映问题，企业也可以利用互联网低成本地跨越空间和突破时间限制与顾客进行双向交流，这是因为利用互联网可以自动的全天候提供网上信息沟通交流工具，顾客可以根据自己的时间安排任意上网获取信息。

第四，直复营销活动最重要的特性是直复营销活动的效果是可测定的。互联网作为最直接简单的沟通工具，可以很方便地为企业与顾客进行交易时提供沟通支持和交易实现平台，通过数据库技术和网络控制技术，企业可以很方便地处理每一个顾客的订单和需求，而不用顾忌顾客的规模大小、购买量的多少，这是因为互联网的沟通费用和信息处理成本非常低廉。因此，通过互联网可以实现以最低成本最大限度地满足顾客需求同时了解顾客需求，细分目标市场，提高营销效率和效用。

直复营销作为营销中的一种形式，与消费者的联系越来越密切。随着信用手段和信息技术的快速发展，直复营销形式得到了空前的发展，其形式不再局限于邮购活动。随着电话、电视以及互联网等许多媒体的出现，直复营销形式变得越来越丰富，常见的直复营销形式主要有以下几种。

（1）直接邮寄营销。营销人员把信函、样品或者广告直接寄给目标顾客的营销活动。目标顾客的名单可以租用、购买或者与无竞争关系的其他企业相互交换。使用这些名单的时候，应注意名单是否重复，以避免同一份邮寄品两次以上寄给同一顾客，引起反感。

（2）目录营销。营销人员给目标顾客邮寄目录，或者备有目录随时供顾客索取。经营完整生产线的综合邮购商店使用这种方式比较多，如蒙哥马利·华德公司、西尔斯·罗巴克公司、宜家等。

（3）电话营销。营销人员通过电话向目标顾客进行营销活动。电话的普及，尤其是800免费电话的开通使消费者更愿意接受这一形式。现在许多消费者通过电话询问有关产品或服务的信息，并进行购买活动。

（4）直接反应电视营销。营销人员通过在电视上介绍产品，或赞助某个推销商品的专题节目，开展营销活动。在我国，电视是最普及的媒体，电视频道也较多，许多企业已开始在电视上进行营销活动。

（5）直接反应印刷媒介。直接反应印刷媒介通常是指在杂志、报纸和其他印刷媒介上做直接反应广告，鼓励目标成员通过电话或回函订购，从而达到提高销售的目的，并为顾客提供知识等服务。

（6）直接反应广播。广播既可作为直接反应的主导媒体，也可与其他媒体配合，使顾客对广播进行反馈。随着广播行业的发展，广播电台的数量越来越多，专业性越来越全，有些电台甚至针对某个特别的或高度的细分小群体，为直复营销者寻求精确目标指向提供了机会。

（7）网络营销。营销人员通过互联网开展营销活动。目前，像书籍、计算机软硬件、旅游服务等已普遍在网上开始了其营销业务。除此之外，营销人员还利用报纸、杂志、广播电台等媒体进行营销活动。

上述几种直复营销方式可以单一运用，也可以综合运用。

三、数据库营销理论

数据库营销在欧美及日韩已经得到了广泛的应用。在中国也已经开始进入高速发展阶段。它包括 DM（Direct Mail，定向直邮），EDM（E-mail DM，电子邮件营销），E-Fax（网络传真营销）和 SMS（Short Message Server，短消息服务）等多种形式。其中 EDM 由于其投资低回报率高被国内外企业广泛应用，如今 EDM 软件已被国内中小型公司/网店/站长等广泛使用，部分得到初步发展的企业已开始自建 EDM 系统平台，而第三方的数据库营销平台也在蓬勃发展。

数据库营销指企业通过收集和积累会员（用户或消费者）信息，经过分析筛选后针对性地使用电子邮件、短信、电话、信件等方式进行客户深度挖掘与关系维护的营销方式。数据库营销也可描述为以与顾客建立一对一的互动沟通关系为目标，并依赖庞大的顾客信息库进行长期促销活动的一种全新的销售手段。是一套内容涵盖现有顾客和潜在顾客，可以随时更新的动态数据库管理系统。数据库营销的核心是数据挖掘。

一般来讲，数据库营销一般经历数据采集、数据存储、数据处理、寻找理想消费者、使用数据、完善数据等六个基本过程。

（1）数据采集。数据库数据一方面通过市场调查消费者消费记录以及促销活动的记录，另一方面利用公共记录的数据，如人口统计数据、医院婴儿出生记录、患者记录卡、银行担保卡、信用卡记录等都可以选择性地进入数据库。

（2）数据存储。将收集的数据，以消费者为基本单元，逐一输入电脑，建立起消费者数据库。

（3）数据处理。运用先进统计技术，利用计算机把不同的数据综合为有条理的数据库，然后在强有力的各种软件支持下，产生产品开发部门、营销部门、公共关系部门所需要的任何详细数据库。

（4）寻找理想消费者。根据使用最多类消费者的共同特点，用电脑勾画出某产品的消费者模型，此类消费群具有一些共同的特点——比如兴趣，收入，以采用专用某牌子产品的一组消费者作为营销工作目标。

（5）使用数据。数据库数据可以用于多个方面：签订购物优惠券价值目标，决定该送给哪些顾客；开发什么样的新产品；根据消费者特性，如何制作广告比较有效；根据消费记录判定消费者消费档次和品牌忠诚度。如特殊身材的消费者数据库不仅对服装厂有用，而且对于减肥药生产厂、医院、食品厂、家具厂都很有用。因此，数据库不仅可以满足信息，而且可以进行数据库经营项目的开发。

（6）完善数据库。随着以产品开发为中心的消费者俱乐部，优惠券反馈，抽奖销售活动记录及其他促销活动而收集来的信息不断增加和完善，使数据不断得到更新，从而及时反映消费者的变化趋势，使数据库适应企业经营需要。

总而言之，数据库营销理论应该也正在被广泛应用于识别客户、服务客户、处理顾客响应等方面，它是网络营销的基础理论和重要支撑。

四、长尾理论

长尾理论对用户的上网行为，特别是利用关键词检索行为有很好的解释。比如，用户通过百度搜索引擎检索的所有关键词中，50%的关键词产生了80%的访问量。是不是另外20%的访问量就不值得花费精力关注了？事实可能正好相反，因为另外仅带来20%访问量的关键词可能转化率更高。这与管理学中20/80原理所解释的含义是截然不同的。

长尾是2004年Chris Anderson在给《连线杂志》的文章中首次使用的词汇，用以描述某种经济模式，如Amazon.com或Netflix。长尾术语也普遍使用于统计学中，如对财富分布或词汇应用的统计。长尾理论的基本含义是指：只要存储和流通的渠道足够大，需求不旺或销量不佳的产品所共同占据的市场份额可以和那些少数热销产品所占据的市场份额相匹敌甚至更大。即众多小市场汇聚成可与主流大市场相匹敌的市场能量。图6-1为长尾理论模型。

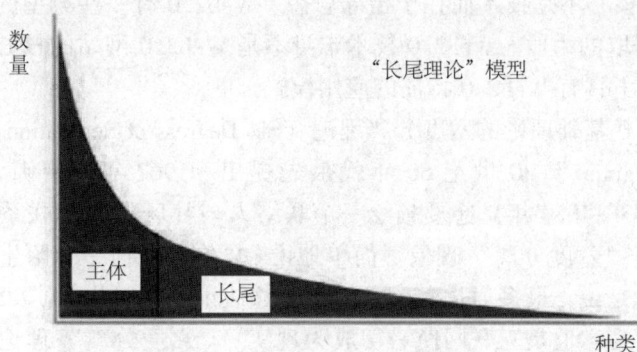

图6-1　长尾理论模型

与20/80定律不同的是，长尾理论中"尾巴"的作用是不能忽视的，经营者不应该只关注头部的作用。长尾理论已经成为一种新型的经济模式，被成功应用于网络经济领域。网上零售巨人亚马逊的商品包罗万象，而不仅仅是那些可以创造高利润的少数商品。结果证明，亚马逊模式是成功的，而那些忽视长尾，仅仅关注少数畅销商品的网站经营状况并不理想。有些研究文章认为，"长尾"关键词为网站所带来的20%的访问量创造了网站60%的收益。对这个数字当然是很难考证的，但至少可以肯定的是，把注意力完全集中在少数热门关键词上是远远不够的。何况用户利用搜索引擎关键词检索的行为研究表明，大部分用户并不是仅用一个词汇进行检索，为了获得更为准确的检索效果，往往采用2到3个关键词组合来搜索，有些用户甚至采用5个以上词汇的组合，这些多词汇组合往往就是"长尾"关键词的主要组成部分。

五、六度分离理论及150法则

六度分离理论和150法则主要可以用于解释Web2.0，才使其从社会心理学理论转变成网络营销的基础理论的。

　　Web2.0 是相对 Web1.0 的新的一类互联网应用的统称。Web1.0 的主要特点在于用户通过浏览器获取信息。Web2.0 则更注重用户的交互作用，用户既是网站内容的浏览者，也是网站内容的制造者。Web2.0 一般认为具有如下一些典型特点。

　　（1）用户参与网站内容制造。与 Web1.0 网站单项信息发布的模式不同，Web2.0 网站的内容通常是用户发布的，使得用户既是网站内容的浏览者也是网站内容的制造者，这也就意味着 Web2.0 网站为用户提供了更多参与的机会。

　　（2）Web2.0 更加注重交互性。不仅用户在发布内容过程中实现与网络服务器之间的交互，而且，也实现了同一网站不同用户之间的交互，以及不同网站之间信息的交互。

　　（3）符合 Web 标准的网站设计。Web 标准中典型的应用模式是 "CSS+XHTML"，摒弃了 HTML4.0 中的表格定位方式，其优点之一是网站设计代码规范，并且减少了大量代码，减少网络带宽资源浪费，加快了网站访问速度。更重要的一点是，符合 Web 标准的网站对于用户和搜索引擎更加友好。

　　（4）Web2.0 网站与 Web1.0 没有绝对的界限。Web2.0 技术可以成为 Web1.0 网站的工具，一些在 Web2.0 概念之前诞生的网站本身也具有 Web2.0 特性，例如 B2B 电子商务网站的免费信息发布和网络社区类网站的内容也来源于用户。

　　（5）Web2.0 的核心不是技术而在于指导思想。Web2.0 有一些典型的技术，但技术是为了达到某种目的所采取的手段。Web2.0 技术本身不是 Web2.0 网站的核心，重要的在于典型的 Web2.0 技术体现了具有 Web2.0 特征的应用模式。

　　作为解释 Web2.0 基础理论的六度分离理论（Six Degress of Separation），由美国著名社会心理学家 Stanley Milgram 于 20 世纪 60 年代最先提出。1967 年，哈佛大学的心理学教授 Stanley Milgram（1933—1984 年）想要描绘一个联结人与社区的人际联系网。做过一次连锁性实验，结果发现了"六度分离"现象。简单地说："你和任何一个陌生人之间所间隔的人不会超过六个，也就是说，最多通过六个人你就能够认识一个陌生人。""六度分离"理论曾经只能作为理论而存在，但是互联网使一切成为现实。"六度分离"理论的发展，使得构建于信息技术与互联网络之上的应用软件越来越人性化、社会化。软件的社会化，即在功能上能够反映和促进真实的社会关系的发展和交往活动的形成，使得人的活动与软件的功能融为一体。"六度分离"理论的发现和社会性软件的发展向人们表明：社会性软件所构建的"弱链接"，正在人们的生活中扮演越来越重要的作用。

　　除了六度分离理论外，还有一些行为经济学中的基础理论被用于解释 Web2.0。以下简单介绍 150 法则。从欧洲发源的"赫特兄弟会"是一个自给自足的农民自发组织，这些组织在维持民风上发挥了重要作用。有趣的是，他们有一个不成文的严格规定：每当聚居人数超过 150 人的规模，他们就把它变成两个，再各自发展。

　　"把人群控制在 150 人以下似乎是管理人群的一个最佳和最有效的方式。"

　　150 成为我们普遍公认的"我们可以与之保持社交关系的人数的最大值"。无论你曾经认识多少人，或者通过一种社会性网络服务与多少人建立了弱链接，那些强链接仍然在此时此刻符合 150 法则。这也符合"二八"法则，即 80% 的社会活动可能被 150 个强链接所占有。

六、众包及威客理论

　　众包和威客理论。他们分别产生于美国和中国。

（一）众包理论

众包是《连线》（Wired）杂志于 2006 年首先提出的一个专业术语，它描述了一种新的商业模式，即企业利用互联网分配工作、发现创意或解决技术问题。"众包"一词源于欧美。世界五百强之一的宝洁公司就组织了 14 万名科学家成立"创新中心"利用在线众包解决所有员工遭遇的技术难题。目前大部分网络营销学者认为电子商务企业在战略设计上融入了"众包"理念，基于互联网整合群体智慧是必要的。越来越多的互联网企业不再定位自己是B2B 网站、B2C 网站或搜索引擎等，而是以多种形式，比如网络媒体、网络社区、博客、即时通信、无线终端等呈现在互联网用户面前，逐渐形成多方面的信息渠道和网络生态链，客户（个人和中小企业）将像吃自助餐一样，自助性地选择喜欢的营销方式或消费方式。从某种意义上讲众包模式正在挑战甚至颠覆企业特别是互联网企业的传统运作模式。

（二）威客理论

一般认为威客理论最先由刘锋在中国科学院研究生院提出。2005 年，刘锋开始建立威客网（witkey.com）试图将中国科学院的专家资源、科技成果与企业的科技难题对接起来。在建设网站的过程中，刘锋发现通过互联网解决问题并让解决者获取报酬是互联网一个全新的领域，于是他开始通过边实践边总结的方式对这个领域进行探讨和研究，并因此提出威客理论。

在研究的过程中，刘锋提出三个相互关联的观点。

（1）从 20 世纪 80 年代开始，电子公告牌的功能不断分离，产生了博客、维基百科等互联网新应用。智力互动问答功能从 21 世纪初也开始从电子公告牌中分离出去。

（2）随着互联网支付手段的不断成熟，信息完全免费共享的互联网时代已经过去。知识、智慧、经验、技能也具备商业价值，可以成为商品进行买卖。

（3）知识、智慧、经验、技能的价值化是促进人参与到智力互动问答的催化剂。

基于上述三个观点，2005 年 7 月 6 日，刘锋在一篇讨论文章中第一次提出了威客模式的概念：人的知识、智慧、经验、技能通过互联网转换成实际收益的互联网新模式。主要应用包括解决科学、技术、工作、生活、学习等领域的问题。威客不是指具备上述特点的那些人，它更多是一种个人智慧在互联网共享的理念，因此，我们把威客定义为人的知识、智慧、经验、技能通过网络共享实现实际效益的互联网新模式或新理念。它的应用范围涵盖政府管理、企业运营、家庭生活等社会中的各个方面。

众包和威客理论二者内涵有交叉的地方，同时这两种理论已有许多互联网应用案例或企业，其准确定义和内涵还有待论证和发展。

第三节　网络市场与网络消费者

一、网络市场及网络市场的特征

（一）网络市场

企业开展网络营销活动的空间是电子虚拟市场（Electronic Marketplace），有的称其为网络虚拟市场（Cyber-Market），简称为网络市场。网络市场是由互联网上的企业、政府组织和网络消费者组成的市场，网络市场的扩张速度和发展将直接影响电子商务的发展速度和前景。

（二）网络市场的特征

随着互联网的发展，利用无国界、无区域界限的互联网来销售商品或提供服务，成为买卖通路的新选择，互联网上的网络市场成为 21 世纪最有发展潜力的新兴市场，从市场运作的机制看，网络市场具有如下 5 个基本特征。

1. 无店铺的经营方式

运作于网络市场上的是虚拟商店，它不需要店面、装潢、摆放的货品和服务人员等，它使用的媒体为互联网络。

2. 无存货的经营形式

网上商店可以在接到顾客订单后再向制造的厂家订货，而无须将商品陈列出来以供顾客选择，只需在网页上列出货物菜单以供选择。

3. 成本低廉的竞争策略

网络市场上的虚拟商店，其成本主要涉及自设网站成本、软硬件费用、网络使用费以及以后的维持费用。它通常比普通商店经常性的成本要低得多，这是因为普通商店需要昂贵的店面租金、装潢费用、水电费、营业税及人事管理费用等。

4. 无时间限制的全天候经营

虚拟商店不需要雇佣经营服务人员，可不受劳动法的限制，也可摆脱因员工疲倦或缺乏训练而引起顾客反感所带来的麻烦。而每天 24 小时、一年 365 天的持续营业，对于平时工作繁忙、无暇购物的人来说有很大的吸引力。

5. 无国界、无区域界限的经营范围

联机网络创造了一个即时全球社区，它消除了同其他国家客户做生意的时间和地域障碍。面对提供无限商机的互联网，国内的企业可以加入网络行业，开展全球性营销活动。

6. 精简化的营销环节

顾客不必等待企业的帮助，可以自行查询所需产品的信息。客户所需信息可及时更新，企业和买家可快速交换信息。今天的顾客需求不断增加，顾客对欲购商品资料的了解，对产品本身要求有更多的发言权。于是精明的营销人员能够借助联机通信所固有的互动功能，鼓励各科参与产品更新换代，让他们选择颜色、装运方式、自行下订单。在定制、销售产品的过程中顾客参与越多，售出产品的机会就越大。

总之，网络市场具有传统的实体市场所不具有的特点，而这些特点正是网络市场的优势所在。

二、网络消费者

（一）网络消费者的总体特征

网络消费者是一个独特的群体，他们有着自己独特的总体特征。

1. 注重自我

由于目前网络用户多以年轻、高学历用户为主，他们拥有不同于他人的思想和喜好，有自己独立的见解和想法，对自己的判断能力也比较自负。所以他们的具体要求越来越独特，而且变化多端，个性化越来越明显。因此，从事网络营销的企业应想办法满足其独特的需求，尊重用户的意见和建议，而不是用大众化的标准来寻找大批的消费者。

2. 头脑冷静，擅长理性分析

由于网络用户是以大城市、高学历的年轻人为主，不会轻易受舆论左右，对各种产品宣传有较强的分析判断能力，因此从事网络营销的企业应该加强信息的组织和管理，加强企业自身文化的建设，以诚信待人。

3. 对新鲜事物有着孜孜不倦的追求

这些网络用户爱好广泛，无论是对新闻、股票市场还是网上娱乐都具有浓厚的兴趣，对未知的领域报以永不疲倦的好奇心。

4. 品味越来越高而耐心越来越少

现在的网络用户通常都是以年轻人为主，他们年轻而时尚，品位较高。而且他们都比较缺乏耐心，当他们搜索信息时，经常比较注重搜索所花费的时间，如果连接、传输的速度比较慢的话，他们一般会马上离开这个站点。

网络用户的这些特点，对于企业加入网络营销的决策和实施过程都是十分重要的。营销商要想吸引顾客，保持持续的竞争力，就必须对本地区、本国以及全世界的网络用户情况进行分析，了解他们的特点，制订相应的对策。

（二）网络消费者需求的层次和特征

网络营销消除了企业与消费者之间关于时间和空间的限制，创造了双方更容易接近和交流的信息机制。

1. 消费者需求的演变

消费者需求特征随着技术、社会的发展经历了以下演变。

（1）前大众传媒、大众营销时代的个性化服务。此时的销售形式多为一个区域内的顾客均在一个小百货店购买所需日常用品。由于顾客少，购买地点集中，零售店主比较熟悉各位顾客的消费习惯和偏好，因此，他在组织货源时不会引入人们不需要的物品。在顾客购买时，他也会根据这位顾客的偏好和习惯向他推荐商品。总之，此时的零售店主自发地进行着较低级的个性化顾客服务。在日本，化妆品零售商自 18 世纪起到至今都沿用这种顾客服务方式：他们的销售代表和每一位顾客保持着联系，定期走访每一位顾客，根据她们的皮肤特征向他们推荐产品；适时补充已用完的化妆品，处理已过期的化妆品；反馈顾客意见等。他们发现这种个性化的顾客服务能取得顾客的信任，建立对产品的忠诚。

（2）大规模营销时代的服务。在 20 世纪 50 年代，大规模市场营销借助于电视广告、购物商城、大规模生产的工厂以及适合大批量消费的社会，开始改变着人们的消费方式。大规模市场营销使公司失去了和顾客的亲密关系，它们仅将顾客看成统计报表中的数字，而不是有需求差别的人。事实上，这种情况在今天仍然存在，甚至占主流地位。但这种大规模市场营销方式必然是会走向没落的，因为顾客需要的只有一样东西：满足其需求的产品。如果市场上只有企业的独白，而没有企业与顾客的对话，企业的产品怎么能够恰好正对着顾客的需求呢。现在，企业过多地依据市场调研、人口统计、样品市场测试等以偏概全的方法，而忽略了最重要的方法做营销决策——与顾客保持对话，把顾客看成有特殊需求的人，而不仅是市场调研中的一个数字。

（3）回归个性化。随着 21 世纪的到来，整个世界以非凡的速度变成了一个计算机网络交织的世界。这使具有大量选择的全球化市场取代了有限选择的国内市场；计算机化生产使产品有丰富的多样化设计，在此基础上整个市场营销又回归到个性化的基础上。即使不出现互联网，从大规模市场营销向细分市场转移的趋势也会发生，互联网的出现大大加快了这种趋势，同时也使个性化的顾客服务日益成为一种企业的现实。市场营销的舞台上不再是企业的独角戏，顾客正在渐渐地走上舞台和企业对话。现代顾客的个性化服务与前大众营销时代的个性化顾客服务相比，在许多方面的要求大大提高了。

2. 网络消费者需求的层次

现代刚需消费者对企业的需求按层次由低到高排列如下。

（1）需要了解公司产品、服务的信息。现代顾客需要了解产品、服务的详细信息，从中寻找能满足他们个性化需求的特定信息。这些要求是传统的营销媒体所难以实现的。在Amazon. com 网上书店，顾客需要的信息可能个性化到如下程度：我喜欢的某一位作家的所有在版图书及最近作品，或我研究的某个专题的最新著作等。要寻找这类信息，需翻阅最近全国书目，定期到当地大型综合图书馆或书店寻找等。而现在 Amazon 设立了一个名叫 Eyes 的自动搜索工具为顾客搜寻他所需的图书信息，并及时给顾客发送 E-mail。

（2）要求公司帮助解决问题。顾客服务的另一种说法就是帮助顾客解决问题。从产品安装、调试、使用到故障排除、提供产品系统更深层次的知识等都是顾客服务的范围。帮助顾客解决问题常常占据了传统营销部门大量的时间、人力，服务人员重复着同一类问题的答案，效率低下而且服务成本高。现代顾客需要的不仅是一个问题的解决，同时还需要对产品知识的自我学习、自我培训。微软公司和 Intersolv 公司都在它们的网络站点中设置了供顾客自我学习的知识库，这里不仅能提供常见问题的解决方案，还能将顾客自我教育为产品专家。

（3）接触公司人员。现代顾客不仅需要自己了解产品、服务的知识、解决问题的方法，同时还需要像传统顾客服务一样，在必要的时候和公司的有关人员直接接触，解决比较困难的问题，或询问一些特殊的信息，反馈他们的意见等。

（4）了解整个过程。现代顾客不仅需要了解信息、接触人员，常常还要作为整个营销过程中的一个积极主动因素去参与产品的设计、制造、运送等。这一点充分体现了现代顾客个性化服务的双向互动的特性。顾客了解的产品信息越详细，他们对自己需要什么样的产品也就越清楚。公司要实现个性化的顾客服务，应将它的主要顾客的需求，作为产品定位的依据纳入产品的设计、制造、改进的过程中。让顾客了解整个过程实际上就意味着企业和顾客之间"一对一"关系的建立，这种关系的建立为小企业挑战大企业独霸市场的格局提供了有力的保证。小企业对市场份额的不断占领是大规模市场向细分市场演变的具体表现。这种市场局面正在渐渐地形成，比如在计算机市场或软件市场中，最大的份额不再是 IBM，而是无数的小企业群体。

以上这 4 个层次的需求之间有一种相互促进的作用。本层次需求满足得越好就越能推动下一层次的需求。需要满足得越好，企业和顾客之间的关系就越密切。整个过程呈现出一种螺旋式的上升形式，这不仅促使公司对顾客需求有更充分的理解，也会引起顾客对公司期望的膨胀，最终不仅实现了"一对一"关系的建立，而且不断地巩固、强化了这种关系。这个过程被称为"顾客整合"。顾客整合不是一个静态的过程，而是一个双向互动的过程，这就为运用网络这一优秀的顾客服务工具奠定了基础。

3. 网络消费者需求的特征

由于互联网商务的出现，消费观念、消费方式和消费者的地位正在发生着重要的变化，使当代消费者心理与以往相比呈现出新的特点和趋势。

（1）个性消费的回归。在过去相当长的一个历史时期内，工商业都是将消费者作为单独个体进行服务的。在这一时期内，个性消费是主流。只是到了近代，工业化和标准化的生产方式才使消费者的个性被淹没于大量低成本、单一化的产品洪流之中。然而，在现代社会中，没有一个消费者的心理是完全一样的，每一个消费者都是一个细分市场。心理上的认同感已成为消费者选择品牌和产品的先决条件，个性化消费正在也必将再度成为消费的主流。

（2）消费需求的差异性。不仅仅是消费者的个性化消费使网络消费需求呈现出差异性。对于不同的网络消费者因所处的时代、环境不同而产生不同的需求，不同的网络消费者在同一需求层次上的需求也会有所不同。所以，从事网络营销的厂商要想取得成功，必须在整个生产过程中，从产品的构思、设计、制造，到产品的包装、运输、销售，认真思考这种差异性，并针对不同消费者的特点，采取有针对性的方法和措施。

（3）消费主动性增强。消费主动性的增强来源于现代社会不确定性的增加和人类追求心理稳定和平衡的欲望，网上消费者以年轻人为主，一般经济收入比较高，因此主动性消费是其特征。

（4）对购买方便性的需求与购物乐趣的追求并存，在网上购物，除了能够完成实际的购物需求以外，消费者在进行购物的同时，还能够得到许多信息，并得到各种在传统商店没有的乐趣，另外，网上购物的方便性也会使消费者节省大量的时间和精力。

（5）价格仍然是影响消费心理的重要因素。正常情况下网上销售的低成本将使经营者有能力降低商品销售的价格，并开展各种促销活动，给消费者带来实惠，例如，亚马逊书店比市场价低15%～30%的书价对消费者有很大的吸引力。

（6）网络消费仍然具有层次性。网络消费本身是一种高级的消费形式，但就其消费内容来说，仍然可以分为由低级到高级的不同层次。在网络消费的开始阶段，消费者侧重于精神产品的消费，到了网络消费的成熟阶段，消费者在完全掌握了网络消费的规律和操作，并且对网络购物有了一定的信任感后，消费者才会从侧重于精神消费品的购买转向日用消费品的购买。

（7）网络消费需求的超前性和可诱导性。根据CNNIC的统计，在网上购物的消费者以经济收入较高的中、青年为主，这部分消费者比较喜欢超前和新奇的商品，他们也比较注意和容易被新的消费动向和商品介绍所吸引。

三、网络消费者的购买动机

所谓动机，是指推动人进行活动的内部原动力（内在的驱动力），即激励人们行动的原因。人只要处于清醒的状态之中，就要从事这样或那样的活动。无论这些活动对主体具有多大的意义和影响，对主体需要的满足具有怎样的吸引力，也无论这些活动是长久的还是短暂的，它们都是由一定的动机所引起的。网络消费者的购买动机是指在网络购买活动中，能使网络消费者产生购买行为的某些内在的驱动力。

动机是一种内在的心理状态，不容易被直接观察到或被直接测量出来，但它可根据人们的长期的行为表现或自我陈说加以了解和归纳。对于企业促销部门来说，通过了解消费者的动机，就能有依据地说明和预测消费者的行为，采取相应的促销手段。而对于网络促销来说，动机研究更为重要。因为网络促销是一种不见面的销售，网络消费者复杂的、多层次的、交织的和多变的购买行为不能直接观察到，只能够通过文字或语言的交流加以想象和体会。

网络消费者的购买动机基本上可以分为两大类：需求动机和心理动机。前者是指人们由于各种需求，包括低级的和高级的需求而引起的购买动机，而后者则是由于人们的认识、感情、意志等心理过程而引起的购买动机。

（一）网络消费者的需求动机

研究人们的网络购买行为，首先要研究人们的网络消费购买的需求动机。

（1）传统需求层次理论在网络需求分析中的应用。在传统的营销过程中，需求层次理论被广泛应用。需求层次理论是研究人的需求结构的理论，它是由美国心理学家马斯洛在1943年出版的《人类动机的理论》一书中提出来的。马斯洛把人的需求划分为五个层次：生理的需求、安全的需求、社交的需求、尊重的需求和自我实现的需求。马斯洛的需求层次理论对网络消费需求层次分析也有重要的指导作用。

（2）现代虚拟社会中消费者的新需求。马斯洛的需求层次理论可以解释虚拟市场中消费者的许多购买行为，但是，虚拟社会与现实社会毕竟有很大的差别，马斯洛的需求层次理论也面临着不断补充的要求。而虚拟社会中人们联系的基础实质是人们希望满足虚拟环境下3种基本的需要：兴趣、聚集和交流。

①兴趣。分析畅游在虚拟社会的网民可以发现，每个网民之所以热衷于网络漫游，是因为对网络活动抱有极大的兴趣。这种兴趣的产生，主要出自于两种内在驱动。一是探索的内在驱动力。人们出于好奇的心理探究秘密，驱动自己沿着网络提供的线索不断地向下查询，希望能够找出符合自己预想的结果，有时甚至到了不能自拔的境地。二是成功的内在驱动力。当人们在网络上找到自己需求的资料、软件、游戏，或者打开某个重要机关的信息库时，自然产生一种成功的满足感。

②聚集。虚拟社会提供了具有相似经历的人们聚集的机会，这种聚集不受时间和空间的限制，并形成富有意义的个人关系。通过网络而聚集起来的群体是一个极为民主性的群体。在这样一个群体中，所有成员都是平等的，每个成员都有独立发表自己意见的权利，使得在现实社会中经常处于紧张状态的人们渴望在虚拟社会中寻求到解脱。

③交流。聚集起来的网民，自然产生一种交流的需求。随着这种信息交流的频率的增加，交流的范围也在不断地扩大，从而产生示范效应，带动对某些种类的产品和服务有相同兴趣的成员聚集在一起，形成商品信息交易的网络虚拟社会。在这个虚拟社会中，参加者大都是有目的，所谈论的问题集中在商品质量的好坏、价格的高低、库存量的多少、新产品的种类等。他们所交流的是买卖的信息和经验，以便最大限度地占领市场，降低生产成本，提高劳动生产率。对于这方面信息的需求，人们永远是无止境的。

（二）网络消费者的心理动机

网络消费者购买行为的心理动机主要体现在理智动机、感情动机和惠顾动机等3个方面。

（1）理智动机。这种购买动机是建立在人们对于在线商场推销的商品的客观认识基础上的。众多网络购物者大多是中、青年，具有较高的分析判断能力。他们的购买动机是在反复比较各个在线商场的商品之后才做出的，对所要购买的商品的特点、性能和使用方法早已非常了解。理智购买动机具有客观性、周密性和控制性的特点。在理智购买动机驱使下的网络消费购买动机，首先注意的是商品的先进性、科学性和质量高低，其次才注意商品的经济性。这种购买动机的形成，基本上受控于理智，而较少受到外界气氛的影响。

（2）感情动机。感情动机是由于人的情绪和感情所引起的购买动机。这种购买动机还可以分为两种形态。一种是低级形态的感情购买动机，它是由于喜欢、满意、快乐、好奇而引起的。这种购买动机一般具有冲动性、不稳定性的特点。还有一种是高级形态的感情购买动机，它是由于人们的道德感、美感、群体感所起的，具有较大的稳定性、深刻性的特点。而且，由于在线商场提供异地买卖送货的业务，大大促进了这类购买动机的形成。

（3）惠顾动机。这是基于理智经验和感情之上的，对特定的网站、图标广告、商品产生特殊的信任与偏好而重复地、习惯性地前往访问并购买的一种动机。惠顾动机的形成，经历了人的意志过程。从它的产生来说，或者是由于搜索引擎的便利、图标广告的醒目、站点内容的吸引；或者是由于某一驰名商标具有相当的地位和权威性；或者是因为产品质量在网络消费者心中树立了可靠的信誉。这样，网络消费者在为自己做出购买决策时，心目中首先确立了购买目标，并在各次购买活动中克服和排除其他的同类水平产品的吸引和干扰，按照事先计划的购买目标实施购买行动。具有惠顾动机的网络消费者，往往是某一站点的忠实浏览者。他们不仅自己经常光顾这一站点，而且对众多网民也具有较大的宣传和影响功能，甚至在企业的商品或服务一时出现某种过失的时候，也能予以谅解。

四、网络消费者的购买决策过程

网络消费者的购买决策过程，也就是网络消费者购买行为的形式和实现的过程。这是一个复杂的过程，在实际购买之前各种购买行为早就已经开始，并且延长到实际购买后较长一段时间。网络消费者的购买决策过程可分为唤起需求、收集信息、比较选择、购买决策和购后评价5个阶段。

（一）唤起需求

任何购买的起点都是唤起需求，网络购买也不例外。消费者的需求受到内外双重刺激而产生。当消费者对网上某种商品或服务发生兴趣后，经过商品或服务的多层次、多角度反复刺激以及自身的认知与不断参与，理解与认识逐渐增强，从而产生购买欲望。在网络营销中唤起需求的动因主要包括外界因素和内在因素。外界因素包括文化因素、社会因素、外界直接刺激等；内在因素包括个人因素如年龄、职业、经济状况、生活方式及心理因素。

（二）信息收集

当需求被唤起，在消费者心中，往往已有一个初步的购买行动计划与安排。首先是收集各种相关信息资料，了解市场供求行情。需要手机信息资料包括产品与服务信息、价格与购买成本信息、购买渠道信息、购买时机信息等。信息收集必须遵循针对性、积累性、预见性和计划性这4项原则。信息收集一定要有的放矢，针对需要展开，所收集到的信息不但要真实、准确、客观，还要力求深刻和系统，保持连贯性和完整性。要收集有预见性的购买信息，以最低的成本在最佳时机购买最优质的产品和服务。整体信息收集工作要有计划，讲求时效，避免信息收集工作出现盲目、重复和打乱仗现象。

（三）比较选择

消费者要求的是企业所提供的产品与服务能实现其需求的满足，企业要求的是消费者具有实际支付能力。消费者将不同渠道收集到的各种信息资料进行比较、分析、研究，了解各种商品的特色和性能，充分考评产品的功能、可靠性、稳定性、式样、价格和售后服务。对于一般消费品和低值易耗品，易于做出比较选择；但对高档耐用品，消费者一般要慎重选择。由于网上购物不直接接触实物，消费者对网上商品的评价依赖于企业对商品的感官描述，网上的购买者往往担心网上产品的质量、功效和售后服务，担心厂商信用和交易安全性，所以企业的网上宣传对产品的描述要充分，功效切合实际，切忌过分夸张，更不可欺瞒消费者和同上公众。

（四）购买决策

网络消费者在完成对商品的比较选择之后便进入购买决策阶段。购买决策是指网络消费者在购买动机的支配下，从2件或2件以上的商品中选择一件满意商品的过程。它是网络消费者购买活动中最主要的部分。与传统购买相比，网络消费者在购买前的准备工作要全面、仔细、理性，在真正实际购买时要快捷。由于是虚拟市场交易，企业要取得交易成功，首先必须取得消费者信任、对支付的安全感和对产品的喜爱。网络消费者的购买决策包括习惯性购买、寻求多样化购买、化解不协调购买、复杂购买等4种类型决策。

（五）购后评价

消费者购买商品后，往往通过使用体验产品的功效、性能和品牌，比较产品实际效用与预期，对自己的购买行为进行评估、检验和总结反思，思考这种购买行为是否理智、合理、经济等，进而形成对产品、品牌和企业的具体评价与整体印象。

五、影响网络消费者购买的主要因素

互联网为消费者创造了一种全新的购物模式，使其足不出户便可购遍天下好商品。影响网络消费者购买行为的主要因素有商品特性、价格、购买的便利与快捷、安全性和服务等几个方面。

（一）产品的特性

互联网上市场有别于传统市场，由于互联网消费者群体的独特性，并不是所有的产品都适合通过互联网开展网上销售和网上营销活动。根据网上消费者的特征和其网上购买行为模式特点，网上销售商品首先要考虑其新颖性，即必须是时尚类商品；其次是商品的个性化；再次是网络消费者的商品购买参与程度。体验式消费要求消费者参与程度较高，这种体验往往要求消费者必须亲临现场感受商品和服务。

（二）产品的价格

价格不是决定销售的唯一原因，但它是一个极其重要的影响因素。对同种商品，消费者的购买总是倾向价格更低者，而互联网营销没有传统店面昂贵的租金成本，没有传统营销中沉重的商品库存压力，低行销成本和可预期的低结算成本使网络商品在价格上比传统销售更具价格优势。这种价格优势不仅体现在网上销售的标准化大件必需品，网络消费者熟知的各种必需品（如图书、音像等），还体现在绕过物流问题的商品（如酒店的客房，飞机的舱位，电影、剧院、音乐厅的票位，讲座、培训、高档餐饮座位，保险产品以及媒介版面等）。

（三）购物的便捷

购物便利性是消费者选择购物渠道的首要考虑因素之一。由于互联网上商品贩卖与服务突破了时间和空间地域的限制，网络购物已经比传统购物更加方便了。但另一方面，不同网上商店是否容易被搜索到、搜索的速度以及其网站页面、导航设计、商品的选择范围与详细目录、信息服务速度等都会影响到网络消费者对购买渠道的购买选择。

（四）购物的安全

影响消费者进行网络购物的另一个重要因素是安全性和可靠性问题。由于在网上消费，消费者一般需要先付款后送货，这时过去的一手交钱一手交货的现场购买方式发生了变化，网上购物的时空发生了分离，消费者失去了控制的离心感。因此，为减轻网上购物的这种失落感，必须加强网上购物各环节的安全和控制措施，使消费者购物过程的信息传输安全和个人隐私得到有效保护，以树立消费者对网站的信心。

第四节　网络营销工具与方法

网络营销的目标在于宣传企业品牌、增加销售、吸引新客户、增加用户黏性、提高转化率、增加曝光等，最根本的是树立企业品牌形象，扩大企业的销售，最终增加企业利润。要实现这一目标企业必须将其营销信息传递给消费者。网络营销工具和方法掌握的好坏将企业营销信息传达给消费者，从而影响网络营销目标的达成。

一、营销型企业网站

（一）营销型企业网站的含义

按照网站主体性质的不同分为政府网站、企业网站、商业网站、教育科研机构网站、个人网站、其他非营利机构网站以及其他类型等。企业网站作为企业开展网络营销的工具之一，网站是最基本最重要的一个，没有企业网站，许多网络营销方法将无用武之地，企业网络营销整体效果也将大打折扣，因此网络营销策略的基本任务之一，就是建立一个营销型企业网站。

营销型企业网站没有专门的定义，但是我们可以从企业网站与网络营销的关系来理解。

（1）营销型企业网站是基于网站的网络营销的基础。只有企业网站建立了，一些重要的网络营销方法如搜索引擎营销、邮件列表营销、网络会员制营销等才具备了基本条件，一般说来，网络营销策略制订后，首先应开始企业网站的策划和建设。

（2）网站建设是网络营销策略的重要组成部分，网站建设的专业水平直接影响着网络营销的效果，表现在品牌形象、在搜索中被检索的机会等多个方面。因此，在网站策划和建设阶段就要考虑采用的网络营销方法对网站的需要，如网站功能、网站结构、搜索引擎优化、网站内容、信息发布方式等。

（3）企业网站内容是网络营销信息源的基础。企业网站是企业信息的第一发布场所，代表了企业官方的形象和观点。如搜索引擎、网络广告、电子邮件等网络营销工具的最后结果就是将用户吸引到企业网站。

（4）企业网站的功能决定着哪些营销方法可以被采用哪些营销方法不能被采用。如信息发布型企业网站就不需要网络销售功能，而要具备销售功能的网站就要考虑购物车等功能的建立或者网站与如在淘宝上建立的网络商城建立链接。

总体来看，营销型企业网站是企业基于网站的网络营销的基础，是企业开展网络营销的重要组成部分，是网络营销的重要信息来源，与其他网络营销的工具和方法相互依存、互相促进。

（二）营销型企业网站的类型

尽管每个企业网站规模不同，表现形式各有特色，但从经营的实质上来说，不外乎信息发布型和产品销售型这两种基本形式，而一个综合性的网站可能同时包含了这两种基本形式的内容。不同形式的网站其网站的表现形式、实现的功能、经营方式、建站方式、投资规模也各不相同。资金雄厚的企业可能直接建立一个具备开展电子商务功能的综合性网站，一般的企业第一步也许只是将网站作为企业信息发布的窗口。

1. 信息发布型企业网站

信息发布型属于初级形态的企业网站，不需要太复杂的技术，而是将网站作为一种信息载体，主要功能定位于企业信息发布，包括公司新闻、产品信息、采购信息等用户、销售商和供应商所关心的内容，多用于品牌推广以及沟通，网站本身并不具备完善的网上订单跟踪处理功能。其实，这些内容也是所有网站所必需的基本内容，即使是一个功能完善的电子商务网站，一般也离不开这些基本信息。

这种类型的网站由于建设和维护比较简单，资金投入也很少，初步解决了企业上网的需要，因此，是中小企业网站的主流形式。即使对于一些大型网站，在企业 e 化进程中也并非都一步到位，在真正开展电子商务之前，网站的内容通常也是以信息发布为主。因此，这类网站有广泛的代表性。

2. 网上直销型企业网站

在发布企业产品信息的基础上，增加网上接受订单和支付的功能，网站就具备了网上销售的条件。网上直销型企业网站的价值在于企业基于网站直接面向用户提供产品销售或服务，改变传统的分销渠道，减少中间流通环节，从而降低总成本，增强竞争力。通常适用于消费类产品或办公用品等，网上直销是企业开展电子商务的一种方式，但并不是每个企业都可以做到这一点，也不一定适合所有类型的企业。

3. 综合性电子商务网站

网上直销是企业销售方式的电子化，但还远不是企业电子商务的全部内容，企业网站的高级形态，不仅仅将企业信息发布到互联网上，也不仅仅是用来销售公司的产品，而是集成了包括供应链管理在内的整个企业流程一体化的信息处理系统。

（三）营销型企业网站的功能

建设一个企业网站，不是为了赶时髦，也不是为了标榜自己的实力，重要的在于让网站真正发挥作用，让网站成为有效的网络营销工具和网上销售渠道。网站的功能主要表现在八个方面：品牌形象、产品/服务展示、信息发布、顾客服务、顾客关系、网上调查、网上联盟、网上销售。

（1）品牌形象。网站的形象代表着企业的网上品牌形象，网站建设的专业化与否直接影响企业的网络品牌形象。

（2）产品/服务展示。企业网站的主要价值也就在于灵活地向用户展示产品说明及图片甚至多媒体信息。

（3）信息发布。网站是一个信息载体，在法律许可的范围内，可以发布一切有利于企业形象、顾客服务以及促进销售的企业新闻、产品信息、各种促销信息、招标信息、合作信息、人员招聘信息等。

（4）顾客服务。通过网站可以为顾客提供各种在线服务和帮助信息，比如常见问题解答（FAQ）、在线填写寻求帮助的表单、通过聊天实时回答顾客的咨询等。

（5）顾客关系。通过网络社区等方式吸引顾客参与，不仅可以开展顾客服务，同时也有助于增进顾客关系。

（6）网上调查。通过网站上的在线调查表，可以获得用户的反馈信息，用于产品调查、消费者行为调查、品牌形象调查等，是获得第一手市场资料有效的调查工具。

（7）网上联盟。为了获得更好的网上推广效果，需要与供应商、经销商、客户网站，以及其他内容互补或者相关的企业建立合作关系，没有网站，合作就无从谈起。

（8）网上销售。建立网站及开展网络营销活动的目的之一是为了增加销售，一个功能完善的网站本身就可以完成订单确认、网上支付等电子商务功能。

（四）营销型企业网站建设

1. 企业网站建设的开发方式

企业网站建设的开放方式一般有购买、租借、外包和自建四种方式。购买这种方式程序源代码归企业自己所有，开发时间短，需要的专业人员少。小企业常选用这种方法。租借开发方式企业只拥有使用权，在需要经常维护或者购买成本很高的情况下，租借比购买更有优势。外包开发注重开发商与企业的沟通，可以将开发商的技术优势与企业电子商务的需求密切结合，大大提高整个电子商务网站开发的成功率，针对性强。自建开发企业能更好地满足自身的具体要求。那些有资源、时间及技术实力去自己开发的公司或许更喜欢采用这种方法，以获得差异化的竞争优势。

2. 企业网站建设的流程

企业网站建设的流程包括网站策划、网站技术制作与内容准备、网站测试、建立服务器、申请域名、网站发布与正式运营。

（1）网站策划。网站开发团队必须明确建立何种类型的网站、网站应该具有哪些内容、向浏览者提供哪些信息，以及网站是为哪些浏览者服务。接下来按照一定的系统规划方法对网站系统进行规划，通常网站建设的系统规划按照系统开发生命周期法进行规划，系统开发生命周期法包括 5 个阶段：系统分析、系统设计、系统开发、系统测试和系统正式运行。此阶段完成的结果是网站策划说明书。

（2）网站技术制作与内容准备。网站技术制作首先要网页平面设计人员选择一套网页开发软件按照网络营销导向的网站开发原则完成网站的目录设计，网站栏目设计，网页布局结构设计以及网站元素设计（包括图片、Flash 动画等）；其次网站程序开发人员要按照程序设计说明书选择目前网站系统开发的主流技术（例如 SQL 数据库、ASP、JSP、PHP）完成网站系统的程序设计。网站系统开发完成之后，网站编辑人员就要将收集整理好的网站内容应用网站管理的功能上传至网站的相关栏目中，充实网站的内容，内容的编辑与更新是一项长期的工作，需要持续性进行。

（3）网站测试。网站在制作完之后发布之前应进行多项测试，尽最大可能降低网站出错的概率，此阶段测试可以在单机及局域网内完成，另外网站发布之后也应进行用户测试，使网站能够满足用户获取信息的需求。网站测试内容应包括在不同浏览器中网页显示效果的测试、网站功能实现的测试、网站链接有效性测试、网页下载时间与页面尺寸测试以及其他测试。如果要进行更加详细的测试需要依赖专业的网站测试工具。

（4）建立网站服务器，接入 Internet。网站服务器的建立通常有三种方式：自建服务器、主机托管与虚拟主机。自建服务器拖入较大，对企业的专业知识和技术能力要求较高能够选择并配置适合自己企业所需的服务器，一般自建服务器采用专线接入 Internet，网络接入费用较高。主机托管是在具有与 Internet 实时相连的网络环境的公司放置一台服务器，或向其租用一台服务器，客户可以通过远程控制，将服务器配置成 www、E-mail、FTP 服务器。此种方式要考察 ISP 的接入速度、技术实力，企业要与 ISP 打交道，投资较大，需要一定的专业技术实力。虚拟主机是指 ISP 将一台服务器硬盘细分，细分后的每块硬盘空间可以配置成具有独立 IP 和域名地址的 www、E-mail、FTP 等服务器。在这台服务器上租用空间的用户可以通过远程控制技术，如远程登录（Telnet）、文件传输（FTP），全权控制属于自己的那部分空间。通过虚拟主机方式，企业可以拥有自己独立的站点，这种方式企业要综合考察 ISP 的网络接入、服务器技术性能指标以及技术实力，通常投资较小，较适合中小企业。

（5）申请域名。2004 年 9 月 28 日，信息产业部（现工业和信息化部）第八次部务会议审议通过的《中国互联网络域名管理办法》，自 2004 年 12 月 20 日起施行。《中国互联网络域名管理办法》中将我国域名管理和服务体系设置为三层结构：信息产业部、域名注册管理机构和注册服务机构。信息产业部负责中国互联网域名的管理；CNNIC 作为域名注册管理结构负责维护域名中央数据库、提供域名解析服务、开展有关技术和政策研究工作，不再承担域名注册服务工作；具体域名注册服务由域名注册服务机构提供。域名注册服务机构很多，例如万网（http：//www. net. cn/）、新网（http：//www. xinnet. com/）等。对于中小企业还可以选择其他域名注册代理服务商进行域名申请注册。

（6）网站发布，正式运营。自建服务器可以将建设好的网站直接复制到 Web 服务器就可以。主机托管与虚拟自己可以采用网络传输工具将网站传输至指定的硬盘文件目录中，例如用 FTP 软件将网站上传到服务器网站空间。网站发布之后，企业网站就正式运营了，企业需要建立运营团队，对网站进行长期的运营和管理。

二、搜索引擎

（一）搜索引擎的概念

搜索引擎（Search Engine）是指根据一定的策略、运用特定的计算机程序从互联网上搜集信息，在对信息进行组织和处理后，建立索引数据库，为用户提供检索服务，将用户检索相关的信息按照与搜索关键词的相关度高低排列展示给用户的系统。

搜索引擎按其索引数据库形成原理的不同，主要可以分为以下几种类别。

1. 全文索引

全文索引引擎是名副其实的搜索引擎，它们从互联网提取各个网站的信息（以网页文字为主），在对信息进行组织和处理后，建立索引数据库，为用户提供检索服务，将用户检索相关的信息按照与搜索关键词的相关度高低排列返回给用户。国内知名的搜索引擎有百度（baidu. com）、搜搜（soso. com）和搜狗（sogou. com）等。

2. 目录索引

目录索引，就是将网站分门别类地存放在相应的目录中，因此用户在查询信息时，可选择关键词搜索，也可按分类目录逐层查找。最具代表性的目录索引是大名鼎鼎的 Yahoo，在早期 Yahoo 以目录索引出名，其他著名的还有 Open Directory Project（DMOZ）、LookSmart、About 等。国内是新浪分类目录搜索较为出名（http：//dir. iask. com/）。

3. 元搜索引擎

元搜索引擎（META Search Engine），通过一个统一的用户界面帮助用户在多个搜索引擎中选择和利用合适的（甚至是同时利用若干个）搜索引擎来实现检索操作，是对分布于网络的多种检索工具的全局控制机制。元搜索引擎接受用户查询请求后，同时在多个搜索引擎上搜索，分级编排的检索结果，将结果返回给用户。著名的元搜索引擎有 InfoSpace、Dogpile、Vivisimo 等，中文元搜索引擎中具代表性的有觅搜（metasoo. com）、Ixquick（ixquick. com）。

4. 垂直搜索引擎

垂直搜索引擎为 2006 年后逐步兴起的一类搜索引擎。垂直搜索引擎是针对某一个行业的专业搜索引擎，是搜索引擎的细分和延伸，是对网页库中的某类专门的信息进行一次整合，定向分字段抽取出需要的数据进行处理后再以某种形式返回给用户。例如机票搜索、旅游搜索、生活搜索、购物搜索、视频搜索等，在其特定的搜索领域有更好的用户体验。垂直搜索引擎则显得更加专注、具体和深入，具有行业色彩，垂直搜索需要的硬件成本低、用户需求特定、查询的方式多样。

（二）常用的搜索引擎营销方法

搜索引擎营销最终是要合理地利用一些方法来实现各层次的目标，增加企业的信息在搜索引擎中的曝光度。具体的实现方法可以从以下几方面来考虑。

1. 增加被搜索引擎收录的信息源

可以通过博文、维基、社区、供求信息平台、企业网站等发布相关企业、产品的信息，做到大量更新，使得被搜索引擎收录速度加快。

2. 登录搜索引擎

（1）向搜索引擎提交网站。向搜索引擎提交网站，以便搜索引擎更快地收录你的网站、网页。常用搜索引擎登录入口如下。

百度网站提交入口：http：//www. baidu. com/search/url_ submit. html。

雅虎中文搜索网站提交入口：http：//search. help. cn. yahoo. com/h4_ 4. html。

搜搜网站提交入口：http：//www. soso. com/help/usb/urlsubmit. shtml。

搜狗网站提交入口：http：//db. sohu. com/regurl/regform. asp？ step＝regform&class＝。

有道网站提交入口：http：//tellbot. yodao. com/report？ keyFrom＝help。

向搜索引擎提交网站需要注意以下事项。

①确保提交网站地址格式的正确性，一般搜索引擎建议的网站地址为包含 http：//的完整网址，例如 http：//www. 123. com/。

②只需要提交网站的首页便可，不需要每个网页进行提交。

③有些搜索引擎登录需要提交站点的简要描述，请注意按照实际情况书写，不建议出现与现实严重不相符的夸大信息。

④搜索引擎对提出登录请求网站的收录周期一般为一个月。向搜索引擎提交了自己的网站，如果一个月后依然发现搜索引擎没有收录该站，可以继续向搜索引擎提交登录申请。

其实最便捷和最快的登录搜索引擎的方法应该是让别的已经成功登录搜索引擎的网站首页给你的站点做一个纯文本的超级链接，这种方式会使你的网站更快地被搜索引擎收录。

（2）登录分类目录搜索引擎。分类目录是指互联网上最初的网址导航，将不同主题的网站放在相应目录下，形成分类目录网站。目前这些传统分类目录已经越来越少人用了，市面上还存在着少量的分类目录搜索引擎网站，例如 Dmoz、搜狐、Yahoo 等。登录分类目录，就是被分类目录搜索引擎收录。分类目录搜索引擎是人工处理的，低效，网站信息不能及时更新。一旦登陆了分类目录，网站、网页信息将较稳定、较长时间保存在分类目录搜索引擎中。登录分类目录可以为搜索引擎提供索引数据、高质量外部链接。

登录分类目录的登录方式有免费登录分类目录和付费登录分类目录两种。目前多数重要的搜索引擎都已经开始收费，只有少数搜索引擎可以免费登录。但网站访问量主要来源于少数几个重要的搜索引擎，即使登录大量低质量的搜索引擎，对网络营销的效果也没有太大意义。搜索引擎的发展趋势表明，免费搜索引擎登录的方式已经逐步退出网络营销的舞台。

3. 搜索引擎优化

搜索引擎优化（Search Engine Optimization，简称 SEO）是一种利用搜索引擎的搜索规则来提高目的网站在有关搜索引擎内的排名的方式。由于不少研究发现，搜索引擎的用户往往只会留意搜索结果最前面的几个条目，所以不少网站都希望通过各种途径来影响搜索引擎的排序。搜索引擎优化可以针对搜索引擎对网页的检索特点，让网站建设各项基本要素适合搜索引擎的检索原则，从而使搜索引擎收录尽可能多的网页，并在搜索引擎自然检索结果中排名靠前。搜索引擎优化是一套基于搜索引擎的营销方法，为网站提供自我营销解决方案，让网站在行业内占据领先地位，从而达到网站推广的目的，获得品牌收益。

4. 搜索引擎广告

搜索引擎广告含义是网站购买特定关键词，当用户检索这些关键词，搜索引擎结果中出现该网站的广告，广告费用按每次点击付费，购买同一关键词的广告，排名主要按每次点击竞价高低决定。搜索引擎广告包括竞价排名和推广链接。

搜索引擎广告营销步骤如下。

第一步：研究关键词。

首先，把所有跟产品或服务潜在相关的词汇和短语来尽可能全面地组织关键词列表。有关的搜索引擎关键词工具可以为选定关键词提供参考，例如"百度关键词分析工具"等。

第二步：关键词相关短语。

从不同的角度去考虑潜在顾客会使用什么样的词汇和短语去搜索。例如，有时一个客户可能不知道电脑中了木马病毒，那么他可能会按照如"电脑死机"或"计算机运算速度慢"这样的症状来进行搜索。

第三步：确定覆盖区域、投放时间及预算。

大多数搜索引擎可以让你设置关键词显示的目标区域，例如你可选择在北京投放，这时位于北京的访问者能够透过搜索引擎找到你的网站，而你的广告将不会出现在北京以外的地方。搜索引擎还可以让你设置在何时展示你的广告。例如，你设置广告展露时间是早上八点到下午七点，那么在早上八点以前和下午七点以后，你的广告将不会出现在搜索引擎的结果列表中。这些措施都将帮助企业对广告进行精准控制，这样的特征也是其他广告媒介所不具备的。你可以自主控制每日广告的花费，如果点击费用超出你的设定值，你的广告也将不再显示。

第四步：编写广告文本。

选定好关键词以后，我们就需要制作广告标题和广告主体内容。广告文本的好坏将决定访问者的质量。有些广告很容易吸引用户点击进入，但是可能这些用户转化成真正的客户的转化率低；有些广告点击可能很少有用户会点击，但是可能这些用户转化成真正的客户的转化率高，所以一个好的广告设计也是十分重要的。

第五步：策划设计登录页。

登录页也称为着陆页，它是访问者点击广告链接后看到的页面。登录页面的设计讲究品质、简洁，与你此次的广告内容相关，不要出现太多与此次潜在用户需求无关的信息。如果将访问者引至公司主页并不是一个好策略，因为用户会看到太多的选择和大量的信息，而太多的选择很可能会降低用户的转化率。

第六步：实施。

搜索引擎广告投放，你的广告不一定要在第一位，有时居于第三、四位效果也不差，而且可以支付相当少的点击成本，最重要的是效果最大化。百度有一项重要的研究显示：竞价广告前五位的企业获得的业务量是差不多的，排在后五位的企业获得的业务量也是差不多的。

　　总而言之，从事搜索引擎广告活动需要一定的时间和精力，如果管理得当，将为企业带来高效的成果。它很容易花掉很大费用而得不到理想的效果，所以它需要有经验的管理。找到搜索引擎营销专业人士来操作会获得利益最大化的效果。

三、E-mail营销

（一）E-mail营销的定义与分类

1. E-mail营销的定义

E-mail营销是指在用户事先许可的前提下，通过电子邮件的方式向目标用户传递有价值信息的一种网络营销手段。关于E-mail营销的定义中强调了三个基本因素：基于用户许可，通过电子邮件传递信息，信息对用户是有价值的，三个条件缺少一个都不能称之为有效的E-mail营销。

电子邮件已经成为大众的信息传递工具，其网络营销价值展露无遗。"E-mail营销"这一概念听起来很简单，但将E-mail作为专业的网络营销工具，其内涵已不仅仅是将一封邮件发送给一个接收者，其中会涉及多方面的问题。因此，不仅要了解E-mail营销的一般规律和方法，研究E-mail营销活动中可能遇到的各种问题，还应遵循行业规范，讲究基本的网络营销道德。目前的网络空间中充斥着大量商业垃圾邮件，而最早的E-mail营销也来源于垃圾邮件（尽管当时没有垃圾邮件这个概念）。

E-mail从普通的通信工具发展到营销工具需要具备一定的环境条件，这些条件包含以下几方面。

第一，有一定数量的用户E-mail地址。

第二，有专业的E-mail营销服务商，或者企业内部拥有开展E-mail营销的能力。

第三，用户对于接收到的信息有一定的兴趣和反应（如产生购买，浏览网站，咨询等行为，或者增加企业的品牌知名度）。

当这些环境逐渐成熟之后，E-mail营销才成为可能。

2. E-mail营销的分类

规范的E-mail营销是基于用户许可的，但实际上还存在着大量的不规范现象，并不是所有的电子邮件都符合法规和基本的商业道德，不同形式的E-mail营销也有不同的方法和规律，所以首先应该明确有哪些类型的E-mail营销，以及这些E-mail营销分别是如何进行的。

（1）按照是否经过用户许可分类。按照发送信息是否事先经过用户许可来划分，可以将E-mail营销分为许可E-mail营销（Permission E-mail Marketing，PEM）和未经许可的E-mail营销（Unsolicited Commercial E-mail，UCE）。未经许可的E-mail营销也就是通常所说的垃圾邮件（Spam），正规的E-mail营销都是基于用户许可的。

（2）按照E-mail地址资源的所有权分类。潜在用户的E-mail地址是企业重要的营销资源，根据对用户E-mail地址资源的所有形式，可将E-mail营销分为内部E-mail营销和外部E-mail营销，或者简称为内部列表和外部列表。内部列表是一个企业/网站利用一定方式获得用户自愿注册的资源来开展的E-mail营销，而外部列表是指利用专业服务商或者具有与专业服务商一样可以提供专业服务的机构提供的E-mail营销服务，自己并不拥有用户的E-mail地址资料，也无须管理维护这些用户资料。

（3）按照营销计划分类。根据企业的营销计划，可分为临时性的E-mail营销和长期E-mail营销。前者如不定期的产品促销，市场调查，节假日问候，新产品通知等；长期的E-mail营销通常以企业内部注册会员资料为基础，主要表现为新闻邮件，电子杂志，顾客服务等各种形式的邮件列表，这种列表的作用要比临时性的E-mail营销更持久，其作用更多地表现在顾客关系，顾客服务，企业品牌等方面。

（4）按照E-mail营销的功能分类。根据E-mail营销的功能，可分为顾客关系E-mail营销，顾客服务E-mail营销，在线调查E-mail营销，产品促销E-mail营销等。

（5）按照E-mail营销的应用方式分类。开展E-mail营销需要一定的营销资源，获得和维持这些资源本身也要投入相应的经营资源。当资源累积达到一定的水平，便拥有了更大的营销价值，不仅可以用于企业本身的营销，也可以通过出售邮件广告空间直接获得利益。按照是否将E-mail营销资源用于为其他企业提供服务，E-mail营销可分为经营型和非经营型两类。当以经营性质为主时，E-mail营销实际上已经属于专业服务商的范畴了。

（二）许可E-mail营销

1. 许可E-mail营销的内涵

"许可营销"理论由营销专家 Seth Godin 在《许可营销》（*Permission Marketing：Turning Strangers into Friends，and Friends into Customers*，Simon &Schuster，1999）一书中进行系统的研究，按照 Seth Godin 的观点，许可经营的原理其实很简单，也就是企业在推广其产品或服务的时候，事先征得顾客的"许可"。得到潜在顾客许可之后，通过E-mail的方式向顾客发送产品/服务信息，因此，许可经营也就是许可E-mail营销。许可营销的主要方法是通过邮件列表、新闻邮件、电子刊物等形式，在向用户提供有价值信息的同时附带一定数量的商业广告。例如，一些公司在要求你注册为会员或者申请某项网络服务时，会询问你"是否希望收到本公司不定期发送的最新产品信息"，或者给出一个列表让你选择自己希望收到的信息。在传统营销方式中，由于信息沟通不便，或者成本过于高昂，许可营销很难行得通，但是互联网的交互性使得许可经营成为可能。

2. 许可E-mail营销的步骤与基本方法

在《许可营销》一书中，SethGodin 认为，实现许可营销有五个步骤。他把从吸引顾客注意，到得到用户许可的过程形象地比喻为约会，从陌生人到朋友，再到终生用户。

（1）要让潜在顾客有兴趣并感到可以获得某些价值或服务，从而加深印象和注意力，值得按照营销人员的期望，自愿加入到许可的行列中去（就像第一次约会，为了给对方留下良好的印象，可能花大量的时间来修饰自己的形象，否则可能就没有第二次约会了）。

（2）当潜在顾客投入注意力之后，应该利用潜在顾客的注意，比如可以为潜在顾客提供一套演示资料或者教程，让消费者充分了解公司的产品或服务。

（3）继续提供激励措施，以保证潜在顾客维持在许可名单中。

（4）为顾客提供更多的激励从而获得更大范围的许可，例如给予会员更多的优惠，或者邀请会员参与调查，提供更加个性化的服务等。

（5）经过一段时间之后，营销人员可以利用获得的许可改变消费者的行为，也就是让潜在顾客说："好的，我愿意购买你们的产品。"只有这样才可以将许可转化为利润。

当然，从顾客身上赚到第一笔钱后，并不意味着许可营销的结束，相反，仅仅是将潜在的顾客变为真正的顾客的开始。如何将顾客变为忠诚顾客甚至终生顾客，仍然是营销人员工作的重要内容，许可营销将继续发挥其独到的作用。

Seth Godin 关于 E-mail 营销的五个步骤为开展 E-mail 营销提供了基本的思路。整个过程看起来似乎很简单，但在实际工作中，仅有想法是不够的，实际的操作方法往往比理论更重要。比如，为潜在顾客提供什么信息才能引起兴趣并愿意加入到许可的列表中来？用什么方式来管理用户数据资料？又是通过什么手段将信息发送给用户的？怎么来实现 E-mail 营销呢？因此对 E-mail 营销实现的方法和操作技巧进行深入、系统地研究是十分必要的。

开展 E-mail 营销的基础之一是拥有潜在用户的 E-mail 地址资源。这些资源可以是企业内部所有（内部列表），也可以是合作伙伴或者专业服务商所拥有（外部列表），因此 E-mail 营销的重要内容之一就是用户邮件地址资源的获取和有效管理及应用。与 E-mail 营销密切相关的一个概念是"邮件列表"。

一般情况下，在采用内部列表开展 E-mail 营销时，有时也笼统地称为邮件列表营销，内部列表开展的 E-mail 营销以电子刊物、新闻邮件等形式为主，是在为用户提供有价值的信息的同时附加一定的营销信息。事实上，正规的 E-mail 营销主要是通过邮件列表的方式实现的。

常见的邮件列表形式有电子刊物、新闻邮件、注册会员通讯、新产品通知、顾客服务/顾客关系邮件、顾客定制信息。

但在采用外部列表时，E-mail 营销和邮件列表之间的差别就比较明显，因为是利用第三方的用户 E-mail 的地址资源发送产品/服务信息，并且通常是纯粹的商业邮件广告，这些广告信息是通过专业服务商所拥有的邮件列表来发送的，也就是说，这个"邮件列表"是属于服务商的。对服务商而言，是邮件列表的经营者，而作为广告客户的企业是利用这个第三方的邮件列表来开展 E-mail 营销。如果这时也称为邮件列表营销，会与内部列表造成一定的混淆，因此本书中所讲的邮件列表一般是指内部列表 E-mail 营销。下节将详细讨论内部列表 E-mail 营销。

四、微博营销

微博是移动互联网时代背景下连接用户的重要平台，2018 年微博平台的月活跃用户为 4.31 亿，且微博平台上活跃着三万多个明星、150 多万家认证企业与机构等，微博将明星、企业、产品等紧密连接，其微博营销投放的广告信息内容更加优质、传播更加高效、投放更加精准。

1. 微博营销的主要作用

（1）加强传播优势。微博营销在信息曝光度层面具有较强的信息传播优势，当微博营销引发受众的关注、转发、评论形成话题时，企业、品牌、产品的信息曝光程度、传播范围不断扩大，大大提高了各大企业、品牌的传播优势，使得企业与品牌的影响力不断提升。

（2）实现客户管理。微博是人们自由交流、实现信息交互的重要平台，该类平台上的用户具有较强的沟通与交流意识。各大企业、品牌有必要利用这一特点，加强与客户的沟通，通过建设微博客服实现对客户需求的管理，全天在线回复服务信息咨询，为客户提供优质的服务，提高企业、品牌的竞争力。

（3）消化各类广告形式。人们在微博平台中利用长微博、视频、图片、链接等内容的创设可以有效达成各类广告的效果。同时，这些广告内容也可以通过链接的形式进行站外转载。当人们在微博这一中介网站上看到有价值的广告信息后便会相互转载。而转载这一过程，则最终形成病毒式，大大提高营销的影响力。

2. 微博营销的具体模式

（1）病毒式微博营销。

病毒式营销传播是指微博营销的一种行为或一类信息迅速引发人们的传播与扩大，人们纷纷转发微博并将信息告知给更多的人，迅速铺成信息网络，使得数以万千的受众关注营销信息。病毒式微博营销的推动下，营销信息的快速传播需要大量的粉丝关注并转发该类信息。通过转发信息会吸引更多的受众关注微博营销，促使微博账号自身获取更多的粉丝，大大提高了品牌的知名度与产品的知名度。

病毒式微博营销具有吸引大量新用户的潜力，在微博营销的范围上具有较强的影响力。病毒式微博营销信息转发的速度越快、关注该话题的人数越多、营销信息传播的范围越广，其影响力便越来越大。

（2）摄众式微博营销。

微博上的信息众多，使得受众在刷微博时很难在庞大的信息资源中快速接触到企业发布的微博营销信息。因此，企业需要从四个层面把握摄众式微博营销模式：

其一，受众的洞察力层面。受众在诸多的信息浏览中会被一些个性化的信息吸引，但受众也有故意排除营销信息的心理。因此，企业有必要根据受众的洞察力加强对产品营销内容的创设，使微博营销内容更加吸引受众眼球。

其二，企业品牌的远景规划。企业的品牌形象是在长期的微博营销中建立的。因此，企业应有计划地推进微博营销模式，使自身品牌形象更加吸引受众的关注。

其三，摄众的意念层面。即品牌与受众之间的沟通，企业微博营销内容的创设要能够与受众建立联系，并打动受众。最后，联通计划。微博营销模式的开展是碎片化的，如何利用该类碎片化的信息进行联合营销则是关键。因此，企业需要加强对受众的定位、粉丝群的分析等，并在此基础上，利用摄众式微博营销创设良好的企业品牌形象，更加准确的将营销信息传送到受众手中，提高微博营销的影响力。

（3）互动式微博营销。互动式微博营销模式最关键的部分在于互动，只有长期保持受众互动的热情、加强营销主体与受众之间的互动、受众与受众之间的互动等，才能让更多的受众关注微博营销内容并成为粉丝或消费者。企业在进行营销时要利用微博的信息传播能力与引导能力，不断为受众带来新鲜的话题、新颖的思路以及趣味性的活动，吸引受众积极转发、评论等，并在评论区进行良好的互动。互动关系是增加微博营销影响力的重要途径之一，企业要充分发挥互动式微博营销的优势。当企业与受众建立长期的、良好的互动关系后，受众会积极、主动的关注微博营销中是否存在营销信息或行为，有效提升营销效率。

（4）口碑式微博营销。口碑式的微博营销是更加深层次的营销模式。在庞大的品牌信息中，良好的口碑可以快速受到粉丝的关注与转发。同时，也可以帮助受众快速识别、扩散与该品牌相关的良性信息，促成消费者的购买行为，大大提高微博营销的影响力。

首先，企业要通过各类营销信息的发布、营销活动的开展等吸引受众的注意力。只有让受众关注话题，才能有机会让他们进一步了解企业的口碑。其次，企业要充分利用微博的各类功能，通过微博群聊、话题、评论等平台建立粉丝之间的联系，引起受众之间频繁的交流与互动。此外，邀请粉丝在公共的平台内针对产品的信息产生讨论与交流，并在受众互动的过程中适当控制舆论，让良好的口碑在受众中口口相传，不断扩大营销的影响力，进一步驱动受众的购买行为。

总而言之，作为媒介经营的新方向，影响力营销已经成为各行各业营销的一大创新模式。

而微博作为用户量庞大的平台，其媒体资源和受众资源都相当丰富，其营销影响力广大。因此，企业要善于利用多样的微博营销模式，有效树立自身品牌形象，积极传播良好的口碑，赢得粉丝的关注与认可，并不断将粉丝转化为潜在客户，促进自身经济效益的提升。

五、微信营销

随着科学技术和互联网的飞速发展，手机成为越来越多人不可或缺的一部分，而微信更是成为我们日常生活最常用的支付工具之一，同时朋友圈成了分享生活点滴，记录生活幸福时刻的主战场。微信语言电话，视频通话正在逐渐取代传统的通话成为了联系朋友，维系友谊的主要纽带。越来越多的营销人员发现了微信 app 这一潜在的巨大市场，纷纷建立微商实行微信营销。

1. 微信营销的优势

（1）点对点精准营销

微信拥有庞大的用户群，借助移动终端、天然的社交和位置定位等优势，每个信息都是可以推送的，能够让每个个体都有机会接收到这个信息，继而帮助商家实现点对点精准化营销。

微信营销可以实现方便的信息推送，因为微信大众帐号可以经过后台的用户分组和地域操控，完成精准的音讯推送。一般大众帐号，可以群发文字、图片、语音三个类的内容。认证的帐号则有更高的权限，不仅能推送单条图文信息，还能推送专题信息。据称，在推送的打扰方面，下一版别的推送将悉数撤销声响提示，以便把私家信息和内容音讯区别。

（2）营销形式灵活多样

漂流瓶：用户可以发布语音或者文字然后投入大海中，如果有其他用户"捞"到则可以展开对话，如：招商银行的"爱心漂流瓶"用户互动活动就是个典型案例。

位置签名：商家可以利用"用户签名档"这个免费的广告位为自己做宣传，附近的微信用户就能看到商家的信息，如：饿的神、K5 便利店等就采用了微信签名档的营销方式。

二维码：用户可以通过扫描识别二维码身份来添加朋友、关注企业账号；企业则可以设定自己品牌的二维码，用折扣和优惠来吸引用户关注，开拓 O2O 的营销模式。

开放平台：通过微信开放平台，应用开发者可以接入第三方应用，还可以将应用的LOGO 放入微信附件栏，使用户可以方便地在会话中调用第三方应用进行内容选择与分享。如，美丽说的用户可以将自己在美丽说中的内容分享到微信中，可以使一件美丽说的商品得到不断的传播，进而实现口碑营销。

公众平台：在微信公众平台上，每个人都可以用一个 QQ 号码，打造自己的微信公众账号，并在微信平台上实现和特定群体的文字、图片、语音的全方位沟通和互动。

（3）强调关系的机遇

微信的点对点产品形态注定了其能够通过互动的形式将普通关系发展成强关系，从而产生更大的价值。通过互动的形式与用户建立联系，互动就是聊天，可以解答疑惑、可以讲故事甚至可以"卖萌"，用一切形式让企业与消费者形成朋友的关系，你不会相信陌生人，但是会信任你的"朋友"。

（4）方便维护老客户

做营销的都知道，开发新客户的成本远远高于维护老客户的。由于微信的受众人群更加精准，推送信息的高到达率和高曝光率，企业可以大大节省客户运营成本。垂直行业和更细分行业利用微信营销能更加维护企业和客户的关系。能真正体现出"情感营销"精髓的，目前除微信外，别无二家。

2. 微信营销的发展趋势

基于微信营销现状的分析，微信营销既有优势又有局限性，但总的来说，微信营销趋势向好，大体呈现以下几种趋势：

(1) 营销广告内容不断创新

微信营销已经不仅仅是营销商品，逐渐附带上了相关的维护措施，也就是说，营销者在售卖的同时也开启了商品售后维护及客户维护。比如说，被各大网红推崇的美牙仪，在教授官方制定的使用方法时，也会告诉你如何维持仪器使用寿命以及凝胶如何使用效果更好，这就从心理上拉近了与客户的关系。而营销广告的内容也不仅仅是产品及功效，还有各种客户反馈截图。营销广告内容的不断创新使得受众者在接收信息时提高了营销者的可信度。

(2) 开启专业化的营销模式

现下，微信营销技巧逐渐专业化，也使得这一产品、这一行业逐渐走向专业化，这也就使得营销者团队必须提高自身的专业化素质。那么，朋友圈刷屏、微信群聊的信息轰炸都会逐渐减少，甚至于消失。

(3) 中老年群体在微信营销受众的比例不断提高

微信大数据显示，中老年用户群体即将超越8090的互联网原住民，这就给微信营销者提供了新的商机。中老年用户的增加也就使得微信营销者不得不创新营销产品提高自身能力，这就使得微信营销者又将迎来一次大挑战。

六、网络广告

1994年10月27日是网络广告史上的里程碑。美国著名的Hotwired杂志推出了网络版的Hotwired（www. hotwired. com），并首次在网站上推出了网络广告，立即吸引到AT&T、Sprint、MCI、ZIMA等最初的14家买主网——这标志着网络广告的正式诞生。最值得一提的是，当时的网络广告点击率高达40%。中国第一个商业性网络广告出现在1997年3月，传播网站是Chinabyte，广告表现形式为468×60像素的动画旗帜广告。Intel和IBM是国内最早在互联网上投放广告的广告主。

(一) 网络广告的特点

网络采用多媒体技术，提供文字、声音、图像等综合性的信息服务，不仅能做到图文并茂，而且可以双向交流，使信息准确、快速、高效地传达给每一位用户。因此，与广播、电视、报纸、杂志四大传统广告媒体相比，网络广告的特点主要体现在以下几个方面。

1. 传播的广泛性

网络广告的传播不受时间和空间的限制，Internet将广告信息24小时不间断地传播到世界各地。

2. 定向与分类明确

网络广告最大的特点就在于它的定向性，网络广告不仅可以面对所有Internet用户，而且可以根据受众用户确定广告目标市场。通过Internet，就可以把适当的信息在适当的时间发送给适当的人，实现广告的定向。从营销的角度来看，这是一种一对一的理想营销方式，它使可能成为买主的用户与有价值的信息之间实现了匹配。

3. 互动性和选择性

Internet 信息共享的特点决定了网络广告的互动性。网上的信息是互动传播的，用户可以获取自己认为有用的信息，厂商也可以随时得到宝贵的用户反馈信息。此外，许多用户在网站上提供的个人资料，也将成为广告商推出不同广告的依据。

4. 精确有效的统计

传统媒体广告的发布者无法得到诸如有多少人接触过该广告的准确信息，因此一般只能大致推算一下广告的效果。而网络广告的发布者则可通过公正权威的广告统计系统提供庞大的用户跟踪信息库，从中找到各种有用的反馈信息。也可以利用服务器端的访问记录软件，如 cookie 程序等，追踪访问者在网站的行踪。其曾点击浏览过哪些广告或是曾经深入了解了哪类信息，访问者的这些行踪都被储存在 cookie 中，广告商通过这类软件可以随时获得访问者的详细记录，即点击的次数、浏览的次数以及访问者的身份、查阅的时间分布和地域分布等。

5. 内容丰富、形象生动

报纸、杂志等印刷介质的平面媒体在很大程度上受到空间限制，广播、电视等电波媒体则受到播出时段或播出时间长度的限制，而网络媒体则突破了时间与空间的限制，拥有极大的灵活性，可以说一条 Banner 广告的后面藏有无限的信息。

6. 易于实时修改

在传统媒体上广告发布后就很难再更改了，即使可改动，往往也需付出很高的经济代价。网上的广告可按照需要及时变更广告内容，这样广告商就可以随时更改诸如价格调整或商品供求变化等信息。

7. 价格低廉

网络广告无须印刷、拍摄或录制，在网上发布广告的总价格较其他形式的广告价格便宜很多。与报纸和电视相比，单位面积（时间）的广告价格方面，网络广告在价格上极具竞争力。

8. 传播的被动性

传统媒体是将信息推给观众或听众，受众只能被动地接受这些信息。网络广告的非强迫性和受众的主动性选择是它的一大优势。但从另一方面看，网络广告是被动传播的，而不是主动展现在用户面前的，也就是说，用户需要一定的查找，才能找到需要的广告。因此，为让更多的用户能便捷地接触到所需要的广告，网络广告还需要开发诸如自动扩张式广告之类的能争取用户的技术，以发挥其最大的效益。

9. 创意的局限性

Web 页面上的旗帜广告效果很好，但是创意空间却非常小，其常用的最大尺寸约合 15 厘米宽，2 厘米高。要在如此小的空间里创意出有足够吸引力、感染力的广告，是对广告策划者的巨大挑战。

10. 可供选择的广告位有限

旗帜广告一般都放置在每页的顶部或底部两处（通常位于页面顶部的旗帜广告效果比位于底部要好），因此可供选择的位置少。图标广告虽然可以安置在页面的任何位置，但由于尺寸小，所以不为大多数广告主所看好。另一方面，由于许多有潜力的网站还没有广告意识，网页上至今不设广告位置，从而使广告越来越向几个有影响的导航网站聚集，这些网站页面上播映旗帜广告的位置也就成为广告主竞争的热点，进一步加剧了广告位置的紧张性。

虽然网络广告还存在着诸多的问题，但凭借上面所列举的种种优势，网络广告深深地吸引着众多的企业和客户，随着网络的发展与普及、网民人数的日益增加，网络广告也将进入一个高速发展的时期，其效益将越来越得以显现。

（二）网络广告的类型

网络广告的类型很多，目前网络广告的类型主要包括以下几种。

1. 网幅（Banner）广告

网幅广告（Banner）是以 GIF，JPG 等格式建立的图像文件，定位在网页中，大多用来表现广告内容，同时还可使用 Java 等语言使其产生交互性，用 Shockwave 等插件工具增强表现力。

2. 文本链接广告

文本链接广告是一种对浏览者干扰最少，但却最有效果的网络广告形式。整个网络广告界都在寻找新的宽带广告形式，而有时候，最小带宽、最简单的广告形式效果却最好。

图 6-3 为新浪网首页，其中用红线框勾出来的地方就是文本链接广告。我们可以看到，文本链接广告位的安排非常灵活，可以出现在页面的任何位置，可以竖排也可以横排，每一行就是一个广告，点击每一行都可以进入相应的广告页面。

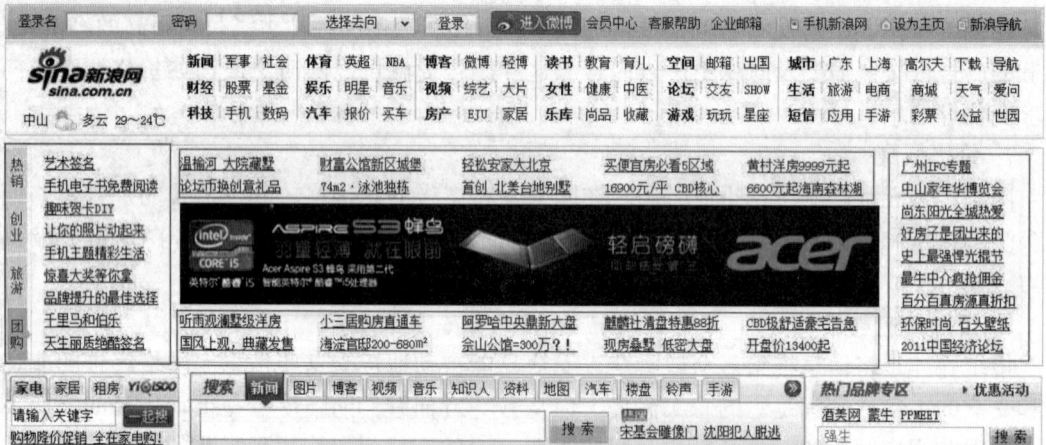

图 6-2　新浪首页的文本链接广告

3. 电子邮件广告

电子邮件广告一般采用文本格式或 html 格式。通常采用的是文本格式，就是把一段广告性的文字放置在新闻邮件或经许可的 E-mail 中间，也可以设置一个 URL，链接到广告主公司主页或提供产品或服务的特定页面。html 格式的电子邮件广告可以插入图片，和网页上的网幅广告没有什么区别，但是因为许多电子邮件的系统是不兼容的，html 格式的电子邮件广告并不是每个人都能完整地看到，因此把邮件广告做得越简单越好，文本格式的电子邮件广告兼容性最好。图 6-4 为腾讯公司的企业邮箱广告，为 html 格式。

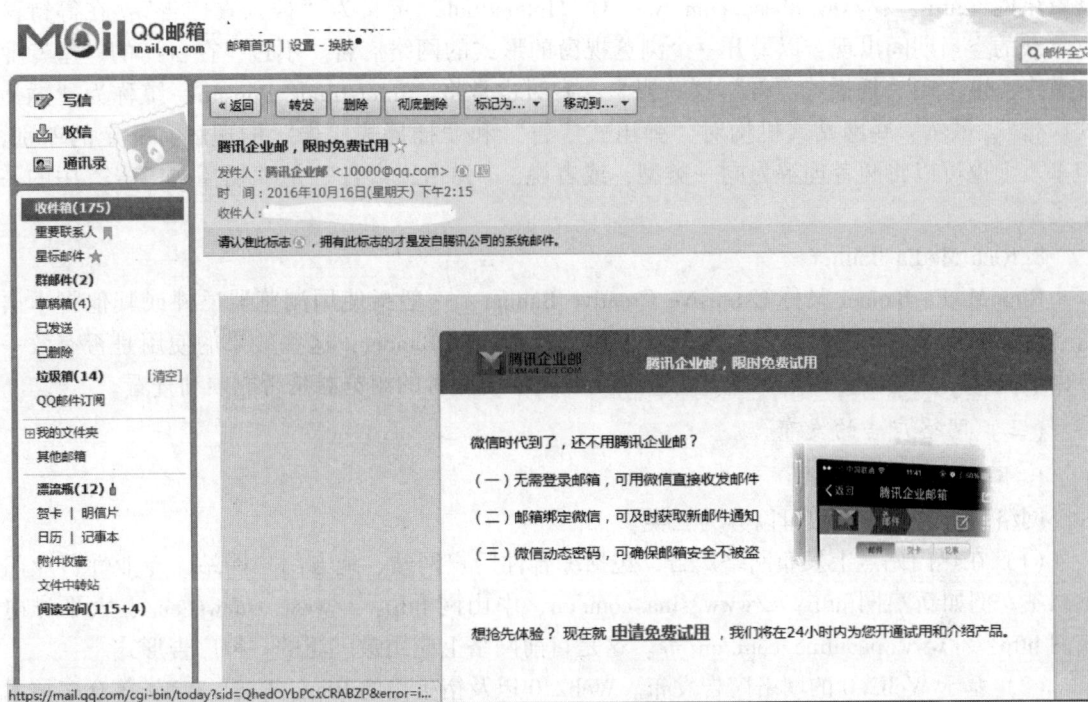

图6-3　腾讯公司的电子邮件广告

4. 企业网站的广告思想

对于大多数企业来说，进入网络广告领域的第一步就是建立自己的企业网站。这些网站的建立仅仅是因为这些企业认为有一个网站是一件很酷的事情，使公司看起来比较新潮，也怕因为没有网站而在竞争中处于劣势。这种网站的雏形就是企业宣传用小册子的在线版。但是，广告主慢慢会发现，简单的小册子并不能把产品描述清楚，这样的网站无法体现网络的优越性。广告主开始把所有的关于产品的信息搬到网上来，让潜在的消费者通过网络知道尽可能多的信息。与此同时，广告主业开始将网站的趣味性与知识性结合起来，这样可以吸引到更多的浏览者。当然也不能本末倒置，企业网站还是要以产品为中心。

5. 赞助式广告

赞助式广告的形式多种多样，在传统的网幅广告之外，给予广告主更多的选择。赞助式广告的定义至今仍未有明确划分，Double Click Asia 台湾区行销总监伍臻祥则提出，凡是所有非旗帜形式的网络广告，都可算作赞助式广告。这种概念下的赞助式广告其实可分为广告置放点的媒体企划创意，及广告内容与频道信息的结合形式。

6. 与内容的结合

广告与内容的结合可以说是赞助式广告的一种，从表面上看起来它们更像网页上的内容而并非广告。在传统的印刷媒体上，这类广告都会有明显的标示，指出这是广告，而在网页上通常没有清楚的界限。

7. 插播式广告

插播式广告的英文名称叫"Interstitial"，不同的机构对此的定义可能有一定的差别。在中国互联网络信息中心（www.CNNIC.cn）关于网站流量术语的解释中，将 Interstitial 定义为"空隙页面"，空隙页面是一个在访问者和网站间内容正常递送之中插入的页面。全球网路经济资讯网（http：//www.itbase.com.tw）对"Interstitial"定义为"插入式广告"：在等待网页下载的空当期间出现，以另开一个浏览视窗的形式的网络广告。不过，在台湾的一些专业文章中，也常用"插播式广告"这一概念。有时也常将"Interstitial/ Pop-up"统称为"插播式广告"。虽然一些网站或机构对"弹出式广告"和"插播式广告"的理解有一定的差别，但基本上也可以将两者理解为同一类型，或者说，"弹出式广告"是"插播式广告"中的一个类别。

8. Rich Media Banner

Rich Media Banner 又称 Extensive Creative Banner，一般指使用浏览器插件或其他脚本语言、Java 语言等编写的具有复杂视觉效果和交互功能的 Banner，这些效果的使用是否有效一方面取决于站点的服务器端设置，另一方面取决于访问者的浏览器是否能顺利查看。

（三）网络广告的发布

1. 网络广告发布方式

网络广告的发布大致可以分为三类。

（1）在热门站点上发布网络广告，包括综合性门户网站、地方门户网站、专业性行业门户网站。例如新浪网 http：//www.sina.com.cn、中山网 http：//www.zsnews.cn/、太平洋电脑网 http：//www.pconline.com.cn/等。这是目前网络上应用最广泛的一种广告形式。

（2）基于 Web2.0 的网络广告发布。Web2.0 以及衍生出的 Blog、RSS、WIKI 等众多技术的应用不仅带来网络产业的升级，也对传统的广告观念和营销模式产生了巨大冲击。网络广告营销在 Web2.0 时代成为一种卓有成效的营销方式，受到了众多企业与广告商的青睐，是新营销时代的主导力量。

（3）另一种形式是向广告服务商租用空间，建立自己的站点，自己进行广告运作。这种形式价格较第一种形式便宜许多，但由于不与门户站点相链接，点击率不高，广告效果不明显。

2. 网络广告成本（Cost）计算方式

（1）千人印象成本 CPM（Cost Per Mille）。千人印象成本是指网络广告所产生 1000 个广告印象的成本，通常以广告所在页面的曝光次数为依据。它的计算公式很简单：CPM=总成本/广告曝光次数×1000。

（2）每点击成本 CPC（Cost Per Click）。所谓每点击成本就是点击某网络广告 1 次广告主所付出的成本。其计算公式为 CPC=总成本/广告点击次数。

（3）每行动成本 CPA（Cost Per Action）。所谓每行动成本就是广告主为每个行动所付出的成本。其计算公式为 CPA=总成本/转化次数，如一定时期内一个广告主投入某产品的网络广告的费用是 6000 美元，这则网络广告的曝光次数为600 000，点击次数为60 000，转化数为1 200。那么这个网络广告的千人印象成本为 CPM=6 000/600 000×1 000=10 美元，这个网络广告的每点击成本为 CPC=6 000/60 000=0.1 美元，这个网络广告的每行动成本为 CPA=6 000/1 200=5 美元。

CPM 是目前应用最广，也是使用起来最简单的指标。广告主投放网络广告的费用是一个明确的数字，而广告曝光次数是由 ISP 或 ICP 直接提供的，所以 CPM 能够很容易地计算出来。然而 CPM 的真实性要受到质疑，这是因为广告曝光数字是由 ISP 或 ICP 提供的，他们为了宣传其网站经营效益，必然要夸大曝光数字。这样，网络广告的 CPM 的客观性要降低，不能真实地反映网络广告的成本。CPC 也是目前常用的指标，这一数据的产生是基于点击次数计算出来的，而点击次数除了 ISP 或 ICP 提供外，广告主是可以自己来进行统计的。所以利用 CPC 在一定程度上限制了网站作弊的可能，在很大程度上提高了评估的准确性。但是如果一个浏览者点击了广告而没有进行下一步的行动就关闭了浏览器，那么广告效果只是停留在曝光上，CPC 的数值就比实际情况偏小，这是不科学的。由于 CPM 和 CPC 两个指标都存在一定的局限性，所以有人提出了 CPA 指标。CPA 指标对于广告主是最有借鉴意义的，因为网络广告的最终目的就是促进产品的销售，这是通过消费者的行动来实现的。但是由于目前技术的限制，很难将那些在网络广告的影响下产生实际行动的数字准确地统计出来，所以这个指标应用起来受到了很大的限制。

六、其他网络营销工具与方法

（一）网络社区营销

网络社区是网上特有的一种虚拟社区，社区主要通过把具有共同兴趣的访问者集中到一个虚拟空间，达到成员相互沟通的目的。网络社区是用户常用的服务之一，由于有众多用户的参与，因而已不仅仅具备交流的功能，实际上也成为一种网络营销场所。

网络社区营销是网络营销主要营销手段之一，社区就是把具有共同兴趣的访问者集中到一个虚拟空间，达到成员相互沟通的目的，从而达到商品的营销效果。网络社区是网站所提供的虚拟频道，让网民产生互动、情感维系及资讯分享；从网站经营者的角度来看，网络社区经营成功，不仅可以带来稳定及更多的流量，增加广告收入，注册会员更能借此拥有独立的资讯存放与讨论空间，会员多，人气旺，还给社区营销造就了良好的场所。

常用的网络社区营销形式主要形式有以下几种。

1. 电子公告板

是虚拟网络社区的主要形式，大量的信息交流都是通过 BBS 完成的，会员通过张贴信息或者回复信息达到互相沟通的目的。BBS 是用电子手段实现的"黑板"或"白板"，用于刊登各类信息，BBS 的英文全称是 Bulletin Board System，翻译为中文就是"电子公告板"。BBS 最早是用来公布股市价格等信息的，当时 BBS 连文件传输的功能都没有，而且只能在苹果计算机上运行。早期的 BBS 与一般街头和校园内的公告板性质相同，只不过是通过电脑来传播或获得消息而已。一直到个人计算机开始普及之后，有些人尝试将苹果计算机上的 BBS 转移到个人计算机上，BBS 才开始渐渐普及开来。近些年来，由于爱好者们的努力，BBS 的功能得到了很大的扩充。

2. 聊天室

在线会员可以实时交流，对某些话题有共同兴趣的网友通常可以利用聊天室进行深入交流。

3. 讨论组

如果一组成员需要对某些话题进行交流，通过基于电子邮件的讨论组会觉得非常方便，而且有利于形成大社区中的专业小组。

论坛和聊天室是网络社区中最主要的两种表现形式，在网络营销中有着独到的应用。网络社区可以增进和访问者或客户之间的关系，也可能直接促进网上销售。

4. 博客

随着博客快速扩张，相当一批网民或企业利用博客这个工具来宣传自己的品牌或产品，做一些软性广告，所以博客在虚拟社区营销中是很重要的手段。由于沟通方式比电子邮件、讨论群组更简单和容易，Blog 已成为家庭、公司、部门和团队之间越来越盛行的沟通工具。

（二）即时通讯营销

即时通讯营销（IM 营销—Instant Messaging 营销），是企业通过即时工具 IM 帮助企业推广产品和品牌的一种手段，常用的主要有以下两种情况。

第一种，网络在线交流，企业建立网店或者企业网站时一般会有即时通讯在线，这样潜在的客户如果对产品或者服务感兴趣自然会主动和在线的商家联系。

第二种，广告，企业可以通过 IM 营销通信工具，发布一些产品信息、促销信息，或者可以通过图片发布一些网友喜闻乐见的表情，同时加上企业要宣传的标志。

（三）维基词条营销

维基百科（英语：Wikipedia）是一个基于 Wiki 技术的全球性多语言百科全书协作计划，同时也是一部在互联网上呈现的网络百科全书，其目标及宗旨是为全人类提供自由的百科全书——用他们所选择的语言来书写而成的，是一个动态的、可自由访问和编辑的全球知识体。

百科词条本来是相当于辞典。但这个辞典不是传统意义上的辞典，而是一个不断变化着的、有无数草根和精英们互动共同编撰的辞典。

目前已经有的百科词条有维基百科、互动百科、百度百科，还有即将诞生的阿里百科。这次百科词条不仅给使用网络者带来更大更多的方便，还给营销带来了机会。

百科词条有一定的权威性，它不同于一般的博客文章，可以自由发表，而需要有编辑审核通过才可以显示。百科词条可以由无数人添加、完善内容，使词条更丰富、更合理、更专业、更有实用性。百科词条是一个公开的百科全书，阅读者众多，更重要的是，阅读者是有意识、有目的的搜索阅读，也就是说，是有需要才去阅读的，使词条的功能性、曝光的概率更大。随着百科词条的影响力越来越大，利用百科词条来做网络营销或许会蔚然成风。同时也使网络营销多了一条通道。

（四）病毒式营销

病毒式营销（Viral Marketing，也可称为病毒性营销）并非真的以传播病毒的方式开展营销，而是通过用户的口碑宣传网络，信息像病毒一样传播和扩散，利用快速复制的方式传向数以千计、数以百万计的受众。

病毒式营销是一种常用的网络营销方法，常用于进行网站推广、品牌推广等，在互联网上，这种"口碑传播"更为方便，可以像病毒一样迅速蔓延，因此病毒式营销（病毒性营销）成为一种高效的信息传播方式，而且，由于这种传播是用户之间自发进行的，因此几乎是不需要费用的网络营销手段。

（五）会员制营销

会员制营销就是企业通过发展会员，提供差别化的服务和精准的营销，提高顾客忠诚度，长期增加企业利润。

如果说互联网是通过电缆或电话线将所有的电脑连接起来，因而实现了资源共享和物理距离的缩短，那么，在网络营销中，会员制营销则是通过利益关系和电脑程序将无数个网站连接起来，将商家的分销渠道扩展到地球的各个角落，同时为会员网站提供了一个简易的赚钱途径。

会员制营销听起来似乎很简单，但是在实际操作中也许要复杂得多。因为，一个成功的会员制营销涉及网站的技术支持、会员招募和资格审查、会员培训、佣金支付等多个环节。

（六）团购式营销

团购（Group Purchase）就是团体购物，指认识或不认识的消费者联合起来，加大与商家的谈判能力，以求得最优价格的一种购物方式。根据薄利多销的原理，商家可以给出低于零售价格的团购折扣和单独购买得不到的优质服务。

团购作为一种新兴的电子商务模式，通过消费者自行组团、专业团购网站、商家组织团购等形式，提升用户与商家的议价能力，并极大程度地获得商品让利，引起消费者及业内厂商、甚至是资本市场关注。团购的商品价格更为优惠，尽管团购还不是主流消费模式，但它所具有的爆炸力已逐渐显露出来。现在团购的主要方式是网络团购。

（七）秒杀式营销

秒杀，最早出现在网络游戏"红月"中，因为其极端的战斗方式得名。后发展到网上竞拍、股票、NBA 等很多新方式领域。

网络营销中的"秒杀"，就是网络卖家发布一些超低价格的商品，所有买家在同一时间网上抢购的一种销售方式。由于商品价格低廉，往往一上架就被抢购一空，有时只用一秒钟。目前，在淘宝等大型购物网站中，"秒杀店"的发展可谓迅猛。

（八）无线网络营销

无线网络营销的概念早在 2001 年就提出了，但一直没有得到充分的发展，这一方面同当时的互联网泡沫有关，网络营销市场没有得到充分的拓展，另一方面也受限于移动通信技术的应用发展，无线网络营销的技术和群众基础不够。2003 年以来，网络营销热成为互联网经济复苏的三大标志之一（搜索引擎、网络游戏、短信彩信）。一些无线网络营销的应用，也开始初露锋芒，但远未形成气候。

无线营销也称作手机互动营销或移动营销。无线营销（Wireless Marketing）是利用以手机为主要传播平台的第五媒体，直接向"分众目标受众"定向和精确地传递个性化即时信息，通过与消费者的信息互动达到市场沟通的目标。

"无线营销"是一个既涉及无线通信，又与市场营销有关的跨领域交叉学科，虽然看似复杂高深和神秘，但我们可以从以下两个方面来了解和理解"无线营销"的概念：固定电话和移动电话是人们非常熟悉的两种常用的通信手段，它们的功能有一些不同，但最根本的区别在于固定电话是有线通信，而移动电话则是无线通信。从技术层面考虑，移动电话与固定电话的根本区别主要是接入方式的不同，而通信网络本身却没有本质上的不同。因此，无线通信可以简单理解成有线通信的一个"无线"延伸。同样，"无线营销"也可以理解成"网络营销"的一个技术性延伸，而"网络营销"已经是一个为大众所熟悉的领域，无论是以因特网为平台的电子商务网站（B2B 或 B2C），还是通过电子邮件开展的邮件推广，或者是企业网站宣传，它们的理论基础都是市场营销。

本章小结

本章主要从网络营销的基本概念、特点及职能、网络营销基础理论、网络市场及网络消费者网络营销工具和方法对网络营销进行整体介绍，但网络营销所涉及的内容十分广泛自成体系，本部分对网络营销的介绍是希望学生对网络营销有初步的、整体性的认识并建立网络营销的理论基础，通过网络营销的基础知识和理论的建立为后续学习打下基础。

习题集

一、名词解释
1. 网络营销
2. 软营销
3. 直复营销
4. 数据库营销
5. 长尾理论
6. 六度分离理论
7. 150 法则
8. 众包
9. 威客
10. 网络市场
11. 营销型企业网站
12. 搜索引擎
13. E-mail 营销

二、选择题
1. 通过互联网，企业不仅可以向客户全面展示商品，还可以和顾客进行双向互动式的沟通，通过买卖双方的双向交流，企业可以及时的了解消费者的需求，并对之进行统计研究，指导企业进行产品设计．为消费者提供更好的商品信息和服务。是指网络营销的（　　）特点。

A. 时空的无限性　　　　　　　　B. 表现形式多样化
C. 信息交流的双向性　　　　　　D. 营销过程的整合性

2. 一种为了在任何地点产生可以度量的反应或达成交易而使用一种或几种广告媒体的互相作用的市场营销体系，是指（　　）

A. 软营销　　　　B. 直复营销　　　　C. 数据库营销　　　　D. 长尾营销

3. 六度分隔理论表明：社会性软件所构建的（　　）正在人们的生活中扮演越来越重要的作用。

A. 强链接　　　　B. 弱链接　　　　C. 单向链接　　　　D. 双向链接

4. 网络用户多以年轻．高学历用户为主，他们拥有不同于他人的思想和喜好，有自己独立的见解和想法，对自己的判断能力也比较自负。表明网络消费者具有（　　）特点。

A. 注重自我　　　　　　　　　　B. 头脑冷静，擅长理性分析
C. 对新鲜事物孜孜不倦追求　　　D. 品位高

5. 建立在人们对于在线商场推销的商品的客观认识基础上的购买动机是指（　　）

A. 理智动机　　　　B. 感情动机　　　　C. 回惠顾动机　　　　D. 需求动机

三、简答题
1. 网络营销的含义、特点与功能分别是什么？
2. 有人认为"网络营销=网上销售"，你认为对吗？为什么？
3. 网络营销的基础理论都有哪些？

4. 简述网络消费者的需求特征。

5. 简述网络消费者的购买决策过程。

6. 营销型企业网站包括类型哪些类型？

7. 营销型企业网站一般具有哪些功能？

8. 企业网站建设的方式有哪些方式？建设的流程包括哪些步骤？

9. 什么是搜索引擎优化，怎样做好企业网站的搜索引擎优化工作？

10. 什么才是真正的 Email 营销？

11. 中小企业要如何开展博客营销？

12. 网络广告包括哪些类型？

13. 典型的常用网络社区具体有哪些？

14. 找一家企业网站，查看被搜索引擎收录的网页数量，对比百度、搜狗、雅虎收录数量有什么差别？

15. 自选一具体企业或具体一产品，为其进行博客营销及微博营销策划整体方案，并进行实施，监测效果。

16. 访问以下网址：http：//www.sina.com.cn；http：//www.qq.com.cn；http：//cn.msn.com/

第七章　建立电子商务网站

学习目标：

(1) 阐述建立电子商务网站的过程。

(2) 说明网站开发和主机维护外包决策的相关问题。

(3) 了解在选择网络服务器和电子商务服务器软件时主要考虑的问题。

(4) 知道如何为电子商务网站选择合适的硬件配置。

(5) 了解能够改善网站性能的工具。

开篇案例：某服装企业网站建设方案

一、网站建设背景

随着网络技术的飞速发展，网上信息源迅速增加，网络已成为人们获取信息的重要渠道之一。其中的载体就是载有信息的网页，特别是针对获取信息的企业和消费者，网络提供的全面信息新颖、快捷，具有其他传播工具所无法比拟的优势。网络不仅信息源丰富，而且各种服务也日渐完善。如何充分利用网络提供的各种服务，为我们的企业获取相关的信息和获得相应的利益已成为广大企业领导者的迫切需求。

二、系统分析

企业希望通过网站加强客户沟通宣传企业产品，企业可以通过网站建立与客户沟通的便捷渠道，全面展示企业的所有服务。

建立新的商业信息模式，扩大服务销售渠道 通过网上数据库功能可以建立不受地区限制的销售渠道，配合客户管理功能加强企业对客户信息的管理和利用。

企业希望建立的网站具备如下功能。

(1) 产品展示系统：具有强大的产品展示功能，可以很好地帮助客户浏览企业产品的各种信息。同时实现企业产品的分类管理功能。

(2) 购物车：可以充当消费者网上购物的工具。购物车为客户所选择的商品提供临时的放置区域，如同超市中流动选购时所用的手推车，客户点击中的商品都将出现在购物车中，随着商品数量，品种的改变，购物车会不断显示变化后的购物总金额。客户也可以利用购物车来询问自己的订单处理情况。

(3) 前台订单查询：复核过的订单按时间先后次序自动显示在"订单查询"页面（新的订单显示在最前），具备订单搜索功能，客户可即时了解已下订单的处理情况，可详细查询已复核订单的商品数量和价格、下单日期、所填写的联系方式等详细信息。

(4) 后台订单管理：按时间先后顺序在订单管理的首页显示所有订单的订单号、下单人、订单金额、下单时间、订单状态等。新订单能自动突出显示，便于订单管理员对新订单做即时的处理（查询订单详细情况、更改订单的处理状态等）。管理员可根据订单号或在某个下单的时间范围内进行搜索。可手动"显示新订单"，避免遗漏未查阅的订单。管理员可根据某订单具体情况自行设置该订单为"无效订单"，"显示无效订单"功能可批量列出所有标记为"无效"的订单，并且管理员可对所有无效订单进行批量删除。

（5）会员管理：产品订购系统是建立在会员管理基础之上的（只有会员才可以获得不同类型的权利），会员可以根据规则区分为普通会员和VIP会员，享受不同的服务待遇。

三、系统结构设计

针对以上需求分析，考虑系统只需要具备双层体系结构，充分利用面向对象组件化设计思想，来对系统进行统一的规划和设计，具体见图7-1。

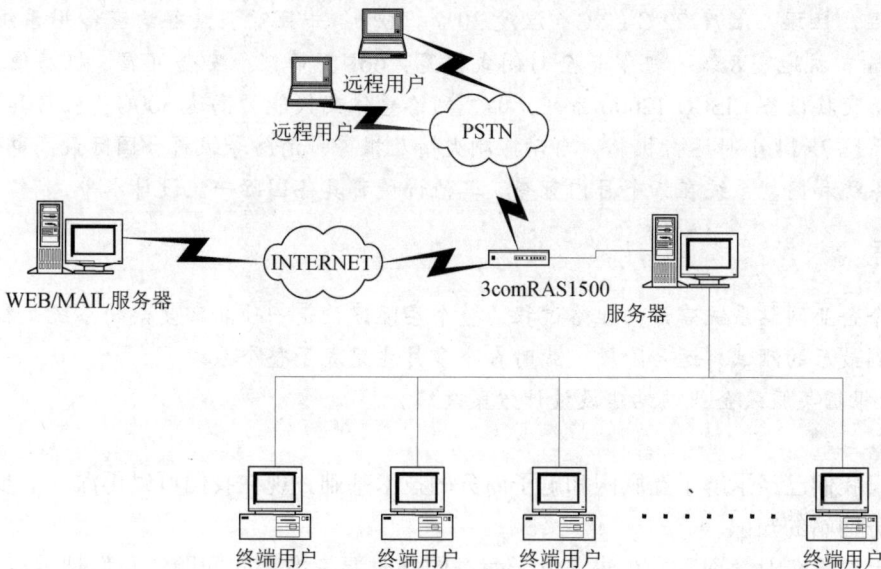

图7-1 系统架构示意图

方案完全基于 Microsoft 推出的新兴电子商务平台的基础上，网络操作结构采用基于 Windows2003. NET 系统平台的 B/S 结构设计，网站开发程序语言上采用 . NET 跨平台的 XML 语言与 ASP. NET 语言作为基础开发语言。数据库采用 SQL2000 企业版数据库。

四、系统开发建设及维护

为了圆满完成建设项目，公司将安排以下人员来完成项目，具体见表7-1。

表7-1 系统参与建设人员

项目角色	人数
商务代表	1
数据库编程人员	2

续表

项目角色	人数
美术设计师	1
页面制作人员	1
测试工程师	1

系统维护将采用主机托管的方式，中山电信的 IDC 机房拥有全国最大、带宽最高的 IP 网络基础设施，其骨干网络的带宽高达 2.5Gbps，与 ChinaNET 骨干网也有直接的 2.5G 的链路相连，并且还在不断的扩展当中，保证 IDC 与其他网络高速互连。

此机房的所有主要的网络设备均实现了双机负载分担、冗余备份，网络链路上也实现了冗余，因此，它提供了高带宽、高可靠性的网络基础设施，这是其他的 IDC 所无法提供的。

机房环境恒温、恒湿，温度 $22℃±2℃$，湿度 $30\% \sim 70\%$，并且空调设备均有备用系统；地板承重 $500kg/m^2$，抗地震 8 级，机架是全封闭式机笼，66U，带锁，安全可靠。机房使用世界最先进的网络交换设备 CISCO 12000 系列产品，网络总体交换能力高达 300G。机房具有完善的消防监控系统 7×24 小时运行机制，自动探测火情及报警，消防等级符合国际最高电信等级标准。监控系统和门禁系统在三个月内可查。其他设施都具备国际一流设计水平。

五、结束语

以上只是整个企业网站系统建设的粗略过程，整个实际建设是一项非常复杂的系统工程。从整个系统规划到最后的测试、运行阶段，费时 6 个多月才完成了整个系统。

（资料来源：根据某服装企业网站建设设计方案改编）

在前面章节，我们已经了解了互联网和电子商务的技术基础，现在我们可以再深入一步，学习建立电子商务网站的知识。

本章我们主要讨论企业管理人员在建立电子商务网站时要考虑哪些问题。我们把重点放在管理人员必须制订的网站经营管理决策上。即使现今的网站构建工具比从前便宜且功能强大得多，建立功能复杂的电子商务网站同样不易，也未必能像亚马逊或淘宝那么成功。

第一节　建立电子商务网站方法

建立成功的电子商务网站绝对是一项庞大的系统工程，既需要相关人员对商务、技术和社会问题有深入的了解，同时又需要一套系统化的方法。但是，许多企业目前只是把这项工作交给技术人员和程序员来完成。

一般来说，企业在建立电子商务网站时会面临两大管理难题：清晰地描绘出自己的商业目标、选择合适的技术来实现这些目标。第一点要求管理人员制定出开发企业网站的详细计划，第二点则要求管理人员必须对电子商务网站基础设施的组成要素有所了解。

即使企业已经决定把电子商务网站的所有开发和运营工作外包给专业服务商，企业的管理人员仍然需要指定详细的网站开发计划，对电子商务网站基础设施中的基本问题做到心知肚明，如成本、容量及局限性等。如果缺少计划又不具备相关基础知识，那么管理人员就无法对企业电子商务的开展指定令人信服的管理决策。

一、建立网站要考虑的问题

如果你是一位管理人员，需要在规定时间建立一个电子商务网站，为你的客户销售产品并提供相关服务，那么你该从何入手呢？图7-2展示了建立电子商务网站要考虑的各类问题。

首先，你必须知道自己需要做哪些方面的决策。从组织和人力资源的角度来看，你需要将各类人员糅合成一个能相互协作的高效开发团队，这些人具备成功地建立和管理网站所需要的技能。

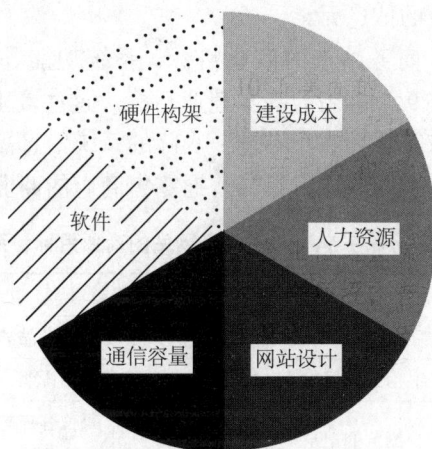

图7-2　建立电子商务网站要考虑的各类问题

此外，你还要确定网站采用什么样的硬件、软件和通信设施。虽然有技术人员帮助，你要根据企业客户的需要来决定采用什么技术，因为客户总是希望你所采用的技术能够帮助它们方便地检索产品、浏览产品介绍、订购产品并迅速地收到所购买的产品。不仅如此，你还必须仔细地斟酌网站的设计风格。一旦确定好这些问题，你就应该制订一个详细的网站开发计划。

二、制订计划：系统开发生命周期法

建立电子商务网站的第二步是制订开发计划。为应对建立电子商务网站会遇到的复杂局面，你需要系统性地一步一步前进，不能操之过急。在制订电子商务网站开发计划时使用的方法之一就是系统开发生命周期法。

系统开发生命周期法（System Development Life Cycle，SDLC）是一种用于了解系统的商业目标并设计出合适的解决方案的方法。虽然使用生命周期法不一定能确保成功，但肯定比没有任何计划的效果要好很多。SDLC方法还可以帮助你建立向企业高层汇报所需要的文档资料，包括网站的建设目标、开发阶段的划分以及所需要的资源。在建立电子商务网站时采用的系统开发生命周期法包括以下五个步骤。

（1）系统分析规划：选择商业模式，确定商业目标、系统功能即信息需求。

（2）系统设计：逻辑设计与物理设计。

（3）系统开发：企业内部开发与系统外包。

（4）系统实施：一项复杂的系统工程。

（5）系统运行/维护：保证系统正常运行。

三、系统分析：确定商业目标、系统功能以及信息需求

电子商务系统分析阶段主要回答以下问题："我们需要电子商务网站做些什么？"如果我们明确知道企业战略，需要分析实现该战略所需的商业模式，但如何把战略目标、商业模式和经营理念融入电子商务网站中呢？

我们可以从确定网站所需实现的特定商业目标入手，然后列出详细的系统功能和信息需求。系统功能是指实现网站商业目标的各种信息系统手段，而系统的信息需求则是指为实现商业目标，系统必须具备的信息元素。

下表列取了典型电子商务站点的商业目标、系统功能和信息需求。从表7-2中可以看到，电子商务网站通常有9个常用的基本商业目标。这些商业目标必须转换为对应的系统功能描述，以及最后的信息需求细节。不过，实际的系统信息需求要比表中所说明的更加详细。从整体来看，电子商务网站的商业目标与普通零售商店的商业目标并无太大差别。

表7-2　系统分析：典型电子商务网站的商业目标、系统功能和信息需求

商业目标	系统功能	信息需求
展示产品	数字目录	有关产品的动态文字与图片介绍
提供产品信息	产品信息数据库	产品说明，库存代码，库存水平
个性化/定制化	客户浏览的记录	每位客户的网站浏览日志记录；使用数据挖掘技术从这些记录中找出客户共同感兴趣的信息
进行交易	购物车/支付系统	加密的信用卡结算数据；多种支付方式
客户信息采集	客户信息数据库	所有客户的姓名、地址、电话和电子邮件等信息；网上客户注册信息
提供售后服务支持	销售信息数据库	客户编号、所购产品、订单日期、支付信息、发货日期
相互配合的营销/广告计划	广告服务器，电子邮件服务器，电子邮件促销活动管理，横幅广告管理	按照邮件或广告促销活动的要求，从网站的客户行为与偏好记录中寻找相应的信息
检验营销效果	网站跟踪与报告系统	营销活动吸引的访问者的数量，以及客户到达网站后浏览的页面和购买的产品等信息
提供生产系统与供应商的数据连接	库存管理系统	生产数量和库存水平，供应商编号及联系方式，每种产品的订购数量

四、系统设计：硬件与软件平台

当你确定网站的商业目标和系统功能，列出详细的信息需求后，就可以考虑如何把这些愿望变为现实。这时，你必须提出系统设计说明书——对系统主要功能模块以及模块间相互关系的说明。系统设计阶段又可分为两步：逻辑设计和物理设计。逻辑设计包括描述电子商

务网站信息流动的数据流程图的设计，以及确定网站必需的处理功能和采用的数据库平台。此外，在逻辑设计阶段还要确定网站使用的安全和应急备份程序，以及整个系统使用的控制程序。

物理设计阶段的主要工作就是把逻辑设计转变为现实的网站组件。例如，网站的物理设计要详细说明需要购买的服务器型号、网站使用的软件、通信线路应当具备的容量、系统的数据备份方式以及系统抵御外部入侵的措施等。

图 7-3 所示给出了普通网站逻辑设计的简单数据图。该网站响应客户端浏览器发出的 HTTP 请求，将 HTML 格式的产品目录页面发送至客户端。图 7-4 则给出了对应的物理设计图。网站上每个处理流程都可以拆分成更精细的低层设计，从而准确地说明该流程的信息流动和所需要的设备。

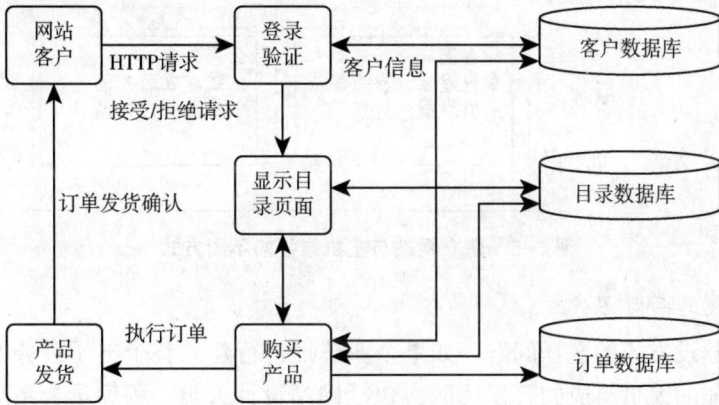

图 7-3　简单数据图

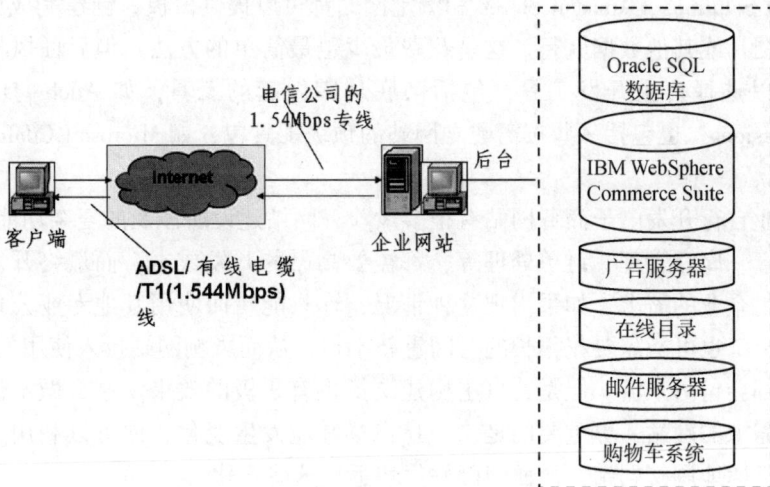

图 7-4　简单的物理设计图

五、系统开发：自主开发与外包

在明确了逻辑设计和物理设计的思路之后，现在就可以考虑建立网站的实际操作问题。这时有多种选择，可以将全部工程外包，也可以选择自主开发所有项目。外包是指将企业内部人员所不能实现的服务委托给外部的厂商来做。此外，还需要进行第二项决策：是公司自己负责主机的维护工作，还是外包给专业的主机托管服务提供商。虽然两个决策彼此相互独立，但是通常需要同时做出。目前市场有很多专门从事网站设计、网站建立和主机托管的公司，也有很多只提供网站建立或主机托管服务的企业。如图 7-5 显示了可供选择的不同方式。

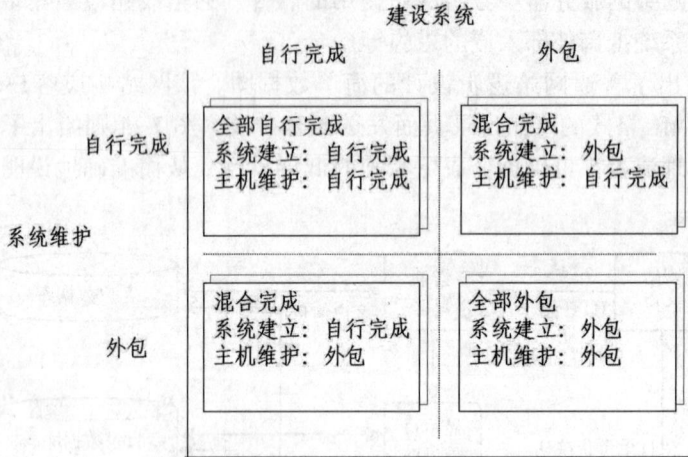

图 7-5　建立网站与主机维护的不同方式

（一）自行建立与外包

首先是网站建设方式的选择问题。如果企业选择自行建立整个电子商务网站，则需要一支由具备各种技能的人员组成的开发团队，包括网站设计人员、程序员、系统管理员等。此外，还要选择各类硬件设备和软件工具。你可以使用一些预建模板来开发自己的网站。例如 Yahoo Merchant Solutions、Amazon Stores 和淘宝网站都可以提供模板，创建完成后你只需向其中添加文字、图片或其他数据就行。这是花费最少也最简单的方法，但界面风格和功能将会受限。你也可以选择自主开发工具，包括彻底从零做起的工具，如 Adobe Dreamweaver 和 Microsoft Expressions。也包括一些按需建立网站的顶级工具包，如 Microsoft Commerce Sever 和 IBM Websphere。

完全由企业自行开发电子商务网站有很多风险，网站建设所涉及的复杂功能，如购物车、信用卡认证结算、库存管理、订单处理等，都需要高昂的开发成本，而最终开发出的系统则有可能无法满足企业的需求。如果出现这种情况，你只能转而使用其他专业公司提供的现成产品。网站的员工也可能需要花很长的时间重新学习，从而影响网站投入使用的进度。这样，你所有的努力都会付诸东流。但是，自主构建决策也有积极的效果。这么做不但有可能建立完全符合企业需求的网站，更重要的是，一旦市场环境发生变化，你可以利用自主开发网站时积累的知识迅速地调整网站，从而使网站尽快适应这些变化。

（二）自主维护与外包维护

大多数企业选择外包维护，即向专门提供主机维护服务的公司支付费用，由这些公司来负责企业网站服务器的维护工作，确保企业网站 24 小时正常运行。当双方对月服务费达成一致后，大多数设置或维护服务器的技术工作就不再由企业自己承担，企业从此也不用再聘请专门的技术人员。

也可以选择主机托管，即企业购买或租用网络服务器（由企业自己完全控制服务器的运行），再把服务器放置在托管服务商提供的机房中。托管服务商负责机房、通信线路以及服务器的日常维护工作。随着硬件虚拟化的扩散，一台服务器拥有多处理器（4~16 个），能同时运行多个操作系统的网站。此时，你无须购买服务器，只要按月缴纳租赁费用，其成本通常是购买决策的 1/4。

外包维护的缺点在于，如果你选择了一家服务提供商，你要确信服务商能够满足你日益增长的需求。你需要了解你的网站副本备份、内部活动监控和安全策略。大企业一般选择自己维护，以确保掌握控制权。小型企业自主维护却需要承担风险，自己维护的成本也要高于大型服务商为企业提供服务的成本，因为企业必须购买硬件和软件、建设机房、租用通信线路、聘请专业人员，还要建立安全和备份设施。

六、系统实施

电子商务是技术和商业的组合体，因此，在电子商务项目实施过程中，有的工作需要具备技术教育背景和技术技能的人，而另一些则需要具有商业教育背景和商业技能的人，有的需要同时具备技术和商业两方面的知识。电子商务网站实施涉及技术设备的安装调试、人员培训、场地环境准备等很多方面的因素，是一项复杂的系统工程。

一个全面、完整的电子商务网站实施时所需要的人员配置如表7-3所示。

表 7-3　电子商务网站实施人员配置

规划人员		领域知识	作用
企业管理层		企业的业务模式	控制/决策
企业经营层		市场/销售/订单/客户/产品/支付业务流程/增值点/业务延伸/合作伙伴	商务模型/服务内容/业务流程/再造系统评估/运行决策
咨询专家	商务顾问	系统设计及项目实施/电子商务成功案例	商务模型规划/系统规划/系统设计/投资与收益
	技术顾问	系统设计/技术产品/系统集成	商务逻辑实现/系统接口/系统集成/系统实施
	电子商务师	运营经验/经营风险	商务模式/系统运行管理
	物流专家	物流与供应链管理	企业供应链设计
	金融专家	项目风险评估	投资效益分析
专业技术人员	项目经理	规划组织/协同工作/知识管理	规划实施/项目风险/项目管理
	网络工程师	网络工程/综合布线/网络通信	基础设施规划/网络互联/数据交换
	Web 应用工程师	XML/HTML 信息发布/应用服务器/数据库/数据仓库/Web 体系结构	应用平台设计/应用逻辑设计/应用软件开发
	其他人员	特定专业知识	法律、税务

系统实施重要步骤如下。

（一）域名申请与注册

主要是企业法人根据相关的域名管理办法申请电子商务域名。

（二）系统运行环境准备

主要包括系统运行的机房、电力、空调等设备的安装调试等。如果电子商务网站采用的是主机托管的方式，或者运行于为企业提供主机托管、网络数据备份等业务的专业化服务器企业环境时，还需要与这些企业取得联系，要求其进行配合，完成实施工作。

（三）人员培训

主要包括电子商务网站的维护人员和业务使用人员。对于维护人员，主要培训其系统结构、性能、维护与管理等内容。对于业务使用人员主要培训其系统功能、操作方式等内容。

（四）数据准备

从企业既有的信息系统中搜集、加工整理新系统需要的原始数据，为电子商务网站的投入运行做好准备。例如，销售系统上线前，要将有关产品、库存等原始数据准备好。同时还要对系统需要的资料和数据进行分类整理。

七、系统运行与维护

网站投入使用，并不意味着大功告成。其实，虽然系统的前期建立工作已经全部完成，但系统的后期运行才刚刚开始。系统还有可能因为各种各样的原因遭到破坏——大多数是不可预计的因素。因此，整个系统需要持续不断地检查、测试和维护。尽管系统维护工作如此重要，但却常常被人们忽略。

电子商务网站的长期成功需要依靠一支敬业奉献的员工队伍（即 Web 团队）。这些员工的唯一工作就是监控网站的运行。随时调整网站以使其紧跟千变万化的市场环境。这支队伍还必须样样精通，通常由程序员、设计师、从营销部门抽调的业务管理人员、生产人员以及销售支持人员组成。Web 团队的首要任务是听取客户对网站的反馈意见，根据需要对网站进行调整。第二项任务是全面监控网站的运行，每周对网站测试一次，以确保网站链接的有效性、商品价格的准确性以及页面更新的及时性。此外，Web 团队还要负责对比测评的工作（即将本公司的网站与竞争对手的网站在响应速度、布局质量和设计水平等方面进行比较），以确保本公司的价格和宣传优势。否则，竞争对手随处可见的网络环境会让你的网站一蹶不振，失去所有的客户。

网站的目标是向顾客传递内容并完成交易。从商业角度来说，越快速、可靠地实现这两点，网站效率就越高。优化网站可帮助我们来达到商业目标，但优化网站性能比想象中的要难得多，它包括三个方面：页面内容、页面生成和页面交付。使用有效的页面设计方式和技术可以减少 2~5 秒的反应时间。步骤包括减少不必要的 HTML 注释及空白部分、使用更高效的图片和避免不必要的链接。页面生成速度可以通过分散服务器功能（如静态页面生成，应用程序载入，多媒体服务器和数据服务器）和使用提供商的多种设备来提高。使用一个或多个服务器来实现不同任务可以减少超过 50% 的数据吞吐量。加速页面交付可以使用缓存设备、专门的内容交付网络（如 Real Network）和增大本地带宽。

第二节　选择服务器软件

一、网站架构

在电子商务蓬勃发展之前，网站的功能非常简单，只是响应用户通过浏览器发出的 HTML 页面请求，再把网页发回用户端即可。与此对应，网站使用的软件业面非常简单——整个网站就是一台运行基本网络服务器软件的计算机。我们把这种配置称为单层系统架构。系统架构是指信息系统内部用以实现特定功能的软件、硬件以及任务作业的配置方式。

随着电子商务的不断发展，人们对网站的功能也提出了更高的要求，如响应用户输入、处理客户下达的商品订单、即时完成信用卡结算、检索价格与商品信息数据库，甚至还可能需要根据用户端的设置自动调整页面广告在屏幕上的位置。这种在功能上有了极大跨站的网站需要网络应用服务器和多层式系统架构的有力支撑。

两层体系结构由 Web 服务器响应网页请求，由数据库服务其提供后段数据存储功能的体系结构。双层结构通常将客户端程序作为界面，而将数据库置于服务器上。一台服务器上的数据库同时支持多个用户，数据处理过程由客户界面程序提出请求，数据库服务器响应用户的请求，并将处理结果返回给客户端。双层结构的 Web 系统适用于少量用户，当客户数量超过数百时，由于双层结构系统和大量的客户保持联系，处理速度往往难以满足要求，另外，由于双层结构系统对数据库的依赖性很强，系统的维护和更新常常令人头疼，当服务器的机器升级或更新时，软件系统的重新安装和调试非常麻烦。

多层体系结构是 Web 服务器与包含有一系列执行特定任务的应用服务器的中间件，以及现有企业系统的后端层相连的体系结构。三层结构弥补了双层结构的不足；在客户界面和数据库之间加入了完善系统功能的中间层。典型的中间层可以是事务处理控制器、消息服务器、应用服务器等。在客户界面与数据库之间，中间层支持数据检索，客户界面不再直接获取数据，而是通过中间层提供的接口间接访问和更新数据，中间层可以协调和优化各种处理进程。这样，对于大量客户使用的系统，三层结构的主要特点是能提高用户的使用效率，同时提高程序的可移植性。由于中间层使用标准化的接口，使 Web 程序无须改动就能在不同机器上运行。

二、网络服务器软件

所有的电子商务网站都需要安装基本的网络服务器软件，以响应用户发出的 HTML 和 XML 页面请求。

企业在选择网络服务器软件的同时，也要为网站的计算机选择合适的操作系统。而在站点总数方面，微软的服务器软件拥有最大的市场份额。现在有超过 6.88 亿的网站，比 nginx（3.58 亿）和 Apache（3.14 亿）的网站数量更多，占市场份额的41.53%。在本月微软增加了 3590 万个站点和 246k 个域名。亚马逊（+146k）和 GoDaddy（+189k）的域名增长大部分都在增加。此外，微软目前支持全球百万 TOP 级别网站的9.33%。微软全年的百万 TOP 级别网站数据有所波动，2018 全年 12 个月下降了 0.30%。此外，还有至少上百家小型的网络服务器提供商，它们开发的软件中，绝大多数都使用 Unix 或 Sun Solaris 平台。需要指出的是，不同的网络服务器软件对网站用户的影响微乎其微。不论选用哪种开发环境，用户最终看到的页面效果都是一样的。微软的开发套件与其他产品相比有很多优势，如紧密集成、功能强大且易于使用。但从另一角度考虑，Unix 操作系统则在可靠性和稳定性上胜人一筹，而且还有全世界的开发软件支持者在不断开发和测试基于 Unix 平台的网络服务器软件。

表 7-4 列举了所有网络服务器软件都具备的一些基本功能。

表 7-4　网络服务器软件的基本功能

功能	说明
处理 HTTP 请求	接受并响应客户端发出的 HTML 页面请求
安全服务（安全套接层）	检验用户名和密码；处理信用卡结算以及其他安全信息交流所需的数字证书和私有/公开密钥
文件传输协议	提供服务器之间的大型数据文件的传输服务
搜索引擎	为网站内容编制索引；具备关键字检索功能
数据获取	对所有访问以及相关的时间、期限和来源等信息的日志文件记录功能
电子邮件	发送、接受和存储电子邮件的功能
网站管理工具	计算并显示网站的主要统计数据，如访问者数量、页面请求数量以及请求的来源。此外，还应当具备检验页面超链接的功能

如果你希望网站能够持续稳定地工作，并且希望能够随时了解网站运行的状态，网站管理工具就是你必备的一件利器。网站管理工具可以检验页面中的超链接是否依然有效，也可以帮你找出网站中的孤立文档，即不与任何页面发生关联的文档。通过对网站所有页面的超链接进行测试，网站管理工具能够迅速找出用户可能会遇到的问题和错误。

在众多协助网站运行的工具中，动态页面生成工具无疑是最具创新性的工具之一。电子商务出现之前，大多数网站都只能向用户发送内容固定不变的静态 HTML 网页。尽管静态页面足以展示图片和产品信息，但成功的电子商务网站的内容总是不断更新，而且通常是一天一换，因为每天都会有新产品和新的促销方式与消费者见面，会有价格的改变、新闻事件的报道以及优秀用户的介绍。由于用户不仅希望看到页面，更希望得到产品、价格、实用性以及库存数量等信息，因此电子商务网站必须随时保持与用户之间的密切交流。在动态页面生成的概念中，网页的内容作为一个对象存储在数据库中，而不是直接使用 HTML 进行编码。当用户发出页面请求之后，该页的内容再从数据库中被调出。我们一般使用 CGI（Common Gateway Interface，公共网关接口）、ASP（Active Server Pages）、JSP（Java Server Pages）或者其他服务器端的程序从数据库中获取这些内容对象。这种方式比直接使用 HTML 编码更加高效，因为改变数据库中存放的内容比改变 HTML 网页的代码更加方便。目前，开放数据库（Open Database Connectivity，ODBC）的数据库访问标准已经使得从任何应用程序访问储存在任何数据库中的任何数据这一愿望成为现实。ODBC 还可以帮助 HTML 网页直接与企业后台数据库相连，而不受数据库平台的局限。因此，电子商务网站必须能够从这些数据库中提取数据，并向其中添加信息。例如，当顾客点击了靴子的照片后，网站应当能够立即访问存在于 DB2 数据库平台中的产品目录数据库和储存在 Oracle 数据库平台中的库存数据库，确认靴子的存货数量并向顾客报告当前的零售价。

动态页面生成使电子商务网站获得了成本及盈利优势。动态页面生成技术降低了调配成本（改变商品描述和价格所带来的成本）。动态网页生成也允许简单的网上市场细分——向不同市场出售同一商品的能力。例如，你可能想根据顾客观看的次数来变动同一条横幅广告、你可能想突出品牌标志和独有特性、你可能想要强调一些特别的东西如无成本的差别定价（将同一种商品以不同的价格卖给不同的客户）。

动态页面开发允许你使用网站内容管理系统。网站内容管理系统（Web Content Management System，WCMS，WebCMS）被用来创建和管理网站内容。网站管理系统将内容的设计和描述（如 HTML 文件、图片、视频、音频）和内容的创建相分离。网站内容保存在数据库中并和网站建立动态链接。网站管理系统通常包括可自动适应新建立的或已存在内容的模板，使编辑和描述内容更加容易的编辑、协作、工作流程和文件管理工具。

三、应用服务器

网络应用服务器是提供网站所需的特定商务功能的软件程序。应用服务器的基本思想是把商务应用程序与前台显示网页、后台连接数据库的细节分工分离。因此，应用服务器也是一种中间件，不但可以帮助企业将原有的系统与客户保持继续链接，还可以为企业提供电子商务所需的所有功能。因此，许多软件公司曾为电子商务网站的各种功能开发了大量独立的专业软件，但这些软件很快被集成的软件工具包取代。集成软件工具包可以一步到位，把电子商务网站所需的所有功能都集中在一个单一的开发环境中。

表 7-5 列举了市场中各种常见的应用服务器软件。表中的软件主要涉及提供网上销售产品功能的"卖方"应用服务器软件。而所谓的"买方"和"连接"应用服务器软件主要帮助企业实现与供应链合作伙伴的连接，或者帮助企业寻找特定零部件的供货商。

表 7-5　应用服务器以及功能

应用服务器	功　能
FTP 服务器	提供文件传输服务（上传下载）
数据库服务器	集中地管理数据库
Mail 服务器	管理电子邮件
代理服务器	代理网络用户去获取网络信息。形象地说它是网络信息的中转站
交易处理	接受订单并完成支付结算
目录显示	提供产品说明和价格数据库
列表服务器	创建并维护邮件列表，管理电子邮件方式的促销活动
广告服务器	维护个性化和定制化广告的横幅广告网络数据
音频/视频服务器	存储并发送流媒体内容
组件服务器	创建一个在线协作的工作组环境
文件服务器	共享文件目录

四、电子商务商业服务器软件

电子商务商业服务器软件可以为我们提供网上销售所需的基本功能，包括在线目录、通过网站购物车系统实现的接受订单以及在线信用卡结算等。

（一）电子商务商业服务器软件的功能

1. 在线目录

希望通过网络出售商品的企业，必须在网站上向客户提供产品列表，即在线目录。商务服务器软件通常都带有数据库功能，可以帮助企业按照自己的需要建立在线目录。在线目录的复杂性和完备性与企业的规模和产品线的种类密切相关。小型企业，或者产品种类比较单一的企业，只需要在目录中提供文字说明和彩色照片就可以了。而大型的网站则可能需要考虑在在线目录中添加音频、视频内容（对展示产品非常有效），或者提供各种交互性的服务，如由企业客服人员通过即时消息软件实时回答客户的提问。如今，大型公司都更广泛地使用视频流。

2. 购物车

在线购物车与现实中的原型非常相似，两者都可以帮助购物者暂时存放希望购买的商品，以备付款结账。两者的区别在于，在线购物车是网站服务器端的商务服务器软件的一个组成部分，允许顾客先挑选、复查、改变自己想要购买的商品，之后再点击按钮，进入实际采购流程。购物车中的数据会被商务服务器软件自动保存。

3. 信用卡结算

通常情况下，网站的购物车系统与信用卡结算系统直接对接。信用卡结算系统可以验证购物车的信用卡，从卡中扣款、并在结算成功后将金额记入企业的账目中。电子商务软件套件通常提供具有这种功能的软件。如果没有信用卡结算系统，用户就必须与各信用卡发卡行或结算中心分别签订结算协议。

（二）商务服务器软件包（电子商务软件套件）

利用商务服务器软件包（电子商务软件套件）开发网站不仅方便快捷，而且成本低廉。商务服务器软件包（电子商务软件套件）可以为我们提供一个集成的开发环境，满足我们建设一个完善的、以客户为中心的电子商务所需的大部分功能需求。电子商务软件套件按照价格和功能的不同，可分为三种类型。

1. 基础软件包

Bizland、Hypermart、Merchant Solutions 等是目前可以为我们提供实现基本电子商务应用所需的基本软件套件。FreeWebs. com 也提供网站创建工具和维护服务。支付宝等第三方支付也可以在简单网站上用作支付系统，并且部件可以添加有趣的功能。

2. 中档软件包

它同基本功能软件包在功能、价格、数据库连接能力、软件便利性、软件定制工具及对使用者的计算机知识要求方面都有很大差异。中档软件包有多种功能，比低端系统运作起来更为有效，功能也更强。它可同复杂的数据库连接起来，并存储商品目录信息，将商品目录信息储存在数据库中使商品维护更为方便和简单。

中档软件包和基础软件包之间最大的区别是，它需要兼职或专职的程序人员，还需要有专家对软件包的功能和标准设置进行扩展。此类软件有 IBM 的 WebSphere Commerce Express Edition 和微软的 Commerce Server。

3. 高档软件包

它功能强大，包含支持企业的商务系统需要的诸如加密、认证、数字签名和签名收据等工具，有的甚至包含 ERP 软件包。此类软件有 IBM WebSphere′ Commerce Professional and Enterprise Editions、Broad Vision Commerce 以及其他专业公司提供的软件。

（三）如何选择电子商务软件套件

面对如此众多的厂商和产品，该如何选择适合自己的软件套件呢？对这些软件工具包进行评估并从中选出适合自己的一套软件套件，将会是你构建电子商务网站时所做出的最重要的决策之一。此外，真正需要企业投入巨资的环节并不在软件本身，而是在于培训员工使用这些软件，并把这些软件工具与企业自身的业务流程和组织文化紧密结合起来。以下是你在选择电子商务软件套件时必须考虑的一些重要因素。

1. 软件功能
2. 软件对不同业务模式的支持程度
3. 是否具备业务流程建模工具
4. 是否具备可视化网站管理与报告工具
5. 软件的性能与可扩展性
6. 与企业现有系统的集成程度
7. 与各种行业标准的兼容程度
8. 是否支持销售税金计算与购物规则

选择软件时充分利用尽可能多的信息资源是很有帮助的，这些信息资源包括实践经验、厂商示范、客户等级以及分析报告。最重要的是，企业必须了解自身业务目标并规划电子商务网站结构，以做出适当的选择。

第三节　选择电子商务网站硬件

硬件平台是指系统实现电子商务功能所需的计算机设备。企业要保证硬件平台有足够的能力应对网站可能遇到的访问高峰（避免出现超负荷运行的情况），但又不能花费太多，无法应对访问高峰意味着网站可能会非常迟钝、甚至崩溃。那么，多大计算能力和通信容量才能够应对访问高峰？网站每天承受的访问人数是多少呢？为回答这些问题，你必须了解电子商务网站速度、容量和扩展性的各种因素。

一、硬件平台按需配置

决定网站速度最重要的一点就是顾客对网站的需求。网站需求取决于你所运营的网站种类。高峰时段同时在线用户、顾客需求特征、内容种类、安全需求、库存项目数量、页面请求数量等都是网站系统整体需求的重要因素。

我们首先需要考虑的因素应当是同时登陆的用户数量。总的来说，单个用户给网站服务器带来的负荷非常有限，并且不会持久。典型用户产生的网络进程是无状态的，即服务器与用户之间无须保持连续的专用交互连接。网络进程通常从页面请求开始，之后服务器响应请求，进程结束。每个用户的进程可以持续 1/10 秒至 1 分钟。随着同时请求服务的用户越来越多，网站的性能将会显著下降。当然网站性能的下降有一个循序渐进的过程，直到网站的负荷达到顶点才会出现，此时网站的服务质量也变得令人无法接受。

静态页面服务属于 I/O 密集型服务，只需要输入/输出处理，不需要强大的计算能力的支持。此时，网站的性能主要受服务器输入/输出的限制以及通信线路带宽的制约，与处理器的速度无关。如何才能使网站服务质量达到应有水平，通常，要求我们购买高速 CPU 或更多CPU 以及大容量硬盘的服务器。但是这样带来的性能并不一定与投入成正比。

第二个需要考虑的因素是用户特征，即用户请求的特点和用户在网站中的行为习惯（如用户浏览多少网页，需要什么样的服务）。

网络服务器在提供静态页面服务时极为高效。但是，如果用户请求更加高级的服务，如查询内容、通过购物车下单或者下载大容量的多媒体音频和视频文档，就需要服务器具备强大的计算能力，否则网站的性能将会迅速恶化。

网站内容的特点是我们需要考虑的另外一个因素。如果你的网站大量使用动态页面，服务器的处理器负荷就会快速上升，网站的性能也会随之降低。动态页面与各种商务逻辑功能（如购物车）都是 CPU 密集型服务——它们多需要强大的计算能力的支持。动态网页与用户的任何交互都需要访问数据库，如填写表单、为购物车添加商品、购买以及问卷调查，这些都给服务器带来了数量可观的计算负荷。

最后一个需要我们用心考虑的因素就是网站与网络的通信连接，以及与用户端网络连接速度的变化趋势。网站的可用带宽越高，能够同时访问网站的用户数量也越多。例如，如果网站使用 1.5Mbps 的低速 DSL 线路接入网络，网站中 1KB 文档的每秒访问数量最高仅为 100 人次左右。大多数企业之所以选择在互联网服务提供商处放置服务器，就是因为这些提供商在合同的约束下必须为企业的网站提供足够的带宽，以应对可能出现的访问高峰。不过，随着光缆的大量普及和客户端网速的提高，带宽对网络服务器的影响已经微乎其微。

二、硬件平台扩展

扩展性是指系统为了保证需求得到满足而不断扩大规模的能力。可以采取以下三种方法来保证自己的系统能够满足服务的要求：垂直扩展、水平扩展、改进网站的架构。垂直扩展是提高单位组件的计算能力，水平扩展是增加服务器和物理设备同时分担工作量以提高设备覆盖率，具体见表 7-6。

表 7-6　垂直扩展和水平扩展

技术	应用
使用更快的计算机	应用于边缘服务器、演示服务器、数据服务器等
创建计算机群	使用平行计算机以均衡负载
使用设备服务器	优化专门任务的特殊用途计算机
分担工作量	将传入任务分派给专门计算机
批处理请求	将有关数据请求集合成组，成组处理
聚合用户数据	将传统应用程序中用户数据集合到单一的数据池中
缓存	将高频使用的数据置于缓存而不是硬盘中

你可以把网站服务器从单处理器升级为多处理器，以实现垂直扩展网站的目标，你可以一直这样持续升级，直到服务器的处理器数量达到 15 个，并且可以同时升级处理器的工作频率，见图 7-6。

图 7-6　垂直扩展系统

但是，垂直扩展也有两个缺点。第一，由于扩展持续的周期较长，这种方式下购买设备的成本较高。第二，网站完全依赖少数性能强大的服务器才能保持运转。如果你有两台服务器，而其中一台死机，那么半个网站甚至整个网站就会彻底崩溃。

水平扩展是在网站中增加多台单处理器服务器，并在各服务器之间负载均衡。当然，也可以把网站的负载分类，让一些服务器专门负责 HTML 或 ASP 页面的请求，另一些服务器专门执行数据库相关操作。此时，需要使用专门的负载平衡软件，将进入网站的请求引导至不同的服务器，见图7-7。

水平扩展系统的方式有很多优点，不仅成本低廉，还可以充分利用企业准备淘汰的计算机资源。水平扩展同时也为系统引入了冗余的功能——如果一台服务器出现故障，其他服务器会立即接管该服务器所有的负载。但是，当你的网站从一台服务器扩展到 10 台或 20 台服务器后，网站物理设施（即"场地"）的需求量随之激增，网站也变得更加复杂而难以管理。

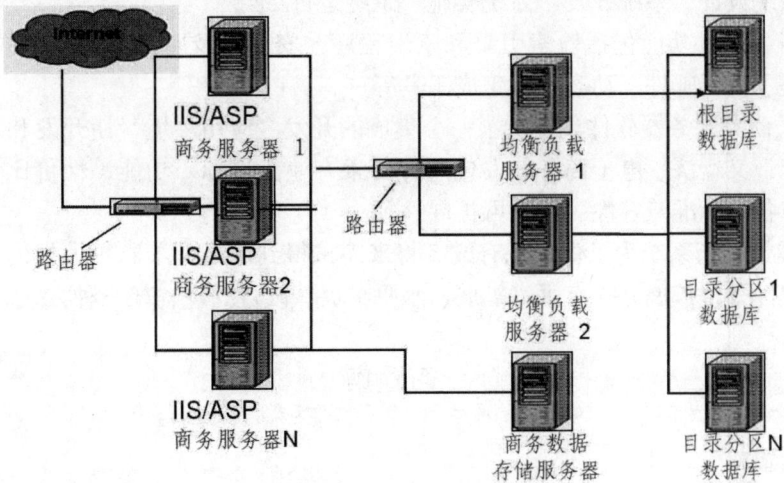

图7-7 水平扩展系统

第三种方式是改进处理构架，是垂直扩展和水平扩展方式的巧妙综合，表7-7列举了一些在改进处理结构时常用的策略。

表7-7 改进网站处理构架

构架改进	说　明
从动态内容中分离静态内容	使用专用服务器处理不同类型的工作负载
缓冲静态内容	将服务器的内存增加至 GB 水平，把静态内容存放在内存中
缓冲数据库查询表	缓冲用于查询数据库记录的表单
合并专用服务器上的业务逻辑	将专用服务器上的购物车、信用卡结算和其他 CPU 强度型活动集成在一起
优化 ASP 代码	检测代码，以确保代码有效运行
优化数据库模式	检测数据库检索时间，采取措施减少数据存取时间

表中列举的大多数计算机构架改进方法都包括把网站的负载分为 I/O 密集型服务（如网页服务）和 CPU 密集型服务（如订单处理）。这样，你就可以对每种服务使用的服务器进行

个别优化。由于内存的速度比硬盘的速度快上千倍且价格低廉，因此为部分服务器添加内存，将网站所有的 HTML 网页存放在内存中，是一种成本较低的优化方案，它可以有效减少硬盘负担并显著加快网站的反应速度。而将网站中的 CPU 密集型服务如订单处理，转移至专门用于订单处理和访问数据库的多处理器高端服务器，则是另一种行之有效的改进方案。

根据测算，经过表中列举的一系列改进策略的优化后，一个同时向 1 万名用户提供服务的网站的服务器数量可以从 100 台减少至不可思议的 20 台。

本章小结

（1）电子商务网站建设要考虑的主要问题包括建设成本、软件、硬件、通信容量、人力资源和网站设计。

（2）指定电子商务网站规划的一种方法是系统开发生命周期法。它包括五个主要步骤：系统分析、系统设计、系统开发、系统实施、系统运行/维护。

（3）服务器软件功能包括检索引擎和索引程序、安全性及验证服务、获取访问者信息、网站管理工具、电子邮件、动态网页生成工具等。

（4）电子商务服务器软件包提供了一个集成的开发、应用环境，使开发和管理系统显得既方便、快捷，又经济。电子商务软件包选择要素有业务目标、功能、性价比、对不同业务模式支持、与各种标准兼容性、性能可扩展性等。

（5）扩展性是指系统为了保证现有或者将来需求得到满足而不断扩大规模的能力。电子商务网站的硬件平台扩展方式有垂直扩展、水平扩展、改进处理构架三种方式。

习题集

一、名词解释
1. 系统开发生命周期法
2. 逻辑设计
3. 物理设计
4. IIS
5. 两层体系结构
6. 多层体系结构

二、选择题
1. 确定商业目标．系统功能以及信息需求是系统开发生命周期法中的（　　）阶段。
A. 系统分析规划　　　B. 系统设计　　　C. 系统开发　　　D. 系统实施
2. （　　）开发方式企业需要一支由具备各种技能的人员组成的开发团队，包括网站设计人员．程序员．系统管理员等，还要选择各类硬件设备和软件工具。
A. 自行开发　　　　B. 委托开发　　　C. 二次开发　　　D. 外包开发
3. （　　）专业技术人员应该具备 HTML 信息发布．应用服务器．数据库等专业知识。
A. 商务顾问　　　　B. 技术顾问　　　C. 网络工程师　　　D. WEB 应用工程师
4. 下列哪一项应用服务器提供提供文件传输服务（　　）。
A. FTP 服务器　　　B. Mail 服务器　　　C. 数据库服务器　　　D. 代理服务器

三、简答题

1. 说明系统开发生命周期法的定义，并讨论开发电子商务网站的几个步骤。

2. 列出建立电子商务网站需要考虑的主要问题。

3. 说明逻辑设计和物理设计的区别。

4. 单层网站体系结构和多层网站体系结构的主要区别是什么。

5. 对比不同的硬件扩展方法，分析它们各自的优缺点。

第八章　电子商务安全技术

学习目标：

(1) 了解电子交易的安全需求和安全威胁；

(2) 了解密码学的相关知识，理解加密技术；

(3) 理解识别和认证技术，了解认证机构（CA）的主要职能，掌握数字证书的格式并学会使用数字证书进行网络安全通信；

(4) 理解 SSL 协议和 SET 协议的相关知识，如何利用这两个协议来保证交易安全；学会在 Windows 2000 中配置公钥基础设施（PKI）；

(5) 了解防火墙技术、VPN 技术、病毒防范技术和安全检测技术。

开篇案例：网络安全阻碍电子商务的发展

我们大家都会有访问网站、网购商品的精力，当你注册网站填写个人信息，下单的时候填写支付信息，下载安装移动应用的时候，大家心中都会有疑问，这样做安全吗？或者我的银行卡信息会被窃取吗？我的隐私信息会泄露吗？如果答案是否定的，我们是不会完成网上购物整个流程的，这就是我们所说的，没有安全就没有电子商务。过去的二十多年，电子商务在全球得到了极大的发展，合乎逻辑的推论应该是，安全问题应该被很好的解决了。

但在过去的这些年，电子商务领域的安全问题也在不断的被曝光，为媒体所报道，所以对于参与者而言，电子商务到底是安全还是不安全呢？我们都知道以互联网为载体的电子商务的重要特性，是发展变化快、商业模式创新层出不穷。人们在网上开展的业务，从早期的网上购物，到基于位置的各种服务，进而延伸到社交金融等领域，电子商务安全的内涵和外延也在不断的发展变化。

尽管我们有相当成熟的技术保障，来保证网上交易的安全实现，例如用加密协议来传输数据，保证敏感数据在开放网络上的传输不被窃取，用数字证书来验证参与交易各方的身份，以及用安全支付的协议框架来保障网上支付过程中的实体和数据安全等等。

然而，每年都有引人注目的安全事件被曝光。在 2010 年的最后一天，普通用户在 Google 网站上搜索制定关键字，可以搜到大量中国互联网用户使用互联网的隐私记录，甚至包括用户登录网站或邮箱的用户名、密码等。随后多项证据表明该事故的源头在于 360 在通过其客户端秘密收集用户信息。由于这台服务器的配置问题，导致 360 不慎将记录了大量用户信息的日志文件，被 Google 收录索引，造成用户信息大规模的外泄。

根据金山公司的统计，此次的泄密事故，共导致 3 亿网民面临隐私信息被窃取的风险。由于该服务器可以在互联网直接访问，可能所有被上传的用户数据都已经被各类的黑客、电脑爱好者、潜在的破坏者所下载，因此造成了不可估量的损失。

2011 年的 12 月，csdn、世纪佳缘等多家国内网站的用户数据库被曝光在网络上，由于部分密码以明文的方式显示，导致大量网民受到隐私泄露的危协。

12 月 25 日事件继续升级，乌云漏洞平台再次爆出天涯社区 4 千万用户资料泄露，用户的明文密码被泄露。

12 月 29 日，乌云继续报告称，支付宝用户信息大量泄漏，用于网络营销，泄露总量达到了 1500 万到 2500 万之多。

接下来的 2012 年 3 月，当当网账户集体被盗，余额被用于购买电子产品、经营首饰等大额商品。

2016 年的 12 月 14 日，雅虎宣布该公司有 10 亿多用户账号，于 2013 年被黑客窃取，而实际有大概 30 亿笔账号发生泄漏，这实际上包括了当时雅虎的所有用户。

2013 年的 11 月，圆通速递这百万条快递单的个人信息在网络上被公开出售，网上甚至还出现了专门交易快递单号的网站，比如淘单 114、淘铺发、淘单网、单号吧等等。

2014 年的 3 月 22 号，乌云漏洞平台发布消息称，携程系统存在技术漏洞，可以导致用户个人信息银行卡信息泄漏。

2017 年 Uber 主动公开了 2016 年曾向黑客支付 10 万美元的封口费，以隐瞒 5700 万账户数据泄露事件，两名黑客通过外部代码托管网站 GitHub 获得了 Uber 工程师在亚马逊云服务上的账号和密码，从而盗取了 5000 万乘客的姓名、电子邮件和电话号码、以及约 60 万名美国司机的姓名和驾照号码。

所有这些事件表明，曾经被用户委以信任的网络企业在这些曝光的安全事件中，都需要承担重要责任。网上用户有理由重新审视自身所处的安全环境，并提出这样一个问题，电子商务到底安全还是不安全。回答这个问题需要正确理解电子商务安全的含义，电子商务安全从来就是一个相对的概念，呈现很强的动态性。在电子商务发展的早期，人们主要采用技术手段保护自己的网上购物环节的信息安全。

而随着互联网商务在全球范围内普及，数字化社会的逐步形成，信息成了具有极大价值的资源。安全面临的挑战，也大大超越了电子商务发展的初级阶段，电子商务安全问题是一个以人为核心、以技术手段为基础的管理问题。

网络是电子商务交易的基础和载体，大部分的电子商务行为都发生在计算机网络上，所以网络安全与否直接关系到电子商务交易能否正常进行。网络安全的概念非常广，本章将阐述网络安全的几个主要方面，其中包括操作系统安全、防火墙技术、虚拟专用网 VPN 技术、反病毒技术和入侵检测技术等。

第一节　电子交易的安全需求

随着电子商务在全球范围内的迅猛发展，电子商务中的网络安全问题日渐突出。中国互联网络信息中心（CNNIC）发布的"中国互联网络发展状况统计报告"指出，在电子商务方面，一半以上的用户最关心的是交易是否安全可靠。由此可见，电子商务中的网络安全问题是实现电子商务的关键。

一、电子商务的安全威胁

电子商务系统从技术上来讲，主要面临着以下几种安全威胁。

（一）信息的截获和窃取

如果没有采用加密措施或加密强度不够，攻击者可能通过互联网、公共电话网上搭线、电磁波辐射范围内安装截收装置或在数据包通过的网关和路由器上截获数据等方式，获取传输的机密信息，或通过对信息流量和流向、通信频度和长度等参数进行分析，推出有用的信息，如消费者的银行账号、密码以及企业的商业机密等。

（二）信息的篡改

当攻击者了解了网络的信息格式以后，通过各种方法和手段对网络传输的信息进行中途修改，并发往目的地，从而破坏信息的完整性。

（三）信息假冒

当攻击者掌握了网络信息数据规律或解密了商务信息以后，可以假冒合法的用户使用系统资源或发送假冒信息来欺骗其他用户。信息假冒主要有两种方式：一是伪造电子邮件，另一个是假冒他人身份。

（四）交易抵赖

交易抵赖行为包括许多情况，如发信者事后否认曾经发送过某条信息或内容；收信者事后否认曾经收到过某条消息或内容；购买者发了订货单不承认；商家收到货款却给予否认或卖出的商品因价格差而不承认原有的交易。

二、电子商务的安全要求

电子商务面临的威胁导致了对电子商务安全的需求，安全电子商务系统要求做到以下几个方面。

（一）机密性

电子商务作为贸易的一种手段，建立在一个开放的网络环境上，其信息直接包含着个人、企业或国家的商业机密。因此，维护商业机密是电子商务全面推广的保障。为了预防信息的非法存取和信息在传输过程中被非法篡改、假冒，一般通过加密技术对传输的信息进行处理来实现对数据的保护。

（二）鉴别性

电子商务交易是在虚拟的网络环境中进行的，交易双方可能互不相识，也可能来自不同的地区或国家，如何才能保证交易双方身份的真实可靠呢？这就需要有一种措施能够对双方的身份进行鉴别。即当某人或实体声称具有某个特定的身份时，鉴别服务将提供一种方法来验证其声明的正确性。一般通过证书机构 CA（Certification Authority）和证书解决身份的认证问题。

（三）完整性

与传统的贸易相比，电子商务减少了许多人为的干预，但同时也带来如何确保贸易各方商业信息的完整性和统一性的问题。一般可以通过提取消息摘要的方式来验证信息的完整性，从而确保在电子交易过程中，信息既不被修改和删除，也不会丢失和重复。

（四）有效性

电子商务以电子票据的形式取代了传统商务中的纸张，因此确保电子票据的有效性是开展电子商务的前提。网络故障、主机故障、操作错误、计算机病毒都有可能造成电子票据的失效，有效性要求贸易数据在确定的时刻、确定的地点是有效的。

（五）不可抵赖性

在传统的贸易中，双方通过在合同、契约等书面文件上手写签名或加盖印章来约束交易双方，防止抵赖行为的发生。在电子交易中通过对发送的消息进行数字签名来实现交易的不可抵赖性。

三、电子商务的安全体系角色构成

电子商务系统把服务商、客户和银行三方通过 Internet 连接起来，实现具体的业务操作，电子商务安全系统除了三方的安全代理服务器外，还应该包含 CA 认证系统，它们遵循相同的协议，协调工作，以实现整个电子商务交易数据的安全、完整、身份验证和不可抵赖等功能。电子商务的安全体系结构包括下列几个角色。

（一）银行

银行方面主要包括银行端安全代理、数据库管理系统、审计信息管理系统、业务系统等部分，它与服务商或客户进行通信，实现对服务商或客户账号合法性的认证，保证业务的安全进行。

（二）服务商

服务商主要包括服务商安全代理、数据库管理系统、审计信息管理系统、Web 服务器系统等部分。在进行电子商务活动时，服务商的服务器与客户和银行进行通信。

（三）客户方

在客户方，电子商务的用户通过自己的计算机与 Internet 相连，在客户计算机中，除了万维网浏览器软件外，还装有电子商务系统的客户安全代理软件。客户端安全代理的主要任务是负责对客户敏感信息（如交易信息）进行加密、解密和数字签名，以密文的形式与服务商或银行进行通信，并通过 CA 和服务器端安全代理或银行安全代理一起实现用户身份认证。

（四）认证机构

认证机构是为用户签发证书的机构。认证机构的服务器由五部分组成，用户注册机构、证书管理机构、存放有效证书和作废证书的数据库、密钥恢复中心以及认证机构自身密钥和证书管理中心。

第二节　数据加密技术

数据加密主要是为了保证数据在传输、存储和处理过程中要保持数据的安全性，也即保证存储的数据和在信道中流动的数据不被窃取、篡改和破坏，从而保证数据的一致性、真实性、完整性和保密性。为了实现这一目的，密码技术是一种不可缺少的技术手段。

一、密码学概述

密码学是一门古老而深奥的学科，早在 4000 年前，古埃及人就开始使用密码来保密传递信息。2000 多年前，罗马国王恺撒就开始使用目前称为"恺撒密码"的密码系统。但是密码技术直到 20 世纪 40 年代才有重大的突破和发展。特别是 20 世纪 70 年代后期，由于计算机和电子通信的广泛使用，现代密码学得到了空前的发展。

（一）密码学的含义

密码学是研究加密和解密变换的一门科学。它包含两个分支，一是密码编码学；另一个是密码分析学。

密码编码学是对信息进行编码，实现隐蔽信息的一门学科。密码分析学是研究分析破译密码的学科。即在未知密钥的情况下，从密文推出明文或密钥的技术。密码学正是在这种破译和反破译的过程中发展起来的，这两门学问合起来就称为密码学。

（二）密码系统中的几个概念

明文：人们将可懂的文本称为明文。

密文：将明文变换成的不可懂的文本称为密文。

加密：把明文变换成密文的过程叫加密。

解密：把密文变换成明文的过程叫解密。

密码体制：完成加密和解密的算法称为密码体制。在计算机上实现的数据加密算法，其加密或解密变换是由一个密钥来控制的。

密钥：是由使用密码体制的用户随机选取的，密钥成为唯一能控制明文与密文之间变换的关键，它通常是一随机字符串。

密码体制从原理上可分为两大类：一是对称密钥密码体制和非对称密钥密码体制，或称单钥密码体制和双钥密码体制。下面分别介绍这两种密码体制。

二、对称密钥密码体制

在这种密码体制中，解密算法是加密算法的逆运算，加密密钥和解密密钥相同，加密密钥能从解密密钥中推算出来，反之亦然。最具有代表性的就是著名的美国 IBM 公司研制的数据加密标准（Data Encryption Standard，即 DES）。

（一）数据加密标准 DES

DES（Data Encrypt Standard）是对称加密算法中最具代表性的。DES 算法原是 IBM 公司为保护产品的机密研制成功的，后被美国国家标准局和国家安全局选为数据加密标准，并于 1977 年颁布使用。DES 可以对任意长度的数据加密，实际可用密钥长度 56 比特。对称加密算法使用同一个密钥来加密和解密信息，其加密过程和解密过程分别如图 8-1 所示。

加密的第一步是产生密钥，然后把密钥和要加密的数据（称之为明文）应用于选定的对称密钥算法，然后产生加密好的数据（称之为密文）。解密过程刚好相反，把密文和相同的对称密钥应用于对称密钥算法，则结果为原来的明文信息。所以，对称密钥算法提供了一种保护信息机密性的途径。

加密过程：

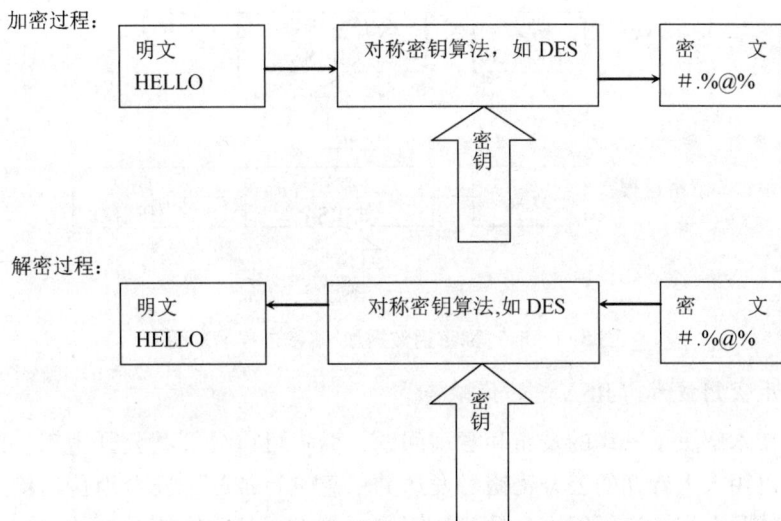

解密过程：

图 8-1　对称密钥数据加/解密过程示意图

（二）对称加密技术（DES）的优缺点

对称加密技术（DES）的最大优势是加/解密速度快，适合于对大数据量进行加密，但密钥管理困难。对称加密技术要求通信双方事先交换密钥，当系统用户多时，例如在网上购物的环境中，商户需要与成千上万的购物者进行交易，若采用简单的对称密钥加密技术，商户需要管理成千上万的密钥与不同的对象通信，除了存储开销以外，密钥管理是一个几乎不可能解决的问题。另外，双方如何交换密钥？通过传统的手段还是通过因特网？无论何者都会遇到密钥传送的安全性问题。还有密钥通常会经常更换，更为极端的是，每次传送都使用不同的密钥，对称技术的密钥管理和发布都是远远无法满足使用要求的。为了弥补对称密钥密码体制存在的不足，出现了公开密钥密码算法。

三、非对称密钥密码体制

非对称密钥密码体制最主要的特点就是加密和解密使用不同的密钥，每个用户保存着一对密钥——公开密钥和秘密密钥。因此，这种体制又称为双钥或公开密钥密码体制。在公钥加密算法下，公钥是公开的，任何人可以用公钥加密信息，再将密文发送给私钥拥有者；私钥是保密的，用于解密其接收的公钥加密过的信息。典型的公钥加密算法如 RSA，是目前使用比较广泛的加密算法。

（一）RSA 算法

1977 年，Rivest、Shamir 和 Adleman 三人实现了公开密钥密码体制，并以三个人名字的首字母命名，简称 RSA 公开密钥体制。RSA 算法是一种建立在大数分解和素数检测的理论基础之上的。RSA 的保密性在于大数的分解难度上，如果大数分解成功，则 RSA 也就无保密性可言了。其加密过程和解密过程分别如图 8-2 所示。

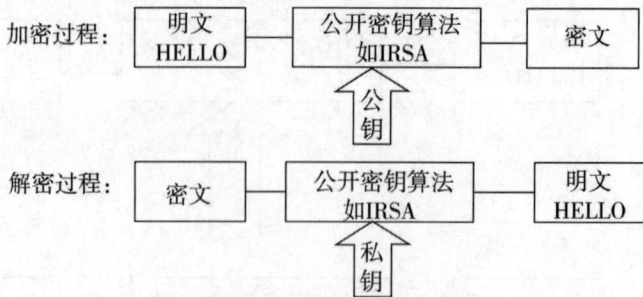

图 8-2　非对称密钥数据加/解密过程示意图

（二）公开密钥技术（RSA）的优缺点

公开密钥技术解决了密钥的发布和管理问题，商户可以公开其公开密钥，而保留私有密钥。购物者可以用人人皆知的公开密钥对发送的信息进行加密，安全地传送给该商户，然后由商户用自己的私有密钥进行解密。虽然公钥体制消除了秘密密钥共享的问题，但并没有一个完整的解决方案，仍然有很多的缺点。相对于对称密钥算法来说，公钥算法计算速度非常慢。另外，公钥算法也要求一种使公钥能广为发布的方法和体制，所以把公钥算法和对称算法结合起来不失为一种最佳的选择。

四、PGP 加密技术

PGP（Pretty Good Privacy）是由美国的 Phil Zimmermann 于 20 世纪 90 年代初开发的。他创造性地把 RSA 公钥体系和传统加密体系结合起来，并且在数字签名和密钥认证管理机制上进行巧妙的设计，它是一个完整的电子邮件安全软件包，包括加密、认证、数字签名和压缩等技术。因此 PGP 成为目前几乎最流行的公钥加密软件包。

（一）PGP 的功能

1. 加密文件

PGP 采用国际数据加密算法 IDEA（International Date Encryption Algorithm）加密文件，只有知道加密密钥的人才可以解密文件。IDEA 是目前已公开的算法中最好的且安全性最强的分组密码算法。

2. 密钥生成

PGP 可以生成秘密密钥和公开密钥，有 512，768 和 1024 位三种长度供选择。PGP 中利用 RSA 公开密钥密码体制。

3. 密钥管理

PGP 有生成密钥、删除密钥、查看密钥、抽取密钥、编辑密钥和对密钥签名等各种功能。这样 PGP 就帮用户建立和维护了一个小型的数据库，其中包含有联系人的公开密钥等，便于用户与他们通信。

4. 收发电子函件

利用 PGP 可以将要发的电子函件加密，也可以将收到的电子函件解密。

5. 数字签名

PGP 可以用作数字签名，也可以校验别人的签名。数字签名的原理就是签名者用自己的秘密密钥对签名加密，然后别人就可以用他的公开密钥去验证签名。

6. 认证密钥

PGP 可以给别人的公开密钥做数字签名。

（二）PGP 工作工程

PGP 利用随机产生的对称密钥（IDEA 算法）对明文加密，然后用 RSA 算法再对该对称密钥加密。收件人收到邮件后先用 RSA 算法解密出这个随机对称密钥，再用 IDEA 算法解密邮件本身。这样的链式加密就做到了既有 RSA 体系的保密性，又有 IDEA 算法的快捷性。

第三节　认证技术

在信息安全领域中，一方面是保证信息的保密性，防止通信中的机密信息被窃取和破译，防止对系统进行被动攻击；另一方面是保证信息的完整性和有效性。既要搞清楚与之通信的对方的身份是否真实，也要证实信息在传输过程中是否被篡改、伪装、窜扰和否认，从而防止对系统进行主动攻击。

一、认证技术

认证（Authentication）是指核实真实身份的过程，是防止主动攻击的重要技术。它对于保证开放环境中各种信息系统的安全性有重要作用。认证主要分为以下两个方面：第一是消息认证。是验证信息的完整性，即验证数据在传输或存储过程中是否被篡改、重放或延迟等。第二是实体认证。即验证信息发送者是真的，而不是冒充的，包括信源和信宿的认证和识别。

（一）消息认证

消息认证是一种过程，它使得通信的接收方能够验证所收到的报文（发送者、报文内容、发送时间和序列等）在传输的过程中是否被假冒、伪造和篡改，是否感染上病毒等，即保证信息的完整性和有效性。

在网络应用中，许多报文不需要加密。例如，通知网络上的所有用户有关网络的一些情况，或网控中心的告警信号等。如何让接收报文的目的站来认证没有加密报文的真伪，正是消息认证的目的。

消息认证可以有不同的方案，比如采用消息认证码（Message Authentication Code，即 MAC）的消息认证或使用哈希（HASH）函数的消息认证。

1. 消息认证码

消息认证码是一种实现消息认证的方法。MAC 是由消息 M 和密钥 K 的一个函数值 MAC =CK（M）产生的。其中 M 是变长的消息，K 是收发双方共享的密钥，CK（M）是定长的认证码。

该技术假定通信双方 A 和 B 共享一个共有的密钥 K。当 A 要向 B 发送消息，确信或已知消息正确时，计算 MAC，然后将 MAC 附加到消息 M 的后面发往预定的接收者。接收者使用相同的密钥 K，对收到的消息 M 执行相同的计算并得出新的 MAC。将收到的 MAC 与计算得出的 MAC 进行比较。假定只有接收方和发送方知道密钥 K，同时如果收到的 MAC 与计算得出的 MAC 匹配，那么接收者确信消息未被更改过，并且确信消息来自所谓的发送者。

2. 哈希函数的概念

哈希函数是可接受变长数据输入，并生成定长数据输出的函数。这个定长的输出是输入数据的哈希值或称消息摘要。由于哈希函数具有单向性的属性，有时也叫单向散列函数。

哈希值以函数 H 产生：$h=H$（M）。

其中，M 是变长的消息；H 是一个将任意长度的消息 M 映射为一个较短定长的哈希值 h 的哈希函数；H（M）是定长的哈希值。

该技术的工作过程如下：当 A 要向 B 发送消息，A 首先利用哈希函数对要发送的消息 M 进行哈希计算，算出哈希值 h，然后将 h 附加到消息 M 的后面发往预定的接收者 B。接收者 B 使用相同哈希函数对收到的消息 M 进行计算并得出新的哈希值 h。将收到的哈希值 h 与计算得出的哈希值 h 进行比较。假如收到的哈希值与计算得出的哈希值匹配，那么接收者就确信消息未被更改过。如果对哈希值进行加密，即用发送者的私有密钥加密，那么还能验证发送者的身份，实际上这是利用了数字签名技术。

（二）实体认证

信息系统的安全性还取决于能否验证用户或终端的个人身份。传统的身份证明一般是通过检验"物"的有效性来确认持该物的人的身份，随着信息化时代的发展，验证的对象也在逐渐地扩大。那么如何在数字化的时代确认对象的身份，已经成为电子商务安全领域里的重要问题。

一个身份证明系统一般由三方组成：一方是示证者，由证件的持有人提出某种要求；一方是验证者，检验示证者出示的证件的正确性和合法性；第三方是认证机构，它一般由权威机构充当，我们把此类技术就称为身份证明技术或认证技术。

电子商务安全中有两个问题涉及身份识别：一是鉴别性，如果不进行身份鉴别就有可能被攻击者假冒，进行身份识别后，就可以阻止这种行为；二是不可抵赖性，交易双方都不能对其交易行为予以否认，假如有些现象发生，利用身份认证技术，就可以有其抵赖行为的证据。而这些问题要得到很好的解决，确保电子交易的安全，就必须采取一些安全技术手段。

二、证书机构（CA）

证书机构（Certification Authority，即 CA）是一个可信的第三方实体，其主要职责是保证用户的真实性。

本质上，CA 的作用同国家政府机关的护照颁发机构类似，用于证实公民是否是所宣称的那样，而信任这个国家政府机关护照颁发机构的其他国家，则信任该公民，认为其护照是可信的，这是第三方信任的一个很好的实例。同护照类似，网络用户的电子身份（Electronic Identity）是由 CA 来发布的，也就是说他是被 CA 所信任的，该电子身份就是数字证书。证书机构的主要功能有以下几个。

（一）证书的颁发

接收和验证用户（包括下级证书机构和最终用户）的数字证书的申请，将申请的内容进行备案，并根据申请的内容确定是否受理该数字证书申请。如果证书机构接受该数字证书申请，则进一步确定给用户颁发何种类型的证书。新证书用证书机构的私钥签名以后，发送到目录服务器供用户下载和查询。为了保证消息的完整性，返回给用户的所有应答信息都要使用证书机构的签名。

（二）证书的更新

证书机构可以定期更新所有用户的证书，或者根据用户的请求更新用户的证书。

（三）证书的查询

证书的查证可以分为两类，其一是证书申请的查询，证书机构根据用户的查询请求返回当前用户证书申请的处理过程；其二是用户证书的查询，这类查询由目录服务器完成，目录服务器根据用户的请求返回适当的证书。

（四）证书的作废

当用户的私钥由于泄密等原因造成用户证书需要申请作废时，用户需要向证书机构提出证书作废请求，证书机构根据用户的请求确定是否将该证书作废。

另外一种证书作废的情况是证书已经过了有效期，证书机构自动将该证书作废。证书机构通过维护证书作废列表（Certificate Revocation，即 CRL）完成上述功能。

（五）证书的归档

证书具有一定的有效期，证书过了有效期之后就将被作废，但是不能将作废的证书简单地丢弃，因为有时我们可能需要验证以前的某个交易过程中产生的数字签名，这时就需要查询作废的证书。

三、数字证书

数字证书又称为数字标识（Digital Certificate，Digital ID）。它提供了一种在 Internet 上进行身份验证的方式，是用来标志和证明网络通信双方身份的数字信息文件，与司机驾照或日常生活中的身份证相似。在网上进行电子商务活动时，交易双方需要使用数字证书来表明自己的身份，并使用数字证书来进行有关的交易操作。通俗地讲，数字证书就是个人或单位在 Internet 的身份证。数字证书主要包括三方面的内容：证书所有者的信息、证书所有者的公开密钥和证书颁发机构的签名。

（一）数字证书的作用

利用数字证书来证实一个用户的身份及用户对网络资源的访问权限。在网上电子交易中，如果双方出示了各自的数字证书，并用它来进行交易操作，那么双方都可不必为对方身份的真伪担心。在使用数字证书的过程中应用公开密钥加密技术，建立起一套严密的身份认证系统，实现以下作用。

（1）除发送方和接收方外信息不被其他人窃取；

（2）信息在传输过程中不被篡改；

（3）接收方能够通过数字证书来确认发送方的身份；

（4）发送方对于自己发送的信息不能抵赖。

（二）数字证书格式

一个标准的 X.509 数字证书包含（但不限于）以下内容。

（1）证书的版本号；

（2）数字证书的序列号；

（3）证书拥有者的姓名；

（4）证书拥有者的公开密钥；

（5）公开密钥的有效期；

（6）签名算法；

（7）颁发数字证书的单位；

（8）颁发数字证书单位的数字签名。

（三）证书的类型

电子商务交易中数字证书大致可分为以下几种。

1. 个人证书

个人数字证书是颁发给个人用户的数字证书，用来向对方表明个人的身份，同时可以用来实现安全电子邮件、安全个人登录、电子文档签名等多种安全应用。

2. 单位数字证书

单位数字证书是由电子商务认证中心为公司企业、政府机构、组织团体等签发的数字证书，能够在互联网上标识该单位、组织的身份及实现安全登录、收发安全电子邮件、文档电子签名等安全应用。单位数字证书对外代表整个单位。

3. 服务器证书

服务器证书又称站点证书，主要颁发给 Web 站点或其他需要安全鉴别的服务器，证明服务器的身份信息。用来证实服务器的身份和公钥，当客户与某个站点建立 SSL 连接时，服务器将它的证书传送给客户。当客户收到该证书时要检查该站点的身份即检查它的证书，用户可以信任也可以拒绝该证书。

服务器数字证书支持目前主流的 Web Server，包含但不限于 IIS、Lotus Domino、Apache、iPlant 等 Web 服务器。可以存放于服务器硬盘或加密硬件设备上。

4. 安全电子邮件证书

安全电子邮件证书结合使用数字证书和 S/MIME 技术，对普通电子邮件做加密和数字签名处理，确保电子邮件内容的安全性、机密性、发件人身份确认性和不可抵赖性。

（四）数字证书的应用

（1）通过 S/MIME 协议实现安全的电子函件系统；

（2）通过 SSL 协议实现浏览器与 Web 服务器之间的安全通信；

（3）通过 SET 协议实现信用卡网上安全支付。

（五）数字证书的申请流程

本教材以广东省电子商务认证中心（http://www.cnca.net）网上申请个人证书为例。

1. 网上申请

（1）登录网站。用户访问本中心网站，在证书申请点击个人证书。如果您还没有安装广东省电子商务认证中心的证书链，系统会弹出安全警报的提示框，如图 8-3 所示，表明您的计算机将和本中心的证书系统建立安全连接，请选是。如果您已经安装证书链，点击继续，跳到（3）填写申请者信息。

（2）安装证书链。证书链建立在证书信任关系的基础上，如果您还没有安装广东省电子商务认证中心的证书链，请按照系统提示安装证书链。如图 8-4 所示，点击安装证

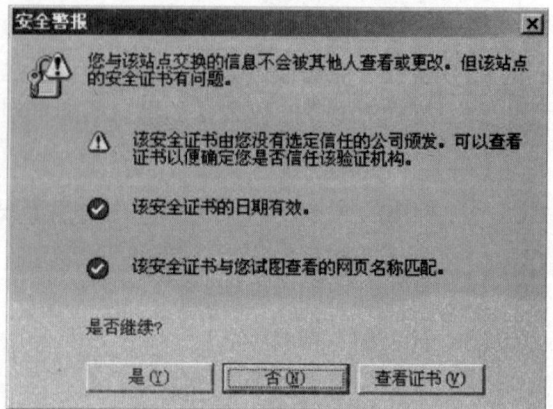

图 8-3　安全警报提示框

书链，并在后面出现的提示框选是，最后出现下载成功的提示框。

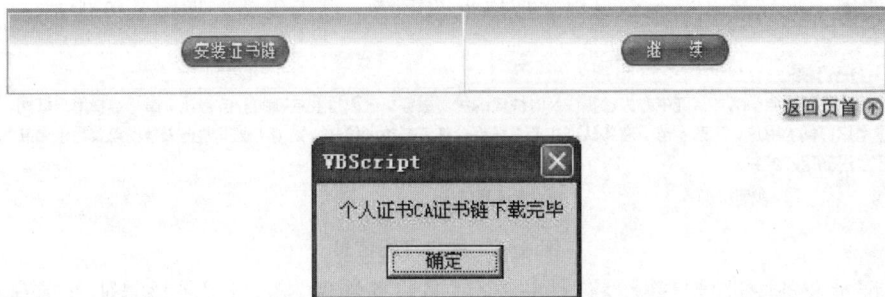

图 8-4　证书安装提示框

（3）填写申请者信息。出现信息填写页面，请根据您的具体情况，如实填写网上申请表，本中心的系统此时与您的计算机通过 SSL 通道连接，保证您提交的信息有良好的安全保障，信息在网上加密传输到本中心，如图 8-5 所示。

图 8-5　申请人信息

（4）选择用户订阅。建议选择"我要订阅"，因为您需要得到证书受理号密码、证书申请须知、如何下载安装证书等信息以完成以下的申请，点击提交，如图 8-6 所示。

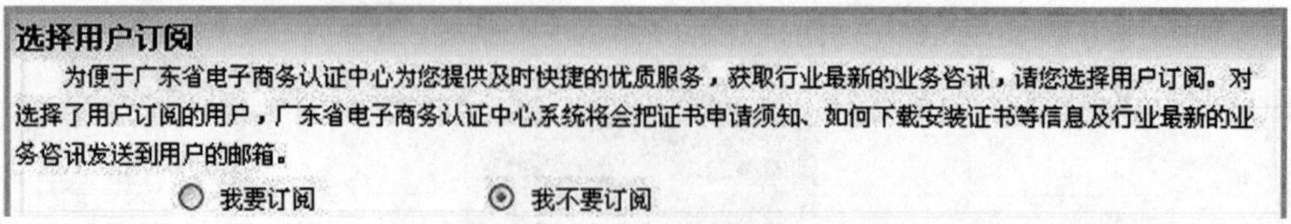

选择用户订阅

为便于广东省电子商务认证中心为您提供及时快捷的优质服务，获取行业最新的业务咨询，请您选择用户订阅。对选择了用户订阅的用户，广东省电子商务认证中心系统将会把证书申请须知、如何下载安装证书等信息及行业最新的业务咨询发送到用户的邮箱。

◎ 我要订阅   ◉ 我不要订阅

图 8-6　用户订阅信息

（5）记录业务受理号。系统将返回一个证书业务受理号，请记录该号码并填写在书面申请表上，如图 8-7 所示。

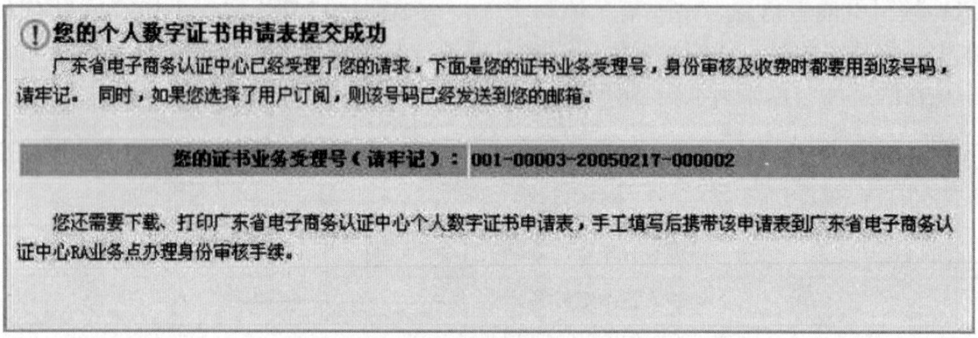

⚠ **您的个人数字证书申请表提交成功**

广东省电子商务认证中心已经受理了您的请求，下面是您的证书业务受理号，身份审核及收费时都要用到该号码，请牢记。 同时，如果您选择了用户订阅，则该号码已经发送到您的邮箱。

您的证书业务受理号（请牢记）：　001-00003-20050217-000002

您还需要下载、打印广东省电子商务认证中心个人数字证书申请表，手工填写后携带该申请表到广东省电子商务认证中心RA业务点办理身份审核手续。

图 8-7　成功申请数字证书

2. 身份审核

（1）下载申请表格。用户访问本中心网站，在证书管理处，下载个人证书申请表格（用户也可以直接到受理点索取数字证书申请表），签署填写申请表格（一式三份）。

（2）缴纳数字证书费用和电子密钥费用。缴纳数字证书服务费，以汇款方式（具体账号请询问业务受理点）缴纳或者亲临本公司受理点交费。

（3）提交审核资料。带上您的身份证、身份证复印件（或其他身份证明材料）连同书面的申请表（一式三份）到本中心（或本中心的其他业务代理点）进行身份审核，业务代理点将使用存储介质为用户提交请求，并通过电子邮件把新证书的受理号以及密码交给用户，请妥善保管。

3. 安装证书

在身份审核、交费及完成网上申请手续后的 1 个工作日之后，用户查阅新的电子邮件上的业务受理号及密码，登录用户访问本中心网站，在线安装证书->安装数字证书，具体见图 8-8。

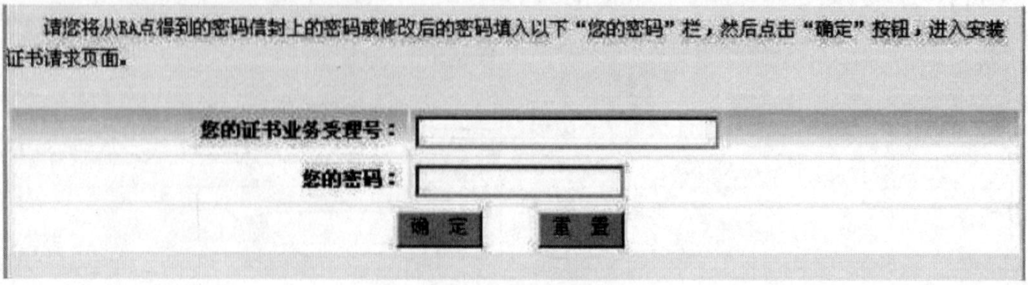

请您将从RA点得到的密码信封上的密码或修改后的密码填入以下"您的密码"栏，然后点击"确定"按钮，进入安装证书请求页面。

您的证书业务受理号：
您的密码：

确 定　　　重 置

图 8-8　数字证书受理安装

输入受理号及其密码，点击确定，出现您申请证书的信息资料，请把存储介质插在相应的接口或设备上（例如，把电子密钥插在 USB 接口上），如图 8-9 所示。

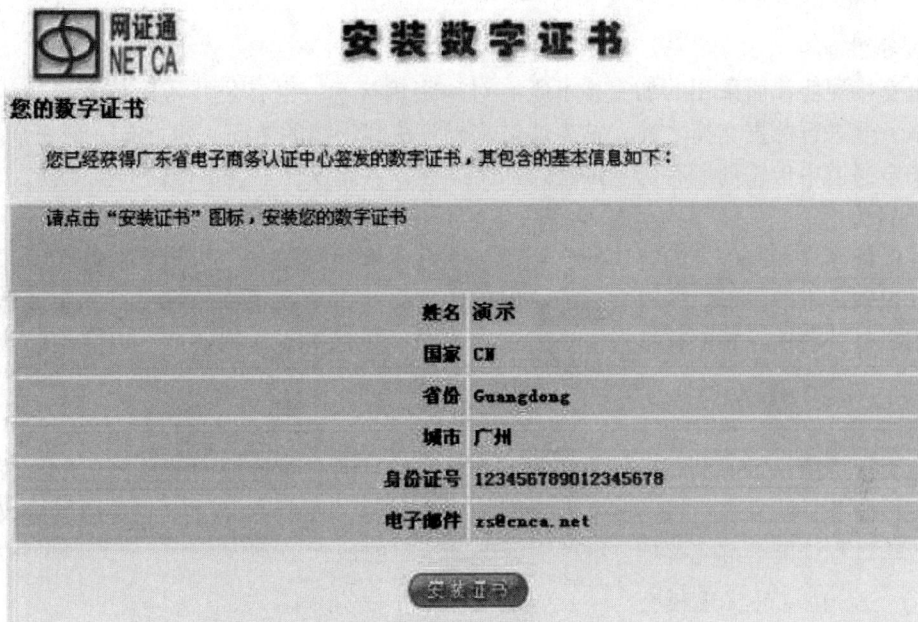

图 8-9　数字证书安装

然后点击安装证书，稍候片刻直到提示安装成功。

4. 查看证书

下载及安装数字证书后，用户可以在浏览器或存储介质的管理工具上查看证书的内容，具体操作方法请见本中心网站，客户服务区里面数字证书应用指南系列文档；各存储介质的使用手册请见本中心网站，客户服务区里面各驱动的说明文档。

第四节　安全电子交易技术

在电子交易过程中，为了保证交易的安全性，需要采用数据的加密和身份认证技术，以便使商家和客户的机密信息都得到可靠的传输，并且双方都能互相验证身份，防止欺诈行为。针对这种情况，在 1994 年年底由 Netscape 首先引入了安全套接层协议（Secure Sockets Layer，即 SSL），并在 1996 年 6 月由 Master Card 和 Visa 等九大公司联合制订的标准安全电子交易协议（Secure Electronic Transaction，即 SET）也正式公布。本节着重介绍这两种比较流行的协议以及公钥基础设施（Public Key Infrastructure，即 PKI）。

一、SSL 协议

SSL 协议最初是由 Netscape Communication 公司设计开发的，又叫"安全套接层（Secure Sockets Layer）协议"。目前已有 SSL2.0 版本和 SSL3.0 版本。它采用了公开密钥技术，其目标是保证两个应用者间通信的保密性和可靠性，可在服务器和客户机两端同时实现支持。现在 SSL 协议已经成为 Internet 上保密通信的工业标准。它目前也已成为保护 Web 安全和基于

HTTP 的电子商务交易安全的事实上的标准，被许多公司的网络产品所支持，如 IE 和 Netscape 浏览器，IIS、Netscape Enterprise Server 和 Appache 等。

（一）SSL 协议提供的三种基本的安全服务

1. 秘密性

安全套接层协议所采用的加密技术既有对称密钥技术，也有公开密钥技术。具体是在客户机与服务器进行数据交换之前，首先通过密码算法和密钥的协商，建立起一个安全的通道。以后在安全通道中传输的所有信息都经过加密处理，从而保证了数据传输的机密性。

2. 认证性

为了保证客户和服务器的合法性，利用证书技术和可信的第三方 CA 来使客户和服务器之间相互识别对方的身份。使得它们能够确信数据将被发送到正确的客户机和服务器上。为了验证用户是否合法，安全套接层协议要求握手交换数据进行数据认证，以此来确保用户的合法性。

3. 完整性

安全套接层协议 SSL 利用密码算法和 HASH 函数，通过对传输中消息摘要的比较来提供信息完整性服务，建立客户机与服务器之间的安全通道，使所有经过安全套接层协议处理的业务在传输过程中能全部完整地、准确无误地到达目的地。

（二）SSL 协议的实现模型

SSL 协议的实现属于 Socket 层，处于应用层和传输层之间，它由两层结构组成：一是 SSL 记录协议（SSL Record Protocol），它建立在面向连接的可靠的传输层协议 TCP 基础之上，提供机密性、真实性和重传性保护；二是 SSL 握手协议（SSL Hand-Shake Protocol），它位于记录层协议的上部，用于客户机和服务器之间的初始化和密钥协商等。其模型如图 8-10 所示。

| 应用层协议（HTTP、TELNET、FTP、SMTP 等） |
| SSL 握手协议（Handshake Protocol） |
| SSL 记录协议（Record Protocol） |
| TCP 协议 |
| IP 协议 |
| 网络接口层（各种局域网和广域网） |

图 8-10　SSL 协议实现模型示意图

（三）SSL 的应用

SSL 的典型应用主要有两个方面：一是客户端，如浏览器等；另一个是服务器端，如 Web 服务器和应用服务器等。目前一些主流浏览器都提供了对 SSL 的支持。要实现浏览器（或其他客户端应用）和 Web 服务器（或其他服务器）之间的安全 SSL 信息传输，必须在 Web 服务端安装支持 SSL 的 Web 服务器证书，在浏览器端安装支持 SSL 的客户端证书（可选），然后对服务器进行配置，完成配置后，我们可以在 URL 中看到"http：∥"变为"https：∥"。

二、SET 协议

在电子商务初始阶段，参与电子商务的企业大都是一些信誉较高的大公司，SSL 协议的缺点并没有完全暴露出来。但是随着参与电子商务的企业迅速增加，SSL 协议已不能满足电子商务的安全需求，它的缺点也逐渐暴露出来。首先，SSL 是一个面向连接的协议，只能是提供交易中客户与服务器间的双方认证，在涉及多方的电子交易中，SSL 协议并不能协调各方之间的安全传输和信任关系；其次，SSL 只能保证资料传递过程的安全，而传递过程是否有人截取就无法保证了。所以，SSL 并没有实现电子支付所要求的保密性、完整性和不可抵赖性，而且实现多方互相认证也是很困难的。

为了克服 SSL 协议的缺点，满足电子商务日益增长的安全要求，SSL 协议将逐渐被新的安全电子交易（Secure Electronic Transactions，即 SET）协议所取代。SET 协议是由 Visa 和 Mastercard 两大信用卡组织共同推出的，并且由众信息产业公司共同协作发展而成。目前已经标准化且被业界广泛接受。SET 协议现由 SETCO 负责推广、发展和认证，目的是实施安全电子交易 SET 的规范。

（一）SET 协议中利用的主要技术

为了确保网上交易所要求的保密性、数据完整性、身份的认证和交易的不可抵赖性，在 SET 协议中利用的主要技术有加密技术如 RSA 和 DES 算法、数字拇印（Digital Finger）或数字摘要（Digital Digest）、数字信封（Digital Envelope）、数字签名（Digital Signature）、数字时间戳（Digital Time-Stamp）、数字证书（Digital Certificate，Digital ID）等技术，利用这些技术可以为电子商务提供很强的安全保护。

1. 数字拇印

数字拇印或数字摘要技术就是采用单向 Hash 函数对文件中若干重要元素进行某种变换运算得到固定长度的摘要码（数字指纹 Finger Print），并在传输信息时将之加入文件一同送给接收方，接收方接到文件后，用相同的方法进行变换计算，若得出的结果与发送来的摘要码相同，则可断定文件未被篡改，反之亦然。产生数字拇印的过程如图 8-11 所示。

图 8-11　数字拇印的形成过程示意图

2. 数字信封

在数字信封中，信息发送方采用对称密钥来加密信息，然后将此对称密钥用接收方的公开密钥加密，加密后的密钥称之为数字信封，然后将数字信封和加密好的信息一起发送给接收方，接收方先用相应的私有密钥打开数字信封，得到对称密钥，然后使用对称密钥解开信息。形成数字信封的过程如图 8-12 所示。

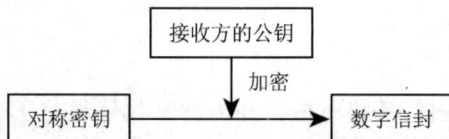

图 8-12　数字信封的形成过程示意图

3. 数字签名

数字签名是把 Hash 函数和公钥算法结合起来，在提供数据完整性的同时，也可以保证数据的真实性。完整性是指传输的数据没有被修改，真实性是指确实是由合法者产生的 Hash 而不是由其他人假冒。数字签名类似于文档的签名，以防止其抵赖行为。

将报文按双方约定的 Hash 算法计算得到一个固定位数的报文摘要值，即数字拇印。然后把该报文的摘要值用发送者的私人密钥加密（所得的加密摘要值即为数字签名），并将该密文同原报文一起发送给接收者，接收者用发送者的公开密钥对数字签名进行解密，若解密出的数字签名与其计算出的相同，则可确定发送者的身份是真实的。这样，只要拥有发送者的公开密钥的人都能够验证数字签名的正确性，而只有真正的发送者才能发送这一数字签名，这也就是完成了对发送者身份的鉴别。数字签名的基础是密码技术，目前较多使用公钥加密体制实现数字签名，用于数字签名的公开密钥密码算法，一般选用 RSA 算法。数字签名的实现过程如图 8-13 所示。

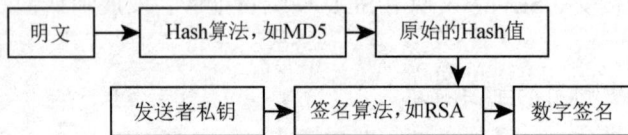

图 8-13　数字签名的实现过程示意图

4. 数字时间戳

在电子交易中，交易文件签署的日期和时间是十分重要的。数字时间戳技术就是对电子文件签署的日期和文件的时间进行安全性保护和有效证明的技术。数字时间戳的签署与由签署人自己写上书面文件的时间根本不同，它是由专门的认证机构来加的，并以认证机构收到文件的时间为依据。

（二）SET 协议中所涉及的主要对象

SET 协议中所涉及的对象主要有消费者即持卡人（Cardholder）、商家（Merchant）、收单银行（Acquiring Bank）、发卡行（Issuing Bank）、支付网关（Payment Gateway）和认证机构（Certificate Authority）。

1. 持卡人

持卡人是网上的客户或消费者，在 SET 支付系统中网上的消费者首先需要向发卡行申请信用卡或借记卡，经发卡行认可，由发卡行委托第三方 CA 发给数字证书后，持卡人才具备上网交易资格。

2. 商家

它是网上商店的经营者，商家首先必须在收单行开设账户，经过收单行的审定和信用评估合格后，由收单行委托证书授权机构 CA 给商家发证书，然后通过商家专用的软件，有了证书，商家方可上网营业。

3. 收单银行

收单银行主要是对商家进行资格审核，并为商家具体地负责交易中的清算工作以及为支付网关授权等工作。

4. 支付网关

支付网关一边是连接因特网，一边通过银行网络与收单银行相连。它完成 SET 协议和银行交易系统协议之间的信息格式转换，能够使传统的银行支付功能在因特网上实现。

5. 发卡行

消费者申请信用卡的银行机构。

6. 认证机构

它是参与交易的普遍信任的第三方，接受发卡行和收单行的委托，对持卡人、商家和支付网关发放数字证书，供交易中的所有成员作为身份证明。

（三）SET 协议的支付模型

在 SET 协议的支付模型中，要经过以下几个步骤。

（1）首先，消费者在银行开立信用卡账户，获得信用卡；

（2）消费者在商家的 Web 页上浏览商品目录并选择所需的商品；

（3）消费者选定好商品后，填写订单并通过网络传递给商家，同时附上付款指令；

（4）商家收到订单，同时支付网关收到支付指令向收单银行请示支付许可；

（5）收单银行再通过银行内部网络向发卡行请求确认后，批准交易，并向商家返回确认信息；

（6）商家发送订单确认信息给消费者，并发货给消费者；

（7）商家请示银行支付货款，银行将货款由消费者的账户转移到商家的账户。

SET 协议的模型如图 8-14 所示。

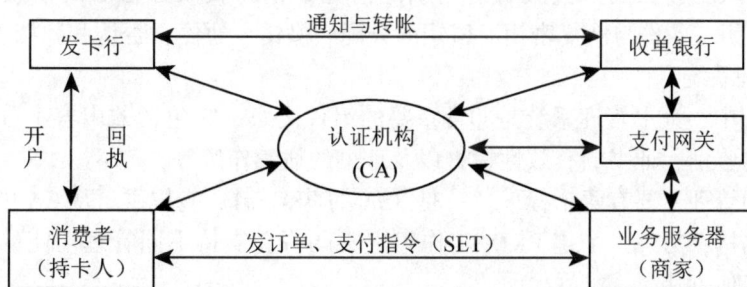

图 8-14 SET 协议的模型示意图

三、公钥基础设施（PKI）

公钥基础设施（Public Key Infrastructure，即 PKI）是由加拿大的 Entrust 公司开发的，支持 SET、SSL 协议、电子证书和数字签名等。PKI 为一组安全服务的集合，可以在分布式计算机系统中使用公钥加密机制和证书。企业可以利用相关产品建立安全域，并在其中发布密钥和证书。在安全域内，PKI 管理加密密钥和证书的发布，并提供诸如密钥管理（包括密钥更新、密钥恢复和密钥委托等）和证书管理（包括证书产生和撤销等）。

PKI 在实际应用上是一套软硬件系统和安全策略的集合，它提供了一整套安全策略，使得用户在不知道对方或者分布很广的情况下，以证书为基础，通过一系列的信任关系进行通讯和电子商务交易。

（一）PKI 的组成

PKI 的构建必须围绕认证机构、证书库、密钥备份及恢复系统、证书作废处理系统、PKI 应用接口系统等基本成分来构建。下面就分别简要介绍一下它们的功能与特性。

1. 认证机构

CA 是证书的签发机构，它是 PKI 的核心。证书是公开密钥体制的一种密钥管理媒介，它是一种权威性的电子文档，形同网络计算机环境中的一种身份证，用于证明某一主体的身份以及其公开密钥的合法性等问题。在使用公钥体制的网络环境中，为了向公钥的使用者证明公钥的真实合法性，PKI 采用 CA 对在公钥体制环境中的主体和主体的公钥进行公证，以便证明主体的身份以及它与公钥的匹配关系等问题。

CA 主要职责有：验证并标识证书申请者的身份；确保 CA 用于签名证书的非对称密钥的质量；确保整个签证过程的安全性，确保签名私钥的安全性；证书材料信息（包括公钥证书序列号和 CA 标识等）的管理；确定并检查证书的有效期限；确保证书主体标识的唯一性，防止重名；发布并维护作废证书表；对整个证书签发过程做日志记录；向申请人发通知等。其中最为重要的是 CA 自己的一对密钥的管理，它必须确保其高度的机密性，防止他方伪造证书。CA 的公钥在网上公开，整个网络系统必须保证完整性。

2. 证书库

PKI 系统分发的证书是存放在证书库里的，证书库是网上的一种公共信息库，用户可以从该库中获得其他用户的证书和公钥。它是一种支持证书分发的网络服务，现在公认最好的证书存储方案是轻量级目录访问协议（Lightweight Directory Access Protocol，即 LDAP）。

3. 密钥管理系统

PKI 系统应该能够在用户丢失解密密钥的情况下重新获取加密后的信息，也就是要求 PKI 具有生成密钥、备份与恢复密钥、密钥的分配、撤销、暂停、否认和归档等功能。

4. 证书管理系统

在 PKI 系统中，证书管理系统是非常重要的组件之一。它包括的内容十分广泛，如证书的获取、证书的鉴别、证书的有效性检查以及证书的撤销作废等。

目前证书的管理主要有两个标准：一是 RSA 的 PKCS#1，它提供了从 CA 中请求证书的基本语法和数据结构；另外一个是 PKIX 工作组定义的一套支持不同管理功能的消息格式，详细内容可参考其他书籍。

5. PKI 应用接口系统

协议标准化是系统具有可交互性的前提和基础，它规范了 PKI 系统各部分之间相互通信的格式和步骤。而应用编程界面（Application Programming Interfaces，即 API）则定义了如何使用这些协议，并为上层应用提供 PKI 服务。当应用需要使用 PKI 服务，如获取某一用户的公钥、请求证书废除信息等将都会用到 API。目前 API 没有统一的国际标准，大部分都是操作系统或某一公司产品的扩展，并在其产品应用的框架内提供 PKI 服务。需要指出的是，目前有很多可以让开发者选择的 API 类型，且 PKI 应用接口系统是跨平台的。

（二）我国 PKI 建设的现状

从 PKI 的建设背景来看，国内的 PKI 中心大致可以分为三类：大行业或政府部门建立的 CA，如 CFCA、CTCA、CCCA 等；地方政府与公司共建的 CA，如上海 CA、天津 CA 等；商业性 CA，如天威诚信公司。

目前国内的 PKI/CA 行业有如下几个不足：整体发展的速度较快，但具有一定的盲目性；CA 中心繁多，但是许多并不是真正的权威性第三方，CA 中心之间的协调和交叉认证困难；整个行业发展有些混乱，CA 自身的管理也比较混乱。最突出的表现在三个方面：一是大多数人对 CA 中心的建设和运行困难认识明显不足。建设之初，需要投入大量的资金进行硬件环境建设；运行之后，需要解决用户规模、用户信任、保险赔付以及保障中心长期运行的资金等一系列问题。二是地方政府行为有误区。有的地方政府把 CA 认证看成一种行政管理的手段，使 CA 中心的建设走上条块分割和地方保护主义的老路，这与信息社会的开放性是背道而驰的。三是行业的混乱，相关法律尚未形成。除了必需的法律约束之外，政府还必须出台这方面的管理政策，通过一定的管理办法保证 CA 是可信的。

第五节 防火墙技术

防火墙是一种安全有效的防范技术措施，是访问控制机制、安全策略和防入侵措施。从狭义上来讲，防火墙是指安装了防火墙软件的主机或路由器系统；从广义上看，防火墙还包括了整个网络的安全策略和安全行为。它通过在网络边界上建立起来的相应网络安全监测系统来隔离内部和外部网络，以确定哪些内部服务允许外部访问以及允许哪些外部服务访问内部服务，以阻挡外部网络的入侵。

一、实现防火墙的主要技术

实现防火墙的主要技术有包过滤，代理服务防火墙和应用网关等。

（一）包过滤防火墙

包过滤防火墙主要有以下两种实现方式：基于路由器的防火墙和基于独立运行软件的防火墙。在这里主要讲述基于路由器的防火墙。包过滤防火墙通过设定某些规则来允许或拒绝数据包的通过，它的作用相当于一个过滤网关。包过滤路由器首先检查要通过的数据包是否符合其设定的某条过滤规则。每个数据包中都包含着一组特定信息的包头，其主要信息如下。

（1）IP 源地址；

（2）IP 目标地址；

（3）TCP 或 UDP 源端口；

（4）TCP 或 UDP 目标端口；

（5）ICMP 消息类型。

如果规则允许该数据包通过，且包的出入接口相匹配，则该数据包通过，并根据路由器中的信息被转发。如果规则拒绝该数据包，则即使出入接口相匹配，该数据包也会被丢弃。如果没有匹配规则，则包过滤路由器根据用户配置的缺省参数来决定是转发还是丢弃该数据包，包过滤防火墙的原理如图 8-15 所示。

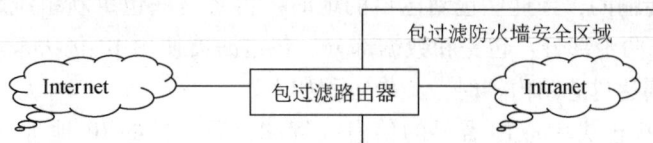

图 8-15 包过滤路由器防火墙示意图

（二）代理服务防火墙

代理服务（Proxy Server）是运行在防火墙主机上的专门的应用程序，或者称为服务器程序。它代表主体完成一个网络与另一个网络通信的特定检查任务。代理服务器软件可以独立在一台机器上运行，或者与诸如包过滤器的其他软件一起运行。

代理服务器就像一个内部网络与外界之间的边界检查点。两边的应用可以通过代理服务器相互通信，但它们不能越过它进行通信。代理服务器接受来自一边的通信，检查并确认这一通信是否授权通过，如果是，则启动到通信目的地连接，并将它发送出去。

代理服务有两个主要部件：代理服务器和代理客户。代理服务器一般运行在双重宿主主机（计算机至少有两个网络接口）上。代理客户是正常客户程序的特殊版本，用户的代理程序与代理服务器交谈，而不是直接与远在因特网上的真正服务器交谈。这个代理服务器判断来自客户的要求并决定哪个可以传送哪个可以忽略。如果一个要求是许可的，代理服务器就会代表客户与真正的服务器交谈继而将要求从客户传达给真实服务器，也将真实服务器的应答传回客户。代理服务用于双重宿主主机的原理如图 8-16 所示。

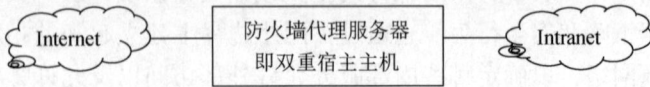

图 8-16　代理服务用于双重宿主主机的原理示意图

（三）应用网关防火墙

应用网关（Application Gateway）技术是建立在网络应用层上的协议过滤。应用网关防火墙可使网络管理员实现比包过滤路由器防火墙更为严格的安全策略。应用层网关不使用包过滤工具来限制 Internet 服务进出防火墙系统，而是采用为每种所需服务在网关上安装专用程序代码的方式来管理 Internet 各种服务。每当添加一种需保护的新的服务时，就必须为其编制相应的程序代码，否则服务就不被支持且不能通过防火墙来转发。另外，应用网关也可以通过配置专用程序代码来支持应用程序的特定服务。应用网关防火墙允许用户访问代码服务，但绝对不能允许让用户登录到该网关上，否则该用户就有可能获得 ROOT 权限，从而通过安装特洛伊木马来截获登录口令，并修改防火墙的安全配置，直接攻击防火墙。

二、防火墙的主要类型

在实际中使用的防火墙系统可能是上述基本防火墙中的任意一种或交叉组合，下面介绍几种常见的防火墙体系结构。

（一）基于 IP 包过滤器的体系结构

IP 包过滤器是基于包过滤技术的，它位于内部网络和外部网络的连接处，有两个网络接口，其主要功能是过滤 IP 包。数据包是网络传输信息的单元，每个文件在网络上传输时都是通过分割成包进行传输的，当这些包到达目的地时，再将这些包重新组织起来，形成完整的文件。每个包都含有两个部分：包头和数据部分。包过滤器使用 IP 包头来进行对传输报文的控制。当一个报文到达过滤路由器时，工作过程如下。

（1）包过滤器从包头中取出需要的信息。例如，源、目的 IP 地址，源、目的 TCP 端口号；

（2）包过滤器将这些信息与规则表中的规则相比较；

（3）如果这个包来自 Troublehost，无论其目的地址是哪里都将被丢弃；

（4）如果这个包通过了第一条规则（如果不是来自于 Troublehost），则继续检查直到满足所有的规则；

（5）如果其中任意一条规则不满足，这个包就将被丢弃。

另外，包过滤器对网络传输速度有较大的影响，配置的规则应该尽量精简。

（二）双重宿主主机体系结构

双重宿主主机体系结构是围绕双重宿主的主体计算机而构筑的。该计算机至少有两个网络接口，这样的计算机主机可以充当与这些接口相连的网络之间的路由器，它能够从一个网络往另一个网络发送 IP 数据包。然而，实现双重宿主主机的防火墙体系结构禁止这种发送功能，也就是说 IP 数据包从一个网络（例如因特网）并不是直接被发送到其他网络（例如内部的被保护的网络），而是通过双重宿主主机进行通信。防火墙内部的系统（在内部网）与双重宿主主机通信，双重宿主主机再与防火墙外部的系统（在因特网上）通信。但是内外系统不能直接相互通信，他们之间的 IP 通信被完全阻止。双重宿主主机防火墙体系结构是相当简单的。双重宿主主机位于两者之间，并且被连接到因特网及内部的网络上。双重宿主主机体系结构如图 8-17 所示。

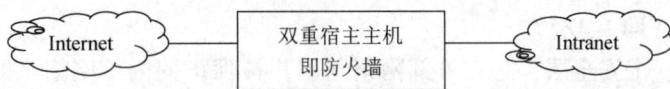

图 8-17　双重宿主主机体系结构示意图

双重宿主主机能提供级别非常高的控制，假设用户一点也不允许数据包在外部的与内部的网络之间传输，如果内部网络上有任何外部源的数据包，那么用户就可以断定在安全上存在某种问题。双重宿主主机结构也存在着一定的弊端，它仅仅能通过代理主机，或者通过用户直接登录到双重宿主主机来提供服务。这样，用户账户自身会带来明显的安全问题。尤其在双重宿主主机上他们会引起特殊的问题。更严重的是，大多数用户认为通过登录到双重宿主主机来使用它是麻烦的。

（三）被屏蔽主机体系结构

这种体系结构是综合 IP 包过滤器和堡垒主机两种结构组合而成的。它所提供的安全性能要比包过滤防火墙系统要强，因为它实现了网络层安全（包过滤）和应用层安全（代理服务）的结合。当入侵者在破坏内部网络的安全性之前，必须首先突破这两种不同的安全系统。

堡垒主机位于内部网络上，在屏蔽路由器上的数据包过滤是按这样一种方法设置的：即堡垒主机是因特网上主机能连接到的唯一的内部网络上的系统（例如，传送进的电子邮件）。即使这样，也仅有某些确定类型的连接被允许。任何外部的系统试图访问内部的系统或者服务将必须连接到这台主机。因此，堡垒主机需保持更高等级的主机安全。而包过滤路由器则放置在内部网络和外部网络之间。在路由器上设置相应的规则，使得外部系统只能访问堡垒主机，去往内部系统上其他主机的通道被全部阻塞。由于内部主机与堡垒主机处于同一个网络，内部系统是否允许直接访问外部网，或者是要求使用堡垒主机上的代理服务来访问外部网完全由企业的安全策略来决定。对路由器的过滤规则进行配置，使得其只接收来自堡垒主机的内部数据包，就可以强制内部用户使用代理服务，从而加强内部用户对外部 Internet 访问的管理。屏蔽主机防火墙体系结构如图 8-18 所示。

与其他体系结构相比，被屏蔽主机体系结构有一些缺点。主要是如果入侵者设法侵入了堡垒主机，则在堡垒主机和其余的内部主机之间没有任何保护网络安全的东西存在，路由器就会出现一个单点失效。如果路由器被损害，整个网络对入侵者就是开放的。

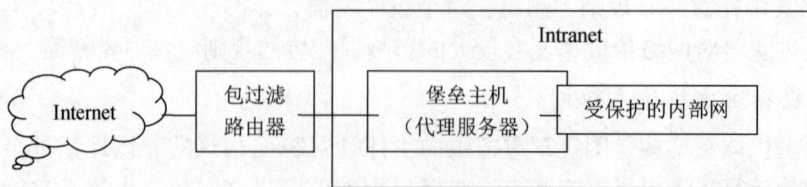

图 8-18　屏蔽主机防火墙体系结构示意图

（四）屏蔽子网体系结构

这种体系结构是在被屏蔽主机体系结构基础上发展而来的。被屏蔽子网体系结构的最简单的形式为两个屏蔽路由器，每一个都连接到周边网络。一个位于周边网与内部网络之间，又叫内部路由器；另一个位于周边网与外部网络之间（通常为 Internet 网），又叫外部路由器。利用两台屏蔽路由器把内部网络与外部网络隔开，这样就把堡垒主机、信息服务器，及其他公用服务器放在该周边网络中，这个周边网络称为"停火区"或"非军事区"（DeMilitarized Zone，即 DMZ）。

周边网络是另一个安全层，是在外部网络与用户被保护的内部网络之间附加的网络。如果入侵者成功地侵入用户防火墙的外层领域，周边网络在那个侵袭者与用户的内部系统之间提供一个附加的保护层。

内部路由器是与内部网络相连的路由器，用来保护内部网络使之免受因特网和周边网的侵犯。

外部路由器是与外部网络相连的路由器，也被称为访问路由器。用来保护内部路由器、周边网和内部网使之免受来自因特网的侵犯。

如果入侵者要侵入用这种类型的体系结构构筑的内部网络，入侵者必须通过两个路由器。因此，即使入侵者设法侵入堡垒主机，他仍然必须通过内部路由器才能侵入到内部网络。这样就大大地减少了成功入侵的可能性，从而有效地保障了内部网络的安全性。屏蔽子网防火墙体系结构如图 8-19 所示。

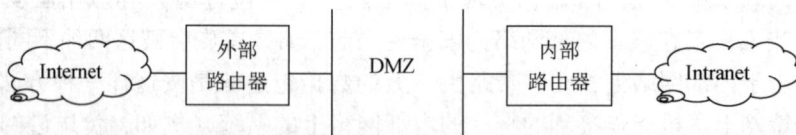

图 8-19　屏蔽子网防火墙体系结构图

上面介绍了几种常见的构筑防火墙的体系结构，还有许多不同的结构形式，在实际工作中，应该根据所购买防火墙软件的要求和硬件环境所能提供的支持，综合考虑选用最合适的防火墙体系结构，最大限度地发挥防火墙软件的功能，实现对信息的安全保护。

三、VPN 技术

在这一小节里简单介绍一下虚拟专用网技术（Virtual Private Network，即 VPN）。

（一）VPN 的概念

虚拟专用网络被定义为通过一个公用网络（通常是 Internet）建立一个临时的安全的连接，是一条穿过公用网络的安全、稳定的隧道。VPN 是对企业内部网的扩展，其可以帮助远程用户、公司分支机构、商业伙伴及供应商同公司的内部网建立可信的安全连接，并保证数据的安全传输。

实现虚拟专用网络的技术刚刚开始标准化，并且 Internet 工程任务小组（IETF）已经制订了虚拟专用网络标准。基于这一标准的产品，将使各种应用场合下的虚拟专用网络有充分的互操作性和可扩展性。现今的虚拟专用网络产品主要是运行在 IPv4 之上的，但是它们应当具备升级到 IPv6 的能力，同时要保持良好的互操作性，成功地实现一个虚拟专用网络不只是技术问题，供应商的工作经验也起着重要的作用。

（二）实现 VPN 的安全协议

实现 VPN 通常用到的安全协议主要包括 SOCKS v5、IPSec 和 PPTP/L2TP。在这几种安全协议中，PPTP/L2TP 用于链路层，IPSec 主要应用于网络层，SOCKS v5 应用于会话层。为了解决 Internet 所面临的不安全因素的威胁，实现在不信任通道上的数据安全传输，使安全功能模块能兼容 IPv4 和下一代网络协议 IPv6，IPSec 协议将会是主要的实现 VPN 的协议。

IPSec 是 Internet 的安全协议，是 IP 与 Security 的简写。IPSec 联合使用多种安全技术来为 IP 数据包提供保密性、完整性和真实性。IPSec 对于 IPv6 是必需的，而对 IPv4 是可选的。它提供了在局域网、专用与公用的广域网（WAN）和 Internet 上安全通信的能力。

（三）如何才能建立 VPN

要想建立 VPN，两个网络必须进行以下操作。

（1）各站点必须在网络设备上建立一台具有 VPN 功能的设备，可以是一台路由器、防火墙或专门用于 VPN 工作的设备；

（2）各站点必须知道对方站点使用的 IP 地址；

（3）两站点必须对使用的授权检查和根据需要采用的数字证书方式达成一致；

（4）两站点必须对需要使用的加密方法和交换密钥的方法达成一致。

在图 8-6 中，位于 VPN 各端的设备都是用于实现与因特网连接的路由器。两个因特网站点之间建立的 VPN 实例如图 8-20 所示。

图 8-20 两个因特网站点之间建立的 VPN 示意图

（四）VPN 应用

1. 通过 Internet 实现安全远程用户访问

一个系统上配备了 IP 安全协议的最终用户，可以通过调用本地 Internet 服务提供商（ISP）来获得对一个公司网络的安全访问，这为在外出差的雇员和远程工作的员工减少了长途通信的费用。

2. 通过 Internet 实现网络互联

通过 Internet 实现两个相互信任的内部网络的安全连接，可以采用两种方式使用 VPN 技术来连接远程局域网络，一是使用专线连接分支机构和企业局域网；二是使用拨号线路连接分支机构和企业局域网。

3. 连接企业内部网络计算机

在企业的内部网络中，某些部门可能存储有重要数据，为确保数据的安全性，传统的方式只能是把这些部门同整个企业网络断开，这样虽然保护了部门的重要信息，但是却与其他部门的用户无法连接，造成通信上的困难。采用 VPN 方案，通过使用一台 VPN 服务器既能够实现与整个企业网络的连接，又可以保证保密数据的安全性。使用 VPN 服务器企业网络管理人员可通过制订只有符合特定身份要求的用户才能连接 VPN 服务器获得敏感信息。

（五）VPN 产品选项

选择 VPN 连接设备的种类时，有几个方面可供选择。这些选择可以分为如下三类。

1. 基于防火墙的 VPN

最为流行的 VPN 方案是防火墙集成方案。因为用户一般都会为网络设备布置一台防火墙，因此，让防火墙来支持 VPN 连接是很自然的事情。这样可以提供一个集中式的管理，又可以兼顾防火墙的安全策略和需要建立的传输隧道。

2. 基于路由器的 VPN

利用因特网边界的路由器，把 VPN 安装在边界路由器上能够在数据流入防火墙之前进行解密。

3. 专用软件或硬件

如果用户已经购买防火墙和路由器，但两者都不支持 VPN 功能，用户可以使用硬件或软件解决方案专门生成 VPN 连接。

总之，用户可以根据自己的需求进行选择，同时兼顾已经购买的设备。

四、安全检测技术

上面讲述的防火墙是静态的防御系统，其功能及作用范围也是有限的，不可能做到全面的防护。对绕过防火墙的非法访问无能为力，对网络内部的用户非法访问也是无能为力的。入侵检测技术是防火墙的有力补充，它们可以和你的防火墙和路由器配合工作。入侵监测系统（IDS）处于防火墙之后对网络活动进行实时检测。许多情况下，由于可以记录和禁止网络活动，所以入侵监测系统是防火墙的延续。IDS 扫描当前网络的活动，监视和记录网络的流量，根据定义好的规则来过滤从主机网卡到网线上的流量，提供实时报警。安装入侵监测系统形成安全防护体系，监视内部关键的网段，扫描网络上的所有数据，检测服务拒绝型袭击、可疑活动、恶意的小型应用程序和病毒等攻击，及时报告管理人员，阻止这些攻击到达目标主机。

（一）入侵检测技术

1. 入侵检测的含义

入侵行为主要是指对系统资源的非授权使用，可以造成系统数据的丢失和破坏、系统拒绝服务等危害。入侵检测（Intrusion Detection）定义为"识别非法用户未经授权使用计算机系统，或合法用户越权操作计算机系统的行为"，通过对计算机网络中的若干关键点或计算机系统资源信息的收集并对其进行分析，从中发现网络或系统中是否有违反安全策略的行为和被攻击的迹象。

2. 入侵检测系统的主要任务

入侵检测系统执行的主要任务包括监视和分析用户及系统活动；审计系统构造和弱点；识别和反映已知进攻的活动模式，向相关人士报警；统计分析异常行为模式；评估重要系统和数据文件的完整性；审计和跟踪管理操作系统，识别用户违反安全策略的行为。入侵检测一般分为3个步骤，依次为信息收集、数据分析、响应（被动响应和主动响应）。

3. 入侵检测系统的分类

入侵检测系统有不同的分类标准，按照不同的分类标准可以得到不同的分类结果，下面分别依据不同的分类标准对入侵检测进行分类。

（1）按数据源分类。

①基于主机的入侵检测系统。基于主机的入侵检测系统通常采用系统日志和应用程序日志等审计数据作为检测的数据源，然后从所在的主机收集这些信息进行分析。基于主机的入侵检测系统一般只保护它所在的主机系统。

②基于网络的入侵检测系统。基于网络的入侵检测系统使用网络上传输的数据包作为检测的数据源。通常利用一个运行在"杂收"模式下的网络适配器来实时监视并分析网络上传输的所有数据包，判断是否有入侵行为。一旦检测到了攻击行为，入侵检测系统的报警部件就发出通知并对攻击采取相应的防御手段。

（2）按系统结构分类

①集中式入侵检测系统。集中式入侵检测系统只在固定数量的主机上进行数据分析。数据分析部件一般不随着主机数量的增加而增加。早期的入侵检测系统都是集中式的。由于该系统存在固定数量的分析器，因此在数据处理中存在关键结点和处理速度等问题。

②分布式入侵检测系统。分布式入侵检测系统中，运行数据分析部件的场地数量与被监视的主机数量成比例。它是由多个检测实体监控不同的主机和网络部分，各实体间可以相互协作共同完成检测任务。

（3）按入侵的时间分类。

①实时入侵检测系统。实时入侵检测在网络连接过程中进行，系统根据用户的历史行为模型和存储在计算机中的专家知识以及神经网络模型对用户当前的操作进行判断，一旦发现入侵迹象立即断开入侵者与主机的连接，并收集证据和实施数据恢复。这个检测过程是自动的和不断循环进行的。

②事后入侵检测系统。事后入侵检测由网络管理人员进行，他们具有网络安全的专业知识，根据计算机系统对用户操作所做的历史审计记录判断用户是否具有入侵行为，如果有就断开连接，并记录入侵证据和进行数据恢复。事后入侵检测是管理员定期或不定期进行的，不具有实时性，因此防御入侵的能力不如实时入侵检测系统。

（二）安全评估技术

安全检测和评估是一项复杂的系统工程，需要很多不同背景的人员，从各个不同的方面来认真研究分析。一种可行的有效的思路是首先进行各个单项检测与评估，然后再进行综合检测与评估。

目前，我国普遍使用的计算机的操作系统大都是从国外引进的，是属于C1级和C2级的产品，它们都存在着不同程度的安全漏洞。因此，为了减少因系统存在的安全漏洞而造成的黑客攻击，应当利用现有的网络安全分析系统分析网络系统结构和配置，同时利用漏洞扫描技术进行系统安全扫描，扫描操作系统和数据库系统的安全漏洞与错误配置，及时发现系统中的弱点或漏洞，提示管理员进行正确配置，及时分析和评估，尽早采取补救措施，增加安全补丁及填补安全漏洞，以避免各种损失。

第六节　病毒防范技术

一、病毒的概念

计算机病毒是一种有很强破坏和感染力的计算机程序。这种程序和其他程序不同,当把它输入正常工作的计算机以后,会搞乱或者破坏已有的信息。它具有再生的能力,会自动进入有关的程序进行自我复制,冲乱正在运行的程序,破坏程序的正常运行。它像微生物一样,可以繁殖,因此被称为"计算机病毒"。

二、病毒类型

计算机病毒的种类很多,分类方法也很多,按其表现可分为良性病毒和恶性病毒两种。良性病毒危害比较小,它一般只干扰屏幕,如国内出现的"圆点"病毒就是如此;恶性病毒危害很大,它可能毁坏数据或文件,也可以使程序停止造成网络瘫痪,如"大麻"病毒、"耶路撒冷"病毒和"蠕虫"病毒就属于这一类。这类病毒发作后,会给用户造成不可挽回的损失。

按工作机理分类可以把病毒分为以下几种。

（一）引导区病毒

也叫初始化病毒,它把自己附属在磁盘的引导区部分,当计算机系统被引导时,病毒取得系统控制权,驻留内存,在所有时间里对系统进行控制。比如截获所有系统中断,监视系统的活动。寻找任何为了读、写和格式化等操作。因此,对于利用计算机上网的人们来说,最糟糕的事就是一个病毒驻留在你计算机的主引导区,每当启动计算机时病毒也被启动。这就意味着当引导信息装入时,病毒就会感染硬盘上的所有文件。多数情况下,用户必须用其他设备启动,如 CD-ROM 等,以便跳过病毒启动。然而,最坏的情况是病毒识别出反病毒程序,并在用户启动这些程序前删除它们。

（二）文件型病毒

通常是指可执行文件病毒,这类病毒通过感染可执行文件起作用,一旦病毒启动,它把自己和所有启动的可执行文件连接在一起,通常是在程序后端加上病毒代码。当受感染文件执行时,病毒自身也执行,并开始恶性的循环。一个可执行病毒从它运行到用户关机一直驻留在内存中,即使用户退出已感染程序也是如此。比如病毒感染了 Word,则所有在 Word 之后运行的应用也会被感染,这样病毒会散布到整个系统。可执行文件的后缀为 .exe 和 .com 的文件。例如"耶路撒冷"病毒和"维也纳"病毒即属于文件型病毒。

（三）入侵型病毒

它是将自身或其变种粘到现有宿主程序体的中间,而不是宿主程序体的头部或尾部,并对宿主程序进行修改。它能在没有干预的情况下,在宿主程序中找到恰当的位置将自己插入。这种病毒检测和消除都比较困难。

（四）外壳型病毒

它是将自己的复制品或其变种包围在宿主程序的头部或尾部,可以对原来的程序不做任何修改。在运行宿主程序时，该病毒首先进入内存，有半数以上的外壳病毒就是以这种方式传染的，如"黑色星期五"病毒。

还有一种在办公软件中比较流行的病毒就是宏病毒，宏语言是一些应用的集成语言，它容许用户扩展应用程序功能。在绝大多数情况下，宏语言是有用而无害的，但由于在很多应用中缺少安全约束，宏语言也可用来创建病毒。在很多情况下，宏病毒经常感染 Microsoft Word 和 Excel 这类世界最流行的办公软件。

三、病毒的特性

病毒表现的几种常见特性如下。

（一）感染性

计算机病毒具有再生机制，它能够自动地将自身的复制品或其变种感染到其他程序体上。这是计算机病毒最根本的属性，是判断和检测病毒的重要依据。

（二）流行性

一种计算机病毒出现之后，可以流行感染一类计算机程序、计算机系统和计算机网络。病毒中的代码通过计算机、存储器和存储介质进行传播和扩散，强行修改计算机程序和数据。

（三）欺骗性

病毒程序往往采用几种欺骗技术，如脱皮技术、改头换面和密码技术来逃脱检测，使其具有更长的隐藏时间，从而达到传染和破坏的目的。

（四）危害性

病毒不仅占用系统资源、删除文件或数据、格式化磁盘、降低运行效率或中断系统运行，甚至使整个计算机网络瘫痪，从而造成灾难性后果。

（五）潜伏性

病毒具有依附于其他媒体的能力，入侵计算机系统的病毒一般有一个休眠期，当它侵入系统之后，一般并不立即发作，而是潜伏下来。在此期间，它没有任何破坏行为，也不做任何破坏活动，而要经过一段时间或满足一定的条件后才突发式地进行感染，复制病毒副本，进行破坏活动。

（六）隐蔽性

有的病毒感染宿主程序以后，在宿主程序中自动寻找"空洞"，而将病毒拷贝到空洞中，并保持宿主程序长度的不变，使其难以被发现，以争取较长的存活时间，从而造成大面积的感染，如 4096 病毒就是这样。

四、病毒的预防

计算机病毒的防治要从防毒、查毒、解毒三个方面进行。

（一）防毒

是指根据系统的特性和网络的性能要求，采取相应的系统安全措施预防病毒侵入计算机。

（二）查毒

是指利用病毒软件在指定的环境里进行病毒的排查，该环境包括内存、文件、引导区

（含主导区）和网络等。查毒能够准确地报出病毒名称。

（三）解毒

是指利用病毒软件根据不同类型病毒对感染对象的修改，并按照病毒的感染特性所进行的恢复。该恢复过程不能破坏未被病毒修改的内容。感染对象包括内存、引导区（含主导区）、可执行文件、文档文件和网络等。

随着企业 Intranet 不断和 Internet 直接相连，要保护的不再仅仅是单机，而是把网络作为一个整体来保护，因此只在一台计算机上安装防病毒软件是不够的。所以需要一种不仅适用于单机，而且也适用于计算机网络的杀毒软件。在这里只列举几个著名的软件公司的产品，如金山毒霸、北京江民技术公司的 KV3000、瑞星、赛门铁克等，这些软件都是目前比较不错的杀毒软件。

本章小结

对电子商务而言，安全是一个再怎么强调也不过分的话题。电子商务系统安全保障是一个复杂的系统工程，涉及技术、设备、各类人员、管理制度、法律调整等诸多方面，需要在网络的硬件环境、软件和数据、国际通讯等不同层次上实施一系列各不相同的保护措施。

本章主要讲述电子商务安全的有关知识，包括安全需求、网络安全技术、信息安全技术、电子商务认证技术及安全电子交易技术等内容。

（1）电子商务系统包括服务商、客户、银行和认证机构四方，它要求信息流能够在各方之间安全的传递，满足信息的机密性、鉴别性、完整性、有效性和不可抵赖性等要求，从而为电子商务活动的开展提供了一个安全的环境。

（2）要确保电子商务的网络安全，首先操作系统要足够安全。本节讲述了 Windows NT 和 Windows 2000 这两种操作系统为了构筑安全性所采用的一些措施。介绍了防火墙；VPN 应用；计算机病毒相关知识；入侵检测技术。

（3）信息安全技术是电子商务安全系统中最为核心的内容。其中加密技术是最基本的安全技术，其主要功能是提供机密性服务。加密技术包括对称密钥加密和非对称密钥加密。良好的加密软件 PGP 就是综合利用了这两种加密技术，实现对文件和邮件的加密传输。

（4）认证是指核实真实身份的过程。认证主要分两个方面：一是消息认证。二是实体认证。消息认证可以有不同的方案，采用消息认证码的消息认证或使用哈希函数的消息认证。实体认证利用证书机构保证用户的真实性。证书机构的主要功能有证书的颁发、证书的更新、证书的查询、证书的作废、证书的归档。数字证书由一个证书机构签发，它具有权威性，是一个普遍可信的第三方。电子商务交易中数字证书大致可分为个人证书、服务器证书、安全电子函件证书、CA 证书。

（5）SET 和 SSL 是两种较为常见的网络协议，SSL 协议又叫"安全套接层协议"。它采用了公开密钥技术，其目标是保证两个应用间通信的保密性和可靠性，可在服务器和客户机两端同时实现支持。现在 SSL 协议已经成为 Internet 上保密通信的工业标准。

SET 协议中利用的主要技术有加密技术，如 RSA 和 DES 算法、数字信封、数字签名、数字时间戳、Hash 算法、消息摘要以及数字证书等。利用 SET 协议，可以充分保障电子商务支付的机密性、数据完整性、身份的合法性和防抵赖性。

PKI 为一组安全服务的集合，可以在分布式计算机系统中使用公钥加密机制和证书。

习题集

一、名词解释

1. 密码学

2. 对称密钥密码体制

3. 非对称密钥密码体制

4. 消息认证

5. 实体认证

6. CA

7. SSL 协议

8. SET 协议

9. PKI

10. VPN

二、选择题

1. 对称加密方式主要存在(　　)问题。

A. 加密技术不成熟　　　　　　　　　B. 无法鉴别贸易双方的身份

C. 密钥安全交换和管理　　　　　　　D. 加密方法很复杂

2. 在非对称加密体制中,(　　)是最著名和实用的一种非对称加密方法。

A. RSA　　　　　　B. PGP　　　　　　C. SET　　　　　　D. SSL

3. 非对称加密方法的优点是(　　),而且能方便地鉴别贸易双方的身份。

A. 加密技术很成熟

B. 解决了对称加密技术中密钥的安全交换和管理问题

C. 可以用于加密各种文件和数据

D. 加密方法很复杂导致加密速度很慢

4. 在数字信封中,加密信息被分成密文和信封两部分,使用(　　)加密方法来加密会话密钥形成数字信封。

A. 非对称　　　　　　B. 对称和非对称　　　C. 对称　　　　　　D. 对称或非对称

5. 在数字签名中,发送方使用(　　)进行数字签名。

A. 接收方公钥　　　　B. 接收方私钥　　　　C. 发送方公钥　　　　D. 发送方私钥

6. 电子交易的一方若对当前签发证书的 CA 本身不信任,则可从(　　)CA 去验证本层CA 的身份。

A. 上一层　　　　　　B. 同一层　　　　　　C. 最上层　　　　　　D. 下一层

7. SET 安全协议涉及的对象不包括(　　)。

A. 消费者　　　　　　　　　　　　　B. 认证中心

C. 收单银行和电子货币发行银行　　　D. 在线税务

8. (多选)SET 协议保证电子商务参与者信息的相互隔离,即指(　　)。

A. 银行不能看到客户的定单信息　　　B. 商家不能看到客户的支付信息

C. 商家不能看到客户的定单信息　　　D. 银行不能看到客户的支付信息

9. 下列哪一种类型的防火墙是建立在网络应用层上的协议过滤。(　　)

A. 包过滤防火墙   B. 代理服务防火墙   C. 电路级网关   D. 应用级网关

三、简答题

1. 简述电子商务的安全威胁和安全要求。

2. 电子商务的安全体系角色由哪几部分构成。

3. 解释数字证书、数字信封、数字签名、数字时间戳、CA 的含义。

4. 简述 SSL 协议的实现模型和应用。

5. 简述 SET 协议中利用的主要技术和 SET 协议中所涉及的主要对象。

6. 登录广东省电子商务认证中心（http：//www. cnca. net/）了解数字证书的购买流程和下载。

7. 登录中国金融认证中心（http：//www. cfca. com. cn/chanpin/#rz）了解 PKI 的相关技术。

8. 登录上海市数字证书认证中心（http：//www. sheca. com/）了解数字证书的相关知识。

9. 登录中国工商银行网站（http：//www. icbc. com. cn/）、中国建设银行网站（http：//www. ccb. com. cn/）、招商行（http：//www. cmbchina. com/）进入网上银行，了解数字证书及认证的相关知识。

10. 防火墙有哪几种类型?

11. 简述 VPN 技术，VPN 应用的领域。

12. 简述病毒的分类和特性，如何防范病毒。

13. 简述入侵检测系统的分类。

第九章　电子商务与网络支付

学习目标：

（1）掌握电子现金、网络银行的基本概念，网络支付体系。
（2）掌握网上支付结算工具类型。
（3）理解第三方支付及移动支付。
（4）了解大额支付平台。

开篇案例：第三方支付——微信支付

微信支付是集成在微信客户端的支付功能，用户可以通过手机完成快速的支付流程。微信支付以绑定银行卡的快捷支付为基础，向用户提供安全、快捷、高效的支付服务。用户只需在微信中关联一张银行卡，并完成身份认证，即可将装有微信 APP 的智能手机变成一个全能钱包，之后即可购买合作商户的商品及服务，用户在支付时只需在自己的智能手机上输入密码，无须任何刷卡步骤即可完成支付，整个过程简便流畅。目前微信支付已实现刷卡支付、扫码支付、公众号支付、APP 支付，并提供企业红包、代金券、立减优惠等营销新工具，满足用户及商户的不同支付场景。2017 年 1 月 13 日下午，中国人民银行发布了一项支付领域的新规定《中国人民银行办公厅关于实施支付机构客户备付金集中存管有关事项的通知》，明确了第三方支付机构在交易过程中，产生的客户备付金，今后将统一交存至指定账户，由央行监管，支付机构不得挪用、占用客户备付金。

一、用户绑卡教程

（1）打开微信，进入到"我"选项，点击"钱包"；
（2）进入到"钱包"选项后，点击右上角"银行卡"，进入到"我的银行卡"选项后，点击"添加银行卡"可设置密码；
（3）根据提示输入银行卡的持卡人姓名和卡号；
（4）填写卡类型、手机号码，进行绑定；
（5）手机会收到一条附带验证码的短信，填写后确认；
（6）两次输入，完成设置支付密码，银行卡绑定成功。

二、商户接入流程

（一）公众号开通微信支付流程

微信支付（商户功能），是公众平台向有出售物品需求的公众号提供推广销售、支付收款、经营分析的整套解决方案。商户通过自定义菜单、关键字回复等方式向订阅用户推送商品消息，用户可在微信公众号中完成选购支付的流程。商户也可以把商品网页生成二维码，张贴在线下的场景，如车站和广告海报。用户扫描后可打开商品详情，在微信中直接购买。

1. 申请条件/申请资格

申请成为公众账号支付商户需要满足以下条件。

（1）拥有公众账号，且为服务号；

（2）公众账号须通过微信认证（未认证用户，可先申请微信认证）；

微信认证资质审核通过后，即可申请微信支付功能。

2. 申请具体流程

（1）进入申请页面，公众平台→微信支付；填写"商户基本资料""业务审核资料""财务审核资料"等资料。

（2）签署承诺函。资料审核通过后，按照指引下载承诺函模板、并签署盖章后；需"商户基本资料""业务审核资料""财务审核资料"三项资料都审核通过后方可下载承诺函。

（3）签署协议。确认商户信息、在线签署微信支付服务协议，无须邮寄合同。

（二）APP 开通微信支付流程

（1）APP 注册并认证。

（2）注册开放平台账号，提交 APP 基本信息（申请资料），通过开放平台应用审核。

首先在线提交申请资料，然后签署协议，接着进行功能发布，开发完成后，APP 内即可调用微信支付模块内容，发起支付。

（三）线下实体商户接入流程

线下实体商户可通过掌贝等微信支付服务商直接申请。所需条件：持有组织机构代码证；公众账号须通过微信认证。

三、应用场景

（一）付款码支付

付款码打开路径：微信->"我"->"支付"->"收付款"，商户收银员用扫码设备扫描用户的条码/二维码，商户收银系统提交支付；

（二）JSAPI 支付

（1）商户下发图文消息或者通过自定义菜单吸引用户点击进入商户网页；

（2）进入商户网页，用户选择购买，完成选购流程。

（三）扫面二维码支付

商户根据收款提供二维码，用户使用微信扫描二维码之后完成付款

（四）APP 支付

用户进入商户 APP，选择商品下单、确认购买，进入支付环节。商户服务后台生成支付订单，用户完成支付。

（五）H5 支付

登录商户平台-->产品中心→我的产品→支付产品→H5 支付

（六）刷脸支付

用户通过身份实名认证之后，在付款环节，可直接通过刷脸支付，快捷便利。

四、微信支付品牌理念——微信支付·不止支付

微信支付的发展是开放体系，面向商户是开放的，面向第三方服务商也是开放的。如果商户自己有足够的IT能力、IT团队、运营能力，自己就可以接入运营。但大多数商户没有。服务商就是帮助这些传统行业做O2O公司的，他们有技术开发能力，可为普通商户提供微信支付技术开发、营销方案等服务。

微信支付一直以来持续打造"智慧生活"，将企业责任与更多行业及用户的需求关联，提供更多的商业和用户价值，引领行业走进全新的"智慧生活"时代。

（一）带来便捷的交易与沟通

创新的产品功能（转账、红包、找零、支付+会员等）不仅方便了用户的交易，提高了效率，还能让很多传统的生意和习俗更有新意，在交易同时，带来更多的乐趣，社交支付甚至成为情感交流和传达爱意的新方式。

（二）智慧高效的生活体验

线上线下场景的覆盖，给用户提供零售、餐饮、出行、民生等生活方方面面的高效智慧的体验，让用户更加自在有安全感的生活和出行，用户从此告别钱包、告别排队、告别假钱、告别硬币零钱。

（三）帮助产业升级商业价值输送

微信支付携手各行各业的商户共筑智慧生活，为传统行业带来智慧解决方案帮助传统行业转型，让传统行业搭上"互联网+"的直通车，推动传统行业产业升级，带来新的机会和转变，更多商业化价值输出，引领行业共建智慧生活圈。

（四）生态链延伸，价值共享

微信支付创新的技术支撑和开放的平台原则，与行业一起共享微信支付带来的价值，引领行业共同构建完善的智慧生活生态链，基于智慧生态链的延伸孵化出很多新兴的产业机会，微信支付的服务商遍布全球各地，携手微信支付一起为商户和用户带来智慧生活的体验而努力奔走，扶持帮助服务商共同成长，携手推进智慧化生活进程。

五、微信支付接入商家

2014年3月8日，王府井百货接入微信支付。

2014年10月，丽江、大理、西塘、鼓浪屿、凤凰等热门旅游景区内近3000家客栈和民宿已全面上线微信支付。

2014年11月，顺丰速运宣布，全国范围内支持微信支付，抢得"微信智慧生活"全行业解决方案在快递业的头啖汤。

2015年5月5日，家乐福在广州、深圳的13家门店首批接入微信支付，家乐福全国237家门店将陆续接入微信支付，正式启动"智慧超市"模式。

2015年9月25日，麦当劳中国和微信支付联合宣布，双方将在数字化用餐体验方面进行全面合作。

2016年4月11日，中石化北京加油站上线了微信支付，覆盖500多家石化直营易捷便利店。

2016年4月22日，微信支付绑卡用户数超过3亿个，线下门店接入微信支付总数超过

30 万家，5 个月产生超过 5000 个注册服务商。

2016 年 5 月，中国石油在全国 31 个省市范围内近 1500 座直营油站同步上线微信支付。

2016 年 6 月，国民时尚品牌美特斯邦威宣布接入微信支付。目前，用户在美特斯邦威旗下 500 家直营门店买单时，已经可以使用微信支付。

2016 年 12 月 8 日，星巴克咖啡公司与腾讯控股有限公司宣布达成战略合作，微信支付自即日起接入星巴克中国大陆近 2500 家门店。

2017 年 1 月 11 日，必胜客全国 1700 余家门店接入微信支付。

2017 年 11 月 9 日，法国巴黎银行宣布，巴黎老佛爷百货集团推出微信支付。

2017 年 11 月 23 日，港铁与腾讯签约，为内地与香港用户提供微信支付购票服务。

2017 年 12 月，日本饮料企业伊藤园与开发智能手机相关服务的 NEOS 共同开发出面向访日中国游客、可用智能手机支付的自动售货机。该自动售货机可使用"微信支付"付款。

2018 年 5 月 24 日，香港迪士尼乐园与微信支付达成企业联盟合作，园内超过 280 个景点均接入微信支付。

2018 年 6 月 29 日，米其林指南与微信支付在广州宣布达成战略合作，基于米其林指南权威的餐饮评鉴经验以及微信支付、小程序、社交广告等产品功能，开展品牌等多方面的合作。

2018 年 11 月，微信支付与日本 Line 推移动支付服务。

第一节　网络支付概述

商务活动中的支付活动是整个交易过程中的关键环节。在支付环节之前，交易处于意向阶段，而一旦实现安全、正确的支付，则往往意味着交易成功，

在线电子支付是电子商务的一个本质特征，如何安全、正确、快捷、低成本地在线完成支付过程，是电子商务中的一个关键问题。目前国际上流行的两种网上交易模式 B2B（企业对企业）和 B2C（企业对消费者），无一不对网上支付阶段存在很强的依赖。

在电子商务中，由于其支付平台及载体的特殊性，如阿里巴巴和淘宝网采用支付宝，eBay 易采用安付通，拍拍网采用财付通支付系统。因此支付过程的实施有着不同于传统商务支付的独特模式。网上支付是电子商务发展的重心所在，是完成网上交易的关键步骤。建立完善的电子支付系统，才能实现真正的电子商务。

一、网络支付及其特征

网络支付，也称网上支付，英文可定义为 Net Payment，就是指以金融电子化网络为基础，以各种电子货币为媒介，通过计算机网络特别是 Internet 以电子信息传递的形式实现流通和支付功能。可以看出，网络支付带有很强的 Internet 烙印。

从电子支付与网络支付的发展及概念可以看出，网络支付可以认为是电子支付的一个最新发展阶段，或者说，网络支付是基于 Internet 并适合电子商务的电子支付。网络支付比现流行的信用卡 ATM 存取款、POS 支付结算等电子支付方式更新更先进一些，将是 21 世纪网络时代里的主要电子支付方式。

与传统的支付方式相比较，网络支付具有如下特征。

（1）网络支付是采用先进的信息技术通过数字流转来完成信息传输的，其各种支付方式都是采用数字化方式进行款项支付，而传统的支付方式则是通过现金的流转、票据的转让及银行的汇兑等物理实体的流转来完成款项支付。

（2）网络支付的工作环境基于一个开放的系统平台（如互联网），而传统支付则是在较为封闭的系统中运作。

（3）网络支付使用的是最先进的通信手段，如 Internet、Extranet，传统支付使用的则是传统的通信媒介。电子支付对软、硬件设施的要求很高，如联网的微机、相关的软件及其他一些配套设施，而传统支付则没有这么高的要求。

（4）网络支付具有方便、快捷、高效和经济的优势。用户只要拥有一台联网的微机，足不出户便可以在很短的时间内完成整个支付过程。支付费用仅相当于传统支付方法的几十分之一，甚至几百分之一。

二、网络支付的基本功能

虽然网络支付体系的基本构成和方式在不同的环境不尽相同，但安全、有效、方便、快捷是所有网络支付方式或工具追求的共同目标。对于一个实用的网络支付与结算系统而言（可能专门针对一种网络支付方式，也可能兼容几种网络支付方式），它至少应该具有以下 7 种基本功能。

（1）能够使用数字签名和数字证书等实现对网上商务各方的认证，以防止支付欺诈。为实现网上交易与支付的安全性，对参与网上贸易的各方身份的有效性进行认证，通过认证机构或注册机构向参与各方发放数字证书，以证实其身份的合法性。

（2）能够使用较为尖端的加密技术，对相关支付信息流进行加密。可以采用单密钥体制或双密钥体制进行信息的加密和解密，可采用数字信封、数字签名等技术加强数据传输的保密性与完整性，防止未被授权的第三者获取信息的真正含义。例如，防止网上信用卡密码被黑客破译窃取。

（3）能够使用数字摘要（即数字指纹）算法确认支付电子信息的真伪性，防止伪造假冒等欺骗行为。为了保护数据不被未授权者建立、嵌入、删除、篡改、重放等，完整无缺地到达接收者一方，可以采用数据杂凑技术（Hash 技术）。

（4）当网上交易双方出现纠纷，特别是有关支付结算的纠纷时，系统能够保证对相关行为或业务的不可否认性。网络支付系统必须在交易的过程中生成或提供足够充分的证据来迅速辨别纠纷中的是非，可以用数字签名等技术来实现。

（5）能够处理网上贸易业务的多边支付问题。支付结算涉及客户、商家和银行等多方，传送的购货信息与支付指令信息还必须连接在一起，因为商家只有确认了某些支付信息后才会继续交易，银行也只有确认支付指令后才会提供支付。为保证安全，商家不能读取客户的支付指令，银行不能读取商家的购货信息，这种多边支付的关系能够借用系统提供的诸如通过双重数字签名等技术来实现。

（6）整个网络支付结算过程对网上贸易各方，特别对客户来讲，应该是方便易用的，手续与过程不能太繁琐，大多数支付过程对客户与商家来讲应是透明的。

（7）能够保证网络支付结算的速度，即应该让商家与客户感到快捷，这样才能体现电子商务的效率，发挥网络支付结算的优点。

三、网络支付种类

网络支付结算方式按照不同的分类标准可以有不同的类别，如按照支付数据流的内容性质划分，网络支付结算方式可分为指令传递型网络支付结算方式和电子现金传递型网络支付结算方式。按照网络支付金额的规模划分，网络支付结算方式可分为微支付、消费者级网络支付、商业级网络支付。

按照开展电子商务的实体性质划分，网络支付结算方式可分为 B2B 型网络支付结算方式和 B2C 型网络支付结算方式。

B2C 型网络支付结算方式是指适应企业对消费者、政府对消费者以及个人对消费者进行电子商务交易时采取的网络支付方式。比如信用卡网络支付结算方式、智能卡网络支付结算方式、电子现金网络支付结算方式、电子钱包网络支付结算方式等。这些方式适用于交易金额较少的网络支付结算，应用方便灵活、实施简单、风险不大。

B2B 型网络支付结算方式是指适应企业对企业、企业对政府进行电子商务交易时采取的网络支付方式。如电子支票网络支付结算方式、电子汇兑系统等。这些方式往往适用于交易金额较大的网络支付结算。

按照网络支付的支撑平台可以划分为两类平台。一类是传统成熟的 EDI 专用网络支付平台，另一类是大众化网络平台 Internet。

EDI 具体用于网络支付时就是金融 EDI，英文为 FEDI（Financial EDI），它是 EDI 技术在金融领域的专业应用，能够实现银行和银行、银行和客户间的各种金融单证的安全有效交换。FEDI 是实施企业间电子商务的关键，也是银行提供金融电子商务服务的重要领域。金融 EDI 与普通的 EDI 原理与过程基本是一致的。

Internet 是电子支付的大众化网络平台。在传统通信网和专用网络上开展电子支付业务，由于终端和网络本身的技术难以适应业务量的急剧增加等一些因素，使用户面很难扩大，并使用户、商家、企业和银行必须承受很昂贵的通信费用，寻求一种物美价廉的大众化电子支付网络平台已成为当务之急，因此，拥有 44 亿多用户并飞速发展的 Internet 就成了全世界各国各个银行首选的电子支付大众化网络平台。与此同时，与电子支付相关的技术、标准和实际应用系统也在不断涌现，在 Internet 上进行电子支付已成为现代化支付系统的发展趋势。由于 Internet 和相关技术的迅猛发展，用户的数量惊人增长，终端和应用系统的丰富多样和简易实现，才给网上电子支付提供了一个崭新的，也是目前唯一可行的真正大众化的通信平台。

三、网络支付体系构成

网上支付几乎要涉及电子商务活动的所有实体，它的实现需要一个有网络连接的所有实体所组成的复杂体系的支持。网络支付与结算的过程要涉及电子商务活动参与的主体（由客户、商家、银行和认证中心四个部分组成），网络支付与结算体系也相应地由电子商务活动参与主体、支付方式以及遵循的支付协议等几个部分组成（图9-1）。而支付功能的实现要通过在线商用电子化机制以及因特网中的交易信息来体现。网上支付的交易安全保证则通过网络安全认证机构的全过程认证以及互联网络本身的防火墙、信息加密措施以及对恶意攻击和欺诈的实时跟踪检测防卫措施来实现。

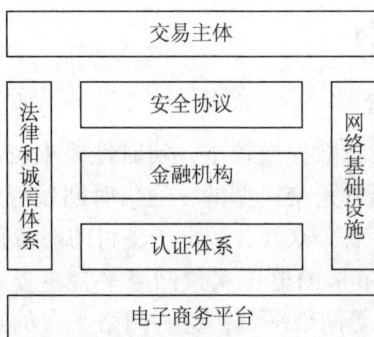

图 9-1　网络支付体系

（1）网上交易主体：网上支付系统的主体首先应该包括买（消费者或用户）卖（商家或企业）双方。

（2）安全协议：网络支付系统应有安全电子交易协议或安全套接层协议等安全控制协议，这些涉及安全的协议构成了网上交易可靠的技术支撑环境。

（3）金融机构：包括网络金融服务机构（含第三方支付）。商家银行和用户银行。

（4）认证体系：公开安全的第三方认证体系可以在商家和用户进行网上交易时为他们颁发电子证书，在交易行为发生时对数字证书和数字签名进行验证。

（5）网络基础设施：电子支付建立在网络平台之上，包括因特网、企业内联网，要求运行可靠，接入速度快、安全等。

（6）法律和诚信体系：属于网上支付与结算的外部环境，是由国家及国际相关法律法规的支撑实现的，另外，还要依赖于完善的社会诚信体系。

（7）电子商务平台：可靠的电子商务网站以及网上支付工具（电子货币，如数字现金、电子支票、信用卡、电子现金）等。

综上所述，电子商务网络支付体系的基本构成即为电子商务活动参与各方与网络支付工具、支付通信协议以及外部环境的结合体。

第二节　网上银行

一、网上银行概述

网上银行又称网络银行、在线银行，是指银行利用 Internet 技术，通过 Internet 向客户提供开户、销户、查询、对账、行内转账、跨行转账、信贷、网上证券、投资理财等传统服务项目，使客户可以足不出户就能够安全便捷地管理活期和定期存款、支票、信用卡及个人投资等。可以说，网上银行是在 Internet 上的虚拟银行柜台。"网上银行"究竟能给银行和用户以及商户带来什么好处呢？首先，网上银行可以减少固定网点数量、降低经营成本，而用户可以不受空间、时间的限制，只要一台 PC、一根电话线，无论在家里，还是在旅途中都可以与银行相连，享受每周 7 天、每天 24 小时的不间断服务。其次，网上银行的客户端由标准 PC、浏览器组成，便于维护。网上 E-mail 通信方式也非常灵活方便，便于用户与银行之间，以及银行内部之间的沟通。

二、网上银行的电子支付

(一) 网上银行的电子支付

电子支付是一种通信频次大、数据量较小、实时性要求较高、分布面很广的电子通信行为，因此电子支付的网络平台通常是交换型的、通信时间较短的、安全保密好的、可靠的通信平台，必须面向全社会，对所有公众开放。电子支付的网络平台有 PSTN、公用数据网、专用数据网、Internet 和 EDI 等。最早的电子支付网络平台主要有 PSTN、X.25 和 X.400 网络等，后来出现了 X.435、X.500 等网络平台，这些网络平台的普及面明显跟不上业务发展的需要，当前的发展趋势主要是 Internet 电子支付网络平台。Internet 网络银行的购物与电子支付基本过程如下。

(1) 顾客接入因特网 (Internet)，通过浏览器在网上浏览销售中心的商品，选择货物，填写订单，交给销售中心；

(2) 销售中心接到订单后，经过审批，向配送中心发出发货请求。由配送中心向顾客进行送货；

(3) 顾客收到商品后，进行商品的清点核对，并对验收单进行签字验收。再将收货单进行数字签名后，发送给销售中心进行挂账处理；

(4) 当需要付款时，由顾客根据订货以及接货验收情况，将结款信息进行签名，并生成付方密码，传送给销售中心；

(5) 销售中心接收到顾客的结款请求时，将自身的银行账号以及收款金额等信息生成收方密码，发送给商家的开户银行；

(6) 商家的开户银行将该笔交易信息通过人民银行金融区域网及其网上的电子实时支付与清算系统与顾客的开户银行进行清算，将款从顾客的账号上划拨到商家的银行中；

(7) 双方的开户银行将交易成功信息发送给各自的用户，电子支付全部完成；

(8) 商家向顾客发送电子发票，网上交易全部完成。

(二) 安全电子支付和 SET 协议

电子商务最重要的部分就是如何完成电子支付的全部流程，在 Internet 上如何进行安全的电子支付，是电子支付的关键问题。安全电子交易协议 (SET) 是在 Internet 上进行信用卡交易而提出的国际协议，主要是为了保证支付信息的机密、支付过程的完整、商户及持卡人的合法身份以及互操作性等。SET 中的核心技术主要有公开密匙加密、电子数字签名、电子信封、电子证书等。SET 协议体系的不断完善为 Internet 电子商务提供了安全保障。SET 与其他电子交易标准比较，已获得 IETF 的认可，是电子商务和整个现代化电子支付系统的发展方向。

三、典型的网络银行

(一) 美国安全第一网络银行 (SFNB)

这里介绍当今世界一个典型的网络银行即美国第一联合国家银行 (First Union National Bank)。1994 年 4 月，美国的三家银行联合在因特网上创建了美国第一联合国家银行，这是新型的网络银行，也称为美国安全第一网络银行 (SFNB Security First Network Bank，美国证券第一网络银行)，是得到美国联邦银行管理机构批准，在因特网上提供银行金融服务的第一家银行，也是在因特网上提供大范围和多种银行服务的第一家银行，其前台业务在因特网上进行，其后台处理只集中在一个地点进行。该银行可以保证安全可靠地开办网络银行业务，业务处理速度快、服务质量高、服务范围极广。1995 年 10 月，美国第一联合国家银行在网络上开业。开业后的短短几个月，即有近千万人次上网浏览，给金融界带来极大震撼。于是更有若干银行立即紧跟其后在网络上开设银行，随即此风潮逐渐蔓延全世界，网络银行走进了人们的生活。1996 年年初，美国第一联合国家银行全面在因特网上正式营业和开展银行金融服务，用户可以采用电子方式开出支票和支付账单，可以上网了解当前货币汇率和升值信息，而且由于该银行提供的是一种联机服务，因此用户的账户始终是平衡的。该行最近已经完成了对 Newark 银行和费城 First Fidelity 银行的兼并，从而成为美国第六大银行，拥有 1 260 亿美元资产，有近 2 000 家分行，已经有 1 100 万用户，分布在美国沿佛罗里达州、康涅狄格州及华盛顿地区等 12 个州内。美国第一联合国家银行面向美国的中低收入家庭，提供多种服务，其中包括低现付抵押和无低现额支票账户服务等。从 1998 年 1 月份起，美国第一联合国家银行通过因特网为用户提供一种称之为环球网（Web）Invison 的服务。环球网（Web）Invison 系统是建立在美国第一联合国家银行 PC Invison 之上的一种金融管理系统。利用该系统，用户能够通过因特网访问自己最新的账目信息，获取最近的商业报告或通过直接拨号实时访问资金状况和投资进展情况，不需要在用户端安装特殊的软件。环球网（Web）Invison 系统主要是面向小企业主和财会人员设计的。这些人可以利用环球网（Web）Invison 系统了解公司资金的最新情况，还可以利用环球网（Web）Invison 系统使用他们的电子邮件与美国第一联合国家银行联系，访问全国或地区性的各种经济状况和各种相关数据。

1. 美国安全第一网络银行（SFNB）的"柜台"服务

在因特网上进入美国第一安全网络银行的"大门"后，展现在客户面前的是各种网络银行"柜台"服务，具体服务内容如下。

（1）信息查询（Information）：可查询各种金融产品种类、银行介绍、最新消息、一般性问题、人员情况、个人理财、当前利率等；

（2）利率牌价（Rates）：可以直接查看利率牌价；

（3）服务指示（Demo）：可以告诉客户如何得到银行的服务，包括电子转账、信用卡、网上查询及检查等；

（4）安全（Security）服务：告诉客户如何保证安全以及银行采取的一些安全措施；

（5）客户服务（Customer Service）：由银行客户服务部的人员解答各种问题；

（6）客户自助（Customers）：客户在办理业务时，需要输入用户名及其密码方可进入系统等。

2. 美国安全第一网络银行（SFNB）的产品服务

SFNB 提供的具体产品服务如下。

（1）SFNB 产品——银行业务的更高形式；

（2）现行利率：产品的现行利率和月费用；

（3）基本电子支票业务：提供 20 种免费电子月支付方式，联机明细表和注册登记，已结算的支票联机记录和金融报告等；

（4）利息支票业务：方便所有基本支票业务计算利息和附属电子票据支付；

（5）货币市场：提供一些最高的货币市场利率，将货币投资在 SFNB 的货币市场，赚取利息，然后当需支付时，划转资金到支票账户；

（6）信用卡：SFNB 向预先经过核查符合条件的顾客发行 Visa Classic 和 Visa Gold 卡等。

（7）基本储蓄业务：以有竞争性的利率，通过储蓄获利——目的是为了一个新的汽车、孩子的学业或干脆把它放一边；

（8）CDs：大额可转让证券是利用资金赚取利息的最容易方法，提供了最高利率中的一部分。

3. 美国安全第一网络银行（SFNB）的金融业务服务

美国安全第一网络银行（SFNB）的金融业务服务如下。

（1）SFNB 的存款信息：迅速轻松地得到客户所需要的在 SFNB 账户上的存款信息；

（2）SFNB 总裁的信：向客户描述了如何使用 SFNB 的网上服务来省钱；

（3）SFNB 网上服务欢迎您：当客户第一次进入银行时开设账户时，它告诉您如何开设账户存取账户、付款、核查账户；

（4）SFNB 在线表单：订购存款单和信封，建立 ACH 存款，再订购支票和改变地址信息；

（5）SFNB 无风险保证：SFNB 承诺可以保证用户的交易 100% 无风险；

（6）SFNB 的私人政策：了解 SFNB 的私人信息的保密情况等。

美国安全第一网络银行（SFNB）的金融产品、业务和服务还在发展和扩大，它为全世界的银行和金融机构树立了榜样，也为全世界的金融业网络银行的创建与发展积累了丰富的经验。

目前，我国开展网上电子支付的银行有中国银行、中国建设银行和招商银行等。除了中国银行使用 SET 进行网上支付外，其他两家银行则使用 SSL 开展网上支付业务。中国银行的网上银行提供了长城信用卡服务，通过这项服务，用户可以查询账户中的余额和交易的情况，代交指定的服务费等；中国建设银行推出“龙卡”业务，主要内容有龙卡的申请、使用网点分布以及特约商店等。而在国内率先推出“一网通”网上银行的招商银行经过几年的努力，不断完善网上银行的功能，其服务的范围涵盖企业理财、个人理财、网上买卖结算、银证转账等，已成为国内网上银行的“领头雁”，被其他银行列为范本。招商银行的成功为我国普及通商银行提供了宝贵的经验。

（二）招商银行

招商银行 1987 年成立于中国改革开放的最前沿——深圳蛇口，是中国境内第一家完全由企业法人持股的股份制商业银行，也是国家从体制外推动银行业改革的第一家试点银行。招商银行诞生以来，开创了中国银行业的数十个第一：创新推出了具有里程碑意义的、境内第一个基于客户号管理的借记卡——“一卡通”；首个真正意义上的网上银行——“一网通”；第一张国际标准双币信用卡；首个面向高端客户的理财产品——“金葵花理财”；率先推出银行业首个智能投顾产品——“摩羯智投”，并在境内银行业率先推出了离岸业务、买方信贷、国内信用证业务、企业年金业务、现金管理业务、银关通业务、公司理财与网上承兑汇票业务等。

成立 33 年来，招商银行始终坚持“因您而变”的经营服务理念，品牌知名度日益提升。在英国权威金融杂志《银行家》公布的全球银行 1000 强榜单中，招商银行按一级资本在 2019 年排名第 19 位，比 2018 年提高 1 个位次；而在全球银行品牌价值 500 强榜单上，招商银行已进入了全球 10 强，2019 年位列第 9 位。在《财富》世界 500 强榜单中，招商银行连续 8 年入榜，2019 年名列世界第 188 位。

截至 2019 年年底，招商银行境内外分支机构逾 1800 家，在中国境内的 130 余个城市设立了服务网点，拥有 6 家境外分行和 2 家境外代表处，员工 84000 余人（含子公司及派遣人员）。此外，招商银行还在境内全资拥有招银租赁、招银理财，控股招商基金，持有招商信诺和招联消费金融各 50% 股权；在香港全资控股招商永隆银行和招银国际，是一家拥有商业银行、金融租赁、基金管理、人寿保险、境外投行等金融牌照的银行集团。

近年来，招商银行紧密围绕打造"轻型银行"的转型目标，实现"质量、效益、规模"动态均衡发展，经营结构持续优化，数字化招商银行初具规模，国际化、综合化深入推进。2019 年，招商银行资产规模再创新高，资本内生能力依然强劲；盈利增速创七年来新高，ROAA、ROAE 连续三年提升；不良贷款额和不良贷款率连续三年"双降"，资产质量保持优良。截至 2019 年年底，招商银行总市值 9399 亿元，列全球银行业十强，市净率、市盈率继续领先同业。

着眼未来，招商银行将继续以金融科技为核动力，加快数字化转型，致力于打造"最佳客户体验银行"。2019 年，招商银行信息科技投入达 93.61 亿元，同比增长 43.97%。下一步招商银行将紧紧围绕客户和科技两大关键点，深化战略转型，促进对外开放与内部融合，在自我迭代中打造 3.0 经营模式。

来源：http://www.cmbchina.com/cmbinfo/aboutcmb/

第三节　第三方支付

中国互联网支付服务自 1998 年起由银行、地方银联、政府工程（首信）、商业支付网关并行发展，各类支付服务机构拥有不同优势的资源并互相交错渗透，共同向在线商家提供在线支付与结算服务。目前，中国网络支付市场已经形成了由基础支付层、第三方支付服务层和应用层组成的产业链雏形。

在这条三层结构的产业链中，位于最底层的是由银行、银联等国家金融机构组成的基础支付层。在基础支付层提供统一平台和接口的基础上，一些具有较强银行接口技术的服务商，包括互联网支付服务提供商和移动支付服务提供商，如中国移动、中国联通，以及云网、支付宝等对其进行集成、封装等二次开发，形成了产业链的中间层——第三方支付服务层。在产业链的最顶层是终端消费者（网上商城、消费者）形成的应用层。

一、第三方支付迅猛发展

第三方支付是电子支付产业链中重要的纽带，一方面连接银行，处理资金结算、客户服务、差错处理等一系列工作，另一方面又连接着非常多的商户和消费者，使客户的支付交易能顺利接入。由于拥有款项收付的便利性、功能的可拓展性、信用中介的信誉保证等优势，第三方网上支付较好地解决了长期困扰电子商务的诚信、物流、现金流问题，在电子商务中发挥着重要的作用。

目前，国内第三方支付服务主要有两种模式：一是没有内部交易功能的银行网关代理，即第三方支付网关模式，典型代表是首信易支付；二是有内部交易功能的电子商务交易平台支付模式，如支付宝、云网。这种模式为交易双方开立账户，商业银行也是通过他们建立支付网关，网上支付指令通过银行网关最终进入它的后台处理系统，进行最终的资金处理。

银行作为金融机构，负责搭建基础的支付平台，同时为第三方网上支付提供统一的支付网关。第三方网上支付则是基于与各家银行密切合作的前提下，为用户提供整合型网上支付服务。第三方支付网关，连接了多家银行的内部网关，形成统一的支付接口，向在线商家提供服务，方便了商家同时利用多家银行的支付功能。但是，第三方支付网关提供的价值非常有限，而且门槛低，技术含量少，也缺少创新空间，支付网关这种运营模式很容易被复制和取代，所以采用此模式的网站只能靠打价格战求生。C2C 类型只向客户收取极低的手续费，甚至有些干脆不收任何费用。B2B 或 B2C 类型更注重与银行的合作。在 B2B 领域，很多大型企业直接开发和应用支付平台，利用银行提供的系统接口，直接实现支付。在 B2C 领域，第三方支付平台与银行间存在竞争，商家也可以直接连接网上银行支付网关，不采用第三方支付平台的技术方案和服务，但第三方支付平台占据了先发优势，并可以提供多家银行的支付通道，具有一定的优势，但发展空间逐步缩小。

第三方平台结算支付模式是当前国内服务商数量最多的支付模式。在这种模式下，支付者必须在第三方支付中介开立账户，向第三方支付中介提供信用卡信息或账户信息，在账户中"充值"，通过支付平台将该账户中的虚拟资金划转到收款人的账户，完成支付行为。收款人可以在需要时将账户中的资金兑成实体的银行存款。

由于第三方支付平台结算支付模式架构在虚拟支付层；本身不设计银行卡内资金的实际划拨，信息传递流程在自身的系统内运行，所以电子支付服务商可以有比较自由的系统研发空间。目前，国内很多第三方支付平台运用客户的E-mail作为账户，也就是所谓的"E-mail支付"。

二、第三方平台支付流程

第三方支付平台结算是典型的应用支付层架构。提供第三方结算电子支付服务的商家往往都会在自己的产品中加入一些具有自身特色的内容。但是总体来看，其支付流程都是付款人提出付款授权后，平台将付款人账户中的相应金额转移到收款人账户中，并要求其发货。有的支付平台会有"担保"业务，如支付宝。担保业务是将付款人将要支付的金额暂时存放于支付平台的账户中，等到付款人确认已经得到货物（或者服务），或在某段时间内没有提出拒绝付款的要求，支付平台才将款项转到收款人账户中。

第三方平台结算支付模式的资金划拨是在平台内部进行，此时划拨的是虚拟的资金。真正的实体资金还需要通过实际支付层来完成。如图 9-2 所示，有担保功能的第三方结算支付的流程如下。

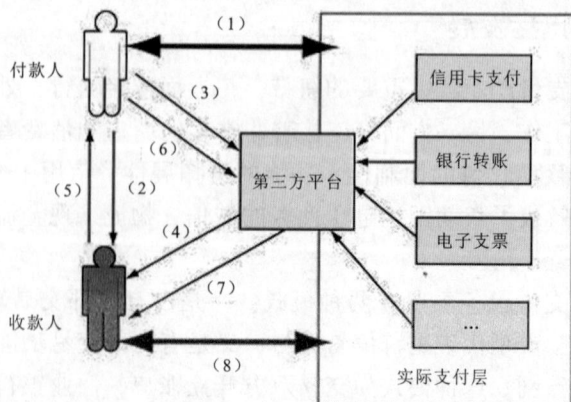

图 9-2　第三方平台支付

第三方支付平台结算支付流程。

（1）付款人将实体资金转移到支付平台的支付账户中；

（2）付款人购买商品（或服务）；

（3）付款人发出支付授权，第三方平台将付款人账户中相应的资金转移到自己的账户中保管；

（4）第三方平台告诉收款人已经收到货款，可以发货；

（5）收款人完成发货许诺（或完成服务）；

（6）付款人确认可以付款；

（7）第三方平台将临时保管的资金划拨到收款人账户中；

（8）收款人可以将账户中的款项通过第三方平台和实际支付层的支付平台兑换成实体货币，也可以用于购买商品。

三、第三方平台结算支付模式的特点

（一）第三方平台结算支付模式的优点

（1）比较安全，信用卡信息或账户信息仅需要告知支付中介，而无须告诉每一个收款人，大大减少了信用卡信息和账户信息失密的风险；

（2）支付成本较低，支付中介集中了大量的电子小额交易，形成规模效应，因而支付成本较低；

（3）使用方便。对支付者而言，他所面对的是友好的界面，不必考虑背后复杂的技术操作过程；

（4）支付担保业务可以在很大程度上保障付款人的利益。

（二）第三方平台结算支付模式的缺点

（1）这是一种虚拟支付层的支付模式，需要其他的"实际支付方式"完成实际支付层的操作；

（2）付款人的银行卡信息将暴露给第三方支付平台，如果这个第三方支付平台的信用度或者保密手段欠佳，将带给付款人相关风险；

（3）第三方结算支付中介的法律地位缺乏规定，一旦该中介破产，消费者所购买的"电子货币"可能成了破产债权，无法得到保障；

（4）由于有大量资金寄存在支付平台账户内，而第三方平台非金融机构，所以有资金寄存的风险。

四、第三方支付存在的问题及对策

（一）存在的问题

1. 市场竞争问题

支付公司之间的竞争最先反映在和银行关系的竞争上。能否与各大商业银行形成紧密合作，能否在和银行的谈判中将价格谈到最低，成为支付公司竞争的首要手段。除银行之外，目前我国第三方支付市场还面临四种力量的竞争，分别是潜在竞争对手、替代品生产商、客户、现有产业竞争对手。他们是驱动产业竞争的五种基本力量。第三方支付市场的五种竞争力量在市场上的博弈竞争，将共同决定该产业的平均盈利水平，这五种力量的分化组合也将对第三方支付平台的发展产生深刻影响。

2. 政策风险问题

第三方支付结算属于支付清算组织提供的非银行类金融业务，中央银行将以牌照的形式提高门槛。对于已经存在的企业，第一批牌照发放后如果不能成功持有牌照，就有可能被整合或收购。政策风险将成这个行业最大的风险，严重影响了资本对这个行业的投入，没有资本的强大支持，这个行业靠自己的积累和原始投资是很难发展起来的。现在国家制订相关法律法规，准备在注册资本、保证金、风险能力上对这个行业进行监管，采取经营资格牌照的政策来提高门槛。因此，对于那些从事金融业务的第三方支付公司来说，面临的挑战不仅仅是如何营利，更重要的是能否拿到将要发出的第三方支付业务牌照。

3. 其他问题

如信用问题，我国的信用卡体系相比之下比较落后，金融系统基本上以借记卡为主，所以提取的交易费率也就较低；风险问题，能否有效防范和化解基于信息技术导致的系统风险和基于虚拟产品形成的支付风险，是第三方支付成败的关键；政府监管问题，第三方支付的出现，给支付体系监管提出了全新课题。

（二）应对策略

在产品类似、模式单一、高度同质化的支付市场，"创新"无疑是企业核心竞争力所在，也是第三方支付唯一的出路。对第三方支付而言，创新主要体现在如下几个方面。

1. 电子支付技术的提高与服务的优化

产品和服务质量是第三方网上支付平台在竞争中制胜的关键因素。所以，各网上支付平台必须进行研发投入以获得技术进步，减少和消除支付信息被窃取，掉单率高等关键问题，保证网上支付的安全性，增强客户的忠诚度。

2. 进一步强化市场细分

电子支付可以区分为通用类支付、行业支付、定制化服务或者基础支付层、骨干支付层、应用支付层等不同类别，按照支付的载体还可以再细分为银行卡支付、电子钱包等。第三方支付可以根据自身的资源优势，准确定位，形成有效的细分市场，避免蜂拥而上的同质化竞争。

3. 与银行和商家的紧密合作正成为第三方支付走向坦途的不二法门

银行在早期的发展中已经树立值得信任的品牌，拥有完善的渠道，由此而得到大众的认可和商家的信任。借鉴国外的成功经验，加强和银行的深度合作，与银行保持密切的合作关系，借助银行品牌和渠道一起推广创新的服务，从而提供本地化的支付平台。

4. 创新多元化支付模式也是值得推荐的策略之一

在提供网上支付服务的同时，提供在线支付、手机支付、电话支付、虚拟支付等其他电子支付手段，形成立体化的支付体系。在线支付包括网关银行卡支付，也包括会员支付，同时也包括包月的服务等。

5. 创新营销策略，开展互动营销

第三方支付之所以陷入价格战的非良性竞争，最大的原因是缺乏差异，只有在产品策略、价格策略、渠道策略、促销策略等营销手段上开展深度创新，才能共同把网上支付的蛋糕做大。通过和商家开展互动营销则可以避免诸侯割据的价格战，优势互补进而实现双赢。

第四节　移动支付

一、移动支付概述

移动支付作为一种崭新的支付方式，具有方便、快捷、安全、低廉等优点，将会有非常大的商业前景，而且将会引领移动电子商务和无线金融的发展。移动支付是移动电子商务发展的一种趋势，必将成为移动电子商务的一个新亮点。

二、移动支付的业务种类

从业务种类看，所有支付将被分为 4 个部分，可以分为小商品交易、服务付费、缴费等银行服务，比如水费、电费、煤气费等；票务，例如机票、演出票、电影票等；电子内容（产品）支付等几类。

（1）小商品交易业务给用户的最直接体会是通过手机购买饮料等实质性的产品。该类业务的发展需要依赖摆放在公众场所的饮料机的设置密度，公众对类似小商品购买的方便度等因素。从我国的国情看，众多的超市、小商品销售点已经基本满足了用户对类似小商品的购买需求，因此这类在日本和韩国受到普遍欢迎的业务似乎在中国难以找到适合发育的土壤，对此，中国的移动支付从业者有着比较清醒的认识。

（2）服务付费是指用户通过手机来支付服务业务费用。西欧的移动支付以此为主要的业务类型，目前最流行的就是支付停车或者洗车费等。但是，欧洲的停车缴费手续相对来说要比中国复杂，其无人值守使得消费者需要储备零钱，或者需要到附近的报摊购买停车卡等，通过手机支付停车费能够消除这种不便利性。但是对于中国来说，服务行业的连锁管理性比较差，高科技含量也低，很难想象这些以传统收费方式为主的小额服务行业能够全面接受和欢迎类似的业务。但是不排除在特殊的场所，例如大型商场、机场等地下停车场可能会成为类似业务的接受者。

（3）以缴费业务为代表的移动银行服务目前是我国银行系统参与的移动支付主要业务类型。北京移动等推出的"手机钱包"其实就是该业务非常典型的应用，用户可以通过手机来操作自己的银行账号，从而完成移动银行的功能，也使得我们的货币电子化，增加货币持有的安全性。这两年来，用户已经备受前往银行支付各种费用的不便性困扰，而缴费的不定期性和迫切性也使得很多用户产生了随时支付费用的需求。同时，通过手机与银行卡的捆绑，可能能够激活目前沉睡中的数量巨大的银行信用卡。很显然，在这个领域银行占到了主导地位，也是主要的利益受益方。对于移动运营商来说，搭建移动支付平台为银行提供了一个新的渠道，移动公司希望在增加业务量的同时，能够从传送在这个平台上的商品交易中抽取佣金，而且这样还规避了很多金融政策和其他风险。反观国外，此项业务并不十分成功，对于国外用户而言，信用卡已经是一种电子货币，与手机的捆绑并没有带来实质性的便利，而且通过手机进行银行查账的业务安全和隐秘性也较差。对于中国来说，信用卡制度还处于用户开发阶段，而这一点可能反倒为移动支付的发展提供了机会。但是用户在观念转变的过程中是直接接受信用卡，还是接受手机作为电子货币的代表，仍是个未知数。

（4）电子内容（产品）支付目前已经成为移动支付的一个主要业务。在各门户网站为用户提供铃声下载等内容的同时，他们通过中国移动代为收费，其实本身已经是一种移动支付业务，这类业务和付费方式用户接受起来非常自然，甚至可以说是没有其他更好的支付方式。由此可以预计，类似电子内容的众多服务和商品的支付会成为移动支付的主要收入来源，最典型的应用即是彩票投注服务。

三、移动支付商业模式

我国目前移动支付商业模式主要有以下三类：以移动运营商为运营主体的移动支付业务、以银行为运营主体的移动支付业务，和以独立的第三方为运营主体的移动支付业务。

（一）移动运营商为运营主体

当移动运营商作为移动支付平台的运营主体时，移动运营商以用户的手机话费账户或专门的小额账户作为移动支付的账户，用户所发生的移动支付交易费用全部从话费账户或小额账户中扣减。

目前，中国移动与新浪、搜狐等网站联合推出的短信服务以及与中国少年儿童基金会等福利机构联合推出的募捐服务都是由移动公司从用户的话费当中扣除用户定制短信以及捐款等费用的方式来实现的。

（二）银行为运营主体

银行通过专线与移动运营商进行系统接入，用户通过银行卡账户进行移动支付，或者将银行账户与手机账户绑定。银行为用户提供交易平台和付款途径，移动运营商业只为银行和用户提供信息通道，而不参与支付过程。

当前我国大部分提供手机银行业务的银行（如招商银行、广发银行、工行等）都是自己运营移动支付平台。

（三）独立的平台运营商为运营主体

移动支付交易平台运营商是独立于银行和移动运营商的第三方经济实体，具有独立的经营权。平台运营商作为桥梁和纽带，连接用户和银行及 SP，并负责用户银行账户与服务提供商银行账户之间的资金划拨和结算。

北京泰康亚洲科技有限公司的"万信通"平台和广州金中华通讯公司的"金钱包"平台为目前国内为数不多的几个由独立的平台运营商运营的移动支付平台。

四、移动支付技术

移动支付技术实现方案主要有五种：双界面 JAVA Card，SIM Pass，RFID-SIM，NFC 和智能 SD 卡。

（一）双界面 CPU 卡（基于 13.56MHz）

1. 简介

双界面 CPU 卡是一种同时支持接触式与非接触式两种通讯方式的 CPU 卡，接触接口和非接触接口共用一个 CPU 进行控制，接触模式和非接触模式自动选择。

2. 构成

卡片包括一个微处理器芯片和一个与微处理器相连的天线线圈。

3. 优点

具有信息量大、防伪安全性高、可脱机作业、可多功能开发、数据传输稳定、存储容量大、数据传输稳定等优点。

（二）SIM Pass 技术（基于 13.56MHz）

SIM Pass 是一种多功能的 SIM 卡，支持 SIM 卡功能和移动支付的功能。SIMPass 运行于手机内，为解决非接触界面工作所需的天线布置问题给予了两种解决方案：定制手机方案和低成本天线组方案。

SIM Pass 是一张双界面的多功能应用智能卡，具有非接触和接触两个界面。接触界面上可以实现 SIM 应用，完成手机卡的通信功能；非接触界面可以同时支持各种非接触应用。

（三）RFID-SIM（基于 2.4GHz）

RFID-SIM 是双界面智能卡技术向手机领域渗透的产品。RFID-SIM 既有 SIM 卡的功能，也可实现近距离无线通信。

（四）NFC 技术（基于 13.56MHz）

NFC 是一种非接触式识别和互联技术。NFC 手机内置 NFC 芯片，组成 RFID 模块的一部分，可以当作 RFID 无源标签来支付使用，也可以当作 RFID 读写器来进行数据交换和采集。

（五）智能 SD 卡

在 SIM 卡的封装形势下，带电可擦写可编程只读存储器（Electrically Erasable Programmable Read-Only Memory，EEPROM）容量已经达到极限。通过使用智能 SD 卡来扩大 SIM 卡的容量，可以满足业务拓展的需要。

五、移动支付方式

（一）短信支付

手机短信支付是手机支付的最早应用，将用户手机 SIM 卡与用户本人的银行卡账号建立一种一一对应的关系，用户通过发送短信的方式在系统短信指令的引导下完成交易支付请求，操作简单，可以随时随地进行交易。手机短信支付服务强调了移动缴费和消费。

（二）扫码支付

扫码支付是一种基于账户体系搭起来的新一代无线支付方案。在该支付方案下，商家可把账号、商品价格等交易信息汇编成一个二维码，并印刷在各种报纸、杂志、广告、图书等载体上发布。

用户通过手机客户端扫拍二维码，便可实现与商家支付宝账户的支付结算。最后，商家根据支付交易信息中的用户收货、联系资料，就可以进行商品配送，完成交易。

（三）指纹支付

指纹支付即指纹消费，是采用目前已成熟的指纹系统进行消费认证，即顾客使用指纹注册成为指纹消费折扣联盟平台会员，通过指纹识别即可完成消费支付。

（四）声波支付

声波支付则是利用声波的传输，完成两个设备的近场识别。其具体过程是，在第三方支付产品的手机客户端里，内置有"声波支付"功能，用户打开此功能后，用手机麦克风对准收款方的麦克风，手机会播放一段"咻咻咻"的声音。

（五）面部扫描支付

面部扫描支付利用人脸识别系统，通过对人脸部的扫描识别使用者的身份来完成支付。

第五节　网上支付工具

一、电子现金

（一）电子现金

电子现金（Electronic Cash）又称数字现金（Digital Cash）或 E-money，是一种以数据形式流通的货币。它把现金数值转换成为一系列的加密序列数，通过这些序列数来表示现实中各种金额的币值。用户在开展电子现金业务的银行开设账户，并在账户内存钱后就可以接受电子现金的商店购物了。

当用户拨号进入了互联网网上银行后，使用一个口令（Password）和个人识别码（PTN）来验明自身，直接从其账户中下载成包的低额电子"硬币"，这时候电子现金才起作用。然后，这些电子现金被存放在用户的硬盘当中，直到用户从网上商家进行购买为止。为了保证交易安全，计算机还为每个"硬币"建立随时选择的序号，并把这个号码隐藏在一个加密的信封中，这样就没有人可以搞清是谁提取或使用了这些电子现金。按这种方式购买实际上可以让买主无迹可寻，提倡个人隐私权的人对此很欢迎。

总部设在荷兰的 Digicash 公司是目前唯一一家在商业上提供真正的电子现金系统的公司，数字设备公司（DEC）也紧随其后。Digicash 公司于 1995 年 10 月就开始在美国圣路易 Mark Twain 银行试验一种名为 CyberrBucks 的电子现金系统，目前使用该系统发布 E-Cash 的银行有 10 多家，包括 Mark Twain、Eunet Deutsche、Advance 等世界著名银行。IBM 公司的 Mini-pay 系统提供了另一种 E-Cash 模式，该产品使用 RSA 公司密匙数字签名，交易各方的身份认证是通过证书来完成的，电子货币的证书当天有效，该产品主要用于网上的小额交易。

（二）电子现金支付过程的四个步骤

（1）用户在 E-Cash 发布银行开立 E-Cash 账号，用现金服务器账号预先存入的现金来购买电子现金证书，这些电子现金就有了价值，并被分成若干成包的"硬币"，可以在商业领域中进行流通。

（2）使用计算机电子现金终端软件从 E-Cash 银行取出一定数量的电子现金存在硬盘上，通常少于 100 美元。

（3）用户与同意接收电子现金的厂商洽谈，签订订货合同，使用电子现金支付所购商品的费用。

（4）接收电子现金的厂商与电子现金发放银行之间进行清算，E-Cash 银行将用户购买商品的钱支付给厂商。

（三）电子现金的特点

（1）银行和商家之间设有协议和授权关系。

（2）用户、商家和 E-Cash 银行都需使用 E-Cash 软件。

（3）E-Cash 银行负责用户和商家之间资金的转移。

（4）身份验证是由 E-Cash 本身完成的。E-Cash 银行在发放电子货币时使用了数字签名。商家在每次交易中，将电子货币传送给 E-Cash 银行，由 E-Cash 银行验证用户支持的电子货币是否有效（伪造或使用过等）。

（5）匿名性。

（6）具有现金特点，可以存取、转让，适用于小的交易量。

（7）只有少数商家接受电子现金，而且只有少数几家银行提供电子现金开户服务。

（8）成本较高。电子现金对于硬件和软件的技术要求都较高，需要一个大型的数据库存储用户完成的交易和 E-Cash 序列号以防止重复消费。因此，尚需开发硬软件成本低廉的电子现金。

（9）存在货币兑换问题。由于电子硬币仍以传统的货币体系为基础，如德国银行中能以德国马克的形式发行电子现金，法国银行以法郎为基础发行电子现金，因此从事跨国贸易就必须要使用特殊的兑换软件。

（10）风险较大。如果某个用户的硬盘损坏，电子现金丢失，钱就无法恢复，这个风险许多消费者都不愿承担。更令人担心的是电子伪钞的出现，美国联邦储备银行电子现金专家 Peter Ledingham 在他的论文《电子支付实施政策》一文中告诫说："似乎可能的是，电子'钱'的发行人因存在伪钞的可能性而陷于危险的境地。使用某些技术，就可能使电子伪钞获得成功的可能性将非常低。然而，考虑到预计的回报相当高，因此不能忽视这种可能性的存在。一旦电子伪钞获得成功，那么，发行人及其一些客户所要付出的代价则可能是毁灭性的。"

二、电子钱包（E-wallet）

（一）电子钱包

是一个可以由持卡人用来进行安全电子交易和储存交易记录的软件，就像生活中随身携带的钱包一样。

（二）电子钱包的功能

（1）电子安全证书的管理。包括电子安全证书的申请、存储、删除等。

（2）安全电子交易。进行 SET 交易时辨认用户的身份并发送交易信息。

（3）交易记录的保存。保存每一笔交易记录以备日后查询。

比如，持卡人在使用长城卡进行网上购物时，卡户信息（如账号和到期日期）及支付指令可以通过电子钱包软件进行加密传送和有效性验证。电子钱包能够在 Microsoft、Netscape 等公司的浏览器软件上运行。持卡人要在 Internet 上进行符合 SET 标准的安全电子交易，必须安装符合 SET 标准的电子钱包。

英国西敏寺（National-Westminster）银行开发的电子钱包 Mondex 是世界上最早的电子钱包系统，于 1995 年 7 月首先在有"英国的硅谷"之称的斯温顿市（Swindon）试用。起初，名声并不那么响亮，不过很快就在温斯顿打开了局面，被广泛应用于超级市场、酒吧、珠宝店、宠物商店、餐饮店、食品店、停车场、电话间和公共交通车辆之中。这是由于电子钱包使用起来十分简单，只要把 Mondex 卡插入终端，三五秒钟之后，卡和收据条便从设备付出，一笔交易即告结束，读取器将从 Mondex 卡中所有的钱款中扣除掉本次交易的花销。此外，Mondex 卡还大都具有现金货币所具有的诸多属性，如作为商品尺度的属性、储蓄的属性和支付交换的属性。通过专用终端设备还可将一张卡上的钱转移到另一张卡上，而且卡内存有的钱一旦用光、遗失或被窃，Mondex 卡内的金钱价值不能重新发行，也就是说持卡人必须负起管理上的责任。Mondex 卡损坏时，持卡人就向发行机关申报卡内余额，由发行机关确认后重新制作新卡发还。Mondex 卡终端支付只是电子钱包的早期应用，从形式上看，它与智能卡十分相似。而今天电子商务中的电子钱包则已完全摆脱了实物形态，成为真正的虚拟钱包了。

网上购物使用电子钱包，需要在电子钱包服务系统中进行。电子商务活动中的电子钱包软件通常都是免费提供的。用户可直接使用与自己银行账号相连接的电子商务系统服务器上的电子钱包软件，也可以通过各种保密方式利用互联网上的电子钱包软件。目前世界上有 VisaCash 和 Mondex 两大电子钱包服务系统，其他电子钱包服务系统还有 Master Card、Cash EuroPay 的 Clip 和比利时的 Proton 等。

使用电子钱包的顾客通常要在有关银行开立账户。在使用电子钱包时，将电子钱包通过有关的电子钱包应用软件安装到电子商务服务器上，利用电子钱包服务系统就可以把自己的各种电子货币或电子金融卡上的数据输入进去。在发生收付款时，如顾客需用电子信用卡付款，如用 Visa 卡或 Master 卡等收款时，顾客只要单击一下相应项目（或相应图标）即可完成。这种电子支付方式称为单击式或点击式支付方式。在电子钱包内只能装电子货币，即装入电子现金、电子零钱、安全零钱、电子信用卡、在线货币、数字货币等。这些电子支付工具都可以支持单击式支付方式。在电子商务服务系统中设有电子货币和电子钱包的功能管理模块，叫作电子钱包管理器（Wallet Administration），顾客可以用它来改变保密口令或保密方式，用它来查看自己银行账号上的收付往来的电子货币账目、清单和数据。电子商务服务系统中还有电子交易记录器，顾客通过查询记录器，可以了解自己都买了什么物品，购买了多少，也可以把查询结果打印出来。

（三）利用电子钱包在网上购物的步骤

（1）客户使用浏览器在商家的 Web 主页上查看在线商品目录浏览商品，选择要购买的商品。

（2）客户填写订单，包括项目列表、价格、总价、运费、搬运费、税费。

（3）订单可通过电子化方式从商家传过来，或由客户的电子购物软件建立。有些在线商场可以让客户与商家协商物品的价格（例如出示自己是老客户的证明，或给出竞争对手的价格信息）。

（4）顾客确认后，选定用电子钱包付钱。将电子钱包装入系统，单击电子钱包的相应项或电子钱包图标，电子钱包立即打开；然后输入自己的保密口令，在确认是自己的电子钱包后，从中取出一张电子信用卡来付款。

（5）电子商务服务器对此信用卡号码采用某种保密算法算好并加密后，发送到相应的银行，同时销售商店也收到了经过加密的购货账单，销售商店将自己的顾客编码加入电子购货账单后，再转送到电子商务服务器上去。这里，商店对顾客电子信用卡上的号码是看不见的，不可能也不应该知道，销售商店无权也无法处理信用卡中的钱款。因此，只能把信用卡送到电子商务服务器上去处理。经过电子商务服务器确认这是一位合法顾客后，将其同时送到信用卡公司和商业银行。在信用卡公司和商业银行之间要进行应收款项和账务往来的电子数据交换和结算处理。信用卡公司将处理请求再送到商业银行请示确认并授权，商业银行确认并授权后送回信用卡公司。

（6）如果经商业银行确认后拒绝并且不予授权，则说明顾客的这张电子信用卡上的钱数不够用了或者是没有钱了，或者已经透支。遭商业银行拒绝后，顾客可以再单击电子钱包的相应项再打开电子钱包，取出另一张电子信用卡，重复上述操作。

（7）如果经商业银行证明这张信用卡有效并授权后，销售商店就可交货。与此同时，销售商店留下整个交易过程中发生往来的财务数据，并且出示一份电子收据发送给顾客。

（8）上述交易成交后，销售商店就按照顾客提供的电子订货单将货物在发送地点交到顾客或其指定的人手中。

在上述的电子钱包的购物过程中间虽经过信用卡公司和商业银行等多次进行身份确认、银行授权、各种财务数据交换和账务往来等，但这些都是在极短的时间内完成的。实际上，从顾客输入订货单后开始到拿到销售商店出具的电子收据为止的全过程仅用 5~20 秒的时间。这种电子购物方式十分省事、省力、省时。而且对于顾客来说，整个购物过程自始至终都是十分安全可靠的。由于顾客的信用卡上的信息别人是看不见的，因此保密性很好，用起来十分安全可靠。另外，有了电子商务服务器的安全保密措施，就足以保证顾客去购物的商店必定是真的，不会假冒，从而保证顾客安全可靠地购到货物。总之，这种购物过程彻底改变了传统的面对面交易和一手交钱一手交货等购物方式，是一种很有效的而且非常安全可靠的电子购物过程，是一种与传统购物方式根本不同的现代高新技术购物方式。

（四）国外几种常用的电子钱包

1. Agile Wallet

Agile Wallet 由 Cyber Cash 公司开发，可处理消费者结算和购物信息，提供快速和安全的交易。用户第一次用 Agile Wallet 购物时需要输入姓名、地址和信用卡数据。以后访问支持 Agile Wallet 的商家网站时，在商家的结算页面上会弹出有顾客购物信息的 Agile Wallet 框。用户验证了框内信息的正确性后，用鼠标点击一次就可完成购物交易。用户还可将新的信用卡和借记卡信息加入到受保护的个人信息中。

2. E-Wallet

Launch pad 公司的 E-Wallet 是一个免费的钱包软件，消费者可下载并安装到自己的计算机上，而不像其他钱包那样存在中心服务器上。和其他钱包一样，E-Wallet 将顾客个人信息和结算信息存在钱包里。E-Wallet 甚至还专门为用户留出放照片的地方（就像真正的钱包一样）。购物完成时，只需点击图标并输入密码，然后从 E-Wallet 中选定信用卡并拖到结账表中，E-Wallet 就能把你在安装软件时所提供的个人信息填写到表中。为保护你的个人信息，E-Wallet 还有加密和密码保护措施。

3. Microsoft Wallet

Microsoft Wallet 预装在 Internet Explorer 4.0 及以上版本（英文版）里，其功能与大多数电子钱包一样，在用户需要时可自动填写订单表。Microsoft Wallet 是微软公司为钱包的标准化而推出的。你输入到 Microsoft Wallet 里的所有个人信息都经过加密并用密码进行保护。它的新版本还能同电子现金系统、网络银行账户及其他结算模式交互。目前它支持运通卡（American Express）、万事达卡（Master）和维萨卡（Visa）。

三、电子支票

电子支票是一种借鉴纸张支票转移支付的优点，利用数字传递将钱款从一个账户转移到另一个账户的电子付款形式。这种电子支票的支付是在与商户及银行相连的网络上以密码方式传递的，多数使用公用关键字加密签名或个人身份证号码（PIN）代替手写签名。用电子支票支付，事务处理费用较低，银行也能为参与电子商务的商户提供标准化的资金信息，因此可能是最有效率的支付手段。

使用电子支票进行支付，消费者可以通过电脑网络将电子支票发向商家的电子信箱，同时把电子付款通知单发到银行，银行随即把款项转入商家的银行账户。这一支付过程在数秒内即可实现。然而，这里面也存在一个问题，那就是如何鉴定电子支票及电子支票使用者的真伪？因此，就需要有一个专门的验证机构来对此做出认证，同时，该验证机构还应像 CA 那样能够对商家的身份和资信提供认证。

电子支票交易的过程可分以下几个步骤。

（1）消费者和商家达成购销协议并选择用电子支票支付。

（2）消费者通过网络向商家发出电子支票，同时向银行发出付款通知单。

（3）商家通过验证中心对消费者提供的电子支票进行验证，验证无误后将电子支票送交银行索付。

（4）银行在商家索付时通过验证中心对消费者提供的电子支票进行验证，验证无误后即向商家兑付或转账。

电子支票的样式如图 9-3 所示。该支票中各标号分别代表：①使用者姓名及地址；②支票号；③传送路由号（9 位数）；④账号。

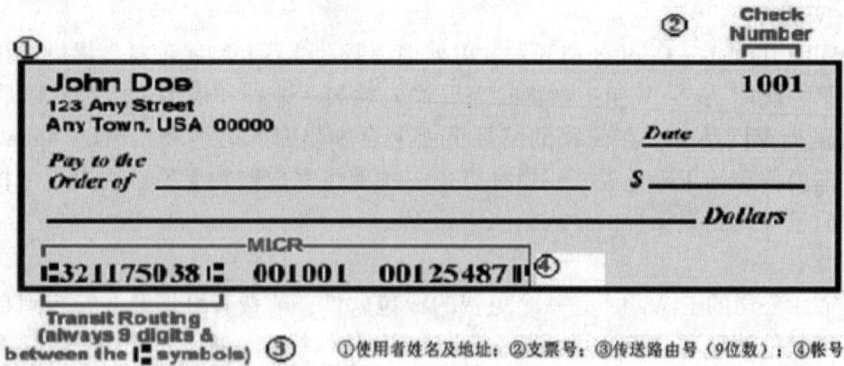

图 9-3　电子支票示例

该支票中各标号分别代表：①使用者姓名及地址；②支票号；③传送路由号（9 位数）；④账号

1996 年，美国通过的《改进债务偿还方式法》成为推动电子支票在美国应用的一个重要因素。该法规定，自 1999 年 1 月起，政府部门的大部分债务将通过电子方式偿还。1998 年 1 月 1 日，美国国防部以及由银行和技术销售商组成的旨在促进电子支票技术发展的金融服务技术财团（FSTC）通过美国财政部的财政管理服务支付了一张电子支票以显示系统的安全性。近期，向 Internet 站点提供后端付款和处理服务的 PaymentNet 将开始处理电子支票。采用 SSL 标准保证交易安全，美国最大的支票验证公司 Telecheck 通过对储存在数据库中的购物者个人信息及风险可靠度进行交叉检验来确认其身份。CheckFree 公司一年内处理了 8 500 万宗电子交易，总额达 150 亿美元。不过，目前还没有人试过在电子商务站点通过 Internet 直接使用支票。只有美国银行支持的支票才能在 Internet 上被接受，因为在线检验需要依赖美国的支票兑现基础设施。

因此，尽管电子支票可以大大节省交易处理的费用，但是，对于在线支票的兑现，人们仍持谨慎的态度。电子支票的广泛普及还需要有一个过程。

四、电子银行卡

银行卡是市场经济发展的产物，也是货币信用发展的一种表现。目前世界上发行的银行卡数量已经突破几十亿张，银行卡既是传统支付的工具，也是网上支付的重要工具。

VISA 国际和 MasterCard 国际是最大的两个国际银行卡组织，他们在全球各地积极推广其 ATM 和 POS 转账服务。VISA 和 MasterCard 的国际化，大大促进了全球性的 EFT 系统的发展。

（一）我国银行卡发展概况

我国银行卡的发行起于 20 世纪 80 年代中期，1985 年 3 月，我国第一张"中银卡"（BOC 卡）在中国银行珠海分行问世，1986 年，中国银行发行了国内第一张信用卡—人民币长城信用卡。1993 年我国开始启动"金卡工程"，各地银行卡信息交换网络相继开通。截至 2018 年第三季度末，全国银行卡在用发卡数量 73.85 亿张，同比增长 13.3%；实现银行卡交易 1493.4 亿笔和 651.6 万亿元，同比分别增长 41.7% 和 15.3%；发卡量和交易量的增长速度均为 2015 年以来最高。

从 2002 年 1 月 10 日开始，工商行、农行、中国银行、建设银行、交通银行等 80 余家银行在内的金融机构都陆续发行"银联"标识卡。2002 年 3 月 26 日，我国正式成立了自己的银行卡组织——中国银联。中国银联是全球最大的区域性银行卡组织，注册资本 16.5 亿元人民币，公司总部设在上海，采用先进的信息技术与现代公司经营机制，建立和运营全国银行卡跨行信息交换网络，实现银行卡全国范围内的联网通用，推动我国银行卡产业的迅速发展，实现"一卡在手，走遍神州"，乃至"走遍世界"的目标。2004 年 1 月 1 日后，"银联"标识卡成为全国范围内唯一使用的人民币银行卡，各类非"银联"标识卡只做地方专用卡，不能异地或跨行使用。2005 年 10 月 18 日，为加速银联卡国际化，创建民族银行卡品牌，中国银联对银联标识进行了优化设计，发布了银联新标识。如图 9-4 所示。

图 9-4　银联新标识

（二）银行卡的种类

1. 信用卡（Credit Card）和借记卡（Debit Card）

信用卡（图 9-5）也称贷记卡。其特点是当用户的资金不足时，在规定数额内银行可为用户提供透支贷款服务。信用卡申办手续比较复杂，而且需要交纳保证金，需要有担保人提供担保。

借记卡（图 9-6）是不具备透支功能但其他购物结算功能都齐全的银行卡，如牡丹灵通卡、长城借记卡和龙卡转账卡。申办借记卡无须担保，不用交纳保证金，也不需进行资信审查。用卡时也不必使用身份证。这种卡具有储蓄存款、提取现金、购物消费的功能，手续简便，使用方便。

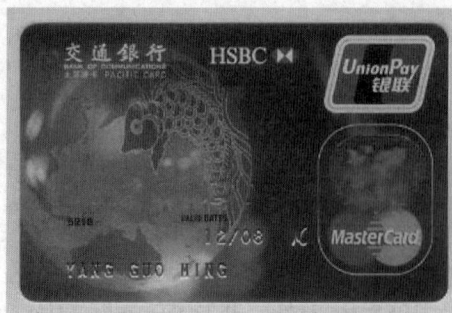

图 9-5　信用卡

图 9-6　借记卡

2. 储蓄卡和转账卡

储蓄卡（图 9-7）是银行根据持卡人的要求，将其资金转账到储蓄卡内存储，在商务交易需要时直接从卡内扣款的借记卡。储蓄卡只能用于传统或网上消费。

转账卡（图 9-8）也是借记卡的一种，主要面向单位客户进行资金的支付结算或者转账。向个人发放的转账卡功能与储蓄卡相同。

图 9-7　储蓄卡

图 9-8　转账卡

3. IC 卡（Integrated Card）（图 9-9）

IC 也称智能卡，它应用的是集成电路芯片来记忆信息，其特点是相对于磁卡，交易速度更快、信息容量更大，本身具有存储信息和逻辑计算功能。20 世纪 70 年代中期，智能卡最初是在法国问世。真正意义上的智能卡，即在塑料卡上安装嵌入式微型控制器芯片的 IC 卡，已由摩托罗拉和 Bull HN 公司于 1997 年研制成功。

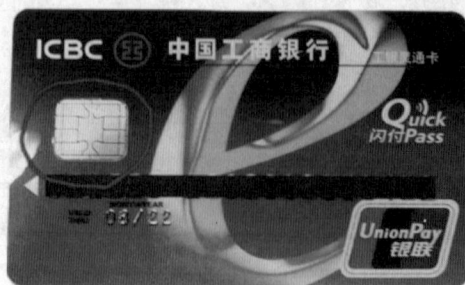

图 9-9　IC 卡

注：芯片具有"自爆"装置，如果想打开 IC 卡非法获取信息，卡内软件上的内容会立即自动消失。

4. 一卡通和一网通

图 9-10　一卡通

图 9-11　一网通

一卡通（图 9-10）和一网通（图 9-11）都是招行发行的银行卡。一卡通，可以用于 ATM 提款，柜台存取款，POS 消费，电话银行等内容，但如果想要进行网上消费就需要持卡人本人到柜台或网上申请一张专门用于网上消费的招行一网通，只有申请了一网通才能进行网上消费。一网通是依属于一卡通号码的一个虚拟卡，只用于普通版用户在网上支付使用。一网通可以算是一卡通的一张附加卡，这张一网通不可以 ATM 取款、柜台存取款、POS 消费等，只能用于网上消费，这张卡中的钱是通过一卡通转过来的，只有通过一卡通转来钱后才能进行网上消费，在网上消费时输入的卡号是一网通的卡号，一网通中的余额可以转回一卡通中去。

第六节　大额资金支付

网络支付与结算按照支付的规模可以分为微支付、消费者级别支付和大额支付。大额支付，尤其是各大商业银行间的巨额资金的转账支付甚至跨国支付需要专业网络和支付系统的支持。国际汇兑信息通常是通过 SWIFT 系统传输的，而国际资金结算通常是通过 CHIPS 系统来完成的。我国正在建设基于中国金融骨干网（CNFN）的中国国家现代化支付系统（CNAPS），将为我国大额资金支付与结算提供可靠的保障。

一、SWIFT

20 世纪 70 年代初，欧洲和北美的一些大银行于 1973 年 5 月正式成立 SWIFT（Society Worldwide Interbank Financial Telecommunication）组织，负责设计、建立和管理 SWIFT 网络，以便为该组织成员提供国际金融信息传输服务。1977 年夏，完成了 SWIFT 网络系统的各项建设和开发工作，并正式投入运营。

1980 年，SWIFT 连接到中国香港，中国银行作为中国第一家入会 SWIFT 成员，1985 年正式开通 SWIFT 服务。中国工商银行 1990 年正式加入，此后，农行、建行、交行等也陆续加入 SWIFT。但在初级阶段，各银行以单独形式与 SWIFT 连接，共享度和自动化程度低。随着中国金融的繁荣，中国在 SWIFT 的发报率高速增长，现在的 SWIFT 网络已经成为中国商业银行进行国际结算、外汇买卖、清算兑付的通信主渠道。

SWIFT 的目标是，在所有金融市场为其成员提供低成本、高效率的通信服务，以满足成员金融机构及其终端客户的需求。包括我国在内的全球的外汇交易电文，基本上都是通过

SWIF 传输的。需要指出的是，SWIFT 仅为全球的金融机构提供通信服务，不直接参与资金的转移处理服务，也就是说，在网络支付机制中起传递支付结算电文的作用，并不涉及支付电文收到后的处理细节。SWIFT 提供的通信服务主要包括以下几方面。

（1）提供全球性通信服务。189 个国家和地区的 6 673 个金融机构同 SWIFT 网络实现连接。

（2）提供接口服务。使用户能以低成本、高效率地实现网络存取。

（3）存储和转发电文服务。1999 年转发的电文达 10 亿条。

（4）业务文件传送服务。SWIFT 提供银行间的文件传送 IFF（Interbank File Transfer）服务，用于传送处理批量支付结算和重复交易的电文。

（5）电文路由（Message routing）服务与具有冗余的通信能力。

特别要指出的是，SWIFT 服务提供的 240 种以上的电文标准中，专门有支持大额资金支付结算的支付系统电文或转账电文。

SWIFT 系统提供的各类电文通信服务，全部采用标准化的处理程序和标准化的电文格式。这样，SWIFT 系统的通信服务可直接由计算机自动处理，中间不必经过转换和重新输入。实现从端到端的自动处理可以减少出错概率，提高交易处理效率和自动化水平，降低成本，减少风险。一笔通信服务通常 10 分钟内就可提交，传输一笔交易电文仅收费 0.36 美元。如 1999 年时 SWIFT 的年通信量为 10 亿笔，平均每天传送的电文超过 418.5 万笔，每日通过 SWIFT 传送的支付电文的平均金额超过 5 万亿美元。

二、CHIPS

CHIPS（Clearing House Interbank Payment System），中文为"纽约清算所银行同业支付系统"，主要以美国纽约为资金结算地。具体完成资金调拨即支付结算的过程。因为纽约是世界上最大的金融中心，国际贸易的支付活动多在此地完成。因此，CHIPS 虽然运行在纽约，也就成为世界性的资金调拨系统。现在，世界上 90% 以上的外汇交易，是通过 CHIPS 完成的。可以说，CHIPS 是国际贸易资金清算的桥梁，也是欧洲美元供应者进行交易的通道。

CHIPS 的参加银行，除了利用该系统本身调拨资金外，还可接受往来银行的付款指示，透过 CHIPS 将资金拨付给指定银行。这种层层代理的支付清算体制，构成了庞大复杂的国际资金调拨清算网。因此，它的交易量非常巨大，而且在逐年增加。

CHIPS 采用层层代理的支付清算体制，构成庞大复杂的国际资金调拨清算网。其体系如图 9-12 所示。

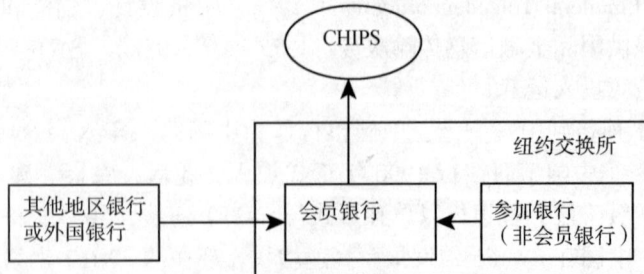

图 9-12　CHIPS 体系结构示意图

会员银行在纽约美联储有存款准备金，具有清算能力，拥有 CHIPS 系统的标识码。参加银行的金融业务需要通过会员银行的协助才能清算和支付。其他地区银行是纽约地区之外具有外汇经营能力的美国银行，外国银行是设于美国纽约的分支机构或代理行，当然外国银行也可以选择 CHIPS 中的会员银行作为其代理行。

三、CNFN

中国金融骨干网 CNFN（China National Financial Network）是把中国人民银行、各商业银行和其他金融系统有机融合在一起的全国性和专业性金融网络系统。

CNFN 的目标是向金融系统用户提供专用的公用数据通信网络，通过文件和报文传输向应用系统如汇兑系统提供服务；我国的金融机构通过该网络可连接全国各领域成千上万企事业信息系统，为广大的客户提供全面的支付服务和金融信息服务；最终成为中国国家现代化支付系统 CNAPS 的可靠网络支撑（物理结构上有点类似 SWIFT 网络）。CNFN 是日通信息量和业务处理的物理通信平台，数据是 CNFN 中最重要的资源，各个子块功能的无缝融合造就了 CNFN 系统的有机工作，为 CNAPS 的研发应用提供了底层保障。

四、CNAPS

中国现代化支付系统 CNAPS（CNAPS（China National Advanced Payment System）是在国家级金融通信网（CNFN）上运行的我国国家级的现代化的支付系统，是集金融支付服务、支付资金清算、金融经营管理和货币政策职能为一体的综合性金融服务系统。可以说是目前我国所运行的所有电子与网络支付系统的综合集成，如服务于企业间大额资金支付结算的全国电子联行系统和各商业银行的电子汇兑系统等。

本章小结

本章主要讲述了网络支付的含义与特征、网络支付的分类、网络支付的体系构成，网络支付业务的新发展，包括第三方支付、移动支付，网络支付工具，大额资金支付系统，如SWIFT、CHIPS、CNFN、CNAPS 等内容。

（1）网络支付结算方式是指以金融电子化网络为基础，以各种电子货币为媒介，通过计算机网络特别是 Internet 以电子信息传递的形式实现流通和支付功能。网络支付结算方式按照不同的分类标准可以有不同的类别，如按照支付数据流的内容性质划分，网络支付结算方式可分为指令传递型网络支付结算方式和电子现金传递型网络支付结算方式。按照网络支付金额的规模划分，网络支付结算方式可分为微支付、消费者级网络支付、商业级网络支付。网络支付的产生和发展是和电子商务的发展分不开的。网络支付体系是融购物流程、支付与结算工具、安全技术、认证体系、信用体系，以及现在的金融体系为一体的综合系统。

（2）目前网络支付领域的第三方支付和移动支付发展迅速，代表着未来网络支付产业发展的方向。

（3）网络支付工具最常见主要有数字现金、电子钱包、电子支票、电子银行卡。

（4）国际范围内的大额资金结算是通过 CHIPS 系统来完成的，CHIPS 运行在 SWIFT 上，我国的中国国家现代化支付系统（CNAPS），为我国大额资金支付与结算提供了可靠的保障，该系统运行在 CNFN 上。

习题集

一、名词解释

1. 网络支付
2. 网上银行
3. 第三方支付
4. 电子现金
5. 电子钱包
6. 电子支票

二、选择题

1. 中国第一家上网银行是(　　　)

　A. 中国工商银行　　　B. 招商银行　　　　　C. 光大银行　　　　　D. 中国银行．

2. （多选）与传统货币相比，电子货币的主要优势有(　　　)

　A. 通用性　　　　　　B. 可控性　　　　　　C. 安全性　　　　　　D. 成本低廉

3. 下列关于在 SET 使用的安全技术标准中正确的是(　　　)。

　A. 将定单信息和个人帐号信息分别进行数字签名，保证银行只能看到订货信息而看不到账户信息。

　B. 持卡人证书是由金融机构以数字化形式签发，并包括信用卡账号。

　C. 在 SET 中，最主要的证书是持卡人证书同，支付网关证书和商家证书。

　D. 商家证书是由金融机构签发，可以随意修改。

4. 网上支付系统的基础设施是(　　　)。

　A. 电子货币　　　　　　　　　　　　B. 金融电子化网络

　C. 网络安全认证机构　　　　　　　　D. 电子化机具

5. 以下哪一项不属于第三方支付平台？(　　　)

　A. 支付宝　　　　　　B. 财付通　　　　　　C. 微信支付　　　　　D. 网上银行

三、简答题

1. 网络支付的基本功能。
2. 网络支付体系是由哪些要素组成的？
3. 网络支付的工具主要有哪些？
4. 移动支付有哪些方式？
5. SWIFT 提供的通信服务主要包括哪些？

第十章 电子商务物流

学习目标：

(1) 了解物流的概念。
(2) 掌握电子商务对物流的影响。
(3) 了解电子商务物流的特点。
(4) 掌握电子商务物流模式。
(5) 了解影响企业物流模式选择的因素。
(6) 掌握典型电子商务物流模式的选择。
(7) 了解各种物流信息技术。

开篇案例：京东商城物流模式

很多人认识物流是从快递开始的。即使不是行业内的人，大概也还记得 2007 年京东自建物流的故事，由于快递包裹时效慢、破损丢失率高、消费者投诉集中等等原因，加上当时的市场上没有相应的服务能满足消费者需求，因此刘强东力排众议开始自建物流体系，如今已成为京东核心竞争力之一。

如今大家已经习以为常但在当时却改写中国快递物流时效的当日达、次日达，便产生于京东物流仓配一体的模式。一方面建设覆盖广泛的物流基础设施和网络，另一方面在商流、信息流等基础上进行大数据销售预测，将商品提前放置在离消费者最近的仓库，实现下单后的快速响应和送达。

这一模式几乎颠覆了整个物流行业，并开启了不断创新的步伐。中国的快递物流配送时效，从几天到当天再到甚至半小时送达，时效和体验已远远领先于全球；物流自动化、智能化的程度日新月异，京东物流"亚洲一号"全流程无人仓被作为"中国名片"展示给外国友人；物流逐渐从小散乱向大型企业集中，并接连上市获资本青睐；社会物流成本逐年降低，在 GDP 中的比重持续下降……

如今，中国快递业务市场规模早已是世界第一，常态化进入单日快递亿件时代。物流，已不仅仅是货物运输的概念，以它为核心的供应链重组正在成为新的商业竞争焦点。

一、京东物流规模与发展

京东集团自 2007 年开始自建物流，2012 年注册物流公司，2017 年 4 月 25 日正式成立京东物流集团。经过十余年积累的基础设施、管理经验、专业技术，京东物流已成为全球供应链基础设施服务商。

京东物流在全国运营超过 700 个仓库，25 座大型智能化物流中心"亚洲一号"，投用了全国首个 5G 智能物流园区。包含云仓在内，京东物流运营管理的仓储总面积约为 1690 万平方米。京东物流大件和中小件网络已实现大陆行政区县几乎100%覆盖，自营配送服务覆盖了全国99%的人口，90%以上的自营订单可以在24小时内送达，90%区县可以实现24小时达。从多元化服务和时效来看，从最初的5~7天送达到如今的分钟级配送，京东物流面向消费者提供包括211限时达、次日达、京准达、京尊达、极速达等在内的多元化时效产品。2019年，京东物流在夯实"城市群半日达"核心优势基础上，发起"千县万镇24小时达"时效提升计划，聚焦最先一公里物流上行和最后一公里配送下沉，推动全国范围内物流时效升级。

京东亚洲一号一分钟：智能设备通过六面扫描技术识别面单200张，"人机"CP创新作业模式应对海量订单，2万件商品完成上架，智能设备为商品拍照32万次，智能大脑为机器人计算出千亿条路线，分拣机器人累计奔跑200公里，拣选机器人完成商品抓取近2000次，"码垛"机器人为55吨商品"排队"，5千件商品完成智能打包。随着低线市场巨大的消费潜力被充分挖掘，作为零售下沉和产业上行的载体，京东物流此次时效升级将大大提升消费体验。

京东物流布局：自2007年搭建物流网络开始，京东物流网络设计的核心就是将商品放在离消费者最近的地方。截至目前，京东物流已经在全国布局了超过600个仓库，包括中心仓、区域仓、城市仓、本地仓、前置仓等规模不一、不同层级的仓库，在各城市群中形成了"一主多辅"的多层布局形态。

二、京东物流实际操作——以双十一为例

在2019年的11.11，京东物流"亚洲一号"将投用25座，天狼仓、地狼仓等不同层级的机器人仓投用超过70个。

在物流上行与下沉过程中，针对运力和时效保障，11.11期间京东物流将通过与高铁系统合作，在原来基础上陆续启用31条高铁线路，涵盖北京、上海、广州、昆明、成都、杭州等始发城市，整体运能提升10倍以上；同时根据11.11期间单量预测做好航空舱位和人员资源储备，确保航空服务。

针对生鲜品类，京东冷链还将依托F2B2C一站式冷链服务能力，为大闸蟹、内蒙羊肉等一系列原产地生鲜商品打造一体化专属解决方案，提供"产地直发+组合运力+全程可溯"的全供应链服务，为更多消费者带来更优质新鲜的商品。

引领城市和农村物流时效、体验升级，京东物流还通过助力农特产品和产业带上行等带动当地经济发展，推动物流基础设施畅通和公共服务互惠共享。

京东物流将继续聚焦"最先一公里"和"最后一公里"进行多样化创新探索，充分利用电商物流优势打造地标性产业带，带动特色农产品上行，成为产业链上的重要参与方；推动物流商流联动下沉，做好"最后一公里"网络覆盖和时效升级，让村里人享受和城里一样的产品和服务。单仓日分拣百万单智能科技在京东物流应对大促中扮演的角色愈发重要。11.11期间京东物流亚洲电商最大规模智能仓群将再升级，亚洲一号智能物流园区在全国投用超过25座，全国电商物流领域规模最大的机器人仓群再次扩容——天狼仓、地狼仓等不同层级的机器人仓投用超过70个。

为全面备战11.11，京东物流位于成都亚洲一号和武汉亚洲一号的两个超大型分拣中心日前已正式投用，两大智能分拣中心日订单处理能力均达到100万以上，通过系统性的智能设备应用和订单的规模化处理，整体分拣效率比传统作业方式提升5倍。

三、电商仓库新模式

2019 年 4 月，京东物流首个家电产地仓在浙江宁波的慈溪市落地。此前，飞龙集团作为慈溪家电产业的排头兵和京东的重要合作伙伴，已经在产地仓试运营期间，将全系列商品入驻其中，并从中受益匪浅。从飞龙家电到慈溪产地仓，直线距离只有 30 多公里，货物入仓的时间和成本大大降低，而在以往，飞龙家电的货物要长途运输 300 公里，进入京东物流位于江苏省江阴市的大件仓库，才能完成上架存储。这一举措，给京东物流的发展打开了新的发展空间。

第一节　物流的概念与分类

一、物流的概念

物流是一个十分现代化的概念，由于它对商务活动的影响日益明显，越来越引起人们的注意。最早关于物流的概念是 1915 年由阿奇·萧（AcrhW. Shaw）提出的。他在《市场分销中的若干问题》中首次提出了 Physical Distribution 的概念。有的人把它译成"实体分销"，也有的译成"物流"，这就是最早的物流概念，其实质是"分销物流"。1935 年，美国销售协会进一步阐述了物流（Physical Distribution，简称 PD）的概念："物流是包含于销售之中的物质资料和服务在从生产场所到销售场所的流动过程中所伴随的种种经济活动。"

在第二次世界大战中，围绕战争供应，美国军队建立了"后勤"（Lgoistics）理论，并将其运用于战争活动中。其中所提出的"后勤学"是指将战时物资生产、采购、运输、配给等活动作为一个整体进行统一布置，以使战略物资补给的费用更低、速度更快、服务更好。后来"后勤"一词在企业中广泛应用，又有商业后勤、流通后勤的提法，这时的后勤包含了生产过程和流通过程的物流，而且是一个包含范围更广泛的物流概念。

因此，物流概念从 1915 年提出起，经过 70 多年的时间才有定论（Lgoistics），现在欧美国家把物流称作 Logistics 的多于称作 Physiacl Distribution 的。Logistics 包含生产领域的原材料采购、生产过程中的物料搬运与厂内物流和流通过程中的物流或销售物流即 Physiacl Distribution，可见其外延更为广泛。

日本的物流概念是 1956 年直接从英文的 Physical Distribution 翻译而来。1956 年日本派团考察美国的流通技术，引进了物流的概念。到了 20 世纪 70 年代，日本已成为世界上物流最发达的国家之一。

到 1985 年，美国物流管理协会将物流定义为："物流是为了符合顾客的需求所发生的从生产地到销售地的物质、服务、信息的流动过程，以及使保管能有效、低成本的进行而从事的计划、实施和控制活动"。这一定义将物流作为一个过程或管理。

目前国内外对物流的定义有多种，比如，

"物流是控制原材料、制成品、产成品和信息的系统。"

"从供应于始经各中间环节的转让及拥有而达到最终消费者手中的事物运动，以此实现有组织的明确目标。"

"物质资料从供给者到需求者的物理运动，是创造时间价值、场所价值和一定的加工价值的活动。"

"物流是指物质实体从供应者向需求者的物理移动，它由一系列创造时间价值和空间价值的经济活动组成，包括运输、保管、配送、包装、装卸、流通加工及物流信息处理等多项基本活动，是这些活动的统一。"这里国家标准对于物流是怎么界定的呢？国标的界定是，所谓物流，就是物品从供给地向接收地的一个实体流动的过程。

我国引入物流概念有两条途径：一条是在 20 世纪 80 年代初期随市场营销理论的引入而从欧美传入，因为在欧美的所有市场营销教科书中，都毫无例外地要介绍"Physical Distribution"，这两个单词直译为中文即为"实体分配""实体流通"，我们普遍接受"实体分配"的译法。所谓"实体分配"是指商品实体从供给者向需求者进行的物理性移动。另一条途径是 Physical Distribution 从欧美传入日本，日本人将其译为日文"物流"，20 世纪 80 年代初，我国从日本直接引入"物流"这一概念至今。在物流概念传入我国前，我国实际上一直存在着物流活动，即运输、保管、包装、装卸、流通加工等物流活动，其中主要是存储即储运活动。

二、电子商务环境下的物流的概念

物流与电子商务的关系是非常密切的，电子商务的实现过程离不开物流。当顾客在利用电子商务平台购买商品，从商品的订单信息传输、到计算机终端进行商品出库、到物流人员进行配送、最终顾客签收商品的过程，我们可以理解为电子商务物流的实现过程。

二十世纪末，电子商务的出现和发展，使得物流企业的外界市场环境发生了很大的变化。物流活动在管理方法技术应用信息处理等方面也产生了新的变革。

可以这样理解物流与电子商务间的关系，物流是电子商务不可或缺的部分，也是电子商务优势正常发挥的基础。那么可以推断，物流的发展最终会推进电子商务的快速发展。

在电子商务时代，物流的信息化是电子商务的必然要求。因此诸如，条码技术、数据库技术、电子订货系统、电子数据交换、快速反应，以及有效的客户反映、企业资源计划等技术与观念，在物流中得到了普遍的应用。

归纳一下电子商务物流的概念，可以从三个层面理解。

第一点，电子商务物流的实现过程利用诸如互联网和 EDI 多种现代信息传递和处理工具。比如商品在出库以及入库的过程中，要利用条码技术对商品进行扫描，以便统计商品的库存。物流商品配送，利用 GPS 定位系统，进行对应产品的跟踪，以便向顾客实时提供产品配送位置信息。

第二点，电子商务的整个运作包含信息流、商流、资金流和物流在内的一系列流动过程。以物流过程的信息流管理为起点，同时大规模集成物流中的所有供应链环节，只有通过物流配送，将实物真正转移到消费者手中，商务活动才算结束。

第三点，电子商务物流过程向客户提供物流全过程的信息跟踪服务，包括商品从仓储、分拣、包装到配送的整个物流过程，都可以通过物流信息系统进行信息跟踪，了解商品所处的位置和状态，从而使物流业做到真正意义上的及时响应，使企业零库存成为可能。当然最终也可以更有效的满足消费者的需求，提高客户满意度。

电子商务物流的过程又是怎样的呢？在电子商务环境下，供应商通过 internet 接受客户的订单，与客户进行交易谈判，双方达成一致意见后，供应商从采购原材料开始，按照客户的要求生产出相应的产品，最后通过物流配送网络，将货物送到客户手中。这就是电子商务物流的一般过程。

举一个例子，同学们应该有过在淘宝网上买东西的经历，那么当卖家通过淘宝网管理系统接到你下的订单以后，会根据你的订单要求，进行产品包装、出货、配送，消费者可以通过订单查询，跟踪货物的目前所处的位置以及状态。那么这个过程就是电子商务物流的一般过程。

电子商务物流的未来发展趋势又是怎样的呢？在电子商务环境下，物流行业既要能提供完整的仓储、运输、装卸等传统服务，更要在流通加工、包装、配送等增值服务领域，满足客户的需求。

信息化、全球化、多功能化和一流的服务水平，已成为电子商务物流企业追求的目标。

最后我们再总结一下电子商务物流的概念，电子商务物流是指在电子商务交易活动中为实现商品流通转移，而进行的接收、存储、包装、搬运、配送等实物处理与流动过程。

三、物流的分类

按照物流系统的作用分类，可以将物流分为以下几类。

（1）供应物流：为生产企业提供原材料、零部件或其他物品时，物品在供应者与需求者之间的实体流动称为供应物流，就是物质生产者、持有者甚至使用者之间的物流，也称为原材料采购物流。

（2）生产物流：是指生产过程中原材料、在制品、半成品、产成品等在企业内部的实体流动。生产物流是制造产品的工厂企业所特有的，它和生产流程同步，原材料、半成品等按照生产工艺流程在各个加工点之间不停地流动、流转形成了生产物流。

（3）销售物流：生产企业、流通企业在出售商品时，物流由供应方向需求方之间的实体流动称为销售物流，即物质的生产者或持有者到用户或消费者之间的物流。它对于工厂是售出物流，而对于流通领域是指交易过程中，从卖方角度出发的交易行为中的物流。

（4）逆向物流：与传统供应链反向，为价值恢复或处置合理面对原材料、中间库存、最终产品及相关信息从消费地到起始点的有效实际流动所进行的计划、管理和控制过程。在我国将逆向物流分解为两大类：回收物流和废弃物流。对于电子商务公司来说，主要是指回收物流，就是对那些不合格或者不合适物品的返修、退货以及周转所使用的包装容器从需方返回到供方所形成的物品实体流动。

第二节　物流系统与电子商务

一、物流活动的构成要素

物流活动的要素即物流活动的基本功能，是指其具有的基本能力，通过对物流各要素的有机结合，形成物流的总体功能，进而实现物流的经济目标。物流活动的构成要素一般包括运输、储存、包装、搬运、装卸、流通加工、配送、信息处理。

（1）输送：输送是使物品发生场所、空间移动的物流活动。输送系统是由包括车站、码头的运输节点、运输途径、交通机关等在内的硬件要素，以及交通控制和营运等软件要素组成的有机整体，通过这个有机整体发挥综合效应。具体来看，输送体系中运输主要指长距离两地点间的商品和服务移动，而短距离少量的输送常常称之为配送。

（2）保管：保管具有商品储藏管理的意思。它有时间调整和价格调整的机能。保管通过调整供给与需求之间的阻隔促使经济活动安定地开展。相对于以前强调商品价值维持或储藏目的的长期保管而言，如今的保管更注重为了配合销售政策上的流通目的而从事短期的保管。保管的主要设施是仓库，在基于商品出入库的信息基础上进行在库管理。

（3）流通加工：流通加工是在流通阶段为保存而进行的加工或者同一机能形态转换而进行的加工。具体包括切削、细分化、钻孔、弯曲、组袋等轻微的生产活动。除此之外，还包括单位化、价格贴付、标签贴付、备货、商品检验等为使流通顺利进行而从事的辅助作业。如今，流通加工作为提高商品附加价值、促进商品差别化的重要手段之一，其重要性越来越增强。

（4）包装：包装是在商品输送或保管过程中，为保证商品的价值和形态而从事的物流活动。从机能上来看，包装可以分为保持商品的质量而进行的工业包装，为使商品能顺利抵达消费者手中、提高商品价值、传递信息等以销售促进为目的的商业包装等两类。

（5）装卸：装卸是跨越流通部门和物流设施时而进行的，发生在输送、保管、包装前后的商品取放活动，它包括商品放入、卸出、分拣、备货等作业行为，装卸合理化的主要手段是集装箱货运。

（6）信息处理：通过收集与物流活动相关的信息，使物流活动能有效、顺利地进行。最近，随着电子计算机和信息通信技术的发展，物流信息出现了高度化、系统化的发展，目前订货、在库管理、所需品的出货、商品进入、输送、备货等五个要素的业务流已实现了一体化。信息包括与商品数量、质量、作业管理相关的物流信息，以及与订、发货和货款支付相关的商流信息。如今，大型零售店、便利店为了降低流通成本、扩大销售大多已连接了 POS（Point of Sale，销售点信息管理）和 EDI（Electronic Data Interchange，电子数据交换）系统，从而使物流信息快速普及。

二、物流系统基础设施

物理系统的建立和运行，需要有大量技术装备手段，这些手段的有机联系对物流系统的运行有着决定性的意义，这就是物流系统的物质基础要素。这些要素主要有物流设施、物流装备、物流工具、信息技术、网络组织和网络管理。

（1）物流设施：是组织物流系统运行的基础物质条件，包括物流站、场、港、物流中心、仓库、物流线路等。

（2）物流装备：是保证物流系统运转的条件，包括仓库货架、进出库设备、加工设备、运输设备、装卸机械等。

（3）物流工具：是物流系统运行的物质条件，包括包装工具、维修保养工具、办公设备等。

（4）信息技术：是掌握和传递物流信息的手段，包括通信设备及线路、计算机及网络技术等。

（5）网络组织：是物流企业经营活动中所涉及的物流运输网络组织、物流信息网络、物流客户网络组织等。

（6）网络管理：是对物流网络组织进行管理的方法和手段。

第三节 电子商务环境下的物流的特点

电子商务时代的来临，给全球物流带来了新的发展，使物流具备了一系列新特点。

一、信息化

电子商务时代，物流信息化是电子商务的必然要求。物流信息化表现为物流信息的商品化、物流信息收集的数据库化和代码化、物流信息处理的电子化和计算机化、物流信息传递的标准化和实时化、物流信息存储的数字化等。因此，条码技术（Bar Code），数据库技术（Database），电子订货系统（Electronic Ordering System，EOS），电子数据交换（Electronic Data Interchange，EDI），快速反应（Quick Response，QR）及有效的客户反映（Effective Customer Response，ECR），企业资源计划（EntePrrise ReSource Planning，ERP）等技术与观念在我国的物流中将会得到普遍的应用。信息化是一切的基础，没有物流的信息化，任何先进的技术设备都不可能应用于物流领域，信息技术及计算机技术在物流中的应用将会彻底改变世界物流的面貌。

二、自动化

自动化的基础是信息化，自动化的核心是机电一体化，自动化的外在表现是无人化，自动化的效果是省力化，另外还可以扩大物流作业能力、提高劳动生产率、减少物流作业的差错等。物流自动化的设施非常多，如条码/语音/射频自动识别系统、自动分拣系统、自动存取系统、自动导向车、货物自动跟踪系统等。这些设施在发达国家已普遍用于物流作业流程中，而在我国由于物流业起步晚，发展水平低，自动化技术的普及还需要相当长的时间。

三、网络化

物流领域网络化的基础也是信息化，这里指的网络化有两层含义：一是物流配送系统的计算机通信网络，包括物流配送中心与供应商或制造商的联系要通过计算机网络，另外与下游顾客之间的联系也要通过计算机网络通信，比如物流配送中心向供应商提出订单这个过程，就可以使用计算机通信方式，借助于增值网（Value Added Network，VAN）上的电子订货系统（EOS）和电子数据交换技术（EDI）来自动实现，物流配送中心通过计算机网络收集下游客户的订货的过程也可以自动完成；二是组织的网络化，即所谓的企业内部网（Intranet）。比如，台湾的电脑业在20世纪90年代创造出了"全球运筹式产销模式"，这种模式的基本点是按照客户订单组织生产，生产采取分散形式，即将全世界的电脑资源都利用起来，采取外包的形式将一台电脑的所有零部件、元器件、芯片外包给世界各地的制造商去生产，然后通过全球的物流网络将这些零部件、元器件和芯片发往同一个物流配送中心进行组装，由该物流配送中心将组装的电脑迅速发给订户。这一过程需要有高效的物流网络支持，当然物流网络的基础是信息、电脑网络。

物流的网络化是物流信息化的必然，是电子商务下物流活动的主要特征之一。当今世界Internet等全球网络资源的可用性及网络技术的普及为物流的网络化提供了良好的外部环境，物流网络化不可阻挡。

四、智能化

智能化是物流自动化、信息化的一种高层次应用，物流作业过程大量的运筹和决策，如库存水平的确定、运输（搬运）路径的选择、自动导向车的运行轨迹和作业控制、自动分拣机的运行、物流配送中心经营管理的决策支持等问题都需要借助于大量的知识才能解决。在物流自动化的进程中，物流智能化是不可回避的技术难题，好在专家系统、机器人等相关技术在国际上已经有比较成熟的研究成果。为了提高物流现代化的水平，物流的智能化已成为电子商务下物流发展的一个新趋势。

五、柔性化

柔性化本来是为实现"以顾客为中心"理念而在生产领域提出的，但要真正做到柔性化，即真正地能根据消费者需求的变化来灵活调节生产工艺，没有配套的柔性化的物流系统是不可能达到目的的。20 世纪 90 年代，国际生产领域纷纷推出弹性制造系统（Flexible Manufacturing System，FMS），计算机集成制造系统（Computer Integrated Manufacturing System，CIMS），制造资源系统（Manufacturing Requirement Planning，MRP），企业资源计划（ERP）以及供应链管理的概念和技术，这些概念和技术的实质是要将生产、流通进行集成，根据需求端的需求组织生产，安排物流活动。因此，柔性化的物流正是适应生产、流通与消费的需求而发展起来的一种新型物流模式。这就要求物流配送中心要根据消费需求"多品种、小批量、多批次、短周期"的特色，灵活组织和实施物流作业。

六、绿色物流

随着环境资源恶化程度的加深，对人类生存和发展的威胁越大，因此人们对资源的利用和环境的保护越来越重视，对于物流系统中的托盘、包装箱、货架等资源消耗大的环节出现了以下几个方面的趋势：包装箱材料采用可降解材料；托盘的标准化使得可重用性提高；供应链管理的不断完善大大地降低了托盘和包装箱的使用。

另外，物流设施，商品包装的标准化，物流的社会化、共同化也都是电子商务下物流模式的新特点。

第四节　电子商务与物流的关系

随着因特网的日益普及，电子商务的应用呈现迅猛的增长势头。电子商务的推广加快了世界经济的一体化，使国际物流在整个商务活动中占有举足轻重的地位。电子商务带来了对物流的巨大需求，推动了物流的进一步发展，而物流也在促进电子商务的发展，因此可以说二者是互相依存，共同发展的。时间表明，凡是电子商务蓬勃发展的企业，必是物流技术发达、物流服务比较到位的企业；相反，由于缺乏及时配送等物流服务，导致不少电子商务企业处境艰难甚至倒闭、破产。

那么物流与电子商务的关系究竟如何？可以从以下几个方面说明。

一、电子商务对物流的影响

（一）电子商务是现代化物流和信息技术发展的产物

电子商务概念的提出首先是在美国。由美国经济学家托马斯·马龙教授所定义。而美国的物流管理技术自1915年发展至今已有100多年的历史，通过利用各种机械化、自动化工具及计算机和网络通信设备，早已日臻完善。作为电子商务前身的电子数据交换技术（EDI）的产生是为了简化繁琐、耗时的订单等的处理过程，以加快物流的速度，提高物资的利用率。电子商务的提出最终是为了解决信息流、商流和资金流处理上的烦琐对现代化的物流过程的延缓，进一步提高现代化的物流速度。可见，美国在定义电子商务概念之初，就已经有强大的现代化物流作为支持，只需将电子商务与其进行对接即可，而并非电子商务过程不需要物流的电子化。

（二）电子商务将改变人们传统的物流观念

电子商务作为一个新兴的商务活动，它为物流创造了一个虚拟性的活动空间。在电子商务的状态下，人们在进行物流活动时，物流的各种职能及功能可以通过虚拟化的方式表现出来，在这种虚拟化的过程中，人们可以通过各种的组合方式，寻求物流的合理化，使商品实体在实际的运动过程中，达到效率最高、费用最省、距离最短、时间最少的功能。

（三）电子商务将改变物流的运作方式

首先，电子商务可使物流实现网络的实时控制传统的物流活动在其运作过程中，不管其是以生产为中心，还是以成本或利润为中心，其实质都是以商流为中心，从属于商流活动，因而物流的运动方式是紧紧伴随着商流来运动。而在电子商务下，物流的运作是以信息为中心的，信息不仅决定了物流的运动方向，而且也决定着物流的运作方式。在实际运作过程中，通过网络上的信息传递，可以有效地实现对物流的实时控制，实现物流的合理化。

其次，网络对物流的实时控制是以整体物流来进行的。在传统的物流活动中，虽然也有依据计算机对物流实时控制，但这种控制都是以单个的运作方式来进行的。比如，在实施计算机管理的物流中心或仓储企业中，所实施的计算机管理信息系统，大都是以企业自身为中心来管理物流的。而在电子商务时代，网络全球化的特点，可使物流在全球范围内实施整体的实时控制。

（四）电子商务将改变物流企业的经营形态

首先，电子商务将改变物流企业对物流的组织和管理。在传统经济条件下，物流往往是从某企业来进行组织和管理的，而电子商务则要求物流以社会的角度来实行系统的组织和管理，以打破传统物流分散的状态。要求企业在组织物流的过程中，不仅考虑本企业的物流组织和管理，而且更重要的是考虑全社会的整体系统。

其次，电子商务将改变物流企业的竞争状态。在传统经济活动中，物流企业之间存在激烈的竞争，这种竞争往往是依靠本企业提供优质服务、降低物流费用等方面来进行的。在电子商务时代，这些竞争内容虽然依然存在，但有效性却大大降低了。原因在于电子商务需要一个全球性的物流系统来保证商品实体的合理流动，对于一个企业来说，即使它的规模再大，也是难以达到这一要求的。这就要求物流企业应相互联合起来，在竞争中形成一种协同竞争的状态，以实现物流高效化、合理化、系统化。

（五）电子商务将促进物流基础设施的改善和物流技术与物流管理水平的提高

首先，电子商务将促进物流基础设施的改善。电子商务高效率和全球性的特点，要求物流也必须达到这一目标。而物流要达到这一目标，良好的交通运输网络、通信网络等基础设施则是最基本的保证。

其次，电子商务将促进物流技术的进步。物流技术主要包括物流硬技术和软技术。物流硬技术是指在组织物流过程中所需的各种材料、机械和设施等；物流软技术是指组织高效率的物流所需的计划、管理、评价等方面的技术和管理方法。从物流环节来考察，物流技术包括运输技术、保管技术、装卸技术、包装技术等。物流技术水平的高低是实现物流效率高低的重要因素，对建立适应电子商务运作的高效率的物流系统，加快提高物流的技术水平有着重要的作用。

第三，电子商务将促进物流管理水平的提高。物流管理水平的高低直接决定和影响着物流化。在这类电子商务定义中，电子化的对象是整体效率的高低，也影响着电子商务高效率优势的实现问题。只有提高物流的管理水平，建立科学合流物流管理制度，将科学的管理手段和方法应用于物流管理当中，才能确保物流的畅通进行，实现物流的合理化和高效化，促进电子商务的发展。

二、物流是实施电子商务的根本保证

（一）物流是电子商务的基本构成部分

电子商务的任何一笔交易，都包含着几种基本的"流"，即信息流、商流、资金流和物流。所谓信息流，是指商品信息的提供、商业单证的转移、技术支持等多项内容。商流是指商品交易和商品所有权转移的运动过程。资金流主要指付款、转账等资金的转移过程。物流则是指物质实体（商品或服务）的流动过程。在电子商务下，四流中的前三流均可通过计算机和网络通信设备实现，但作为上述四流中最为特殊的物流，只有诸如电子出版物、信息咨询等少数商品和服务可以直接通过网络传输方式进行，但对于多数商品和服务，则需借助一系列机械化、自动化工具的应用，准确、及时的物流信息对物流过程的监控，将使物流的流动速度加快、准确率提高，能有效地减少库存，缩短生产周期。

（二）物流保障生产

无论在传统的贸易方式下，还是在电子商务下，生产都是商品流通之本，而生产的顺利进行需要各类物流活动支持。生产的全过程从原材料的采购开始，便要求有相应的供应物流活动，将所采购的材料到位，否则，生产就难以进行。在生产的各工艺流程之间，也需要原材料、半成品的物流过程，即所谓的生产物流，以实现生产的流动性。部分余料、可重复利用的物资的回收，就需要所谓的回收物流，废弃物的处理则需要废弃物物流。可见，整个生产过程实际上就是系列化的物流活动。合理化、现代化的物流，通过降低费用从而降低成本、优化库存结构、减少资金占压、缩短生产周期，保障了现代化生产的高效进行。相反，缺少了现代化的物流，生产将难以顺利进行，那无论电子商务是多么便捷的贸易形式，仍将是无米之炊。

（三）物流服务于商流

在商流活动中，商品所有权在购销合同签订的那一刻起，便由供方转移到需方，而商品实体并没有因此而移动。在传统的交易过程中，除了非实物交割的期货交易，一般的商流都必须伴随相应的物流活动，即按照需方（购方）的需求将商品实体由供方（卖方）以适当的方式、途径向需方（购方）转移。而在电子商务下，消费者通过上网点击购物，完成了商品所有权的交割过程，即商流过程。但电子商务的活动并未结束，只有商品和服务真正转移到消费者手中，商务活动才告以终结。在整个电子商务的交易过程中，物流实际上是以商流的后续者和服务者的姿态出现的。没有现代化的物流，如何轻松的商流活动都仍会退化为一纸空文。

（四）物流是实现"以顾客为中心"理念的根本保证

电子商务的出现，在最大程度上方便了最终消费者。他们不必再跑到拥挤的商业街，一家又一家地挑选自己所需的商品，而只要坐在家里，在 Internet 上搜索、查看、挑选，就可以完成他们的购物过程。但试想，他们所购的商品迟迟不能送到，抑或商家所送并非自己所购，那消费者还会选择网上购物吗？物流是电子商务中实现以"以顾客为中心"理念的最终保证，缺少了现代化的物流技术，电子商务给消费者带来的购物便捷等于零，消费者必然会转向他们认为更为安全的传统购物方式，那网上购物还有什么存在的必要？

第五节　电子商务物流模式

目前，我国开展电子商务的企业主体大体分为两类：一类是传统的制造商、经销商和零售商，第二类是 ISP（Information Service Provider，信息服务提供商），ICP（Internet Contents Provider，互联网内容提供商）组建的电子商务公司。企业需要根据自身的情况选择适当的物流运作模式，就我国企业而言，目前可供选择的物流模式主要有自营模式、外包模式。

一、自营物流

（一）自营物流的含义

自营物流是指企业借助于自身物质条件（包括物流设施、设备和管理机构等）自行组织的物流活动。货主利用已有的物流资源，采用先进的物流管理系统和物流技术，不断优化物流运作流程，为生产经营过程提供高效、优质服务的基本方式。需要注意的是，自营物流并不一定是自己组织所有的物流活动，自营物流也可以将某些功能外包，比如根据企业自身的特点，将一些临时的、只限于一次或一系列分散的物流功能外包给其他的专业公司来做。一般而言，采取自营物流模式的企业大都是规模较大的集团公司。

（二）自营物流的优势

（1）掌握控制权。企业可以对物流系统运作的全过程进行有效的控制。对于企业内部的采购、制造和销售活动的环节，原材料和产成品的性能、规格，供应商以及销售商品的经营能力，企业自身掌握最详尽的资料。企业自营物流，可以运用自身掌握的资料有效协调物流活动的各个环节，能以较快的速度解决物流活动管理过程中出现的问题，获得供应商、销售商以及最终顾客的第一手信息，以便随时调整自己的经营策略。

（2）降低交易成本。选择物流外包，由于信息的不对称，企业无法完全掌握物流服务商完整、真实的资料。而企业通过内部行政权力控制原材料的采购额和产成品的销售，可不必就相关的运输、仓储配送和售后佣金问题进行谈判，避免多次交易花费以及交易结果的不确定性，从而降低交易风险，减少交易费用。

（3）避免商业秘密的泄露。当企业将运营中的物流要素外包，特别是引入第三方来经营其生产环节中的内部物流时，其基本的运营情况就不可避免地向第三方公开。而在某一行业专业化程度高、占有较高市场份额的第三方会拥有该企业的诸多用户，他们正是企业的竞争对手，企业物流外包就可能通过第三方将企业经营中的商业秘密泄露给竞争对手，动摇企业的竞争力。

（4）提高企业品牌价值。企业自营物流，就能够自主控制营销活动，一方面可以亲自为顾客服务到家，使顾客通过自身的经历了解企业、熟悉产品，提高企业在顾客群体中的亲和力，提升企业形象，让顾客切身体会到企业的人文关怀；另一方面，企业可以掌握最新的顾客信息和市场信息，从而根据顾客需求和市场发展动向调整战略方案，提高企业竞争力。

（5）增加利润来源。自营物流往往需要企业有一定的配送规模，如果企业的配送能力盈余，可以对外开展物流配送业务，将成本转嫁出去，获得新的利润来源。

（三）自营物流的不足

1. 巨大的资金压力

由于物流涉及运输、配送、仓储、包装、搬运装卸、流通加工等多个环节，建立物流系统，前期需要巨大的资金以及固定资产的投入。对于资金有限、规模较小的中小型电子商务企业来说，物流系统建设是一个很大的负担，企业根本没有能力自建物流体系。即使对于规模较大、实力雄厚的大型电子商务企业来说，也不能贸然自建物流，自建物流也需要经过多方权衡。因为一旦自建物流失败，不仅会造成巨大的资金损失，而且还有可能会威胁到电子商务企业原本的核心业务，带来不可挽回的损失。

2. 专业化水平低

电子商务企业自建物流体系之后，企业的物流管理的专业化水平不高，物流配送效率低下，主要是基于以下两方面的原因。一方面由于物流行业对于电子商务企业来说是一个全新的、比较陌生的领域。物流部门只是企业的一个后勤部门，物流活动也非企业专长。在这种情况下，企业管理人员需要花费更多的精力、时间和资源去从事物流的工作，结果导致效率低下，甚至影响到企业主营业务发展。另一方面我国物流管理起步较晚，开设物流专业的高校不多，整个社会物流人才极其短缺，导致自建物流的电子商务企业的物流管理人员的素质不高。

3. 难以形成规模效应

电子商务企业自建物流的出发点是为了满足企业自身的服务需求，而且出于保护作为电子商务企业的核心数据的客户资料，自建物流的电子商务企业一般不会把自己的物流系统与其他的电子商务企业共享，所以自建物流的电子商务企业的服务对象有限，一般只能是企业本身。

我国地域辽阔、人口众多而且分布不均，电子商务企业自身通过自建物流由于资金有限很难建立健全完善的物流网络体系，不可能完全覆盖到偏远地区或者二三线城市。因此，物流作为电子商务企业内部的一个重要组成部分，很难实现全国大范围的覆盖。

4. 风险大

由于物流对电子商务企业来说，不仅是一个不擅长的领域，而且甚至可以称之为一个完全陌生的领域。电子商务企业自建物流不一定能够达到最初预期旳目标，而且有可能会使得电子商务企业蒙受巨大的损失，危及企业的核心业务，影响企业的发展。同时，自营物流体系需要大量的资金以及固定资产的投入，减少了企业的流动资金，增加了电子商务企业的风险。

（四）自营物流的适用范围

对于电子商务企业，自营物流启动容易，配送速度快，但配送能力较弱，配送费用不易控制。若电子商务企业有很高的顾客服务需求标准，其物流成本占总成本的比重较大，自身物流管理能力又比较强，宜采用此方式。目前，采取自营模式的电子商务企业主要有两类。一类是资金实力雄厚且业务规模较大的电子商务企业，另一类是经营电子商务网站的传统大型制造企业或批发企业。由于自营物流的高成本，目前国内自营物流的电子商务企业为数不多，只有卓越亚马逊、京东商城、凡客诚品、顺风优选、苏宁易购等。

二、物流外包

（一）物流外包的含义

物流外包又称第三方物流（Third Part Lgoistics，3PL），是指由物流劳务的供方、需方之外的第三方去完成物流服务的物流运作方式。第三方就是指提供物流交易双方的部分或全部物流功能的外部服务提供者。第三方物流随着物流业的发展而发展，是物流专业化的重要形式。物流业发展到一定阶段必然会出现第三方物流，且它的占有率与物流业的水平之间有着非常紧密的相关性。西方的物流实证分析证明独立的第三方物流至少占社会的50%，物流业才能形成。因此，第三方物流的发展程度反应和体现着一个国家物流业发展的整体水平。

按照供应链管理理论，将非核心业务外包给从事该业务的专业公司，使得从原材料供应到生产再到产品的销售等各个环节的各种职能，都是由在该领域具有专长的专业公司互相协调和配合来完成的，这样形成的供应链才具有很强的综合竞争力。

（二）物流外包的优势

1. 有利于企业集中核心业务，培育核心竞争力

对于绝大部分的企业而言，其核心竞争力并不是物流，生产企业的核心能力是设计、制造和新产品开发。一个企业的资源毕竟是有限的，通过第三方物流，电子商务企业可以把自身的主要资源聚集在核心业务上，而把物流等非核心业务交给第三方物流企业，这样企业就可以集中优势资源，大力发展核心业务。北京图书大厦专注于图书的采购和宣传、销售，对电话或网上购书的用户，委托邮政系统作为第三方物流进行配送，企业没有在物流上耗费太大的精力，却取得了很好的效果。著名的当当网上书店（www. dangdang. com. cn）也是采用与邮政系统、速递企业合作的方式，迅速把业务伸向了大江南北。

2. 降低成本，减少资本积压

专业的第三方物流提供利用规模生产的专业优势和成本优势，通过提高各环节能力和利用率节省费用，使企业能从分离费用结构中获益。电子商务企业采用第三方物流模式可以在以下两方面节省物流成本，一是减少固定资产投资，二是只要向第三方物流企业支付定额的费用，就可以享受第三方物流企业信息化、规模经济化优势带来的物流运作成本的降低。

3. 提供专业化的服务

第三方物流企业有着完善的物流网络体系、先进的物流基础设施，并且在物流配送领域有着丰富的实战经验，可以更好地为电子商务企业提供更为专业化的服务。

4. 区域覆盖范围广泛

第三方物流企业利用其规模经济优势整合社会资源，可建立覆盖范围广泛的物流网络体系。所以电子商务企业可以借助第三方物流企业扩大其物流配送范围。

5. 改进客户服务，加速销售

通常电子商务企业在包装、配送、售后服务、产品召回等一系列服务方面做得不够完善，而这些服务对于电子商务公司吸引和留住客户是非常重要的。通过物流外包，可以利用第三方物流企业在信息网络和配送节点上具有的资源优势，缩短对客户的反应时间，包装订货及时、安全送到目的地，实现商品的快速交付。

6. 分散风险

企业自身资源、能力是有限的，通过外包，与外部的合作伙伴分担风险，企业可以变得更有柔性，更能适应变化的外部环境。

（三）物流外包的潜在风险

1. 信息共享会带来安全问题

将物流外包给第三方企业时，需要双方实现信息和技术资源的共享，第三方物流公司才可以根据电子商务企业的具体情况进行操作，做到及时配送等，而这对于电子商务企业来说存在着产品和技术相关信息泄漏的风险。

2. 不能直接控制物流过程

电子商务企业选择将物流外包给第三方物流企业时，就应该知道不能对物流各个环节的活动进行很好的控制。电子商务企业把货物交到第三方物流企业的手中时，就意味着脱离了对货物的控制，什么时间配送、何种方式配送、具体什么时候到达消费者的手中，电子商务企业都无法知晓，因此很难保证物流配送的服务质量与效率。

3. 可能会降低用户满意度

由于我国第三方物流企业的行业门槛低，所以企业的工作人员很大部分来自农村等一些偏远地区，受教育程度和综合素质都较差。这些物流配送人员在为消费者提供物流服务的过程当中会出现操作不当、服务态度差等情况，致使第三方物流企业整体服务水平不高。电子商务企业又无法控制和影响他们，长期的物流活动失控，可能阻碍核心业务与物流活动之间的联系，从而降低用户满意度。

4. 外包依赖控制程度

企业需要在长期依赖某一个第三方物流服务商和依赖多个第三方物流服务商之间权衡。若长期依赖某一个第三方物流服务商，会对其资本投资、效率提高具有潜在的好处，但同时又会使其滋生自满情绪而让企业难以控制。为了便于控制，企业应该选择多个第三方物流服务商，但是这种短期行为又会令企业的成本提高或服务质量降低。

三、电子商务物流模式选择

如何确定企业自营还是外包这一战略问题，要求企业明确自己的核心能力，即哪些是令自己与众不同并能立于不败之地的特点。如果决定将某项产品或服务外包出去，就必须精心挑选供应商。自营和外包两类模式的优劣比较见表10-1。

表 10-1　自营与外包的优劣势比较

物流形式	优势	劣势
自营物流	物流配送的可控性强，不必受制于人； 服务内容的灵活性更强，更易推进各种新型服务； 具有品牌宣传、二次营销的作用； COD（货到付款）实时回款	成本高； 覆盖网络的扩张速度有限； 物流业务的专业化程度需花费时间积累
物流外包	成本低； 借助 3PL 已有的配送网络，覆盖区域广； 专业化程度高	物流服务的可控性弱； 新型服务较难实现或推进速度慢； COD（货到付款）回款周期长

从表中可以看出，企业选择自营物流多因为期望提升用户的购物体验、加快资金周转以及品牌宣传带来的二次营销效果；而采用物流外包的原因多是处于成本的考虑以及快递公司的专业化程度。因此，企业在进行物流决策时应综合考虑以下主要因素，慎重选择物流模式，以提高企业的市场竞争力。

（一）企业自身的实力

企业自身的实力如何是电子商务企业选择物流配送模式非常重要的首要参考因素，企业自身实力可以用企业的规模、企业的销售利润率、企业的盈利率等指标来衡量。例如众多的规模较小的电子商务网站根本不会选择自建物流网络，因为企业现阶段是在挣扎着生存，满足基本的生存需求是企业的首要目的，根本不可能有那么多钱去自己投资建设物流体系。

（二）物流对企业的重要程度

电子商务企业选择何种物流配送模式也要考虑企业对物流的需求程度，不同类型的电子商务企业的核心业务一般会有所不同，企业应该要对自己的核心业务有清晰的认识。如果一个企业对物流配送的要求不高，物流对企业的影响不太重要的话，它可能就不会选择自营物流，它有可能会选择第三方物流模式，例如一些旧书网对物流的依赖性不强，又或者专营化妆品的电子商务网站，保证品质是它最核心的任务，相对物流依赖度也不高，类似这种企业，选择第三方物流作为其主要的物流配送模式的可能性就很大。

（三）企业实施物流管理的能力

企业即使具备自建物流的资金上的实力，也不一定能够自营物流，因为物流体系是一个非常繁杂的系统，不仅仅是有钱就一定能够建成并运营好，还需要看企业是否具备运营物流信息系统软硬件方面的技术手段、领先的仓库储存技术、综合的物流供应链体系等。以京东商城举例，企业在成立之初就非常重视软硬件技术、仓储技术等方面的研究开发，相对来说，在自营物流体系上比其他的企业更具优势。

（四）物流成本问题

物流成本对电子商务企业物流模式的选择具有很重要的影响，物流成本包括仓储成本、运输成本、配送成本、装卸安装成本、流通加工成本、信息处理成本等。企业在进行物流配送模式选择之前，要对不同物流配送模式的物流成本进行准确的估值，如果企业自营物流的成本小于选择第三方物流企业进行配送的成本，那么企业将毫无疑问选择自营物流，但是这种情况一般不大可能出现。更多的情况是企业自营物流的成本会大于选择第三方物流的成本，这个时候就应该具体问题具体分析了。如果自营物流成本远远大于第三方物流的成本，并且要在非常长的一段时间内可能是十年，也可能是二十年甚至更长时间才能有所回报，这大大超过企业的承受能力，企业在长期入不敷出的情况下，有可能会有倒闭的风险。如果自营物流成本只是比第三方物流成本稍大，并且有可能在不太长的时间内能开始盈利，那么企业可以选择自营物流体系。

（五）企业业务规模及稳定性

如果电子商务企业的业务量大，如果采用第三方物流的话，付给第三方企业的费用就高，虽然选择自营物流的投资巨大，但是从长期来讲，企业能降低每一次配送的物流成本，那么企业选择自营物流模式会比较有利。如果企业的业务量小，那么第三方物流费用相对较低，也就没有花巨大投资去自营物流体系，可能会造成资源的浪费。

（六）对物流的服务水平的要求

服务体验也是决定消费者是否会二次消费的重要因素。我国的第三方物流企业的物流配送人员大部分来自偏远的农村或者二三线城市，综合素质偏差，服务时态度也偏差，如果消费者在收包裹时，觉得对方服务态度差、配送效率不高，或者货物有毁坏的情况下，很可能会把责任归咎到电子商务企业的身上，可能以后就不会在这个网站上网购了，电子商务企业有可能会失去这个客户。所以对物流的服务要求很高，自营物流相对比第三方物流配送更有优势。

（七）对企业柔性的要求

对企业柔性的要求在一定程度上影响着电子商务企业物流配送模式的选择，但相对没有前面提及的几个因素的影响大。如果电子商务企业对柔性的要求很高，那么第三方物流配送模式可能不能很好地满足电子商务企业的要求，因为第三方物流企业管理水平落后、技术研发落后、信息反馈不及时，一些重要的数据和信息不可能做到与电子商务企业同步，而且第三方物流企业服务的电子商务企业众多，第三方物流企业不可能针对每一个电子商务企业制订不一样的服务标准，这是不现实的。所以如果电子商务企业对柔性的要求不高，可以选择第三方物流配送模式，如果对柔性的要求很高，那么自营物流将会更好地满足电子商务企业的需求。

（八）第三方物流的客户服务能力

在选择物流模式时，考虑成本尽管很重要，但第三方物流为本企业及企业顾客提供服务的能力是选择物流服务至关重要的。因此，企业在选择第三方物流企业时，要对其与服务能力相关的各项指标进行论证和考察，看是否能满足本企业的实际需要。

电子商务物流配送模式的选择可以考虑矩阵图决策法（图10-1）。矩阵图决策法是通过两个不同因素的组合，利用矩阵图来选择配送模式的一种决策方法。其基本思路是选择决策因素，然后通过其组合形成不同区域或象限再进行决策。本部分主要围绕配送对企业的重要性和配送能力来进行分析。

（1）当企业的配送能力较强，配送对企业的重要性较大时可采用自营配送模式。

（2）当企业的配送能力较弱，但配送对企业的重要性较大时，为弥补自身不足，企业可以选择加大投入，完善配送系统，提高配送能力，采取自营配送模式；或者投入一部分资金，强化配送能力，采取共同配送模式；或者将配送业务完全委托专业性的配送企业来进行，采取第三方配送模式；或者通过邮政部门的邮递渠道进行，采取邮政邮寄配送模式。

（3）当企业有较强的配送能力，而配送在企业战略中不占据主导地位时，企业可以向外拓展配送业务，以提高资金和设备的利用能力，可采取共同配送模式，也可以采取互用配送

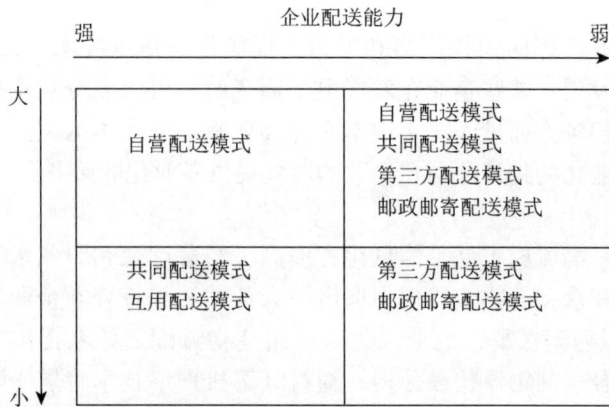

图 10-1　物流配送模式选择矩阵

模式。若企业在该方面具有较大竞争优势时也可适当调整业务方向，向社会化方向发展，成为专业的配送企业。

（4）当企业不存在较大的配送需求，而且企业的配送能力也较弱时，宜采取第三方配送模式、邮政邮寄配送模式。企业本身将主要精力放在企业最为擅长的生产经营方面，精益求精，获得更大的收益。

第六节　典型电子商务物流解决方案

一、B2B 电子商务物流解决方案

（一）B2B 电子商务物流的特点

传统企业经过多年的发展早已形成了成熟的物流配送体系，而基于电子商务的企业间物流正处于不断的发展之中。同 B2C、C2C 交易不同，B2B 交易由于是发生在企业之间的，因此其物流在时间、空间等方面都体现出自身的特点。

（1）交易对象广泛。B2C 的交易对象集中于生活消费用品，而 B2B 的交易对象可以是任何一种产品，或是原材料、半成品或成品。

（2）交易操作规范，复杂（查询、谈判、结算），严格（合同、EDI 标准），交易次数少，交易金额大，远大于 B2C 和 C2C。

（3）交易双方之间进行交易规模大，货物运输量大，在配送中容易实现规模经济。

（4）减少了供应商或供应环节，减少了订货成本及周转时间。

（5）上下游企业和核心企业共享时长需求信息，达到整体配合、降低库存、及时反映客户需求的效果，达成双赢的伙伴关系。

（二）B2B 电子商务物流解决方案

电子商务环境下，B2B 电子商务的形成和参与主体的规模实力不同，其所面临的物流问题是不一样的，因此，不可能存在同一的物流模式。B2B 电子商务主要有两种形式，一种是大企业主导的基于供应链管理的 B2B 电子商务交易，另一种是中小企业基于 B2B 电子商务公共平台的交易。前者既有自营物流模式，又有第三方物流配送模式；后者则以第三方物流为主导模式。

1. 自营物流

不少企业自身拥有良好的销售网络和渠道，现代化的物流技术、设施和管理经营理念。随着电子商务的不断发展，这些企业在发展电子商务时，可以充分利用资源，承担其他企业的物流配送业务，分担各方面投入，实现本企业高效率、低成本的配送。同时还可与物流商建立良好关系，让专业化的物流公司在必要的时候提供专业化的服务。

2. 虚拟物流联盟

国内网络覆盖广、物流成本低、信息化程度高、经营理念和服务水平高的专业物流企业不多，企业往往难以在众多的物流代理中选出一家各方面都符合本企业物流需求的合作方来实现物流配送。"虚拟物流联盟"的形式为企业组建物流配送体系提出了新的方向。企业可以在不同的地方选择合适的物流代理公司，通过计算机网络技术将居于全国各地的仓库、配送中心，凭借计算机系统连接起来，使之成为"虚拟联盟"。通过各物流代理企业的物流、商流、信息之间的共享以及一系列的决策支持技术来进行统一调度和管理，使得物流服务半径和货物集散空间变大，从而实现有效的配送。

3. 第三方物流

企业将非核心的物流业务全部交由专门的物流代理公司承担，而企业则集中优势资源发展核心业务。我国境内的跨国公司在从事电子商务业务时，物流业务一般都外包给当地的第三方物流服务商。物流业务外包是中小 B2B 企业物流的可行方案。而中国的 B2B 电子商务企业规模一般较小，特别是 B2B 电子商务公共平台注册的中小企业占了大多数。因此，企业不应该也没有过多的资金建立自己的物流队伍，而电子商务的全球性的特点使得电子商务业务遍布全球，更增添了物流配送的难度。因此，第三方物流成为我国解决 B2B 电子商务配送问题的主要物流模式。

4. 第四方物流

收货企业通过 B2B 电子商务网站选购商品后，由发货企业委托自己的第四方物流供应商进行配送，第四方物流供应商通过对客户配送要求、货物种类、数量、配送路线、时间要求等特点的分析，协调组织第三方物流企业、咨询公司和技术公司等合作伙伴来具体实施配送。收货企业收到第三方物流送到的货物后，接收货物并给发货企业提供收获凭证。在这其中，第四方物流公司成为一个中立的解决方案和外包服务提供商，从宏观的角度对供应链进行协调，而且独立于电子商务企业和第三方物流公司，避免发生直接竞争冲突，把咨询公司、第三方物流供应商和技术公司整合在一起，通过自己的专业经验、信息资源、信息处理能力、现代化的技术设备，以及为客户所提供的增值服务使整个物流过程更有效、快捷和低成本，体现电子商务的真正优势。

二、B2C 电子商务物流解决方案

(一) B2C 电子商务物流的特点及要求

B2C 电子商务是电子商务的基本模式之一，B2C 电子商务物流配送所面向的是最终消费者，因而在时间、空间、顾客需求的多样性等方面都体现出其自身的特点。对应于传统商务的零售业，B2C 电子商务模式的特点主要有以下几个方面。

(1) 客户群大。网络的普及化使得上网并通过网络进行购物的群体越来越大。

(2) 市场空间区域广，顾客分布分散。发达的网络可以实现世界任何一个具备上网条件（即使只有一个手机）的人通过 Internet 登录企业网站购买商品，电子商务企业面临的顾客可能来自不同区域、不同城市，甚至不同的国家。因而配送地点的高度分散也就成了必然。

（3）配送量小。由于顾客是个体，其需求不同于企业需求，因此，一次性购买量相对小得多，顾客有可能只购买一件商品，因而配送批量小。

（4）产品种类较多。网站上商品种类繁多，大至家电小到首饰、钱包，可谓应有尽有。

（5）配送时间要求严格。在网上下单后，商家一般会有一个配送时间的承诺，要求在规定的时间内将商品送达客户手中，逾期到达会降低客户满意度或带来投诉。

根据 B2C 电子商务模式的特点及其对物流配送的要求，建立 B2C 电子商务配送系统应做到以下几个方面。

（1）根据 B2C 顾客分布区域广且分散的特点，物流配送实施两级代理制度。即先把全国划区，对于区内的总订货委托全国性大型物流公司管理，区内的配送则由区域配送商来完成，两者以接力的形式来完成物流作业。

（2）自营物流中心与物流外包相结合。针对 B2C 电子商务的特殊性，目前国内难以找到专门为电子商务公司量身定做的完整物流配送服务商，所以就难以得到满意的服务和价格比，但要完全解决国内的配送问题，靠自身又无能为力，可以采用外包的方式加自建物流中心这种折中的方案解决国内 B2C 中物流配送问题。

（三）B2C 电子商务物流配送解决方案

B2C 电子商务企业的经营主体，物流体系水平不一，经营方式也各不相同。物流配送模式可以分为以下四种类型。

（1）自营物流模式。采用此模式的一般是大型生产企业和连锁经营企业，像海尔集团、沃尔玛连锁超市，也包括当当网、卓越、京东商城、凡客诚品等虚拟企业。企业通过组建自己的物流中心，来为本企业生产经营提供配送服务。企业自营模式的运行如图 10-2 所示。

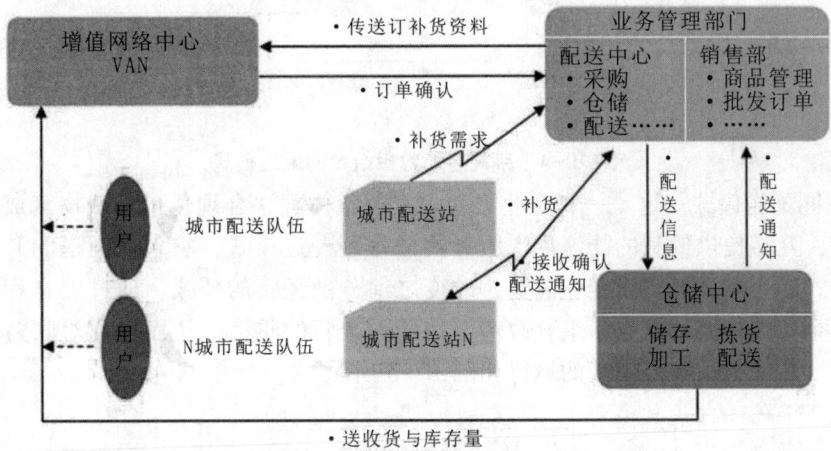

图 10-2 B2C 电子商务企业自营物流模式

（2）第三方物流配送模式。第三方企业一般是具有一定规模的物流设施、设备及专业经验、技能的批发、储存或其他物流业务经营企业。采用此模式的企业将非核心优势的物流业务全部交由第三方物流代理公司来承担，而 B2C 电子商务企业则集中优势资源发展核心业务。第三方物流配送模式的运行如图 10-3 所示。

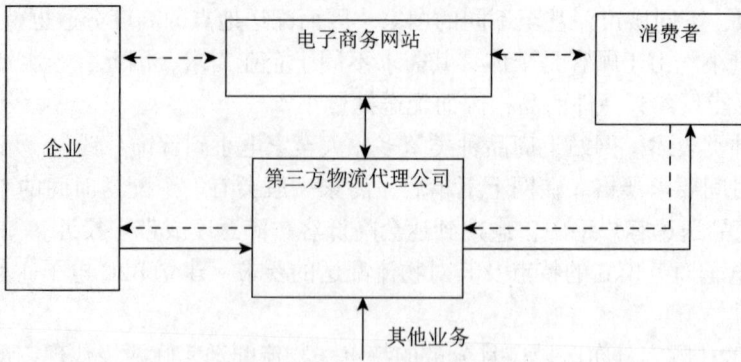

图 10-3　第三方物流配送模式

（3）自营和外包相结合的配送模式。采用此模式的企业自身拥有一定的物流资源，但不能满足商务扩展的需要，由于建立完善的配送体系投资太大，当企业的业务量未形成规模效应时，企业需要承担较大的风险。在这种模式下企业拥有自己的仓库和区域配送中心，通过信息化平台和网络技术实现与第三方物流代理公司的合作，将其最后环节的配送交由专业的物流公司来完成，共同实现对消费者的物流配送。这要求企业和第三方物流公司能实现双向信息对接，彼此之间能共享数据。自营和外包相结合模式的运行如图 10-4 所示。

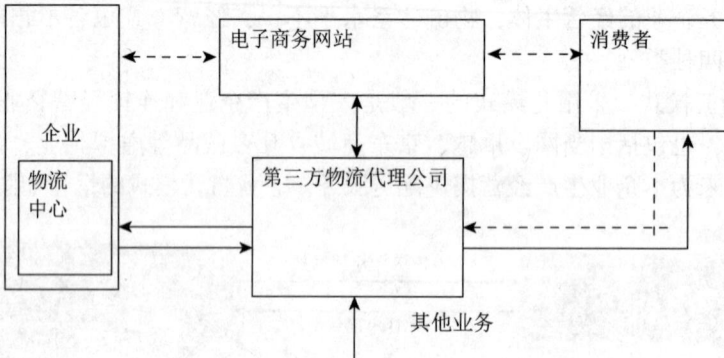

图 10-4　自营与外包相结合的配送模式

（4）共同配送模式。这是一种企业之间为实现整体配送合理化，降低物流成本，以互惠互利为原则，互相提供便利的物流配送服务的协作型配送模式，它包括配送的共同化。采用共同配送模式的企业通过组建企业联盟，改变之前分散经营的模式，通过信息和资源的相互整合，把各企业的物流部门重新组合改造，形成一个新的整体，从而实现对联盟内的企业进行共同配送。共同配送物流模式的运行如图 10-5 所示。

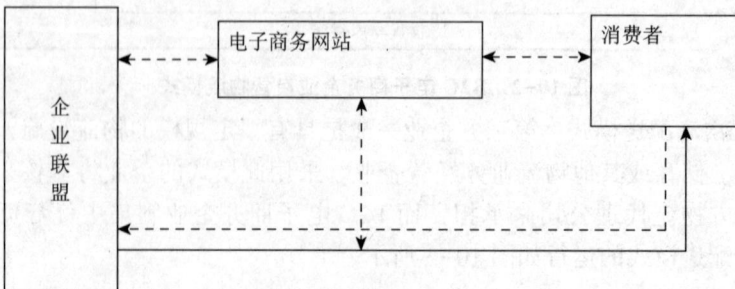

图 10-5　共同配送模式

三、C2C 电子商务物流解决方案

（一）C2C 电子商务物流常见问题

C2C 电子商务活动是借助各大网站的 C2C 电子商务平台来进行的，其交易模式尽管各大网站可以采取一定的技术和管理措施来建立诚信机制和加强支付体系的管理，但是对于最后的物流配送这一个环节却常常难以控制和管理。由于面对的都是零散的个体顾客，同 B2C 电子商务模式一样，商品订购的随机性和分散性往往会导致配送商品批量小、配送的频率高，但不同的是 C2C 电子商务中作为上游的个体商家也没有实力去建立一个专门的物流配送体系，因此各商家往往借助于现有的一些物流机构来实现物流配送服务。由于各物流机构的运作环节是买卖双方都没有办法把握的，所以这也就增加了物流配送的不确定性。由此也带来了 C2C 电子商务物流配送的一些问题，主要包括以下几个方面。

（1）分散配货环节的疏漏。通常个体商家作业人员只有一两名，既要负责店面管理、答复买方问题、确认订单，又要承担分装配货以及送货等工作。尤其是对于那些日交易量比较大的商家，人员少、作业量大，因此在进行配货环节时可能疏于对商品的质量进行进一步的核查，从而导致顾客收到的商品存在质量问题。

（2）较高的物流费用。人们之所以选择去网上购物一方面是因为方便，但很多人还是因为看中了其低价的特点，但是较高的运费却也着实让很多人望而却步。尤其是对于一些小商品，运费甚至高于商品价值。

（3）买方无法制约物流公司。由于通常借助于其他的物流机构来进行产品的送达，这增加了时间上的不确定性。卖方将买方购买的产品交给各物流机构后，产品的运输时间无法准确掌控，一般买家也无法当场验货。此外，由于物流公司很多，良莠不齐，难免会出现配送人员违规操作（如偷换商品等）的情况。

（4）售后服务及退换问题。在网上店铺购买的商品有时也需要退换，一方面是商品本身的质量问题。另一方面商品的在途损坏、丢失等难以避免。但是在进行商品的退换时难度就大大增加了，由此也带来了很多额外的费用。

（5）物流资源存在浪费。承担着 C2C 交易商品运送的物流公司和快递公司成百上千家，而 C2C 电子商务交易平台上的卖家和商品也来自世界各地。一般来说商品都是一件一件寄出，即使是小批量，一般也寄往不同的目的地。这种交易模式突显分散的特点，反映在商品运输的包装问题就不可避免地存在极大的资源浪费现象。

（二）C2C 电子商务物流配送解决方案

（1）物流联盟模式。所谓物流联盟，是指电子商务网站与邮政、快递等物流企业组成的物流产业链，电子商务平台在其中扮演产业链的中枢角色，对各方面的物流资源进行合理而高效的整合与利用。

（2）便利店模式。便利店模式来自日本的 7-11 公司的服务模式，即充分利用分布于各居住区的便利店来完成物流快递的最初和最后"一公里"，让便利店成为物流快递公司的接货起点与终点送达手段。这样既可以极大地降低或减少物流快递公司的配送成本，又可以使原有的便利店资源得以充分发挥作用。尤其是对上班族来说，便利店送达可以减少因为上班而错过送货时间的机会。

便利店模式的前提条件是网络化的便利店，充分利用信息平台把便利店网络与物流快递

网络、网上商店电子商务平台网络等整合起来，实现网上网下联动。在我国，全国范围内统一的便利店系统始终未能形成，如果利用散落的便利店，势必不能充分利用信息平台进行资源整合，便利店模式的优势也就不存在了。

（3）物流代理模式。物流代理模式是指物流渠道中的专业化物流中间人，以签订合同的方式在一定期间内为其他公司提供的所有或某些方面的物流业务服务。对 C2C 网络购物的卖方来说，面对日趋激烈的市场竞争不得不将主要精力放在自己的核心业务——网络营销上，而将物流环节交由专业物流企业进行操作，以求节约和高效。物流快递公司分析、比较操作成本和代理费用，灵活运用自理和代理两种方式，提供客户定制的物流服务。

（4）指定或推荐物流模式。在 C2C 电子商务平台上开设的网上商店，规模大小差异很大，在其与物流快递公司的合作过程中，店大欺客和客大欺店的现象同时存在。为了减少物流成本的差异性，提供网上商店的物流服务质量，电子商务平台或网站应该充分利用自身的优势，与规范的、专业化的物流快递公司建立战略伙伴关系，向全体网商推荐这些物流快递公司，鼓励网商使用合作的物流快递公司的物流服务。由于平台的加入，可以有能力（集众多网商的需求）进行服务招标，C2C 网上商店的卖方可以自愿选择是否采用平台推荐的物流快递公司，如果采用了平台推荐的战略合作伙伴，就可以享受到相应的物流服务。实际上，目前 C2C 网上商店卖方也自发地与大大小小的物流快递公司形成了一定的合作关系，如货款的按月按量结算、量大优惠等，只不过这种合作的规模很小、很不稳定。

四、O2O 模式下物流配送解决方案

（一）O2O 模式下物流配送的特点

物流配送是 O2O 模式下极致客户体验的关键，类似京东的极速配送服务，或者零售现场购买快递到家的服务，都是提升客户体验的服务项目。同时在全渠道 O2O 业务平台中，物流配送是将线上或线下的订单快速地交付到消费者的关键。因此 O2O 模式下的物流配送相比 B2C，C2C 模式下有着新的要求和特点。

1. 更快的时效性

在 O2O 模式中，消费者更注重体验，如果在线上下单，线下却不能及时拿到实物，那就失去了 O2O 的意义。O2O 模式下，不管是拥有自建物流的企业，还是外包物流的企业，他们都在追求速度，不断推出当日达，半日达，三小时达，发展到现在已经一小时送达。而在最后一千米的问题中，比如社区 O2O，已经可以实现 15 分钟送达。这样追求时间的极致，其实就是追求极速化，对于消费者来说，对物流的时效性的要求没有最快只有更快。

2. 更多的配送需求

首先，在 O2O 模式中，有直达配送需求，即在顾客下单后，企业直接进行配送，避免了物流中心环节。以生鲜 O2O 为例，电子商务平台因为拥有强大的仓库和先进配送系统，在顾客直接下单后就可以直接送到顾客手中。

其次，有"预约配送"。客户可以通过提前在移动端直接下单，然后与商家预约，商家根据消费者的需求进行准时配送。这样就可以避免了时间上的不对称，提高消费者满意度的同时也提高物流企业的效率。

第三，"准时配送"。当消费者在线上下单之后，根据消费者的时间要求，企业会准时甚至提前给消费者提供实物。

3. 更高的逆向物流

在 O2O 模式中，消费者更重视体验，在线上下单后，线下拿到的产品，存在退货、维修、二手回收的需求。在 B2C 模式下，由于没有线下服务，这种逆向物流服务也只能在线上完成，造成退货和维修难、等待时间长等问题。而 O2O 模式的线下服务为顾客提供实在的售后服务，因此，消费者有更高的逆向物流需求。

（二）O2O 模式下零售业物流配送模式

现阶段，我国 O2O 模式下零售业物流配送模式包括三种，其分别为企业自营物流配送模式、第三方物流配送模式以及联盟共同配送模式。

1. 企业自营物流配送模式

企业自营物流配送模式指的是企业为满足自身生产、运输以及销售需求，独资建立的物流配送体系，该物流配送体系一般只为企业自身服务。相比较其他物流配送模式而言，企业自营物流配送模式系统化程度高，与企业的生产、运输以及销售息息相关。该物流配送模式是当前国内综合性企业普遍采用的模式。

不同的企业适合不同的物流配送模式，自营物流配送模式适合于满足以下条件的 O2O 模式零售商。

（1）企业规模较大、资金雄厚，配送量大的集团公司。在 O2O 模式下自建物流是其一种战略性的选择。典型的代表有苏宁易购、沃尔玛等。该类型的企业规模较为庞大，在物流配送模式上更倾向于自营物流配送模式，通过建立物流配送部门实现物流的通畅，实现各门店采购、配送、结算的统一性。

（2）存在大量连锁店、经销商、代理商的企业，这一类型的企业一般从传统产业中转型而来或者在传统产业基础上进一步创新，如家电企业等。

（3）区域范围集中且配送方式单一的企业。企业业务覆盖范围较为集中，在物流配送上投资较小且配送方式停留在汽车以及货车之上，这种企业更适合采用自营物流配送模式，提高效率并降低配送成本。

2. 第三方物流配送模式

第三方物流配送模式指的是企业以合同等形式将物流外包给物流服务企业，通过信息系统与物流企业保持联系，从而实现企业物流的监控和管理。企业为了保持自己的产品的核心竞争力，把物流外包给专业物流服务企业，利用分工和专业化原理达到效率和效应最大化。这种模式有强大的竞争力。

对于中小型企业而言，在没有足够资金以及连锁店作支撑的前提下，如何构建自身的物流配送系统成为难题，这种情况下第三方物流配送成为最佳选择。第三方物流配送模式有利于企业节约资金，有利于得到专业的物流服务。典型企业有淘宝、当当网等都使用第三方物流配送模式。

3. 联盟共同配送模式

联盟共同配送模式指的是针对特定区域，多家物流企业共同联盟加以配送，旨在提高物流配送的效率。联盟共同配送模式是物流配送在发展过程中逐步探索出来的物流配送模式，该模式对社会影响较大，能极好地优化社会资源配置。

在发达国家中，联盟共同配送模式应用最为广泛，其有利于中小型连锁零售企业的发展。解决中小型连锁零售企业规模小、资金压力大的难题，对我国电子商务而言，联盟共同配送模式的尝试具有极大的现实意义。

五、跨境电子商务模式下物流配送解决方案

（一）跨境电子商务模式下物流配送的特点

近年来，跨境电子商务（Cross-border Electronic Commerce）在我国发展非常迅速，并进入了人们的生活。所谓跨境电子商务，是电子商务应用过程中一种比较高级的形式，是指在不同的国家或地区间，交易双方通过互联网形式及其相关信息平台的方式实现交易。跨境电子商务同样有 B2C、B2B、C2C 等电子商务形式，其中主要是 B2C 和 B2B。国际贸易进出口环节中一般要涉及国际结算、进出口通关、国际运输、物流保险等，同时还需要考虑其安全性及风险控制等方面，这使得跨境电子商务和境内电子商务有所区别。对于国内中小企业来说，跨境电子商务更是备受推崇，因为其一方面可以增加更多的海外市场机会；另一方面会使国内市场变得更加丰富。互联网技术的广泛应用以及外贸业态的不断发展，让跨境电子商务成为我国企业寻求海外以及国内贸易的新一轮商机。

跨境电子商务的快速发展给物流带来了潜在的巨大市场，但是，在跨境电子商务物流方面，我国的第三方物流企业还不能提供专业化、个性化的物流服务。另外，跨境电子商务企业本身对物流的运作也还没有进入专业轨道，并没有探索出一种适合跨境电子商务的物流运作方式。

（二）跨境电子商务模式下物流配送解决方案

跨境电子商务企业在竞争日益激烈的今天，为提高货物配送质量、保证商品到达时间，也纷纷自建物流或外包物流，整合虚拟信息流与物流，以创新性的运营策略来应对环境的变化。

1. "单一"跨境电子商务物流模式

海外供应商将货品送达电子商务企业位于制造国的物流配送中心，由其负责商品的实际备货与仓储管理，当消费者在网络平台下订单时，将由制造国的物流中心完成单笔订单的拣货、包装和出货，以"单一"订单包装成单件包裹形式，并在制造国物流中心以单件包裹形式交付给国际快递公司，由它为顾客提供门到门的物流服务，如图 10-6 所示。

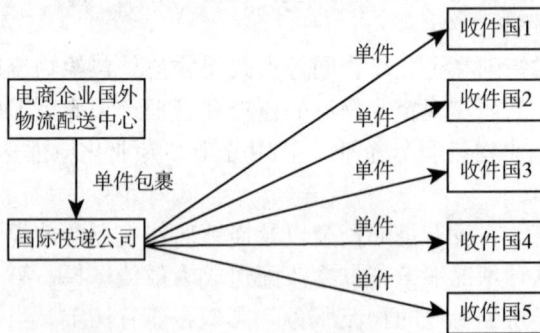

图 10-6　"单一"跨境电子商务物流模式

此物流模式对于电子商务企业来说，完全不需要另设转运物流配送中心，也不需要考虑与收件地国家的本土快递体系合作，只需选择服务品质优良的门到门国际快递公司，由其负责送至不同国家的收件地，而且国际快递企业会负责处理包裹的通关、报税等工作。此外，单件包裹独立运送而不以批量形式运送，即不需等待货运量达到一定程度才转交国际快递公司，因此在配送速度上较其他运输方式快。然而，此模式虽然简易方便、运送快速，但国际单件快递运费非常高，如果某一国家的订单来源比例较高时，难以进行整合运输。

2. "两段中转"跨境电子商务物流模式

海外供应商将货品配送至电子商务企业位于该国的物流中心，由其负责商品实际备货与仓储管理，当消费者于电子商务网站下订单时，由该物流中心完成单笔订单的拣货、包装和出货，整合收件地与不同国家的单件包裹，将货物交由国际物流公司以整批方式运输至海外转运国，由海外转运国物流中心将整批货品拆封成原单件包裹形式，再将单件包裹交由国际快递公司配送至指定国家收件地，具体流程如图10-7所示。

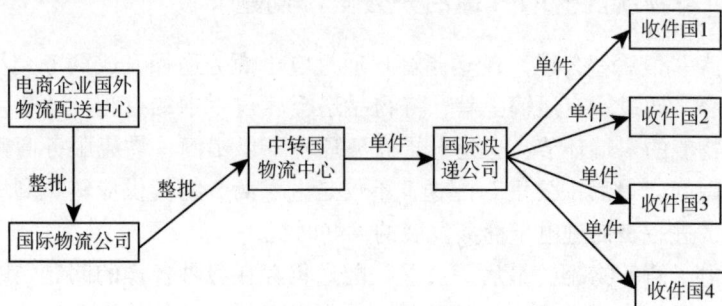

图 10-7　"两段中转"跨境电子商务物流模式

因运输路程共有两段，转运点在转运国，因此称为"两段中转"跨境电子商务物流模式。此种运输模式享有整合物流的优势，且不需考虑与收件地国家本土快递体系合作的相关问题。在订单来源未明确显示来自某一国家时，此运输方案可有效整合不同国家的单件包裹，以整批形式运输至转运国物流中心以节省国际运费。

但是，此运输方案较为复杂，因配送形式同时包括整合运输与单件运输，电子商务企业在选择配送服务的相关公司时，需同时寻找适合的批量运送国际物流企业与单件快递企业，且在货品配送进度查询的信息处理上也分为两个阶段。此外，更重要的是因货品经过转运国，其转运模式还需考虑增加通关检验的时间成本与相关的税费问题。

3. "两段收件"跨境电子商务物流模式

海外供应商将货品配送到电子商务企业位于该国的物流中心，由该物流中心负责商品的实际备货与仓储管理，当消费者在电子商务平台下订单时，由制造国的物流中心完成单笔订单的拣货、包装、出货，以单一订单的单件包裹形式，由海外供应商物流中心根据收件地分别整合成不同的整批货品，交由国际物流企业以整批运输的形式直接运抵收件国，由收件人所在国物流中心将整批货品拆封成原单件包裹形式，再将单件包裹交由收件人所在国当地快递体系递送至指定收件地。因运输路程包含第一段整批运输与第二段单件运输，转运点在收件国，因此称为"两段收件"转运，具体如图10-8所示。

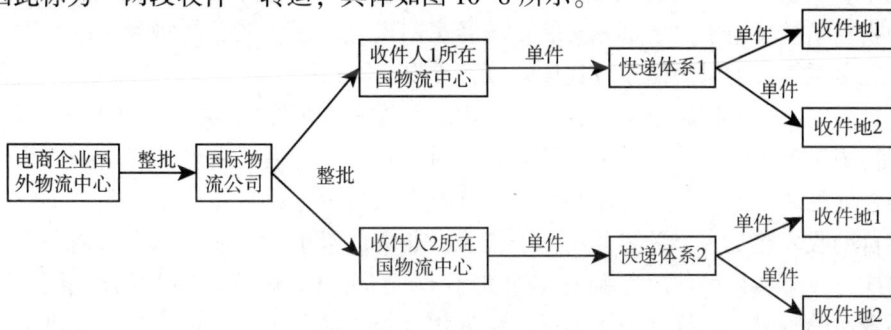

图 10-8　"两段收件"跨境电子商务物流模式

此物流模式在跨境运输时具备整合运输的成本优势，在收件国运输时也享有收件国当地快递体系提供的国内优惠。因此该物流模式在收件人所在国当地设置物流中心，并且在订单来源明确显示来自某些国家时较为适用。此运输方案的配送速度受到各国当地快递体系运作效率的影响，无法给予全球各地线上购物消费者标准的派送时间，且在货品递送进度查询信息处理上会分为两阶段条码，一为国际运输阶段，一为收件人所在国当地快递阶段。

六、电子商务物流配送的"最后一公里"问题

电子商务物流"最后一公里"配送指客户通过电子商务途径完成商务交易后，交易物品被运输至配送中心，通过一定运输工具，将物品送至客户手中的过程。"最后一公里"配送是整个电子商务物流的末端环节，也是电子商务环境下供销商、物流服务商与客户面对面接触的唯一机会。做好"最后一公里"配送，不仅是电子商务物流供应链顺利实施的保障，更是提高顾客体验、进一步促进电子商务发展的大好时机。

目前，我国电子商务物流"最后一公里"配送仍存在各种各样的问题。顾客普遍反映配送服务质量较差，现如今的最后一公里配送自动化程度低，设备较为简陋，轻便摩托车和电动三轮车为主要交通工具，主要依靠人力投递，加之现如今城市交通状况恶化，造成电子商务物流配送效率低下，订单量较大时派送员往往不能及时将货物配送至客户指定处。此外，由于投递过程不规范，派送员时常将货物放置于地上进行分派，让客户自行取件，整个派送过程呈现脏、乱、差的景象，货物丢失、损毁的情况时有发生。这些问题的存在严重制约着电子商务物流乃至电子商务的进一步发展。

电子商务物流企业和研究人员纷纷对电子商务物流"最后一公里"配送模式进行了改革创新，由传统单一的送货上门模式扩展至多种配送模式并存。在实践中，我国主要存在三种配送模式，分别为送货上门模式、自助收发箱模式和顾客自提站模式。

送货上门是物流公司根据客户的需求，将货物送至客户处，实现门到门的物流服务。生活中，派送员进行货物配送前会事先与顾客通过电话、短信等方式联系，告知到货时间或重新约定送货时间。派送员将货物送至顾客家门口后，部分顾客会现场验货，若物品准确无误，顾客会确认签字，派送员对货物进行扫描登记后，收取回执单再对下一位顾客进行服务。现阶段此种配送模式的使用依然最广泛，国内几乎所有的快递公司都提供此项服务。

自助收发箱模式是最近几年新兴起的电子商务物流"最后一公里"配送模式。自助收发箱模式中，派送员无须将货物送至顾客手中，由顾客当面确认签字，而只需将货物送至指定自助收发箱中，由顾客选择自己方便的时间自行提取。自助收发箱有三种类型，分别为独立自助收发箱、回收式自助收发箱和公共自助收发箱，三种自助收发箱的操作流程并不相同。独立自助收发箱是将箱子设备事先安装于顾客家门口或院子，派送员将到达的货物放置于该箱子中，后由系统自动以短信等方式通知顾客货物已经到货。由于该装置只服务于特定顾客，因而可设置固定密码或钥匙，由顾客自行取货。回收式自助收发箱的箱子不服务于特定顾客，而根据到货情况进行分配。派送员到达客户处时，扫描登记后，将已装好货物的箱子安置于预置于顾客处的装置上，并及时通知客户。待顾客取货后，再将箱子收回用于下一次配送活动。公共自助收发箱是多个顾客共用一个箱子，通常放置于小区或其他交通便利方便顾客提取货物的地方。公共自助收发箱拥有多个大小不一的箱子。派送员将货物送至合适的地方，选定大小合适的箱子，扫描货物条码后，将货物放置于箱子中，系统将自动随机生成密码并以短信等方式发送给顾客，顾客凭借收到的密码取回包裹。自助收发箱可带冷藏保温功能。

无论采用何种自助收发箱模式，运营中均需安装配套的监控装置，方便记录顾客取货和开箱验货的情况，避免可能出现的纠纷。

顾客自提站也是新兴起的"最后一公里"配送的创新模式，是电子商务物流服务提供商通过与便利店、小区物业、超市等机构合作或自己新建提货点（如顺丰嘿客），为一定距离以内的顾客提供到货自提的一种服务。电子商务物流服务商事先选择合适的第三方合作机构，通过洽谈签订合作协议。派送员将货物扫描登记，放置于适当的合作机构处后，继续去往下一个合作机构处配送货物，顾客则可通过系统发送的短信自行去合作机构处取货。在顾客自提站模式中，顾客可根据自身时间安排和距自提点的距离选择喜欢的交通方式提取货物。在日本，连锁便利店已经成为快递流通行业重要的一环。日本最大的快递公司大和运输与全家、7-11等多家连锁便利店的合作让顾客可以在日本各地的四万多家便利店领取快递物品。

第七节　物流信息技术

物流信息技术是指运用物流各环节中的信息技术，根据物流的功能以及特点，为物流管理决策提供信息支持的物流信息系统等。物流信息技术包括物流信息识别技术、物流信息跟踪技术、物流信息交换技术以及整合各种物流信息技术。

一、物流信息识别技术

自动设别技术就是应用一定的识别装置，将待识别物品与识别设备靠近，自动地获取被识别物品的相关信息，并提供给后台的计算机处理系统来完成相关后续处理的一种技术。自动识别技术近几十年来在全球范围内得到了迅猛发展，初步形成了一个包括条码技术、磁条磁卡技术、IC 卡技术、光学字符识别、射频技术、声音识别及视觉识别等集计算机、光、磁、物理、机电、通信技术为一体的高新技术学科。

自动识别技术是以计算机技术和通信技术的发展为基础的综合性科学技术，它是信息数据自动识读、自动输入计算机的重要方法和手段，归根结底，自动识别技术是一种高度自动化的信息或者数据采集技术。到目前为止，先后涌现出多种自动识别技术，如语音识别技术、磁识别技术、条形码识别技术等，其中条形码识别技术因其输入速度快、准确率高、成本低、可靠性强等原因发展十分迅速，已广泛应用于物流业的各个环节。另外，射频识别技术也在20 世纪 90 年代兴起，但目前尚未形成在开放系统中应用的统一标准，主要应用于一些闭环系统中。

（一）条形码技术

条形码自动识别技术是以计算机技术、光电技术和通信技术的发展为基础的一项综合性科学技术，是信息数据自动识别、输入的重要方法和手段。

条形码是由一组规则排列的条、空以及对应的字符组成的标记。"条"指对光线反射率较低的部分，"空"指对光线反射率较高的部分，这些条和空组成的数据表达一定的信息，并能够用特定的设备识读，转换成与计算机兼容的二进制和十进制信息。具体来说，就是按规定的编码原则及符号印刷标准将文字、数字等信息在诸如标签、吊牌等平面载体上印刷成有光学反射差异的条、点、块状图形，这种图形可用于扫描器阅读、识别、解码并传输到计算机中。

条码按其符号排列方式可以分为一维条码（图10-9）和二维条码（图10-10）。一维条码和二维条码的原理不同，识别设备也不同。

图10-9　一维条码

图10-10　二维条码

一维条码只是在一个方向（一般是水平方向）表达信息，而在垂直方向则不表达任何信息，其一定的高度通常只是为了便于阅读器的对准。对于普通的一维条码来说，还要通过数据库建立条码与商品信息的对应关系，当条码的数据传送到计算机后，由计算机上的应用程序对数据进行操作和处理。因此，普通的一维条码在使用过程中仅作为识别信息，它的意义是通过计算机系统数据库提取相应的信息而实现的。一维条码的应用可以提高信息录入的速度，减少差错率，但是一维条码也存在一些不足之处：数据容量小，仅容纳30个字符左右；只能包含字母和数字；条码遭到损坏后不能阅读；依靠后台数据库中信息。

二维条码是用某种特定的几何图形按一定规律在平面（二维方向上）分布的黑白相间的图形来记录数据符号信息。二维条码能够把过去使用一维条码时存储在后台数据库中的信息包含在条码中，信息密度的更大；具有纠错功能，在局部损坏时照样可以识读；可以表示多种语言文字，并具有加密机制。二维条码作为一种新的信息储存和传递技术，现已应用于国防、公共安全、交通运输、医疗保险、工业、商业、金融海关及政府管理等多个领域。

条码技术为我们提供了一种对物流中物品进行识别和描述的方法，物流条码是供应链中用以标识物流领域中具体实物的一种特殊代码，是整个供应链过程，包括生产厂家、配销业、运输业、消费者等环节的共享数据。它贯穿整个贸易过程，并通过物流条码数据的采集、反馈，提高整个物流系统的经济效益。条码在电子商务物流中主要应用于仓储管理和自动分拣。

（1）企业仓储系统。现代电子商务仓储管理所要面对的产品数量、种类和进出仓频率都大幅度增加，原有的人工管理不但成本昂贵，而且难以真正做到按进仓批次在保质期内先进先出。利用条码技术，这一难题迎刃而解，只需在产品入仓前先进行赋码，进出仓时读取物品上的条码信息，从而建立仓储管理数据库，并提供保质期预警查询，就可以使管理者随时掌握各类产品进出仓和库存情况，及时、准确地为决策部门提供有力的参考。

（2）自动分拣系统。现代电子商务涉及的物品种类繁多，物流量庞大，分拣任务繁重，人工操作越来越不能适应分拣任务的增加现状。运用条码技术对包裹、批发和配送的物品进行编码，通过条码自动识别技术建立自动分拣系统，就可以快速处理大量的分货、拣选任务并实现有关的管理，大大提高工作效率，降低成本。现代大型的B2C电子商务商家在商品配送环节广泛应用了自动分拣系统。

（二）RFID

无线射频识别技术（Radio Frequency Identification，RFID）是一种非接触式的自动识别技术，它通过射频信号自动识别目标对象并获取相关数据，识别工作无须人工干预，可工作于各种恶劣环境。RFID 技术可识别高速运动物体并可同时识别多个标签，操作快捷、方便。

RFID 是一种简单的无线系统，只有两个基本器件，该系统用于控制、检测和跟踪物体。系统由一个询问器（或阅读器）和多个应答器（或标签）组成。RFID 原理如图 10-11 所示。

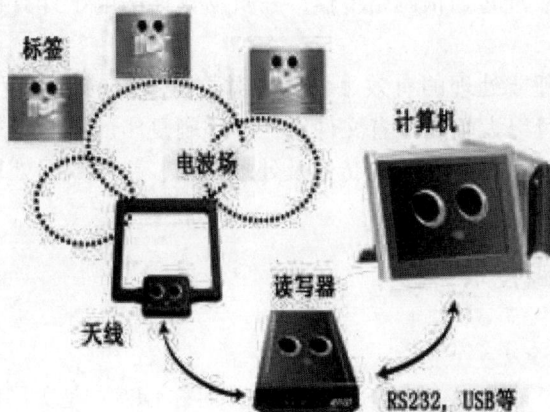

图 10-11 RFID 原理

同条码等自动识别技术相比，RFID 有以下优点。

（1）读取方便快捷：数据的读取无须光源，甚至可以透过外包装来进行。有效识别距离更大，采用自带电池的主动标签时，有效识别距离可达到 30 米以上。

（2）识别速度快：标签一进入磁场，解读器就可以即时读取其中的信息，而且能够同时处理多个标签，实现批量识别。

（3）数据容量大：数据容量最大的二维条形码（PDF417），最多也只能存储 2 725 个数字；若包含字母，存储量则会更少；RFID 标签则可以根据用户的需要扩充到数十 K。

（4）使用寿命长，应用范围广：其无线电通信方式，使其可以应用于粉尘、油污等高污染环境和放射性环境，而且其封闭式包装使得其寿命大大超过印刷的条形码。

（5）标签数据可动态更改：利用编程器可以将标签写入数据，从而赋予 RFID 标签交互式便携数据文件的功能，而且写入时间相比打印条形码更少。

（6）更好的安全性：不仅可以嵌入或附着在不同形状、类型的产品上，而且可以为标签数据的读写设置密码保护，从而具有更高的安全性。

（7）动态实时通信：标签以每秒 50~100 次的频率与解读器进行通信，所以只要 RFID 标签所附着的物体出现在解读器的有效识别范围内，就可以对其位置进行动态的追踪和监控。

RFID 技术给企业物流和供应链管理带来的好处显而易见。在企业分销和零售业配送中，RFID 从货物离开仓库的那一刻起就已经开始发挥作用。当整车货物离开分销中心时，系统对拖车上的货物进行扫描，这样，商店经理就可以跟踪来自商店仓库信息系统的每一条发运信息，从而知道发出了哪些货物，它们什么时候到达。当拖车到达商店时，再经过一次扫描，查看是否丢失了什么，这样就不再需要检查每一个拖车和实际统计货物数量。当货物摆在货架上时，一旦出现短缺，嵌入的 RFID 阅读器向商店后端办公室系统发送一条信息，随后货物就会按需补充。此外，RFID 阅读器还可以跟踪商品的销售速度和销售最好及最差的商品，并具有安全防盗功能。在收款台，带有标签的货物再经过最后一次扫描，同时更新库存。

二、物流信息交换技术

电子数据交换（Electronic Data Interchange，EDI）是指按照同一规定的一套通用标准格式，将标准的经济信息，通过通信网络传输，在贸易伙伴的电子计算机系统之间进行数据交换和自动处理。

EDI 是一种信息管理或处理的有效手段，是对物流系统的信息流进行运作的有效方法。EDI 技术应用于物流，可以大幅度节省文件纸张、印刷复印、存储、邮寄以及人事费用，从而降低成本。而且，使用 EDI 后，信息传输及处理时间、错误数据处理量也大大减少，有助于提高企业工作效率、减少库存费用等。

三、物流信息跟踪技术

（一）全球定位系统

全球定位系统（Global Positioning System，通常简称 GPS）是美国国防部研制的一种全天候的，具有海陆空全方位实时三维导航与定位能力的新一代卫星导航与定位系统。GPS 全球卫星定位系统由三部分组成：空间部分——GPS 星座；地面控制部分——地面监控系统；用户设备部分——GPS 信号接收机。

GPS 系统定位精度高，观测时间短，广泛应用于物流运输中，GPS 的主要功能在于定位和导航，因而安装了 GPS 的物流车辆将会实现下列功能。

（1）实时监控功能。能够在任意时刻发出指令查询运输车辆所在的地理位置（经度、维度、速度等信息），并在电子地图上直观地显示出来。若有不正常的偏离、停滞与超速等异常现象，可迅速查询纠正。货主可登录查询货物运送状况，实时了解货物的动态信息。

（2）双向通信功能。GPS 的用户可使用 GSM 的语音功能与司机进行通话或使用安装在车辆上的移动设备的汉字液晶显示终端进行汉字信息收发对话。

（3）动态调度功能。调度人员能在任意时刻通过调度中心发出文字调度指令，并得到确认信息。实时掌握车辆动态、发车时间、到货时间、卸货时间、返回时间等，实现就近调度、动态调度、提前调度。

（二）地理信息系统

地理信息系统（Geographical Information System，GIS）以地理空间数据为基础，采用地理模型分析方法，实时地提供多种空间的和动态的地理信息，是一种为地理研究和地理决策服务的计算机技术系统。其基本功能是将表格型数据（无论它来自数据库、电子表格文件或直接在程序中输入）转换为地理图形显示，然后对显示结果浏览、操作和分析。其显示范围可以从洲际地图到非常详细的街区地图，显示对象包括人口、销售情况、运输线路以及其他内容等。GIS 由五个主要的元素构成：硬件、软件、数据、人员和方法。

GIS 主要用于物流分析，主要是指利用 GIS 强大的地理数据功能来完善物流分析技术。GIS 把计算机技术、地理信息和数据库技术融于一体，用地理坐标、图标的方式更直观地反映仓库的基本情况，这就非常适用于仓库建设规划，可以使仓库建设规划走向规范化和科学化，使仓库建设的费用得到最合理的规划。另外，GIS 在铁路运输中的应用，便于销售、市场、服务和管理人员查看客运站、货运站、货运代办点及其之间的相对物理位置，使用户看到销售区域、影响范围、最大客户、主要竞争对象、人口状况及分布、工农业统计值等，可更好地制订市场营销和服务策略，有效分配市场资源。

目前，国外公司已经开发出利用 GIS 为物流分析提供专门分析的工具软件。完整的 GIS 物流分析软件集成了车辆路线模型、最短路径模型、网络物流模型、分配集合模型和设施定位模型等。

四、物流信息系统

随着物流供应链管理的不断发展，各种物流信息进一步复杂化，各企业迫切要求物流信息化，而计算机网络技术的盛行又给物流信息化提供了技术上的支持。因此，为了提高物流系统的整体效率，建立计算机和通信技术的物流信息系统成为构建电子商务物流系统的必由之路。

物流信息系统（Logistics Information System，LIS）是由人员、计算机硬件、软件、网络通信设备及其他办公设备组成的人机交互系统，其主要功能是进行物流信息的收集、存储、传输、加工整理、维护和输出，为物流管理者及其他组织管理人员提供战略、战术及运作决策的支持，以达到组织的战略竞优，提高物流运作的效率与效益。

物流信息系统是一个四层结构的信息系统，包括基础层、操作层、管理层和决策层，如图 10-12 所示。

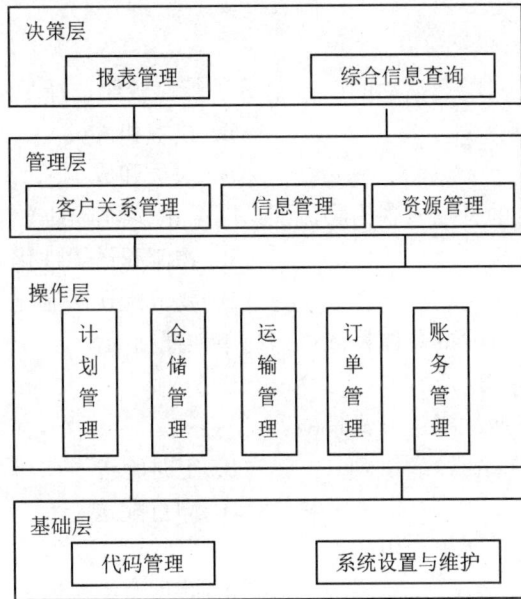

图 10-12 物流信息系统

物流信息系统的信息来源于物流的环境，典型的、完整的综合物流信息系统包含决策支持系统、运输信息系统、库存信息系统、配送信息系统、订单信息系统等。

本章小结

（1）物流，就是物品从供给地向接收地的一个实体流动的过程。

（2）物流系统基础设施主要有物流设施、物流装备、物流工具、信息技术、网络组织和网络管理。

（3）物流模式主要有自营模式、外包模式。自营物流是指企业借助于自身物质条件（包括物流设施、设备和管理机构等）自行组织的物流活动。货主利用已有的物流资源，采用先进的物流管理系统和物流技术，不断优化物流运作流程，为生产经营过程提供高效、优质服务的基本方式。物流外包又称第三方物流（Thrid Paryt Lgoistics，3PL），是指由物流劳务的供方、需方之外的第三方去完成物流服务的物流运作方式。第三方就是指提供物流交易双方的部分或全部物流功能的外部服务提供者。

（4）B2B 电子商务物流解决方案有自营物流、虚拟物流联盟、第三方物流、第四方物流等。B2C 电子商务物流解决方案有自营物流、第三方物流、自营和外包相结合的物流配送方式、共同配送方式等。C2C 电子商务物流解决方案有物流联盟模式、便利店模式、物流代理模式、指定或推荐物流模式。

（5）我国主要存在三种"最后一公里"配送模式，分别为送货上门模式、自助收发箱模式和顾客自提站模式。

（6）物流信息技术是指运用于物流各环节中的信息技术。包括物流信息识别技术、物流信息跟踪技术、物流信息交换技术、物流信息系统等。

习题集

一、单项选择题

1. 比较选择法是企业对配送活动的(　　)等进行比较而选择配送方式的一种方法。

A. 管理和效益　　　　　　　　　　B. 技术和人员

C. 成本和收益　　　　　　　　　　D. 人员和成本

2. 电子商务物流配送的特点表现为物流配送网络化、物流配送自动化和(　　)。

A. 物流配送信息化　　　　　　　　B. 物流配送柔性化

C. 物流配送智能化　　　　　　　　D. 物流配送法制化

3. 电子商务物流配送作业的总体目标可以简单地概括为(　　)恰当。

A. 4 个　　　　　　B. 5 个　　　　　　C. 6 个　　　　　　D. 7 个

4. 电子商务下，最普通的配送方式是(　　)。

A. 定量配送　　　　　　　　　　　B. 定时配送

C. 定时定量配送　　　　　　　　　D. 即行配送

5. 对于成品物品配送，适于采用(　　)。

A. 集货型配送模式　　　　　　　　B. 散货型配送模式

C. 自营配送模式　　　　　　　　　D. 互用配送模式

二、多项选择题

1. 当企业有较强的配送能力，而配送在企业战略中不占主导地位时，企业可选择(　　)。

A. 自营配送模式　　　B. 共同配送模式　　　C. 互用配送模式　　　D. 第三方配送模式

2. 在企业间网络交易的流转程式中，包括了以下哪几个环节(　　)。

A. 物流配送　　　B. 信息发布平台　　　C. 电子支付结算　　　D. CA 认证中心

3. 不同行业和企业的物流活动可以分成哪些典型的企业物流？(　　)

A. 生产企业物流　　　B. 工业企业物流　　　C. 配送中心物流　　　D. 商业企业物流

4. 在企业间网络交易的流转程式中，包括了以下哪几个环节(   )。

A. 物流配送   B. 信息发布平台 C. 电子支付结算 D. CA 认证中心

5. 常见的网上单证有(   )。

A. 身份注册类   B. 普通信息交流类

C. 信息发布类   D. 专业商务操作类

三、判断题

1. 配送不是广义概念的组织物资订货．签约．进货及对物资处理分配的供应，而是以供给者送货到户式的服务性供应，是一种"门到门"的服务。 ( )

2. 配送有利于合理配置资源，可以降低物流成本，可以促进生产快速发展。 ( )

3. 批发商主导型配送中心是指由批发企业为主体建立的配送中心。 ( )

4. 散货型配送模式适于原材料或半成品配送。 ( )

5. 配送中心以配送为主，储存为辅。 ( )

四、名词解释

1. 配送

2. 电子商务物流

3. 第三方物流

4. 配送中心

5. 共同配送

6. 互用配送模式

五、简答题

1. 电子商务物流的特点是什么？

2. 自营物流的优势和不足有哪些？

3. 物流外包的好处和不足有哪些？

4. B2C 电子商务物流解决方案有哪些？

5. B2B 电子商务物流解决方案有哪些？

6. C2C 电子商务物流解决方案有哪些？

7. O2O 电子商务物流的特点是什么？

第十一章　电子商务法律与道德

学习目标：

(1) 了解电子商务带来哪些法律问题。

(2) 了解电子商务交易中存在的法律问题。

(3) 了解电子商务中存在哪几类与知识产权有关的法律问题。

(4) 了解隐私权包括哪些内容。

(5) 理解电子商务中对隐私权的侵权保护问题。

(6) 了解电子商务时代存在哪些税收问题。

(7) 了解电子商务中消费者权益保护问题。

(8) 了解电子商务中虚拟财产保护问题。

开篇案例：京东起诉天猫"二选一"

随着各大电子商务企业的兴起，在激发该市场更大活力的同时，其彼此之间的竞争也愈演愈烈。一些电商平台为谋求更大的利益遏制其他平台的发展，强制商家"二选一"行为，不仅损害了商家和消费者的合法权益更冲击了我国的经济市场秩序。

一、基本案情

2019 年 10 月 9 日，最高人民法院将京东起诉天猫"二选一"诉讼的管辖权异议裁定书公布在了裁判文书网。根据裁定书及相关诉讼材料显示本案的原告为北京江东叁佰陆拾度电子商务有限公司和北京京东世纪贸易有限公司（以下简称京东），被告为浙江天猫技术有限公、浙江天猫网络有限公司、阿里巴巴集团控股有限公司（以下简称天猫）。唯品会和拼多多将以无独立请求权第三人的身份参加本次诉讼。原告京东诉称被告天猫通过与商家签订"独家合作"协议等形式，要求商家只能在其平台上开店而不得参加原告的促销活动更不得在原告平台上开设店铺。这种"二选一"的行为属于滥用市场地位，侵犯了原告的合法权益，请求人民法院判令被告停止违法行为并赔偿原告 10 亿元。

实际上，本案早在 2017 年已由北京市高级人民法院立案受理，但由于被告天猫认为北京市高院不具有本案的管辖权而提起管辖权异议。北京市高院一审裁定认为，被控滥用市场支配地位行为对市场竞争秩序的影响不限于被告住所地和直接行为地，在反垄断意义上而言，被控侵权行为对一审法院管辖的北京市产生了影响，因此一审法院即北京市高级人民法院具有本案的管辖权。后被告不服一审裁定，向最高人民法院提出上诉，请求撤销原一审裁定，并裁定将本案移送至浙江省高级人民法院审理。最高院在受理被告的上诉后，通过对案件的审查后认为上诉人向法庭提供的证据不足以证明其所主张的请求，也不足以推翻一审法院所认定的事实。因此，北京市高级人民法院享有本案的管辖权，上诉人的诉讼请求不予支持。

该裁定书的下达意味着，这场备受瞩目的"天猫案"历时两年后，终将进入实体审判阶段。

二、"二选一"行为的界定

事实上，"二选一"行为并不是一个法律概念，而是媒体对互联网平台的相互竞争而提出的一个通俗说法，与独家经营常存在着一定的混淆。所谓独家经营是指在产业链的上下游主体之间达成的商业合作，是市场上一种十分常见的营销策略。而在现今的电商市场上，通常会有三种"二选一"的具体操作模式与独家经营密切相关：

第一种是要求商家与平台签订独家经营协议，且商家不得在其他平台上开设店铺；

第二种是要求商家与平台签订独家营销协议，即商家可以在其他得平台上开店，但是营销活动必须在该平台上进行；

第三种是要求商家与平台签订在"双11""618"等特殊时期的独家营销协议。这三种操作模式皆是以"独家经营"的外表来隐瞒"二选一"的本质。

因此，如何确定平台的这种行为不属于正常的商业策略而是具有违法性的"二选一"行为，是对"二选一"行为进行与运用法律予以规制的前提。笔者认为，"二选一"行为的主观目的在于排除或限制与其在同一环节具有横向竞争关系的市场主体的竞争能力，在商场上获得更多的利益，而利用地位优势采取各种诸如流量屏蔽等不正当的手段的强迫商家与其签订相关的协议；而独家经营则是处于不同环节的商业主体之间所自愿达成的一种经营策略，并不具有限制该领域市场竞争的主观意图。这是区别二者的关键因素。

三、"二选一"行为的违法性

在今年"双11"的前夕，国家市场监管总局在规范网络经营活动行政指导座谈会上明确指出在互联网领域的"二选一"行为是违法的。从法律上具体分析而言：

首先，我国《反垄断法》第六条明确规定经营者不得滥用自己的市场支配地位以排除、限制竞争。而平台强制商家"二选一"行为就是电商平台利用自己在该领域的地位优势迫使商家站队，不允许商家在其他的平台上从事经营业务，从而消减其他平台的竞争能力，使得电商市场的竞争被予以排除和限制。因此"，二选一行为"属于滥用市场支配地位的行为。

其次，我国《反不正当竞争法》第12条将利用网络从事生产经营活动的经营者，所实施的妨碍、破坏其他经营者合法提供网络产品或者服务正常运行的行为定性为不正当竞争行为并予以法律规制。在"二选一"行为中，电商平台要求商家不在其他平台上经营，本就是一种妨碍、破坏其他平台经营者向公众、向商家提供在线服务的机会，是一种不正当竞争行为。最后，我国《电子商务法》第35条规定电子商务平台经营者不得利用服务协等手段，对平台内经营者进行不合理限制或者附加不合理条件。而在"二选一"行为中，平台将商家不得在其他平台从事经营活动作为双方达成合作协议的附加条件，显然是违反了《电子商务法》的规定属违法行为。除此之外，在《电子商务法》第22条也做了类似的规定。其实，在2015年10月颁布的《网络商品和服务集中促销活动管理暂行条例》已明确提出，禁止网络集中促销组织者限制、排斥平台内的促销经营者参加其他第三方交易平台组织的促销活动，《电子商务法》从法律的高度又对"二选一"行为的违法性予以肯定，可见该类型为对市场的危害程度。因此，不论是依据《反垄断法》《反不正当竞争法》还是《电子商务法》，电商平台强制商家"二选一"的行为都属于一种违法行为。

四、"二选一"行为法律适用的选择

通过上述的分析可知,"二选一"行为将可能同时违反《电子商务法》《反垄断法》和《反不正当竞争法》,那么如何处理好这三部法律之间的衔接与配合,从而为维护市场的公共秩序,是一个急需解决的问题。依照法律适用中"新法优于旧法""特别法优于普通法的"的一般规则,作为今年1月1日正式实施,并专门就电子商务领域做出特别规定的《电子商务法》应当得到优先适用。

但是,另有学者观点认为,《电子商务法》第35条的规定破坏了竞争法的内在逻辑,竞争法是为了打击限制市场竞争的行为,其要求行为实施者具有市场支配位,能够对竞争的限制产生决定性的影响。但是在《电子商务法》中甚至没有为平台经营者拥有相对优势地位的成立设定任何条件,仅在第22条规定了四个考量因素,而该四个因素因未能准确把握电子商务的独特性并不具有实践性。如果在平台经营者缺乏市场支配地位的情况下,通常难以对竞争产生消极影响,因而该规定与竞争法的内在逻辑不符。

因此,为保证市场的有序竞争应当优先适用竞争法而非《电子商务法》。可见,在"二选一"行为的法律适用上学界尚未形成一致的观点,因此在司法实践中法官应当综合考量诸多因素,从而决定最终适用的法律。

五、规制"二选一"行为的司法困境

虽然《电子商务法》第35条在立法上规定,将会对电子商务平台经营者利用服务协议、交易规则等其他手段实施的不合理行为进行规制,但是对于"不合理"的界定并不明确,将会导致在具体的法律适用过程中产生问题。其次,在电商平台竞争初期,电商平台实施"二选一"行为的通知会以邮件、传真等较为正式的形式传达,发展至今,这些指令早已转由电商平台关联的通信软件或通话的形式下达,以及电商平台通常会选择运用流量屏蔽等多种方式对商家实施强迫其"二选一"的行为,因此,如何收取平台强制商家"二选一"的证据将会成为运用法律规制该行为的又一大阻碍。

第一节　电子商务带来的法律新问题

电子商务的突出特征是通过互联网使重要的商业活动通过电脑及信道构成的网络世界完成。这种网络世界构成了一个区别于传统商业环境的新环境,被称为"虚拟"世界。在这个世界里,来自于全世界各个角落的人和企业均可以缔结交易,当事人只要打开一个网站进行搜索和点击,无须谋面和使用笔墨,瞬间即可以完成寻找交易对象、缔结合同、支付等交易行为。这种环境和手段的改变,使得在传统交易方式下形成的规则难以完全适用于新环境下的交易,因此,需要有新的法律规范,创造适应电子商务运作的法制环境。这些新问题大致有以下十种。

一、电子商务运作平台建设及其法律地位问题

在电子商务环境下,交易双方的身份信息、产品信息、意思表示(合同内容)、资金信

息等均通过交易当事人自己设立的或其他人设立的网站上传递和储存，世界上不特定的人均可借助电脑发出和接受网络上的信息，并通过一定程序与其他人达成交易。在通过中介服务商提供平台进行交易的情形下，服务商的地位和法律责任问题就成为一个复杂的问题。网站与在网站上设立虚拟企业进行交易的人之间、网站与进入站点进行交易的消费者之间是什么法律关系，在网站传输信息不真实、无效或其他情形下引起的损失，网站承担什么责任，受损失的交易相对人如何救济就是电子商务法要解决的问题。

二、在线交易主体及市场准入问题

在法律世界里，不存在虚拟主体，而电子商务恰恰偏离了法律的要求，出现虚拟主体。电子商务法要解决的问题是在确保网上交易的主体是真实存在的，且能够使当事人确认它的真实身份。这要依赖必要工商管理和网上商事主体公示制度加以解决。而主体的管制实质上也是一个市场准入和网上商业的政府管制问题。

在现行法律体制下，任何长期固定地从事营利性事业的人（主体）必须进行登记。而网络具有开放性，电子商务因此也具有开放性，任何人均可以设立网站（主页）或设立在线商店或专卖店销售其生产或经销的商品。这样，哪些主体可以从事在线商务，如何规范在线商事行为等便成为电子商务法研究的问题。

三、电子合同问题

在传统商业模式下，除即时清结的或数额小的交易是无须记录外，一般要签订书面的合同，以免在对方失信不履约时作为证据，追究对方的责任。而在在线交易情形下，所有当事人的意思表示均以电子化的形式储存于电脑硬盘或其他电子介质中，而这些记录方式不仅容易被涂擦、删改、复制、遗失等，而且不离开电脑或相关工具不易为人所感知，亦即不能脱离其特定的工具而作为证据存在，所有这些便是电子合同问题。电子合同与传统合同有很大的区别，突出表现在书面形式，包括电子签名的有效性、电子合同收到与合同成立地点、合同证据等方面的问题。

四、特殊形态的电子商务规范问题

在电子商务领域存在一些特殊的商务形式，如网络广告、网上拍卖、网上证券交易等，这些在传统法律领域受特殊规范的商业形式，转移至网上进行后，如何规范和管制，便是电子商务法必须探讨的问题。

五、网上电子支付问题

在电子商务简易形式下，支付往往采用汇款或直接付款方式，而典型的电子商务则在网上完成支付。网上支付是通过虚拟银行的电子资金划拨来完成的，而实现这一过程涉及网络银行与网络交易客户之间的协议、网络银行与网站之间的合作协议法律关系以及安全保障问题。因此，需要制定相应的法律，明确电子支付的当事人包括付款人、收款人和银行之间的法律关系，制订相关的电子支付制度，认可电子签名的合法性。同时还应出台对于电子支付数据的伪造、变造、更改、涂销问题的处理办法。

六、在线不正当竞争与网上无形财产保护问题

网络为企业带来了新的经营环境和经营方式，在这个特殊的经营环境中，同样会产生许多不正当的竞争行为。这些不正当竞争行为有的与传统经济模式下相似，但在网络环境下又会产生一些特殊的不正当竞争行为，这些不正当竞争行为大多与网上新形态的知识产权或无形财产权的保护有关，特别是因为域名、网页、数据库等引起一些传统法律体系中的不正当行为，需要探讨一些新规则。这便是在线不正当竞争行为的规制问题。实际上，保护网上无形财产是维持一个有序的在线商务运营环境的重要措施。

七、在线消费者保护问题

电子商务市场的虚拟性和开放性，网上购物的便捷性使消费者保护成为突出的问题，尤其是如何保障网上产品或广告信息的真实性、有效性，以及消费者信赖不实或无效信息发生交易的纠纷问题。特别是在我国商业信用不高的情形下，网上商品良莠不齐，质量难以让消费者信赖，而一旦出现质量问题，修理、退赔或其他方式的救济又很难，成为困扰电子商务发展的问题之一。加上支付手段、物流配送的落后，使方便的购物变得不方便甚至增加成本。寻求在电子商务环境下执行《消费者权益保护法》的方法和途径，制定网上消费者保护的特殊法律条文，既维护了消费者权益也是保障电子商务健康发展的法律制度的组成部分。

八、网上个人隐私保护问题

计算机和网络技术为人们获取、传递、复制信息提供了方便，加上网络的开放性、互动性，凡是进行在线消费（购物或接受信息服务）均须将个人资料留给商家，而对这些信息的再利用成为网络时代普遍的现象。如何规范商家的利用行为，保护消费者隐私权，就成为一个新问题。这一问题实质上仍然是消费者利益、树立消费者信任的重要组成部分。

九、网上税收问题

作为一种商业活动，电子商务是应当纳税的，但从促进电子商务发展的角度，在一定时期内实行免税是很有必要的。从网络交易的客观实际来看，由于其逐步发展为全球范围内的交易，因此管理十分困难。每天通过因特网所传递的资料数据相当大，其中某些信息就是商品，如果要监管所有的交易，必须对所有的信息都进行过滤，这在事实上是不可能的。如果按照现有的税法进行征税，必然要涉及税务票据问题，但电子发票的实际运用技术还不成熟，其法律效力尚有较大的争论。

十、在线交易法律适用和管辖冲突问题

电子商务法只是解决在线交易中的特殊法律问题，在线交易仍然适用传统的法律框架和体系，因此，虽然交易在网络这个特殊的"世界"完成，但它仍然要适用现实的法律。由于因特网的跨地域性，这给法律的适用和法院管辖提出了难题。因此，对于网络环境引起的法律适用和管辖特殊问题的研究也就成为电子商务法的重要组成部分。

第二节　电子商务法

一、电子商务法的含义

电子商务是一新生事物，在起草电子商务法时，应注意处理当前这一主题的广泛含义。对电子商务立法范围的理解，应从"商务"和"电子商务所包含的通信手段"两个方面考虑。一方面，应深入了解商务的含义。对"商务"一词应作广义解释，使其包括不论是契约型或非契约型的一切商务性质的关系所引起的种种事项。商务性质的关系包括但不限于下列交易：供应或交换货物或服务的任何贸易交易；分销协议；商务代表或代理；客账代理；租赁；工厂建造；咨询；工程设计；许可贸易；投资；融资；银行业务；保险；开发协议或特许；合营或其他形式的工业或商务合作；空中、海上、铁路或公路的客、货运输。另一方面，电子商务概念所包括的通信手段的含义：以使用电子技术为基础的传递方式，具体包括通过电子手段例如因特网进行的自由格式的文本的传递，以电子数据交换方式进行的通信，计算机之间以标准格式进行的数据传递；利用公开标准或专有标准进行的电文传递。在某些情况下"电子商务"概念还可包括电报和传真复印等技术的使用。如果说"商务"是一个子集，"电子商务所包含的通信手段"为另一子集，电子商务立法所覆盖的范围应当是这两个子集所形成的交集，即"电子商务"标题之下可能广泛涉及的因特网、内部网和电子数据交换在贸易方面的各种用途。

应当注意的是，虽然拟定电子商务法时经常提及比较先进的通信技术。如电子数据交换和电子邮件，但电子商务法所依据的原则及其条款也应照顾到适用于不大先进的通信技术，如电传、传真等。可能存在这种情况，即最初以标准化电子数据交换形式发出的数字化信息后来在发信人和收信人之间传递过程中某一环节上改为采用电子计算机生成的电传形式或电子计算机打印的传真复印形式来传送。一个数据电文可能最初是口头传递的，最后改用传真复印，或者最初采用传真复印形式，最后变成了电子数据交换电文。电子商务的一个特点是它包括可编程序电文，后者的电脑程序制作是此种电文与传统书面文件之间的根本差别。这种情况也应包括在电子商务法的范围内，因为考虑到各用户需要一套连贯的规则来规范可能交互使用的多种不同通信技术。应当注意到，作为更普遍的原则，任何通信技术均不应排除在电子商务法范围之外，因此未来技术发展也必须考虑。

二、电子商务法律关系

在网络商品直销和网络商品中介交易过程中，买卖双方、客户与交易中心、客户与银行、客户、交易中心、银行与认证中心都将彼此发生业务关系，从而产生相应的法律关系。

（一）电子商务交易中买卖双方当事人的权利和义务

买卖双方之间的法律关系实质上表现为双方当事人的权利和义务。买卖双方的权利和义务是对等的。卖方的义务就是买方的权利，反之亦然。

1. 卖方的义务

在电子商务条件下，卖方应当承担三项义务。

（1）按照合同的规定提交标的物及单据。提交标的物和单据是电子商务中卖方的一项主要义务。为划清双方的责任，标的物交付的时间、地点和方法应当明确规定。如果合同中对标的物的交付时间、地点和方法未做明确规定的，应按照有关合同法或国际公约的规定办理。

（2）对标的物的权利承担担保义务。与传统的买卖交易相同，卖方仍然应当是标的物的所有人或经营管理人，以保证将标的物的所有权或经营管理权转移给买方。卖方应保障对其所出售的标的物享有合法的权利，承担保障标的物的权利不被第三人追索的义务，以保护买方的权益。如果第三人提出对标的物的权利，并向买方提出收回该物时，卖方有义务证明第三人无权追索，必要时应当参加诉讼，出庭作证。

（3）对标的物的质量承担担保义务。卖方应保证标的物质量符合规定。卖方交付的标的物的质量应符合国家规定的质量标准或双方约定的质量标准，不应存在不符合质量标准的瑕疵，也不应出现与网络广告相悖的情况。卖方在网络上出售有瑕疵的物品，应当向买方说明。卖方隐瞒标的物的瑕疵，应承担责任。买方明知标的物有瑕疵而购买的，卖方对瑕疵不负责任。

2. 买方的义务

在电子商务条件下，买方同样应当承担三项义务。

（1）买方应承担按照网络交易规定方式支付价款的义务。由于电子商务的特殊性，网络购买一般没有时间、地点的限制，支付价款通常采用信用卡、智能卡、电子钱包或电子支付等方式，这与传统的支付方式也是有区别的。但在电子交易合同中，采用哪种支付方式应明确规定。

（2）买方应承担按照合同规定的时间、地点和方式接受标的物的义务。由买方自提标的物的，买方应在卖方通知的时间内到预定的地点提取。由卖方代为托运的，买方应按照承运人通知的期限提取。由卖方运送的，买方应做好接受标的物的准备，及时接受标的物。买方迟延接受时，应负迟延责任。

（3）买方应当承担对标的物验收的义务。买方接受标的物后，应及时进行验收。规定有验收期限的，对表面瑕疵应在规定的期限内提出。发现标的物的表面瑕疵时，应立即通知卖方，瑕疵由卖方负责。买方不及时进行验收，事后又提出表面瑕疵，卖方不负责任。对隐蔽瑕疵和卖方故意隐瞒的瑕疵，买方发现后，应立即通知卖方，追究卖方的责任。

（二）网络交易中心的法律地位

网络交易中心在电子商务中介交易中扮演着介绍、促成和组织者的角色。这一角色决定了交易中心既不是买方的卖方，也不是卖方的买方，而是交易的居间人。

网络交易中心的设立，根据《中华人民共和国计算机信息网络国际联网管理暂行规定》第8条，必须具备以下4个条件。

（1）是依法设立的企业法人或者事业法人；

（2）具有相应的计算机信息网络、装备以及相应的技术人员和管理人员；

（3）具有健全的安全保密管理制度和技术保护措施；

（4）符合法律和国务院规定的其他条件。

网络交易中心应当认真负责地执行买卖双方委托的任务，并积极协助双方当事人成交。网络中心在进行介绍、联系活动时要诚实、公正、守信用，不得弄虚作假，招摇撞骗，否则须承担赔偿损失等法律责任。

网络交易中心必须在法律许可的范围内进行活动。网络交易中心经营的业务范围、物品的价格、收费标准等都应严格遵守国家的规定。法律规定禁止流通物不得作为合同标的物。

对显然无支付能力的当事人或尚不确知具有合法地位的法人，不得为其进行居间活动。

在国际互联网上从事居间活动的网络交易中心还有一个对口管理的问题。按照《中华人民共和国计算机信息系统安全保护条例》规定，进行国际联网的计算机信息系统，由计算机信息系统的使用单位报省级以上的人民政府公安机关备案。拟建立接入网络的单位，应当报经互联单位的主管单位或者主管单位审批；办理审批手续时，应当提供其计算机新系网络的性质、应用范围和所需主机地址等资料。联网机构必须申请到经过国务院批准的互联网络的接入许可证，并且持有邮电部门核发的放开电信许可证，才可以面向社会提供网络连入服务。由于网络交易中心提供的服务性质上属于电信增值网络业（Value-added Network），其所提供的服务不是单纯的交易撮合，而是同时提供许多经过特殊处理的信息于网络之上，故而增加了单纯网络传输的价值。所以，在业务上，网络交易中心还应接受各级网络管理中心的归口管理。

买卖双方之间各自因违约而产生的违约责任风险应由违约方承担，而不应由网络交易中心承担。因买卖双方的责任而产生的对社会第三人（包括广大消费者）的产品质量责任和其他经济（民事）、行政、刑事责任也概不应由网络交易中心承担。

（三）网络交易客户与网络银行间的法律关系

在电子商务中，银行也变为虚拟银行。网络交易客户与虚拟银行的关系变得十分密切。除少数邮局汇款外，大多数交易要通过虚拟银行的电子资金划拨来完成。电子资金的划拨依据的是虚拟银行与网络交易客户所订立的协议。这种协议属于标准合同，通常是由虚拟银行起草并作为开立账户的条件递交给网络交易客户的。所以，网络交易客户与虚拟银行之间的关系仍然是以合同为基础的。

在电子商务中，虚拟银行同时扮演发送银行和接收银行的角色。其基本义务是依照客户的指示，准确、及时地完成电子资金划拨。作为发送银行，在整个资金划拨的传送链中，承担着如约执行资金划拨指示的责任。一旦资金划拨失误或失败，发送银行应向客户进行赔付，除非在免责范围内。如果能够查出是哪个环节的过失，则由过失单位向发送银行进行赔付，如不能查出差错的来源，则整个划拨系统分担损失。作为接收银行，其法律地位似乎较为模糊。一方面，接收银行与其客户的合同要求它妥当地接收所划拨来的资金，也就是说，它一接到发送银行传送来的资金划拨指示便应立即履行其义务。如有延误或失误，则应依接收银行自身与客户的合同处理。另一方面，资金划拨中发送银行与接收银行一般都是某一电子资金划拨系统的成员，相互负有合同义务，如果接收银行未能妥当执行资金划拨指示，则应同时对发送银行和受让人负责。

在实践中，电子资金划拨中常常出现因过失或欺诈而致使资金划拨失误或迟延的现象。如系过失，自然适用于过错归责原则。如系欺诈所致，且虚拟银行安全程序在电子商务上是合理可靠的，则名义发送人需对支付命令承担责任。

银行承担责任的形式通常有三种。

1. 返回资金，支付利息

如果资金划拨未能及时完成，或者到位资金未能及时通知网络交易客户，虚拟银行有义务返还客户资金，并支付从原定支付日到返还当日的利息。

2. 补足差额，偿还余额

如果接收银行到位的资金金额小于支付指示所载数量，则接收银行有义务补足差额；如果接收银行到位的资金金额大于支付指示所载数量，则接收银行有权依照法律提供的其他方式从收益人处得到偿还。

3. 偿还汇率波动导致的损失

对于在国际贸易中，由于虚拟银行的失误造成的汇率损失，网络交易客户有权就此向虚拟银行提出索赔，而且可以在本应进行汇兑之日和实际汇兑之日之间选择对自己有利的汇率。

（四）认证机构在电子商务中的法律地位

认证中心扮演着一个买卖双方签约、履约的监督管理的角色，买卖双方有义务接受认证中心的监督管理。在整个电子商务交易过程中，包括电子支付过程中，认证机构都有着不可替代的地位和作用。

在网络交易的撮合过程中，认证机构（Certificate Authority，CA）是提供身份验证的第三方机构，由一个或多个用户信任的、具有权威性质的组织实体。它不仅要对进行网络交易的买卖双方负责，还要对整个电子商务的交易秩序负责。因此，这是一个十分重要的机构，往往带有半官方的性质。

电子商务认证机构的法律地位使得许多部门都想设立这样一个机构，毕竟，这样一个机构对于买卖双方来说都是非常重要的。

电子商务认证机构对登记者履行下列监督管理职责。

（1）监督登记者按照规定办理登记、变更、注销手续；

（2）监督登记者按照电子商务的有关法律法规合法从事经营活动；

（3）制止和查处登记人的违法交易活动，保护交易人的合法权益。

登记者有下列情况之一的，认证机构可以根据情况分别给予警告、报告国家工商管理局、撤销登记的处罚。

（1）登记中隐瞒真实情况，弄虚作假的；

（2）登记后非法侵入机构的计算机系统，擅自改变主要登记事项的；

（3）不按照规定办理注销登记或不按照规定保送年检报告书，办理年检的；

（4）利用认证机构提供的电子证书从事非法经营活动的。

第三节　电子商务常见法律问题

在网络上运作的公司必须遵守所有公司都要遵守的法律和规定。如果不遵守，它们就会受到同样的惩罚，包括罚款、赔偿，甚至判处公司领导和股东入狱。

在网络上运作的公司遵守法律时会碰到两个相互冲突的因素。第一个因素是网络把公司涉及的范围延伸到了传统国界以外。网络使公司立即变成了一个国际企业，这样，这家公司就要比那些位于某个地点的传统公司遵守更多的法律。第二个因素是网上沟通的速度和效率。相对于传统的业务方式来说，顾客和网络上的公司之间常常有交互性更大也更为复杂的关系；而且，开展电子商务公司的顾客之间也有更大的交互。那些触犯法律或违背道德标准的网上公司会面临许多顾客和目标群体迅速和强烈的反应。

一、传统管辖权受到挑战

现实世界的地理边界在传统商业中有一个重要作用：它使文化和法律的范围非常清晰。当人们穿越国境线时会感觉到多方面的改变。出国要办理很多手续，进入另一国则要检查若干证件。语言和文化通常也不一样。所有这些变化都意味着两个国家在法规和文化习惯上的差异。在现实世界中，地理边界几乎总是和法律与文化的边界相一致。某个地区能够容忍的道德行为和所采用的法律是这个地区主流文化影响的结果。

在因特网上建立管辖权比在现实世界中建立管辖权要难得多。传统的地理边界在因特网上没有什么实际意义。例如，瑞典的一家电子商务公司有一个英文网站和".com"结尾的URL，看起来就像美国公司而不是瑞典公司。这家公司的网站可能会放在加拿大的服务器上，而维护网站的人可能是在澳大利亚的家中远程操作。

如果一个墨西哥人对从这家公司购买的产品不满意并决定提起诉讼，这时他想知道在哪里提起诉讼，而以地理边界为基础的法律系统则帮不了这个墨西哥公民。河流、山脉和海洋为现实世界提供了明显的边界线，在因特网上则没有什么能够提供边界线。在现实世界中能够非常好地发挥作用的四种因素（权利、影响、合法性和通告）无法再在电子商务的虚拟世界中起作用。

想要对网上业务执法的政府必须对这些行为建立管辖权。合同是两个或多个彼此交换某种价值（商品、服务或金钱）的法律实体（个人或公司）之间的协议。民事侵权行为是一个法律实体的行动对另一个法律实体的伤害。想要在他们签署或寻求侵权伤害补偿的合同中，运用法律系统来运用其权利的人或公司，必须找到对其案件有足够管辖权的法院。如果这个法院对属物和人都有管辖权，它才具有足够的管辖权。

二、电子商务合同的问题

作为传统合同演进和嬗变而来的电子商务合同，应当与传统合同具有同等的法律效力。无论是国内外，判定电子商务合同成立过程依据的还是传统纸面合同成立的过程。我国《合同法》第13条规定："当事人订立合同采取要约、承诺方式。"同样，要约与承诺也是电子商务合同的核心要素，因为它们决定了电子商务合同成立过程中的责任划分问题。

虽然在电子商务中，合同的意义和作用没有发生改变，但其形式却发生了极大的变化。

（1）订立合同的双方或多方大多是互不见面的。所有的买方和卖方都在虚拟市场上运作，其信用依靠密码的辨认或认证机构的认证。

（2）传统合同的口头形式在贸易上常表现为店堂交易，并将商家所开具的发票作为合同的依据。而在电子商务中金额较小，关系简单的交易没有具体的合同形式，表现为直接通过网络订购、付款，例如利用网络直接购买软件。但这种形式没有发票，电子发票目前还只是理论上的设想。

（3）表示合同生效的传统签字盖章方式被数字签字所代替。

（4）传统合同的生效地点一般为合同成立的地点，而采用数据电文形式订立的合同，收件人的主营业地为合同成立的地点，没有主营业地的，其经常居住地为合同成立的地点。

可以看出，贸易伙伴之间在谈判订立契约关系，使用电子手段中遇到许多不确定的东西，如电子合同的形式、要约和承诺等，与传统纸面贸易下的合同法有所不同。这些变化，与现行的合同法发生矛盾，电子商务作为新的贸易形式，如何适应现行法律法规，就有一个修改并发展现行法律的问题。

三、电子合同的书面形式地位问题

是否赋予电子合同以书面形式的地位一直是一个较有争议的问题。即使在电子商务发展最为充分的美国意见也不统一。否定观点认为：美国统一商法典 1-201 条规定，书面是指印刷、打字或手写等将当事人的意思表达于有形媒介。而在计算机中储存的电子信息，不管是在硬盘还是在软盘上储存的，如果没有机器设备的辅助，便无法为人们所阅读，在将其打印为纸张形式之前并不具有有形性，所以不属于书面形式。肯定观点认为：虽然电子媒介中储存的信息只能借助机器来阅读，但只要能由机器的辅助来转化为人们可以阅读的形式，即应该属于书面的。

结合我国《合同法》第 11 条的规定（书面形式是指合同书、信件和数据电文等可以有形地表现所载内容的形式）可以看出，将电子合同纳入书面形式范畴，符合世界各国商业发展与立法的趋势，应该说有利于鼓励当事人更积极地使用电子合同这一方便快捷的方式，有利于电子商务的快速健康发展。

四、电子签名的问题

拟定电子合同的另一大法律障碍是合同订立需要签字的要求。传统法律对合同订立的要求除了上面论述的书面形式之外，还有在合同上进行签字（盖章）的要求，并将之作为合同有效的必要条件之一。

在商业活动中，对于电讯发出的某一单证，以往的惯例是事先或随后通过一封签名信来确认，这种惯例恰恰又与使用电子合同的初衷相违背。"无纸贸易"的实际应用已使传统意义上的"签字"成为不可能。

电子签名与传统签名之间存在着诸多差异，了解这些差异，有助于我们对电子签名进行全面认识。

（1）电子签名一般是通过在线签署的，是一种远距离的认证方式。它不能像传统签名一样，保证签名人亲临交易现场，即便是生物特征法电子签名，也不能如此。计算机网络化的交易，已经使人们跨越了时空差距，因此，有必要对之建立新的时空观念。

（2）电子签名本身是一种数据，它很难像纸面签名一样，将原件向法庭提交。因此，传统证据规则拒绝将电子签名与传统签名相等同。

（3）大多数人只有一种手书签名样式，虽然事实上它可能发生演变，但一个人可能同时拥有许多个电子签名，每使用一个信息系统，就有可能配发一个。

（4）传统签名几乎不存在被签署者完全忘记的情况，而电子签名则有可能被遗忘。

（5）传统手书签名可凭视觉比较，而电子签名一般需要计算机系统进行鉴别。

五、意思表示的误传与不到达

基于电子合同订立过程中的意思表示也存在着不真实与瑕疵的问题，因其形式的特殊性，这种不真实与瑕疵集中体现在因网络服务和运营上的障碍而导致的意思与表示的不一致如误传与意思表示不到达的情形。

关于误传，在传统的信息传递方式下，主要发生在表意人的信息被错误理解或错误传达表意人意思的场合。在互联网上的意思表示，这种误传则是由于电子传输系统的故障造成的，例如信息录入人员的操作失误、软件自身缺陷以及硬件故障等所致。但无论是何种原因所致，电子合同的交易当事人几乎不可能有充分的机会做实际调查，基于维持较高信任度以促进电子商务发展的目标，应强调对当事人信赖利益的保护。况且网络服务的提供者一项主要义务即是保证交易的安全进行，所以当发生此种误传时，应由表意人与网络服务提供者依双方过错大小来分担责任。相对人在其中应无核实之义务，因为相对人在意思表示中只是处于被动接收的地位，意思与表示均系表意人提供，表意人的内心意思究竟如何只有其本人知悉，相对人无从得知。但这里需注意一点，相对人的意思表示应不是恶意。

比如表意人欲以单价 1.5 元订购一商品，但由于系统故障相对人接收到的信息变为单价 1.5 万元，而这时相对人又不采取积极措施便签订合同。对于相对人这种明显的主观恶意行为，法律没有理由保护相对人的利益，而应赋予表意人撤销合同的权利。在这里之所以强化了网络服务商的责任，尽管有可能打击其积极性，但创造电子商务诚实信用的大环境，促进和激励广大民众利用电子手段进行交易无疑更显必要。

关于意思表示的不到达，由于机械故障或软件问题以及网络运行障碍导致的表意人的意思不能在意思表示的有效期间内及时送达或永久性无法送达相对人的接收系统，当然不能发生意思表示的效力。尽管此情形未对相对人造成不利，但从表意人方面考虑，显然会使其丧失某些有利的商业机会，造成可得利益的丧失，因此表意人应有权向网络服务提供者索取赔偿。

六、电子支付问题

人们之所以选择网络进行交易，很大程度上因其具有方便快捷之特点。除了成交的便捷之外，付款的便捷应为题中应有之意。试想如果客户在网上与商家达成交易之后还需要亲自到商家进行支付结算抑或到银行进行汇款，那网络交易的优越性无疑会大打折扣。因此，电子支付应是电子商务的重要组成部分。

狭义上的电子支付是指基于互联网的支付系统而进行的支付，只包括在线支付。广义上的电子支付除了包括在线支付外还包括一切通过其他电子支付工具所为的支付，既包括在线支付，也包括离线支付；既包括通过金融系统的电子支付体系进行的支付，也包括通过金融系统外的各种电子支付体系进行的资金转移和结算。鉴于电子支付的主要目的和功能是在保证安全的前提下提高交易速度，方便交易各方当事人，故电子支付应不仅限于狭义上理解而应认为其包括所有电子手段所为的支付。

目前，世界上对电子支付进行专门立法的国家只有美国。美国 1978 年制定了《电子资金划拨法》，1989 年修订了《统一商法典》，增设了"4A 编—资金划拨"，使得美国成为对电子支付进行专门立法的先行者，这也与其电子支付的发达程度相符合。

第四节　电子商务中的知识产权问题

知识产权是指人们对其创造性的智力成果依法享有的专有权利。知识产权包括著作权、商标权、专利权，既包括相关的人身权利又包括经济权利。随着网络信息流量的不断加大，网络知识产权的法律保护越来越成为人们的关注焦点。网络知识产品保护涉及面很广，我们主要介绍网络著作权的法律保护、域名的法律保护等。

一、电子商务中著作权保护的法律问题

互联网的飞速发展势必导致著作权保护制度中原有的权利内容的变化，著作权保护体系面临着调整和变革。

（一）电子商务著作权中复制权的法律保护问题

网上作品复制的著作权保护是著作权的基础，电子商务中的著作权也是围绕复制权展开的"网络环境下"，信息获取的方式主要有下载、拷贝和打印等。我国《著作权法》实施条例6第5条第1款规定："复制，指以印刷、复印、临摹、拓印、录音、录像、翻录、翻拍等方式将作品制作一份或多份的方式。"据此可以推导出"复制"的条件：其一，要有特定的复制方式，如印刷、下载、拷贝及打印是以本地磁盘、硬盘为载体，以计算机作为工具的复制方式。其二，这种行为的主观目的是为了制作与原件相同或相近的复制件。下载、拷贝及打印的目的也符合这一依据。其三，复制品本身不具有智力劳动的特征。

在网络上传输的作品有两大类：一是社会公有信息，二是受著作权法保护的作品。一般情况下，在网络上传输的作品都是已经发表过的作品，除非作者声明不准使用，他人是可以使用的，但下载也应注意以下几方面的问题：其一，被下载打印的文件性质。下载未发表的作品（如通过电子函件传输的某些作品），必须经过原著作权人的授权。此外，著作权人明确宣布不允许下载的作品或其片断，他人也不可下载。其二，下载的目的、数量以及可能对作品销售市场的影响。根据著作权原则，下载他人作品一般只能供本人学习、研究之用，不可有商业上的目的，也不可对著作权作品的潜在销售市场产生较大影响。其三，下载软件。在网络上共享软件，也正是网络吸引用户的原因之一。

（二）电子商务著作权中公众传播权的法律保护问题

在数字网络中的传输，既是发行又是向公众传播。"在网络环境下，如何让版权人的专有权有效地'覆盖'作品在网络上的传播就成了版权保护制度必须解决的核心问题"。在电子商务中，网站发布商务信息，既可能构成某作品的发行，同时又是向公众传播信息。在前者情况下，网站如同出版社，会与作者产生著作权许可关系；在后者情况下，网站像广播电视组织一样，向公众传送多媒体作品。作品通过计算机网络向公众传输，可能会成为作品被使用的主要方式，而且它的经济价值也越来越高。但是作品在网络上传输属于什么性质的行为目前尚无定论，一种观点视为发行，另一种视为广播。

针对我国的情况，我国《著作权法实施条例》对发行的解释为为满足公众的合理需求，通过出售、出租等方式向公众提供一定数量的作品复制件。问题在于，通过网络传输提供给公众的作品，不涉及固定作品的有形物体，因此无所谓作品的原件或复制件，但在客观上，网络传输又起到了公众提供作品复制件的作用。所以说，现行的"发行"概念在网络环境下还不够清晰，并且与相关的"首次出版"以及"发行权一次用尽"原则也不适用，须做出例外规定。而对于"有线传播权"，虽然网络传输与有线电视传输在某些工业技术有相似之处，但两者在运行主体与传输内容上有本质的区别。

（三）电子商务著作权中信息管理权的法律保护问题

互联网的功能之一就是作品的连接和传播，作品在事实上可以无限复制、流通，其中任何一个环节，作品权利人的信息均可有意或无意地被遗漏。著作权管理信息不仅有著作权人、著作权保护期等内容，还有使用该作品的条件和要求等。在数字化和互联网的环境中，这些信息对于著作权人实现其经济利益来说是非常重要的。有人在下载他人作品后，改变作品、作者或权利人的名称，改变使用条件和要求，改变甚至删除作品的保护期等，然后再将作品放到自己或他人的网页上。这些必将对著作权所有人造成极大的损害。

二、电子商务中的商标权法律问题

电子商务中知识产权的商标权法律问题集中表现在域名商标权保护和超文本链接商标权保护上。

(一) 电子商务中作为商标权客体的域名法律问题

当大量的企业或组织通过互联网来宣传自己的产品和服务时，域名就与企业的名称、产品、商标或服务发生了关系，基于这种域名与企业的一一对应的关系，加上人们在使用互联网时习惯于先访问一些域名结构为"企业名称或商标+com"的站点，在没有域名地址的情况下，人们如果想要访问某一企业的站点，第一反应往往是输入"企业名称或商标+com"，这便使得这种结构的域名具有了特别的价值。所以每一个企业都在精心经营着自己的域名，因为，它已成为这些企业机构的无形资产和知识产权在电子空间的延伸，多数情况下，他甚至成了站点知名度与访问量的决定因素。所以，企业一般都将其名称中最具有商业价值含量的商号注册为次级域名，例如，微软"Microsoft"公司，服务器的地址为"Microsoft.com"。域名之于企业的重要性等同于商号之于企业的重要性，为此，产生了一批敲诈者，他们把别人有名或比较有名的商标与商号大量注册为域名，再出价让权利人把这些域名赎回去，由此便引发了域名和知识产权的激烈冲突。

而在有些情况下，域名注册人并不存在抢注之意，而是出于自身原因使用了某一域名，偶然与他人以英文字母形式表示的注册商标或使用商标相同或相似，即域名与商标发生冲突，或产生淡化商标的作用。前者属于恶意抢注，域名抢注者就如同刑事犯罪者一样，对网络上电子商务的发展非常有害。这种行为已经在美国、英国等国受到了法律制裁，那些注册了几十、上百个他人的知名商标或企业名称的抢注者都被迫将抢注的域名还给知识产权的所有人。而后者纯属域名引发的权利冲突，对其纠纷的解决，首先必须给予域名应有的知识产权地位和相应的法律保护，然后就域名与注册商标之间的关系制定法律规则。这样，域名与商标的冲突就不难解决。

(二) 电子商务中超文本链接引发的商标权法律保护问题

超文本链接使得万维网成为一个天衣无缝的信息集合体。超文本链接导致的商标侵权在网页中随意使用他人的知名商标、字号、商品或者服务名称作链接标志，使消费者误认为是该知名商品。或者将他人的商标放在自己网页的源代码中，这样当用户使用网上搜索引擎查找他人商标时，该网页就会位居搜索结果的前列。这种行为也构成了对他人商标的侵犯。例如美国"花花公子"企业诉某被告商标侵权案中该被告在其网页源代码关键词中埋置商标"Playboy"，当用户通过搜索引擎以"Playboy"为关键词查询原告的时候，在用户获得查询的结果中被告的网页总是位居原告网页之前。为此，原告指控被告的行为侵犯了其商标权，构成虚假商品来源，属不正当竞争。

在电子商务中，由于一个网页的用户访问数通常与该网页的广告收入息息相关，因此网页制作的好坏将直接影响到网主的收入。对于任何一个企业来说最能体现其特征的无疑是商标，所以当一个网页与其他网页进行超文本链接时，就会利用对方商标作为超文本链接的外表，以增加本网页的吸引程度。但这时就很可能已经触犯了对方的商标权。

近年来，因万维网上的链接引起的商标侵权纠纷屡屡发生。例如北京清华文通信息技术公司诉清华紫光（集团）总公司侵犯商标专用权，被告在其软件安装，运行的界面（包括对话框、标题栏、图标）上，使用原告的商标，最后该案以双方和解而结束。再如大名鼎鼎的微软公司由于在其网页上使用了某公司的商标作为链接到该公司网页上的超文本链接，因而被该公司控告为商标侵权。在国外，因擅自在电子布告板系统或网页上使用他人注册商标的案件屡见不鲜。其中最突出的是超文本链接上的商标之争和网上搜索引擎引起的"隐形"商标侵权纠纷。

商标侵权纠纷的另一个热点是由超文本链接的网上搜索引擎引起的"隐形"商标侵权纠纷。这类商标纠纷的特征是某个网主将他人的商标埋置在自己网页的源代码中，这样虽然用户不能在该网页上直接看到他人的商标，但是当用户使用网上搜索引擎查找他人商标时，该网页就会以超文本链接的形式位居网上搜索的结果前列。正如所有商标侵权纠纷一样，"隐形"商标侵权纠纷的关键同样是是否会造成公众的误认，即公众是否会以为其要查询的商标所在的网页与实际访问的网页之间有某种联系。但是，在这种情况下，要证明误认的可能是相当困难的。

第五节　电子商务中的税收问题

电子商务法颁布施行后，明确了电子商务企业作为纳税主体的义务，为国家拓宽新的纳税来源，然而由于电子商务企业自身虚拟性、无纸化、高效性、全球性的特点，现行税收制度无法有效予以规制，缺乏针对性的电子商务税收制度致使大量税收流失。因此，应当明确相关税收立法原则，细化完善目前的税收法律制度，适应信息化时代要求调整相关征收措施。

一、电子商务企业税收概论

（一）电子商务企业的概念与特征

随着互联网科技的飞速发展，许多企业已由传统的单一线下交易发展成为线上线下双向发展的电子商务企业。电子商务企业主要是指通过电子网络以电子交易方式进行生产、销售等相关服务活动的企业，是将传统商业的各个环节予以信息化的模式，其核心要素在于通过电子技术手段达成商务交易。电子商务企业区别于其他传统市场主体，主要有三大特性。其一是主体与交易的虚拟性。互联网本身就是虚拟的，故依托于互联网从事交易活动的电子商务企业同样具有虚拟性。在交易过程中交易双方不需要见面，借助交易平台便可在线获得关于卖家店铺经营、信用状况、商品详情等相关信息。而更为关键的是双方线上交易也是虚拟的，包括达成买卖合意、订立买卖合同、虚拟商品的交付、虚拟服务的履行与资金支付都需要依靠互联网的线上电子交易完成。

其二是高效性。电子商务企业依托互联网实现了与买家直接交流，提高了交易双方的信息对称，省去传统交易模式的中间环节和地域限制。现在的电子支付方式极为便捷，买卖双方只需要动动手指便能完成交易，同时由于线上交易会将商品种类、价格等信息详细说明，买家的选择余地与对卖方的信任度增加，故达成交易的几率也就增加。

其三是全球性。正是由于互联网的出现拓宽了交易信息渠道、改变了支付方式、打破了地域限制，世界各国都掀起了电子商务的浪潮，电子商务企业也可以与世界各国的买家达成交易。

（二）电子商务企业税收的必要性

第一，符合《电子商务法》的义务规定，电子商务法明确规定了电子商务经营者的缴税义务，只要从事电子商务的不论个人还是企业都应当依照法定程序缴纳税款。近年来电子商务企业蓬勃发展，电子商务市场欣欣向荣，市场交易额猛增，电子商务在带来巨大经济效益的过程中也造成了部分税收流失的现象。我们必须正视这一现象，税收是我国财政收入的来源，而电子商务日渐成为我们交易的重要方式之一，电子商务企业也成为了市场交易的主力军，若不能对其进行有效的税收征管，必会造成巨大的税收流失从而影响国家以税收调节国民收入分配的重要职能。

第二有，助于规范税收公平的交易市场。目前电子商务企业相较于传统市场主体一个最大的成本优势就是税收优势，传统的市场主体符合传统征税要件需要承担相应的税收，而电子商务企业由于省去了中间环节以及虚拟商品的税收标准缺失，可以省下一大笔税收。长此以往大量实体店铺面临经营困境，交易市场公平的税收大环境受到巨大的挑战，电子商务企业逃避税收不仅仅是造成国家税收的流失，更为重要的是由于税收环节缺失，国家难以获得企业的纳税信息无法予以有效监管。故大量电子商务企业制假贩假、虚假刷单、店大欺客，而买家无法获得真实有效的商品信息，被欺骗后又投诉无门，网络交易秩序受到严重破坏。所以需要制定相应合理的税收制度对电子商务企业进行征税，维护公平的市场竞争从而促进电子商务市场健康平稳发展。

二、电子商务企业税收法律制度的完善

（一）电子商务企业税收立法原则的确立

我国缺乏一部具有针对性的电子商务企业税收征管制度，所以应当加快电子商务税收法律制度的立法，这是解决当前电子商务企业征税困境的最有力措施。该法律制度应当确立税收法定、税收公平、实质性交易原则。

电子商务法规定电子商务企业应当缴纳税款，也规定了应当就电子商务税予以适当的优惠，税收立法这里就涉及优惠内容以及优惠税率必须依法而定，法律必须明确规定优惠幅度使得实际征收有法可依。

而优惠的力度大小也涉及到税收公平原则，如果优惠点力度过大会使得实体企业困境加剧，不利于建设交易市场的税收平衡；但如果税收优惠比例过轻则不符合电子商务法的上位法规定，过重的税负会阻碍新生电子商务企业的发展壮大。

而实质性交易原则的确立可以帮助税收机关对电子商务交易的交易对象予以认定，所谓实质性交易原则就是只注重交易的实质而不在意其交易形式的原则，也就是只要完成双方达成交易实现所有权的转移，就可以认定为普通货物的交易。如果是提供服务，也是按照服务提供完毕视为提供劳务的交易。如此一来就可以解决交易对象认定困难的问题，电子商务交易也有了区分标准，从而为加强税收机关的监管提供了依据。

（二）电子商务企业税收要素的明确

现行的关于电子商务企业税收的法律制度由于滞后性无法对电子商务的相关税收要素予以明确，所以税务机关应当在现有税收制度的基础上，就电子商务企业税收方面制定相应制度对电子商务税收的各个构成要素予以明确。主要包括电子商务企业课税对象、纳税环节、纳税地点三方面的明确，就课税对象而言目前税收制度仅涉及实体商品，这对于电子商务企

业的市场交易而言并不全面，它既可以是实体商品也可以是数据产品、虚拟财产等，所以要赋予课税对象新的时代内涵，使其蕴含电子商务商品的虚拟化特性。就纳税环节而言，现行纳税环节制度仅根据传统商品交易的环节作为依据制定，这对于电子商务缺少中间环节的交易而言并不适用。税收机关应当在把握电子商务交易的运营模式独特性的基础上要细化纳税步骤，可以根据交易额或交易量对上述制度予以调整。纳税地点的明确则主要是为了防止出现纳税管辖权争议，毕竟现在电子商务企业的交易已经突破地域限制，实现了真正意义上的国际化经营模式。可以将实际交易发生地，或是商品收货地、服务提供地作为纳税地点，根据纳税地点的不同设置相应税率。

（三）相应税收实体法的完善

要完善税务登记制度，电子商务法已经明确了经营者的登记义务，同时平台也有义务辅助经营者登记，根据相关机关的要求提供相应的登记数据。税务机关也应当在现有税务登记的基础上完善电子商务企业的税务登记，根据电子商务企业的特性开通线上注册、电子数据上传、电子申请等功能。同时制定与平台数据相衔接制度，充分利用平台数据掌握电子商务企业的相关登记信息，同时与平台加强合作，为电子商务企业统一进行务登记的编号，并制定电子商务诚信档案，对税务登记不实或是逃避税务登记予以严厉处罚，以此保证税务机关对电子商务企业的税务监管。

完善电子发票制度确保税务机关的监管到位，电子商务法明确电子发票的效力等同于纸质发票，但我国电子发票实行 2012 年，起步较晚，目前在电子商务企业交易中的普及率较低。且目前现行制度下并无统一的电子发票的标准，电子商务法也无相关规定，为实现税务机关以票控税的目标，应当大力推行电子商务企业使用电子发票，同时对于电子发票的格式、防伪予以统一规定。对于使用电子发票的企业予以相应的税收优惠，对于电子交易过程中拒不开具电子发票的企业予以处罚，从而发挥税务机关的监管指引作用。

第六节　电子商务中的反不正当竞争问题

电子商务环境下，经营者之间竞争激烈。为了抢占市场份额，扩大销售规模，各个经营者绞尽脑汁，不择手段，这其中采取的竞争手段有正当的，如改进生产的技术，提高生产质量品质，降低销售价格；也有不正当竞争的行为，如利用电子商铺进行虚假宣传为，商业诋毁行为，挟持网络舆论评价网上商品，利用消费者查找信息环节进行误导等行为。

电子商务作为一种全新的商业模式，自然与传统商务模式有很多的不同之处，加上利用了电子信息技术的高科技，所以电子商务环境下新型的不正当竞争层出不穷，这些行为之所以归为不正当竞争行为，是因为这类行为无一例外地违反了公认的商业道德，公平、诚实守信的商业原则，侵害了其他合法经营者的权益，扰乱了经济社会正常的竞争秩序，应该为不正当竞争法所禁止。以下是电子商务环境下新型的不正当竞争表现形式。

一、电子商务环境下挟持网络舆论评价进行不正当竞争

电子商务环境下，经营者利用"网络推手"或者"网络水军"或者"网络打手"等挟持网络舆论评价进行不正当竞争。360（奇虎网络公司）与 QQ（腾讯网络公司）之间的口水战，蒙牛乳业公司和伊利乳业纠纷案等一系列的网络事件背后，都有挟持网络舆论评价的影

子，网民常常被少数意见势力引导，成了协助违法的工具，由于网络言论自由，所谓法不责众，法律也没有这方面的专门规定。这些网络公司利用法律法规的空白和漏洞，充当一般网民发表意见，左右网络舆论意见，挟持网络言论。挟持网络舆论评价的不正当竞争经营者大概可以分为三大种类：网络水军、删帖公司，以及网络打手。

所谓的"网络水军"是指受雇于某些不正当经营者而经常打口水仗的谋利团体，他们通过发帖、跟帖、评论、留言、写微博等方式，来左右网络舆情，引导网络民意。电子商务交易过程中，买家进行电子商务买卖后都会进行评价，以对后来的消费者有个参考。评价都会列在电子商铺商品图标的后面。如在淘宝网上的电子店铺中，很多时候消费者决定买东西都是看消费者好评，如果看到有很多的消费者跟帖来评价，而且评价非常高，非常详细，我们消费者也就会相信下单，电子商务经营者也利用这点，雇佣水军来进行好评，他们充当一般的买家来评价，我们一般的消费者误以为是真正的销售额这么多，从而下单，导致上当受骗。网络水军人数众多，他们为着一个利益到一起，完成任务就各自散去，依靠人海战术制造网络新话题，帖子在一个网站发出，会转到其他网站上去，水军通过不断地顶贴争论，带动众多网民参与讨论形成网络热点话题。

删帖公司美其名曰网络公关公司，对外称能让经营者碰到公关危机时能化险为夷，当客户在网络上出现负面信息时，只要当事人愿意出钱，删帖公司就可以帮其删除这些帖子，从而抹去污点，甚至发好评帖子来维护当事人的声誉。

"网络打手"就是一些不良的电子商务经营者的雇佣军，他们在论坛，微博，QQ群等网络媒体上使用片面的，偏激的，吸引公众眼球的文字图片及视频来诋毁竞争对手，这些打手看似是普通网民，实际上是竞争对手雇佣的有预谋的网络评价。

这些"网络推手"，"网络水军"，"网络打手"及网络删帖的行为，违反了社会公认的商业道德，侵害了其他经营者的正当权益，扰乱了正常的经济竞争秩序，是电子商务环境下的一种新型的不正当竞争。但是中国目前还没有制定监管挟持网络舆论评价的法律条文，这应该引起我们的高度重视，加快修改现行反不正当竞争法，加强网络监管执法。

二、电子商务环境下误导消费者搜索信息进行不正当竞争

在电子商务交易中，每个电子商务经营者都有一个属于自己的店铺，即电子门店，有的自己单独建立电子商务网站，有的是通过在大型的第三方电子商务平台上开设电子门店，比如淘宝网就是最大的第三方电子商务平台，消费者去这些商城网络购物时，就会在网上输入关键字进行信息的查找和信息的筛选，进行货比三家，最后选定商品进行下单，电子支付给第三方，销售者通过物流公司进行发货，消费者最后收到货物释放支付单给经营者，一桩交易就算完成，所以消费者进行目标商品信息查找这一环节显得非常重要，经营者如果把握好这关，可以说占尽先机，一些不法经营者打起了这方面的主意，利用不正当竞争来抢占商业交易机会。这些行为主要有与电子店铺域名有关的不正当竞争行为，与搜索引擎有关的不正当竞争行为，与店铺页面设计有关的不正当竞争行为等。

三、电子商务环境下设计恶意软件进行不正当竞争

恶意软件是电子商务环境中的新名词。恶意软件是电子商务参与者所不期望运行的，设计者怀有恶意目的或具有恶意功能的软件的统称。恶意软件包括捆绑软件，赖皮软件，流氓软件等。不良经营者利用恶意软件进行商业信息的搜集，攻击竞争对手的电子店铺，挤占网

络资源等不正当竞争。电子商务经营者由于是借助计算机技术和互联网技术，所以计算机技术中的很多破坏行为被不法经营者用于不正当竞争，这些不正当竞争行为有利用计算机恶意软件攻击竞争对手，利用恶意软件盗取竞争对手商业机密，利用应用软件捆绑客户购买的软件及赖皮软件等，一是利用设计软件来攻击竞争对手的网络系统、电子店铺、电子门户网站。最早出现用来攻击网站的软件的现象是黑客攻击行为，是一种技术的战争。现在用来进行商业竞争，攻击竞争对手的网络系统，通过大量的恶意访问，拦截对方网络系统的运行，使竞争对手的网站陷于瘫痪。正常的消费者不能来访问，即使能进入网站访问也是乱七八糟的信息，造成消费者对被网站攻击者的信誉的损失。从而悄无声息地抬高了自己的品牌形象。还有的设计软件进入竞争对手的网站进行编辑修改，改变他们的电子店铺和门户网站的设计外观及其他的商业信息。二是利用软件捆绑行为及赖皮软件来进行不正当竞争，软件捆绑最著名的是微软公司在其销售的 IE 浏览器中捆绑办公软件操作系统，电子商务环境下一些经营者为了获取更多的交易机会，在自己销售的市场占有率比较高的应用软件中捆绑其他不好销售的软件，从而增加自己公司其他这些不好销售软件的市场销量，这有点像实体经济中的强买强卖行为，只是披上了电子信息技术高科技的外衣，其实质还是不正当竞争行为，侵害了消费者的知情权，更是抢占了其他经营者的市场。所有的这些利用计算机应用软件进行的不正当行为违反了诚实守信的商业原则，违反了平等自愿的原则，应该为反不正当竞争法所禁止。但是这些行为在现行的《反不正当竞争法》中找不到规制的条款，导致这些行为大肆泛滥，无法监管，损害其他经营者的利益，扰乱正常的经济竞争秩序。

第七节　电子商务中的消费者权益保护问题

随着我国进入"互联网+"和"经济新常态"的大环境，电子商务凭借着其快速、便利的特点，迅速打入了人们的生活，它既改变了消费者的消费模式，又带动了经营者销售方式的发展，给交易市场带来了巨大的冲击。消费者在享受电子商务给生活带来便捷的同时，也应当注意到在涉电子商务交易过程中引发的法律问题。由于消费者在电子商务流程中处于劣势地位，消费者个人隐私泄露、电商产品质量不合格、商品退货难以及消费者权益无处申诉等问题层出不穷，这不仅危害了消费者自身权利，而且不利于电子商务健康发展。因此，在电子商务发展的过程中，利用法律手段维护消费者权益是有必要的。

一、电子商务中消费者权益保护的必要性

（一）电子商务市场和传统市场交易方式差异大

首先，与传统实物市场不同，电子商务市场经营者的销售行为存在于虚拟网络中，一般通过在电商平台中建立虚拟店铺对商品进行图片、文字的展示。这种模式使得其脱离了实体店铺经营的约束，以至于经营者可以进行大批量的集中经营，且不受时间、地点限制，与原先传统市场相比，电子商务市场销售行为快速性和不确定性特点明显。

其次，利用图片、概念解说代替原先实物展示的销售模式，会产生购买到的商品与图片不相符合、由于商品讲解不真实、不准确，导致商品质量难以确定、正品与赝品难以识别、商品实际功能难以达到预期等问题，给消费者权益带来一系列危害。

最后，由于交易地点以及交易凭证的虚拟化，导致消费者在后期维护自身权益过程中存

在诸多不便和障碍，许多消费者因为维权程序复杂、证据收集难度大等顾虑不得不作出妥协。

（二）涉及电子商务活动国家监管难度高

由于电子商务业务是新兴产业，国家对其监管能力并没有像传统商业那样稳定，《电子商务法》是这几年为适应市场发展需求刚刚制定的，在对电子商务业务的规范方面或多或少存在一定的瑕疵。虽然《电子商务法》对国家监管有着规定，但是在具体司法实践中监管存在重重困难。

首先，在市场准入方面，审查往往是以形式审查为主，由于电子商务主体多变性，对主体信息真实性核验难以把握。

其次，在对市场主体的征税上，由于主体在电子商务中的业务类别较为复杂，在鉴别税种时存在一定麻烦。

最后，也是最重要的，就是对市场行为的监管。电商的经营范围十分广泛，且近年来电商数量基数大，导致仅仅依靠国家监管来限制难免显得顾此失彼，这也是目前电子商务中商品质量不合格、假冒伪劣商品盛行、侵犯他人知识产权行为泛滥的原因。而这些现象的发生，最终侵害的都是消费者的权益。

二、电子商务中保护消费者权益的具体立法

我国法律在保护消费者在电子商务活动中权益的规定主要体现在《电子商务法》以及《消费者权利保护法》中，主要包括：第一，规定了诚实信用原则在电子商务中的适用，以基本原则层面兜底保护消费者权益。第二，通过规定经营者必须履行的各项义务从而平衡其与消费者的不平等地位，从而保护消费者权益。第三，加大电商平台所承担的义务，通过连带责任等方式，促使平台重视对经营者的管理。

（一）适用诚实信用原则保障消费者权益

我国《电子商务法》中有对诚实信用原则的规定，主要体现在第五条："电子商务经营者从事经营活动，应当遵循自愿、平等、公平、诚信的原则。"根据这一法条，在电子商务活动中，各方主体，包括经营者、消费者、电商平台在从事交易过程中都必须秉持诚信，以互不欺骗、遵守诚信的态度从事电商业务，并且这一原则必须贯穿整个交易过程。

（二）规定经营者义务平衡消费者地位

在电子商务业务中消费者与经营者相比，往往处于劣势地位，很多情况下消费者会因为误认或者不知情等原因导致在购物时自身权益受到侵害。所以为了平衡这种天然的劣势关系，《电子商务法》中给电商经营者设置了许多必须履行的义务来平衡消费者与经营者之间的地位，从而保护消费者权益。

首先，《电子商务法》第十三条规定："电子商务经营者销售的商品或者提供的服务应当符合保障人身、财产安全的要求和环境保护要求。"这一条文主要是为了保障消费者人身和财产安全，当消费者由于产品瑕疵而造成对人身、财产损害的，可以通过本条对经营者追责。

其次，《电子商务法》第十七条规定："电子商务经营者应当全面、真实、准确、及时地披露商品或者服务信息保障消费者的知情权和选择权。电子商务经营者不得以虚构交易、编造用户评价等方式进行虚假或者引人误解的商业宣传，欺骗误导消费者。"此条文是法律平衡两者地位较为明显的表现，主要是针对"刷单"、"虚构评价"等虚假宣传现象，使消费者在因虚假宣传受到欺骗时权益得到保障。

最后,《电子商务法》第二十三条规定:"电子商务经营者收集、使用其用户的个人信息,应当遵守法律、行政法规有关个人信息保护的规定。"具体体现为不得将获得的用户个人信息泄露,出售或者非法转让给他人。这条主要是针对目前十分普遍的消费者信息泄露问题,一旦信息发生泄露,会带来例如垃圾短信、利用个人信息进行诈骗等问题,侵害消费者权益,因此法律对保护个人信息做了明确规定。

(三) 加大电子商务平台责任督促管理

电子商务中的主体,除了消费者和经营者,还有一个电子商务平台。该平台起到的是个中介的作用,是连接消费者和经营者的纽带。在电子商务兴起的早期,我国法律着眼点主要集中在经营者身上,而对平台的责任和义务有所忽视,导致消费者一旦无法向经营者求偿,权利就得不到保障。新出台的《电子商务法》规定很好地弥补了一点,通过对于加大平台的义务和责任,督促其加强对经营者的管理,从而强化对消费者的保护。主要为以下几个方面:

第一,《电子商务法》第三十条规定:"电子商务平台应当采取技术措施和其他必要措施保证其网络安全、稳定运行,防范网络违法犯罪行为,有效应对网络安全事件,保障电子商务交易安全。"本条主要是规定了平台的安全交易管理义务,主要是针对在电子商务业务中出现的各类信息泄露问题,包括消费者信息、经营者信息以及交易信息等。将保护消费者信息的义务也施加于电商平台,以它的专业性从整体的高度对信息进行控制和保护,对消费者权益进行倾斜保护。

第二,《电子商务法》第三十八条规定了:"电商平台知道或应当知道平台内经营者出售的商品不符合人身、财产安全标准,或者侵害消费者合法权益,未采取必要措施的,承担连带责任。"这一条文规定了平台的连带责任,有利于促使平台加大对经营者的监管,并且在出现无法使经营者承担责任时,不会出现消费者权益难以保障的情况。

三、电子商务中消费者保护自身权益的路径

(一) 投诉和举报路径

《电子商务法》第五十九条规定:"电子商务经营者应当建立便捷、有效的投诉、举报机制,公开投诉、举报方式等信息,及时受理并处理投诉、举报。"这里电子商务经营者的范围应当包括电子商务经营平台以及在该平台内电子商务经营者。一般当消费者在电子商务活动中权益受到侵害时,第一时间会向商品经营者反应、投诉,而当该行为没有效果时,消费者还可以依据本法条向平台经营者发出投诉和举报,平台具有及时受理并解决消费者投诉、举报的义务。并且平台的投诉、举报机制会较为完善,受理投诉的工作人员也会相对较多,能较好满足消费者的诉求,保障消费者权益。

(二) 线上争议解决路径

《电子商务法》第六十三条规定:"电子商务平台经营者可以建立争议在先解决机制,制定并公示争议解决规则,根据自愿原则,公平、公正地解决当事人的争议。"这种途径完全是建立在电子商务争议双方自愿的基础上的,跟其他程序不同,该途径不需要非电子商务主体的第三方介入,程序相对快捷、灵活,并且有利于对当事人隐私的保护。平台作为经营者和消费者争议解决中立第三人,根据其订立的平台争议解决规则进行调解,更具专业性和相关性,往往能快速解决矛盾,是消费者维护自身权益比较高效的一种路径。

（三）调解、仲裁和诉讼途径

《电子商务法》第六十条规定："电子商务争议可以通过协商和解，请求消费者组织、行业协会或者其他依法成立的调解组织调解，向有关部门投诉，提请仲裁，或者提起诉讼等方式解决。"我国《电子商务法》对于消费者权益的保护主要分为自力救济和公力救济，往往是在自力救济无法起到效果时，消费者才会选择以公力救济保障自身权益。自力救济包括当事人双方进行和解、由消费者协会或者行业协会作为第三方介入进行调解、向有关的工商行政部门投诉以及在双方自愿的情况下提起仲裁。自力救济程序相对简单，一般如果可以用以上方式解决问题的，消费者更愿意走私力救济的途径。而如果争议无法用私力救济解决，消费者可以选择向人民法院提起民事诉讼，以诉讼的形式维护自身权益。但由于消费者在电子商务活动中的劣势地位，在诉讼举证方面往往处于不利。因此，《电子商务法》第六十二条规定："在电子商务争议处理中，电子商务经营者应当提供原始合同和交易记录。"将举证责任倒置，从而打消消费者顾虑，运用法律武器维护自身权益。

第八节　虚拟财产的法律保护

一、虚拟财产的法律界定

虚拟财产，又称网络虚拟财产、网财，起源于网络游戏业，它并不是一个法律概念，没有在法律上明确其内涵，给予准确定义。

从目前法学界的研究情况来看，众学者对虚拟财产概念的理解和界定并未形成共识。总结目前的主要观点，有广义的概念和狭义的概念两种。

广义的虚拟财产，即一切存在于特定网络虚拟空间内的数字化的非物化的财产形式，侧重于"虚拟"，其外延极为广泛，包括 ID、邮箱、虚拟货币、虚拟资金等。持此观点的学者认为，网络虚拟财产就是以一定的数据、信息、符号储存到网络环境中，具有财产价值的虚拟事物。

狭义的虚拟财产，即依赖于网络空间中的虚拟环境而存在的游戏玩家通过支付费用取得、控制并具有通过交易获取现实利益可能性的虚拟游戏资源，包括网络游戏账号、游戏角色（RGP）及其游戏过程中积累的"货币""地产""装备""宠物"等。持此观点的学者认为，虚拟财产是指网络游戏玩家们在运营商所运营的虚拟架构世界环境中产生的一种社会关系的客体，诸如网络游戏中的账号（ID）及积累的"货币""装备""宠物"等。

二、虚拟财产的特征

（一）虚拟财产的虚拟性

所谓虚拟性是指该事物本身是虚拟的，它在现实中并不存在或者说它与现实中相应的事物并不相同。

虚拟财产以电磁记录为本质存在形态。虚拟财产是现实财产在网络环境中通过电子数据的存储的转化形式，或者是权利人在网络环境中劳动成果的转化。虚拟财产本质上只是一组保存在服务器上并流通于网络间、由"0""1"两个数字组成的数字信息，相对于现实实体财产而言，是一种虚拟化的财产。

虚拟财产基于特定的虚拟社区空间而存在。在现实中，它没有存在实体，看不见摸不着，人们对它的感知只能在网络环境中进行，对其的占有、转让也只能在网络环境中完成。它的效用主要体现为一种精神利益，并且这种精神利益也只能通过网络游戏来实现。离开了虚拟社区空间，虚拟财产就失去了存在的依据和意义。

（二）虚拟财产的现实性

网络游戏中的那些虚拟人物实际上都是由现实中的玩家操纵的，玩家在开始游戏前必须先注册一个 ID 账号，一个 ID 账号对应游戏中一个虚拟人物。除非使用外挂等非法软件，虚拟人物是不能自动去完成游戏中的任务的，只能通过玩家的亲手操纵才行。因此，虚拟财产的交易也不是游戏中的虚拟角色自动完成的，购买点卡是玩家与运营商之间的交易，交换或买卖装备是玩家与玩家之间的交易。虚拟世界里的行为都可以在现实世界中得到反映，只是说它限于游绸民务商和玩家等特定的人群中。所以说，虚拟财产又具有现实性。

（三）虚拟财产的有限性

虚拟财产的有限性包括空间上的有限性和时间上的有限性即期限性。

空间上，虚拟财产基于特定的虚拟社区空间而存在，一款游戏的运行必须由运营商与玩家结合而形成一个具有社会属性的虚拟社区空间。运营商停止运营，虚拟空间不再存在，虚拟财产也就随之消灭。

时间上，任何一款游戏都有自身的运营周期，不可能永远运营下去，这个周期是由运营商与玩家共同决定的。网络游戏是自主经营的网络游戏服务商向市场推销的一种依托于网络的娱乐服务项目，作为一种服务性商品，它必定随着网络游戏及运营商的经营状况、经营成本以及市场需求等情况的变化而决定服务期限。这种服务期限也就决定了网络虚拟财产的期限性，而期限的长短则完全取决于游戏服务经营状况，当运营商发觉其运营成本高于其收益时就会中止游戏的运营，这时虚拟财产也就失去了其存在基础。

（四）虚拟财产的价值性

所谓价值性是指能够满足人们的需求（物质需求或者精神需求），并可以一定货币给予衡量，也就是通常所说的具有使用价值和交换价值。

首先，虚拟财产能满足人们的需要具有使用价值。许多玩家之所以不惜以大量时间、精力和金钱为代价参与网络游戏，就是因为网络游戏中的虚拟人物可以将自己的人格从现实世界向虚拟世界扩张，为各种虚拟财产的得失更替而喜怒哀乐，并从中获得感官和精神上的享受，从而达到娱乐自身的目的，其使用价值不言而喻。

其次，虚拟财产能在玩家、运营商相互间交易，具有交换价值。目前，虚拟财产的交易行为在网上网下进行得如火如荼，有的游戏运营商为了保证交易的安全甚至搭建了专门的交易平台，各类游戏装备都明码标价，玩家们可以自发地在线下交易。

（五）虚拟财产的合法性

法律意义上的财产都包含权利内容，而任何一种权利之所以在法律上成立的前提条件是它的合法性。虚拟财产也不例外，应该具有合法性。

虚拟财产的合法性主要是指虚拟财产获得方式的合法性。网络游戏中的虚拟财产主要有两个来源，一是玩家利用游戏运营商开发的游戏平台，充分发挥自己的智力水平"修炼"所得，二是用现实货币从其他玩家手中直接购买所得。这两种方法在形式上并无任何违法之处，实质上也不损害任何其他人的合法权益，因此其合法性不容置疑。

三、虚拟财产纠纷与侵权的表现形式

目前，我国网络游戏业发展迅速，但随之而来的是大量侵害虚拟财产的现象和由此引发的纠纷的出现。总结社会上虚拟财产纠纷的情形主要有以下几个方面。

（1）虚拟财产被盗引发的玩家与盗窃者之间、玩家与运营商之间的纠纷。虚拟财产一旦被盗，用户查找盗窃者往往比较困难，或者虽能找到但难以举证，因此一旦发生虚拟财产被盗后往往会请求运营商协助提供证据，而更多的是直接以运营商没有尽到应尽的安全义务为由将运营商诉诸法院。

（2）虚拟物品交易中欺诈行为引起的纠纷。虚拟物品交易已经非常普遍，因利益驱使也滋生了大量的欺诈行为，比如一方支付价款，而对方不履行移交虚拟物品的义务，或者依然履行该义务，但与对方支付的对价不相符等。

（3）因运营商停止运营引发的虚拟财产方面的纠纷。运营商停止运营原因很多，多数是因经营不善而终止运营，也有恶意终止运营。不管哪种情况都会使得玩家的虚拟财产失去存在的依据和价值，因此往往会引起玩家和运营商之间的纠纷。

（4）游戏数据丢失损害到虚拟财产而引起的纠纷。数据的丢失有的并不对虚拟财产带来影响，但也可能会引起有关服务质量方面的纠纷，在此谈及的是数据丢失对虚拟财产产生影响的情形，这种影响可以表现为虚拟物品属性的更改而影响到虚拟物品的价值，也可表现为虚拟物品的丢失使得玩家的虚拟财产化为乌有等。这些都可能引发玩家和运营商之间的纠纷。

（5）因使用外挂账号被封引起的虚拟财产纠纷。使用外挂一般而言属非法行为，但运营商因玩家使用外挂而封号是否有法律依据？如果说运营商有权对使用外挂的行为予以惩罚，那么这种惩罚能否延及玩家合法获得的虚拟财产？事实上的做法是一旦玩家使用外挂，那么账号将被封，与之相连的用户的虚拟财产也等于被完全查封了，因此往往会引起有关的纠纷。还有一种情况就是运营商因判断错误而误封玩家账号，这也会引起纠纷。

四、虚拟财产的保护

目前我国法律中并没有针对网络虚拟财产的明文规定。但虚拟财产的法律保护与我国现行法律制度并不冲突。

（1）合同方式保护及其局限。上述几种有关虚拟财产的纠纷某种程度上都可以采取合同方式解决，但都有局限性。如第一种情况下运营商可以通过与玩家签订合同的方式约定彼此的权利义务，这使得一旦发生纠纷往往按照合同约定来处理，固然比较简便，但是合同中运营商的义务比较难以界定。

（2）计算机安全法保护及其局限性。对于盗窃他人游戏账号，不论是采取何种手段（如利用黑客工具），在目前民法没有明确保护虚拟财产的情况下，可以通过计算机安全法来解决。根据《计算机信息网络国际互联网安全保护管理办法》第六条第一款："未经允许进入计算机信息网络或使用计算机网络资源的"和第二十条规定由公安机关给予警告，有违法所得的，没收违法所得，对个人可以处以 5 000 元以下的罚款，构成违反治安管理行为的，依照治安管理处罚条例的规定处罚；构成犯罪的，依法追究刑事责任。

（3）知识产权保护。有人主张目前以知识产权法来保护虚拟财产，认为虚拟财产属于智力成果，因为其具备新颖性、创造性、可复制性以及需要载体，故应该把其视为知识产权中的著作权来保护，玩家通过购买或升级得到的都只是著作权的使用权，而非独占权和所有权。

本章小结

（1）电子商务相较于传统商业环境是一个虚拟的环境，电子商务带来的新的法律问题主要有十个方面。

（2）关于电子商务法的含义应当从"商务"和"电子商务所包含的通信手段"这两个子集所形成的交集，即"电子商务"标题之下可能广泛涉及的因特网、内部网和电子数据交换在贸易方面的各种用途这个角度进行考察。

（3）电子商务活动中，电子商务的参加者，如买卖双方、客户与交易中心、客户与银行、客户、交易中心、银行与认证中心都将彼此发生业务关系，从而产生相应的法律关系。

（4）中国的电子商务立法前期主要集中在电子商务边缘领域，立法规格不高，真正意义上的电子商务立法是从 2005 年才开始的。目前的电子商务立法还存在配套法规不健全的问题，我国将陆续出台后续法律法规，为电子商务顺利开展提供支持。

习题集

一、单项选择题

1. 哪项不是电子商务法的特点？（　　　）
A. 封闭性　　　　B. 程式性　　　　C. 技术性　　　　D. 复合性

2. 哪项不是电子商务法的主要任务？（　　　）
A. 为电子商务发展创造良好的法律环境　　B. 保障电子商务交易安全
C. 鼓励利用现代信息技术促进交易活动　　D. 打击犯罪保护人民

3. "电子错误指如（商家）没有提供检测并纠正或避免错误的合理方法，消费者在使用一个信息处理系统时产生的电子信息中的错误。"是哪部法律中的定义？（　　　）
A. 美国《统一计算机信息交易法》　　　B. 《中华人民共和国电子签名法》
C. 《中国互联网域名注册暂行管理办法》　D. 联合国《电子商务示范法》

4. 合同中"书面形式是指合同书．信件和数据电文（包括电报、电传、传真、电子数据交换和电子邮件）等可以有形地表现所载内容的形式。"是由哪部法律规定的？（　　　）
A. 《合同法》　　B. 《民法通则》　　C. 《电子签名法》　　D. 《拍卖法》

5. 哪年修订的《中华人民共和国著作权法》将信息网络传播权规定为著作权人的权利——信息网络传播权？（　　　）
A. 1999 年 10 月　B. 2001 年 10 月　C. 1997 年 1 月　D. 2001 年 1 月

6. 要约的撤回发生在？（　　　）
A. 要约生效之前　　　　　　　B. 要约生效之后对方承诺之前
C. 对方承诺之后　　　　　　　D. 都可以

7. 网络服务商不提供哪项服务？（　　　）
A. 分配 IP 地址　　　　　　　B. 提供网络论坛
C. 调解纠纷　　　　　　　　　D. 出租域名

8. 电子合同不具备以下哪项优点？（　　　）
A. 提高业务效率　　　　　　　B. 减少成本

C. 节省办公用纸　　　　　　　　　　　D. 不易被篡改

9. 下列哪项权利不属于隐私权？（　　　）

A. 个人生活宁静权　　　　　　　　　　B. 私人信息保密权

C. 个人通讯秘密权　　　　　　　　　　D. 继承权

10. 将"真实而实质的联系"理论适用于网络侵权案件的司法管辖中的国家是？（　　　）

A. 加拿大　　　　　B. 美国　　　　　C. 英国　　　　　D. 德国

二、多项选择题

1. 电子签名同时符合下列哪几项条件的，视为可靠的电子签名？（　　　）

A. 电子签名制作数据用于电子签名时，属于电子签名人专有

B. 签署时电子签名制作数据仅由电子签名人控制

C. 签署后对电子签名的任何改动能够被发现

D. 签署后对数据电文内容和形式的任何改动能够被发现

2. 美国对数据库特殊权利的限制主要表现为哪几个方面？（　　　）

A. 为说明、解释、举例、评论、批评、教学、研究或分析的目的，传播或摘录数据库的合理行为

B. 为了教育、科学或研究等非商业性目的，传播和摘录数据库内容的行为

C. 传播或摘录数据库中的单个信息或数据库内容的非实质性部分的行为，但恶意的重复或系统性的行为不在此限

D. 仅仅为了验证信息的准确性而传播和摘录的行为

3. 在网络空间中，侵害个人隐私的行为包括哪几种类型？（　　　）

A. 非法收集、利用个人数据　　　　　　B. 非法干涉、监视私人活动

C. 非法侵入、窥探个人领域　　　　　　D. 擅自泄露他人隐私

4. 通常认为网络隐私权大致哪几方面内容？（　　　）

A. 知情权　　　　　　　　　　　　　　B. 选择权

C. 合理的访问权限　　　　　　　　　　D. 足够的安全性

5. 虚拟财产具有哪几个特点？（　　　）

A. 虚拟性　　　　B. 价值性　　　　C. 合法性　　　　D. 期限性

6. 知识产权可分为以下哪几类（　　　）

A. 著作权　　　　B. 专利权　　　　C. 商标权　　　　D. 私有权

三、判断题

1. 域名指网络设备和主机在互联网中的字符型地址标识。　　　　　　（　　　）

2. 所有的数据库都可以用著作权法进行保护。　　　　　　　　　　（　　　）

3. 虚拟财产的出现说明法律承认虚拟的东西。　　　　　　　　　　（　　　）

4. 域名抢注是以从商标合法持有者处牟取利益为目的。　　　　　　（　　　）

5. 盗用是以将合法网站的用户吸引到非法网站为主要目的。　　　　（　　　）

6. 我国《民法通则》对隐私权的规定相当完备。　　　　　　　　　（　　　）

7. 2001 年 12 月，联合国第 56 届会议第 85 次全体会议通过了《电子商务法》。　（　　　）

8. 《欧盟电子商务指令》明确了电子签名的法律效力. 认证机构的法律责任以及市场准入的条件。　　　　　　　　　　　　　　　　　　　　　　　　　（　　　）

9. 我国已制定出完善的《电子商务税收法》。　　　　　　　　　　（　　　）

10. 现实拍卖成交后，拍卖人必须和买受人签订成交确认书。　　　　　　（　　）

四、名词解释

1. 电子商务法

2. 隐私权

3. 虚拟财产

4. 知识产权

5. 域名抢注

五、简述题

1. 简述电子商务引发的法律问题。

2. 简述电子商务交易中存在的法律问题。

第十二章　电子商务发展动态

学习目标：

(1) 掌握O2O电子商务模式的概念。
(2) 了解O2O电子商务模式的特点。
(3) 掌握跨境电子商务模式的概念。
(4) 了解跨境电子商务使用的平台类型。
(5) 了解农村电子商务的概念。
(7) 了解农村电子商务常见的平台类型。

开篇案例：饿了么的O2O餐饮

近年来，餐饮业O2O模式发展迅速。根据Analysys易观今日发布的《中国互联网餐饮外卖市场报告》中显示，"饿了么"平台上的月活跃用户数量持续走高，2018年9月的月活跃用户已经突破6500万人，超过第二名2000万之多，伴随着"饿了么"与阿里巴巴的融合，带动了大批新零售商户加入，整体外卖市场规模同比增长119%。"饿了么"作为餐饮业O2O模式典型案例，凭借其良好的企业文化、完善的服务体系、雄厚的资金力量，其成功之道值得我们研究和借鉴。

一、价值理念

"饿了么"公司成立于2009年4月，公司秉承"极致、创新、务实"的信仰，力求打破传统外卖行业"高成本、低效率"的常规，为客户提供"卫生、及时、优惠"的食物，创立新的行业发展模式，如今"饿了么"希望以创新科技打造全球领先的本地生活平台。

二、与客户、商户的关系

（一）客户层面

"饿了么"为客户创造的价值是其他一切价值创造的基础，因此，其终端消费者是最重要的目标客户。

1. 及时调整营销策略适应市场需要

"饿了么"初期尽量压低价格、增加销量，率先占领市场；中期通过各种优惠活动，吸引对新事物存在强烈好奇心的大学生群体——首开"红包"、"满减"等营销策略的先河，依靠"首单立减"政策赢得大量市场份额，打下市场根基。

2. 在客户心中树立良好品牌形象

"饿了么"面向客户的O2O交易平台为其提供多样化的外卖商家信息及快捷便利的订餐服务，同时整合闲散的社会化物流运力，满足客户在物流配送方面的要求。"饿了么"自主研发的"蜂鸟"配送系统可以自动定位每份餐品的位置，使客户实现对订单的实时追踪，让客户在对自己餐品配送的监督环节中提升对公司的信任感。另外，"饿了么"借助其自身平台建立与客户的沟通渠道，及时掌握客户需求变化，增加客户对公司的好感度和依赖度。

3. 加大监管保障客户利益

由于"饿了么"初期运营管理体制不完善，产生了一系列问题——无法对平台上众多外卖商家进行全盘检查，由此无法保证餐厅及餐品质量，导致客户投诉现象日益增多。为最大限度保障客户利益，"饿了么"优化开店申请的流程，客服、市场、运营三大部门联动审核，以防无证商户加盟；大型客服团队24小时待命，负责处理客户的食品安全投诉。后期"饿了么"吸取实际运营中得到的经验教训，对商户及其产品和服务加强监管，以维护客户合法权益。

4. 开放客户评价系统

为了维护与客户的良好关系，"饿了么"在其平台内开放了对于各餐厅的评价系统，消费者可以就食物质量、送餐速度、服务质量等进行一系列评价。而这些评价帮助"饿了么"更及时的发现自身不足，保证消费者获得良好的消费体验。

(二) 商户层面

商户的加入是O2O闭环形成的关键——"饿了么"整合线下商家信息到线上，客户从线上获取信息，再以订单的形式反馈回来，形成完整的信息闭环。巨大且稳定的入驻商户数量是其吸引客户的关键，也是其重要的利润来源。

1. 对商户经营给予平台支持

Napos是"饿了么"专为商户后台管理自主研发的操作系统，通过这套系统，商户可以实现订单的自动打印、网上收银及配送方式的选择，满足商户从营销到管理的需求。同时，不同于"美团"等网站的佣金模式，"饿了么"采用收取固定入驻费和竞价排名费相结合的模式，这种模式将双方利益捆绑在一起，实现双方的互利共赢。

2. 补贴弥补商户损失

"饿了么"通过网络平台对商户进行定期补助，使商户愿意压低价格、吸引客户。为保证商户利益，所有的"红包"金额由平台补贴给商户，最大限度的弥补商户损失。

三、竞争战略

(一) 建立并完善服务系统

"饿了么"的服务系统包括操作系统、管理系统及数据处理系统。

操作系统："饿了么"建立的网站平台系统和移动端APP应用系统，方便客户在线搜索想要的美食服务；建立的在线支付系统，为客户的线上消费提供便利。"饿了么"定期进行系统更新，使操作界面更简洁清新，赢得客户好评。

管理系统："饿了么"建立了业务后台系统、餐厅管理系统和统一系统服务集成接口，为企业管理提供技术支持。此外，"饿了么"还自主研发了餐饮软件系统。数据处理系统："饿了么"建立了统一的系统数据库平台，有助于系统数据的收集、存储和利用，从而适时做出正确决策。

(二) 通过高关注度媒体进行宣传

"饿了么"的线下宣传活动结合目标客户群的喜好及兴趣点，通过赞助收视率较高的节目展开。"饿了么"冠名《奔跑吧，兄弟》，启用其中成员王祖蓝作为其代言人，诙谐幽默的风格，加上贴近生活的广告语，引起目标客户群情感共鸣。"饿了么"的线上宣传活动结合目标客户群的关注点，通过自媒体进行推广。在微博发布就业招聘、美食、旅游等年轻人关注度较高的话题，贴近客户生活的同时也提升了品牌力量。

（三）加大融资力度

来自金沙江创投、经纬中国、红杉资本（中国）的投资，为之后的融资活动打下基础。来自大众点评的投资，使"饿了么"拥有足够的资金和资源进一步扩大了公司业务范围，建立属于自己的物流体系。来自腾讯、京东等的投资，使"饿了么"在支付技术、支付体验、支付场景方面获得更多的技术支持，物流技术面也得以提高。来自阿里巴巴的投资，进一步提升了"饿了么"的公司实力以及知名度，并且使其获得了更多的客户资源。

四、合作战略

（一）增加客户流量——大众点评

"饿了么"与"大众点评"达成深度合作，双方共享外卖领域的商户信息和平台流量。在中小型餐厅O2O外卖市场，"饿了么"占据绝对优势，但希望之后拥有更多中高端餐厅的外卖业务，以发展高消费客户群。依托"大众点评"的平台优势，"饿了么"可以更快实现运营目标。通过合作，"饿了么"壮大自身实力，增加了客户流量。

（二）拓展电子商务领域——阿里巴巴、蚂蚁金服

作为中国电商界的龙头和微金融服务业的领军者，阿里巴巴与蚂蚁金服拥有庞大的平台流量及金融服务优势。双方通过合作拓宽业务范围，增强在电子商务领域的优势——阿里巴巴旗下的"口碑"平台为"饿了么"提供运营支撑，"饿了么"为阿里客户提供更多的消费场景及服务体验。双方的合作可以不断拓展电子商务的外延，使亿万客户从中获益。

（三）提高配送效率——提高配送效率

"饿了么"与"滴滴出行"加强在物流配送方面的合作。随着"滴滴出行"的加入，搭建"2+4"同城配送网络，能够有效地扩展配送范围；其次，"饿了么"自主打造的食材供应链平台——"有菜"的配送也有望实现半日达。

（四）强化信息处理——合合信息

"饿了么"与"上海合合信息技术有限公司"达成战略合作。"饿了么"将采用"合合信息"提供的光学字符识别技术（简称OCR技术）。OCR技术能迅速完成数据交换和整合，节省人力。在检验入驻商户资质方面，OCR技术能大大提高审核效率。

（五）进入白领市场——钉钉

为迅速打通白领市场进入通道，"饿了么"与"钉钉"达成战略合作。"钉钉"作为全球企业智能移动办公平台，服务对象主要是白领阶层。与"钉钉"的合作有利于"饿了么"拓展白领客户群。

来源：田亚萍，朱天雨．O2O餐饮业成功案例分析——以"饿了么"为例［J］．现代商业，2017（32）：39-40．

第一节　O2O 电子商务模式的发展动态

O2O 电子商务模式是在传统商务模式的基础上为了整合线下资源而发展起来的。O2O 既可以翻译为 Online To Offline，也可以翻译为 Offline To Online，其本质是线上资源和线下资源的一种对接。O2O 电子商务模式作为电子商务的一种，其也充分利用了电子信息网络在信息传递过程中的广泛性和快捷性，这与其他电子商务不同之处在于它的线下消费和线下体验的特征。即电子商务活动通常包括信息流、资金流、物流和消费流，对于信息流和资金流来说，O2O 模式和其他模式相一致，都是发生在线上的，对于物流和消费流，其他模式是通过快递的方式传输给消费者，而 O2O 模式则是直接去实体店去消费，即物流和消费流发生在线下，这样一种线上线下相结合的方式就可以将传统商务活动和电子商务活动有机结合起来。

随着电子商务模式已经融入生活的各个方面，最近几年中国的 O2O 电子商务也发展迅猛。因为 O2O 电子商务模式的重要环节是消费者到线下实体店进行消费，所以大多数本地消费者更适合这种模式的消费，因为可以排除地理位置上的不便。目前，比较受消费者青睐的主要是一些餐饮食品、酒店、旅游景点、娱乐消费、美妆等。

O2O 作为一种新的电子商务模式，和传统模式相比较具有一些特点。

首先，O2O 模式带动了线下传统企业的发展，可以说与传统企业的关系由竞争变为合作。在电子商务的传统模式中，消费者可以通过网上筛选出更加质优价廉的商品，零售商也可以节约店面租金费用，那么对传统实体经营就造成了冲击，可以说传统电子商务模式对传统企业是一种替代的作用。但是在 O2O 模式下，线上筛选、线上支付，而真正的消费却发生在线下的实体经营店，那么在此模式下，线上信息资源传递的快速性就极大地促进了线下经营规模的扩大，这样两者就体现出合作和互补的关系。

其次，O2O 模式作为体验营销的一种，更加符合当前消费者的消费状态和消费心理。随着中国经济发展水平的提高，居民的消费状态也发生了改变，从注重价格向注重质量改变，从注重品牌向注重个性改变，那么在新的消费心理状态下，直接的网上购物缺乏亲身体验感就不能满足大众心理需求，而在 O2O 模式下，消费者仍可以在网上进行信息筛选和支付，并通过线下的实际体验来感受商品或服务的质量，更加符合当前的消费潮流，也容易帮助消费规模的扩大。

最后，O2O 模式将线上支付和线下体验结合起来，可以形成互补型的消费链条。线上的筛选可以为线下的企业在更大的空间范围内传递其商品或服务的信息提供帮助，同时线上支付也可以为线下企业准确的预测销量提供依据，从而降低库存成本，而且线上的客户信息资料也为线下企业挖掘消费者的消费特点提供依据；此外，线下的消费可以为线上的信息传递提供参考和依据，比如说通过线下消费了解消费者最注重的要素，可以为线下信息传递的要素提供方向；这样线上、线下有机融合将形成一个封闭的消费链条。

一、我国 O2O 电子商务模式发展现状

我国最早的 O2O 电子商务模式是携程网的运营模式，其主要是将信息流聚集在一个平台上，传递给消费者，并没有涉及线上资金流和服务流的传递。随着团购网站的出现，如百度团购、美团等的出现，实现了资金流和信息流的线上传递，商业流和服务流的线下传递，这

在一定程度上提高了消费者与商家的黏度，实现了O2O模式的一种的创新。但是团购只是O2O的一种极小范围的应用，O2O电子商务模式的发展在中国市场还是非常有潜力的。同时无论是日常出行，还是日常的吃穿，目前的O2O电子商务模式已经深入到我们目前生活的方方面面，越来越多的客户端被开发出来，如饿了么、美团外卖等。与此同时，O2O的企业也在不断地开发新的领域，抢占潜在市场，越来越多的投资资金进入了O2O信息平台的投资，O2O将进入新一轮的发展。

O2O电子商务模式最大的特点是在线上支付，到线下实体店消费，这样不仅帮消费者搜罗了很多有用的信息，而且也帮助商家找到自身的优质客户，并在一定程度上促成了交易的达成，节约了双方的交易成本。与此同时，线下交易也让消费者能在了解商家情况下再做是否消费的决定，这也减少了信息不对称情况的发生，而且对于消费的结果，消费者可以通过平台反映与提出建议。O2O电子商务模式的另一个特点是商家每进行一笔交易，都能够在第一时间得到记录，能够清楚地显示店里的经营情况以及平台推广后所取得效果，也减少了商家的广告宣传成本，这是传统电子商务模式所不能达到的。除了O2O的基本特点之外，在我国，O2O电子商务模式起步晚，发展快，模式应用的领域多样化，但是对于同领域的平台建设趋于一致，缺乏创新，如美团与百度糯米，携程网与去哪网都存在着很大的相似度。除此之外，这些O2O企业之间的竞争非常激烈，如团购网站出现"千团大战"的现象。

二、我国O2O电子商务模式发展存在的问题

（一）经营模式过于单一

O2O电子商务经营模式过于单一，大部分的O2O经营者提供的都是表面的、低层次的服务，并没有针对不同的地方、不同消费者提供不同的服务，缺乏灵活性，这就在一定程度上会丧失黏性高的使用者。很多相同领域的经营模式是极度相似的，并没有根据自身特点创新模式，提高自身的相对优势，这就造成了规模大的O2O经营者越做越大，使用的客户越来越多，而规模小的经营者面临着以更大的让利来吸引使用者，并不能依靠真实能力做大做强，这在一定程度上造成了"利"减少了，就有很多使用者流失，就跟平时我们下载或关注一些微信公众号一样，这样并不能给这个行业带来新生机。与此同时，商务模式过于单一，也在一定程度上造成了恶性竞争，很多网站之间可能为了争夺客户资源而采取一些违法违规的行为。众所周知，一个行业能不能得到进一步的发展，关键在于这个行业是否能够打破常规，实现创新。除此之外，线下的很多传统服务企业并没有适应这个潮流，很多企业的经营模式并不能跟上O2O模式的步伐，这造成线上线下很难贯通，也就在一定程度上阻碍了模式创新的步伐。

（二）诚信问题严重

目前，O2O商务模式发展非常迅猛，但很多体制并不健全，对于有些比较小的O2O商户网站，其注册门槛比较低。这些商户网站为了吸引更多的消费者，会提供一些优惠措施，但是这些优惠可能并不是真实的，比如微信平台的集赞活动，先让消费者扫描二维码，关注公众号，提供一些集赞免费送的活动，但是集完赞并没有这个优惠，或者需要某种途径才能实现这个优惠，这就在消费者留下了集赞不可信的心理，以至于后期商家的微信平台集赞活动无法推广。除此之外，像团购模式的O2O也有很多诚信方面的问题，比如说团购的产品与网站上宣传的并不一致，很多商家卷钱走人，隐形消费等，这些行为不仅造成消费者对这个商

户网站缺乏信心，而且也直接影响了一些优质商家的客户流，进而影响到了该商户网站的"流量"。很多商家并没有意识到诚信问题的重要性，只是想着怎么谋取利益，而互联网为其提供了便利，虽然用户评价能够相对减少这种情况的发生，但是所谓"上有政策，下有对策"，很多商家利用"好评返现、好评赠优惠券"的活动来影响消费者的评价，严重违背诚信经营的原则。除此之外，还有更为严重的情形，目前很多钓鱼网站采用"预付款"的运营模式，利用消费者贪小便宜的特点，以极低的价格来吸引消费者，再收到付款后关闭网站。

目前，O2O电子商务模式应用领域已经涉及我们生活的很多方面，这些诚信问题是非常普遍的，一部分原因是政府对这一部分的监管没有到位，但很大部分的原因还是O2O商务平台与线下的服务商家的信用缺失造成的。同时，这种情况也有一部分是因为O2O电子商务模式特点所引起的。互联网企业不仅要有很多商家资源以达到吸引客户的需要，但同时其还要在大数据、大流量的情况下筛选出相对比较优质的商家，这就使互联网企业对于线下商家的失信行为与商家规模处于无力状态，进而造成了部分失信情况的发生。

（三）O2O企业内部体制不健全

从管理学上讲，一个企业的治理结构与内部体制直接关系着企业的经营成败。随着O2O电子商务模式的推进，几乎全国上下的企业都在不同程度上引用这个模式，与此同时很多商户平台也不断地建立。但是正是由于这种一拥而上的情况，使很多企业在没有做好准备的情况下直接接受了这种模式，这就造成了传统服务企业的运营与这种新式模式没有达到一个很好的融合，很多员工的招聘都是很草率的。从过去的一年可以看到，很多O2O网站如美团网、携程、艺龙网都在不停地扩招员工，但对于这个独特的模式，其人员的招聘与任用并没有形成一个有针对性的流程，员工的入职、离职的频率非常之高，这在一定程度上影响了企业的向心力与凝聚力，进而影响到整个企业的服务水平与运营状况。除此之外，这种快速地进入与引用，企业的很多体制都跟不上，比如人才的管理体制、运营流程、企业独有的文化等，这些都是公司良好运营的重要因素。但在这个过于迅速发展的O2O商业模式中并没有被好好地看待。我们都知道，一个不健全的企业内部体制肯定会阻碍企业发展的进程，会影响企业今后的发展，并且这种情况对消费者也是很不利的，消费者很有可能享受不到预期的消费结果，这也一定程度上扼制了该企业与该模式的发展。

（四）服务链过长责任不明确

"线上支付，线下体验"这种商务模式中，电子商务相当于是产品销售与展示的平台。整个消费过程需要该平台与其合作方即商家共同完成，与之前的电子商务模式相比，O2O的商务模式在一定程度上延长了电子商务的服务范围。也就是说对于消费者的消费体验与结果，该平台也是需要负一定的责任，但是对于如何明确分配平台与商家的责任，目前并没有一个很好的解决方案。有的消费者在线下消费中出现相关问题，并不能明确知道该如何解决，找商家解决，商家会以我并没有收钱来推卸相关责任，而平台又会以钱最终归还商家的借口作为说辞，同时在网站平台上并没有这一方面的服务，而消费者也并不会因为几十块或几百块钱闹到法院。这种责任不明确是非常致命的，作为消费者，我们都希望每一份消费是有保障的，就好像我们去实体店直接消费，我们会在知道消费或服务结果的情况下付款，但是在O2O模式下，除了一些有体验店的商家之外，消费者是在不了解真正情况下来消费的，再加上责任不明确，这就造成了很多消费者宁愿在实体店进行直接消费的情形，这对O2O企业与商家都是相当不利的。

（五）定位不清晰缺乏良好的商业环境

目前，O2O电子商务模式的定位都是非常不清晰的，任何行业都可以采用这种模式进行运用与扩张，任何只要符合一些基本条件的网站平台即可上线，没有一个规范商业体制来约束，也没有一个整体的、规范的制度来保证商业秩序。我们都知道"无规矩不成方圆"，但制定规矩的前提是应该找出其规矩规范的对象，而对于O2O电子商务，并没有一个清晰的定位，这就说明我们并不能给其制订一些相关的规范。换句话说，即使想进行一些该模式的商业规章或条文的制订，也无从下手。但是没有一个很好的商业环境，O2O企业的竞争会非常激烈，秩序会被扰乱，甚至有的竞争行为会触犯相关法律，对于一些小的O2O平台是非常难存活的，就更别提给该市场注入新鲜血液了。除此之外，没有一个很好的市场制度，消费者的很多利益也是很难保障的，同时平台之间的产权问题也是相当严重，这在一定程度上影响了市场秩序，进而影响O2O商业模式的进一步发展。

三、我国O2O电子商务模式发展趋势

（一）从单纯的信息中介转向交易化平台

O2O电子商务早期只希望做一个单纯的网络信息平台，但是网络信息平台回笼资金的周期过长，前期投入过大，并且刚开始信息平台的商业模式比较不清晰，这就促使网络信息平台并不能单纯地靠信息中介来获取利润。学过经济学的我们都清楚，想获取企业的资金流与利润，最主要的办法是达成交易，无论是二手交易、中介交易还是直接交易，都能满足利润的达成与实现。所以说交易化平台将是O2O电子商务发展的一种必然趋势，也是O2O企业资金回笼的一种有效方式。同时随着大众点评、携程网等这些电子商务的发展，不断地向交易化平台发展，从这里也能看出交易化平台是未来发展的重要趋势。

（二）无界化、社交化，跨界融合

目前，随着O2O电子商务模式的发展，很多低模式化与高渗透的行业在这个大环境下其优势已经不再那么明显了，其盈利空间不断地缩小。未来的发展趋势逐步地转向了一些底层消费，比如人们生活中的衣食住行。同时随着互联网金融及物流渠道的发展，O2O电子商务模式无法突破时间空间限制的现象将会减少。与此同时，为了提高商家与消费者的黏度，越来越多商户网站将会向本土化、社交化发展，将会根据地方居民的住行、饮食等特色不断改进平台建设与维护。同时也会根据民风习俗等推出相关的活动，提高服务质量，增进商家与消费者的关系。除了改进自身服务质量与方案的同时，商家应该采取相关措施来解决其跨界消费难的问题：对于空间上，连锁的店家是否能够对不同区域的订单信息给予实现消费；在时间上，能不能打破节假日不可用与到期日的限制，这种跨地域、跨空间的融合将会是O2O电子商务进一步发展的关键。

（三）更加关注中小商户的利益

从未来的发展情况上来看，O2O电子商务将会更加关注中小商户的利益，目前很多中小商户的发展并不乐观，其不仅要以低价吸引更多的消费者，还要及时地把钱交到商户平台，这样就造成了中小商户发展的压力很大。但是根据O2O的商业模式及服务对象，我们知道，中小商户是O2O电子商务发展的主要客户来源，为了提高平台的商家数量，其还是会进一步关注中小商户的利益，放宽中小商户的入驻条件，这样才能促成O2O电子商务的长期发展。

（四）O2O 商业模式的线下线上将更加融合

目前，很多企业已经意识到电商不只是一种销售商品的工具，它不仅能够给企业带来消费者，更能帮助企业实现资金的流入。如果与电商配合得不够好，就会造成与消费者的脱节，在过去一年，有一部分企业的高层并没有融入互联网商务思维，并没有将自身的产品宣传与渠道设计同互联网相结合，这就造成部分企业的盈利并不乐观。同时在 O2O 这种特殊的商务模式下，越来越多的商家将自己的线下服务行为与线上的宣传有力地结合起来，满足消费者对于该产品或服务的预期，实现更多更长期的盈利，所以未来的 O2O 模式将会达到线上线下完全融合的局面。

（五）更加注重消费者的体验

线下消费者的体验以及回馈是 O2O 模式能否持续下去的关键，消费者的数量也就决定了实体商户的是否能够生存下去。只注重线上的宣传，忽略了与客户的真实交流，就无法及时获得客户的需求，如果市场需求有所变动，线下商店就失去了吸引力，在市场中失去了竞争力。要想可持续经营，就要有效地结合线上和线下，实时地拓展或改善线上或线下业务，以满足客户需求，同时也顺应时代潮流。

（六）移动互联网为 O2O 的发展锦上添花

移动客户终端有身份识别功能、地理位置锁定功能、移动支付功能，这些作用都为 O2O 的发展提供了有力的支撑。我国智能手机用户在不断增加，移动网络也在日趋成熟，4G 产业开始进入快速增长的规模化发展阶段，电信运营商无线流量资费的不断下降，中国手机互联网网民规模得到了快速增长。这都将成为其潜在客户，移动互联网使网上交易变得更加简单和便利，用户只要拿着手机，浏览、选择、下单、支付、店内体验就都能完成。

（七）未来 O2O 的发展依赖大数据

传统的数据收集和数据挖掘已经不能满足商家了解其客户的需求了。随着社会化媒体的发展，企业应该从细节着手，收集与用户相关的所有信息，深入了解用户的生活习惯和消费习惯。

第二节　跨境电子商务模式的发展动态

跨境电子商务是指分属不同关境的交易主体，通过电子商务平台达成交易、进行支付结算，并通过跨境物流送达商品、完成交易的一种国际商业活动。这种外贸模式正在颠覆传统的进出口模式，将成为未来我国对外贸易新的增长点。

中国是世界上重要的产品出口大国，在整体出口总量相较稳定的情况下，出口跨境电商逐步取代一般贸易，成长性良好。近年来，受政策扶持、行业发展环境的逐步完善。据前瞻产业研究院发布的《中国跨境电商产业园发展模式与产业整体规划研究报告》统计数据显示，2012 年中国出口跨境电商交易规模已达 1.9 万亿元，2015 年中国出口跨境电商交易规模达到 4.5 万亿元，到了 2017 年中国出口跨境电商交易规模增长至 6.3 万亿元，同比增长14.5%。截止至 2018 年中国出口跨境电商交易规模增长至 7.1 万亿元，同比增长 12.7%。

据相关机构发布的《2019 中国跨境电商金融服务生态研究报告》显示，2018 年中国跨境电商零售出口规模达 1.26 万亿元，占外贸出口比重上升至 7.7%。在跨境出口电商服务需求细分和服务要求升级的推动下，规模达千亿级的跨境电商服务市场中的资本、政策、产业都受到空前的关注。

2014-2018年中国跨境电商零售出口规模统计及增长情况

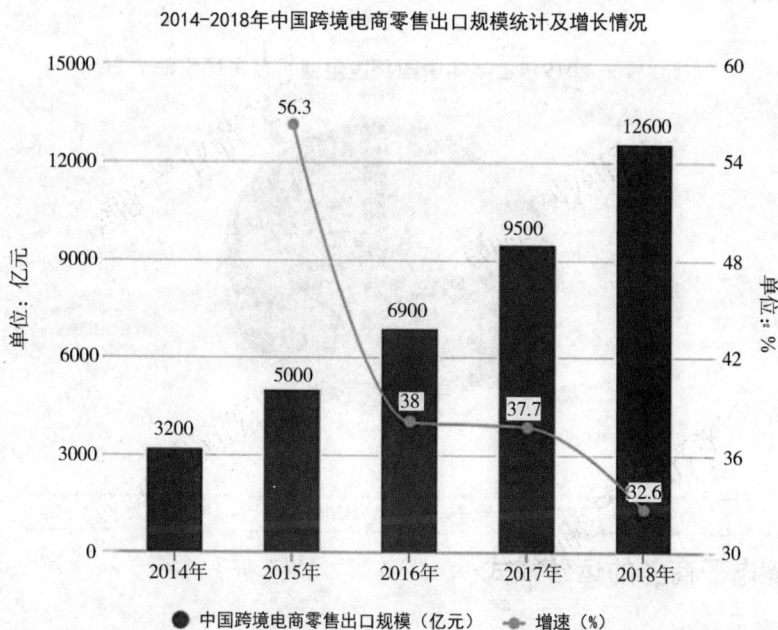

从消费者偏好来看，食品、美妆个护、服装鞋帽、箱包等是 2018 年我国跨境电商网购用户最常购买商品，其分别占比 55%、49%、48.3%；其次是家居百货类、母婴用品、3C 数码、生活家电、保健品、运动户外用品等领域，其分别占比 35.6%、34.6%、34.1%、32.9%、32%。

2018年中国跨境网购用户经常购买的品类

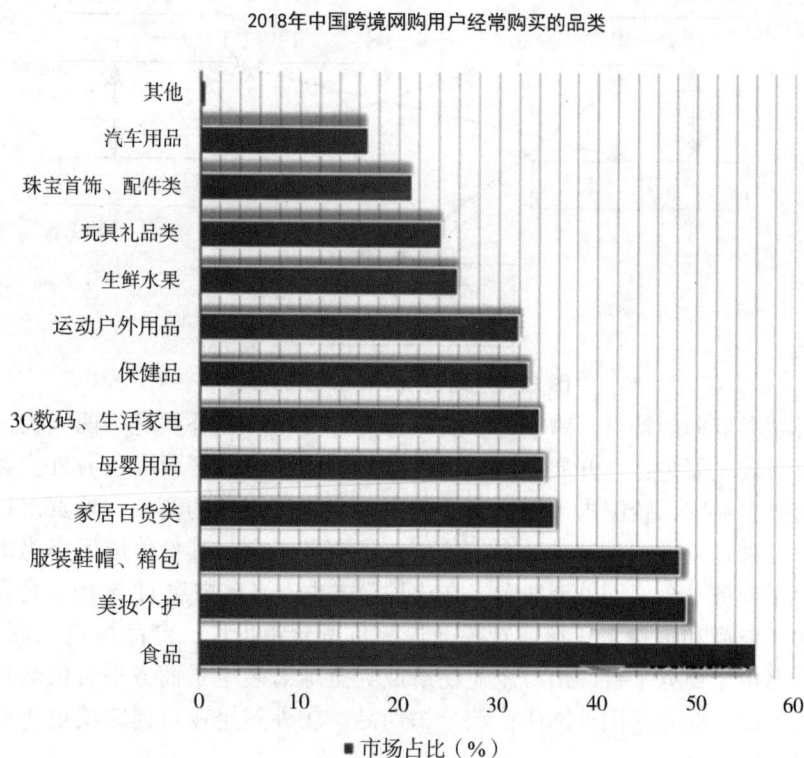

市场格局方面，网易考拉占据着我国跨境电商行业的主要市场。以 2019 年上半年数据来看，网易考拉占据 27.7% 的市场份额，其次是天猫国际、海囤全球，其市场份额分别为 25.1% 、13.3% 。

2019年上半年中国跨境电商平台市场份额分布

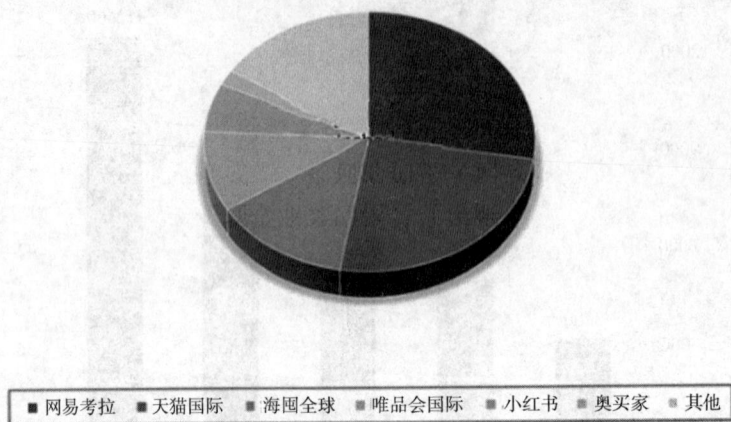

■ 网易考拉　■ 天猫国际　■ 海囤全球　■ 唯品会国际　■ 小红书　■ 奥买家　■ 其他

一、跨境电子商务的运营模式

总体来看，跨境电子商务的运营方式可用图 12-1 表示。

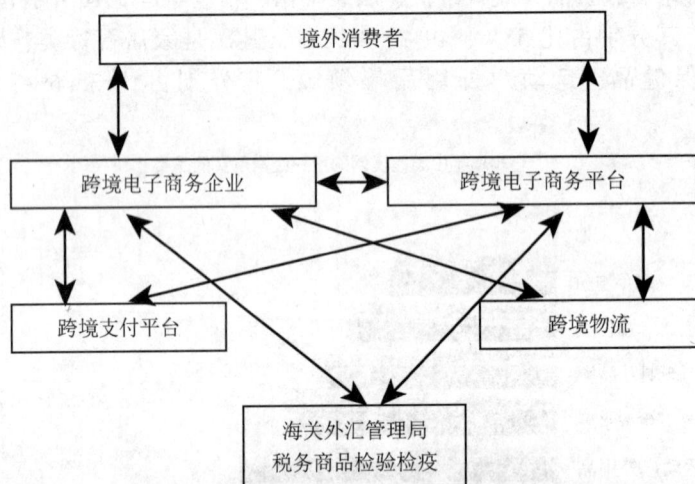

图 12-1　跨境电子商务运营方式

根据国际贸易双向的特点，跨境电子商务分为外贸出口和外贸进口两大类。进口的跨境电子商务运营方式主要是建立开展外贸进口的海外网购平台。平台吸引海外卖家入驻，向本国境内进口海外大品牌、较国内市场价格低或国内市场买不到的商品。外贸出口的跨境电子商务分为如下几种运营方式：①借助本土外贸电子商务平台。其价值链形态为出口商品的供应商—跨境电子商务平台—境外消费者。在这种模式中，平台搭建 IT 架构，将自己打造成运营中心，聚集供应商和消费者，形成规模效应，负责营销推广，产品由供应商上传和供货。②借助国外知名电子商务平台。出口企业注册成为全球著名电子商务平台的会员，直接向海外消费者推广产品。③寻求国外网店代购分销商品。④外贸企业自建跨境电子商务系统直接面向海外市场。

二、跨境电子商务的优势

跨境电子商务的崛起将改变外贸产业链的布局，对传统外贸造成严峻挑战。

第一，跨境电子商务具有去中间商的作用，越过一些国外渠道直接面对当地消费者，使传统外贸模式中利润多被国外渠道攫取的状况大大改观。据估算，跨境电子商务国内企业的外贸净利润率可以从传统的 5% 提高到 50%。

第二，跨境电子商务可以不受地理空间的制约，受贸易保护的影响也较小，外贸企业可以减少海外分支机构的设立，大大降低了企业进行海外市场扩张的成本，使企业的海外市场规模较之过去可进一步扩大，小企业也有机会开展国际贸易。

第三，可以减免出国谈判磋商的频次，大幅降低成交的代价。以网络营销取代传统的境外营销手段，不仅节约营销成本，而且借助网络营销的丰富手段和精准定位可以取得更好的营销效果。此外，网络营销还可以绕过当地政府对传统广告营销规定的相关流程，简化营销活动的手续。

第四，可以直接获得境外市场信息和用户反馈，优化海外客户关系管理，进行个性化定制，提高对境外市场反应的灵敏度。

三、我国跨境电子商务常用平台

由于国内电子商务行业整体发展态势良好，跨境电子商务贸易平台也成为国内外风险投资商的投资热点。从 2008 年开始，兰亭集势、金银岛、大龙网、阿里巴巴、敦煌网、环球市场等跨境电子商务平台相继获得国内外投资机构的青睐，共获得近 40 亿美元的投资。2013 年 6 月 6 日，兰亭集势在美国纽约证券交易所正式挂牌上市，成为国内跨境电子商务平台国外上市的第一股，融资金额约 7 885 万美元。

在我国跨境电子商务贸易向好的前景下，除了国内已有外贸电子商务平台外，国家发改委和海关总署确立的国家跨境贸易电子商务服务试点的 7 个城市——宁波、上海、重庆、杭州、郑州、苏州和深圳前海，也都纷纷结合地区优势和自身特色，建立了各自的跨境电子商务平台，中国（上海）自由贸易试验区建立国内首个"官方"跨境电子商务平台——跨境通，主要经营国内消费者的海淘业务；杭州下城区打造了全国首个跨境电子商务产业园，将传统出口商品海关的"集中申报"变为"分送集报"，缩短了出口商品海关申报的时间，大大提高了效率；重庆结合自身拥有的四家大型跨境商家对客户（B2C）电子商务平台的优势，成为全国唯一的跨境电子商务全业务试点城市，可以从事"一般进口""保税进口""一般出口"和"保税出口"四种业务；宁波的跨境贸易电子商务平台——跨境购搭建了与海关、商检等部门对接的跨境贸易电子商务服务信息系统，解决了进出口电子商务企业通关时间长、物流成本高、利润空间低等难题，该平台推出的"全球商品导购"，能够查询到现阶段宁波纳入试点的 11 家跨境电子商务贸易进口业务企业所经营的全部商品，消费者对某一商品感兴趣，可以直接点击进入该商家的网店下单采购，实现了对海淘商品的一网打尽；郑州航空港经济实验区依托河南保税物流中心的特殊物流功能，建立了跨境电子商务零售平台"万国优品"，通过在美、英、荷兰等国设立境外仓，在国内设立保税仓，通过国际物流进行仓对仓的国际运输，订单产品经海关查验后派送至消费者手中。

除了已有跨境电子商务平台和随着跨境电子商务贸易试点成立的电子商务平台外，传统电子商务大鳄也加入了跨境电子商务贸易的行列，京东商城、天猫国际、苏宁易购、凡客诚品、聚美优品等国内知名电子商务平台都纷纷开展了国际业务，未来跨境电子商务平台之间的竞争也会愈加激烈。

按照跨境电子商务企业在跨境交易环节中所处的地位和作用，目前我国较为清晰的跨境电子商务贸易平台模式主要有四种：传统跨境大宗交易平台（大宗 B2B），综合门户类跨境小额批发零售平台（小宗 B2B 或 C2C），垂直类跨境小额批发零售平台（独立 B2C）和专业第三方服务平台（代运营）。

（一）传统跨境大宗交易平台（大宗 B2B）

传统跨境大宗交易平台是指服务于中国进出口贸易的在线规模以上 B2B 电子商务交易平台，主要为境内外会员企业提供网络营销平台，传递供应商或采购商的商品和服务信息，并帮助双方完成交易。供应商即卖家在交易过程中生产和出售商品或服务，通过 B2B 平台获得相关采购商即买家信息，并将其供应信息传递给采购商，采购商根据自身的采购需求，通过 B2B 平台获取相关供应商信息，并将其需求信息传递给供应商，买卖双方之间的信息提供和传递借助 B2B 平台完成，B2B 交易平台通过收取会员费和营销推广费用盈利，国内典型的大宗 B2B 平台包括阿里巴巴国际站、环球资源网、中国制造网等。

（二）综合门户类跨境小额批发

零售平台（小宗 B2B 或 C2C）综合门户类跨境小额批发零售平台是指中国企业卖家或个体卖家通过第三方电子商务平台，直接与海外小型买家（包括企业买家和个体买家）进行在线交易，实际上就是由处于不同国家和地区的交易双方通过交易平台实现的不需报关、不缴纳关税的交易，交易平台本身不参与物流、资金支付等交易环节，即传统小额跨境贸易的新型电子化方式。交易平台主要依靠买家支付的交易佣金盈利，有些平台还会收取会员费、广告费等增值服务费用，国内典型代表平台有敦煌网、阿里巴巴的速卖通、易贝（eBay）等。

（三）垂直类跨境小额批发零售平台（独立 B2C）

垂直类跨境小额批发零售平台是指平台自己联系国内外贸企业作为供应商，买断货源，在自建 B2C 平台上将商品销往境外，B2C 平台提供物流、支付以及客服等服务，一端连接国内的制造工厂，另一端连接境外消费者，通过赚取商品进销差价盈利，国内典型代表平台有兰亭集势、帝科思、环球易购、米兰网等。

（四）专业第三方服务平台（代运营）

专业第三方服务平台不直接或间接参与跨境电子商务的交易过程，仅仅为那些从事小额跨境电子商务贸易的公司提供通用的解决方案，为其提供后台支付、物流、客服、法律咨询等服务，帮助这些企业发展跨境电子商务销售业务，这类平台主要依靠收取服务费盈利，国内典型代表企业有四海商舟、递四方科技、法思特信息、特易资讯等。

四、跨境电子商务面临的主要问题

（一）物流问题

跨境电子商务的交易具有小批量、多批次、订单分散、采购周期短、货运路程长等特点，对物流提出了更高的要求。目前，中国跨境电子商务中采用的物流形式主要有中国邮政的国际小包、国际快递、海外仓储等形式。每种形式各有利弊。对跨境电子商务而言，选择物流服务必须在成本、速度、货物安全、消费者对在途商品的追踪体验等几方面权衡考虑，尤其是如何获得廉价、快速、安全的国际物流是目前跨境电子商务企业最关心的问题。

（二）支付问题

传统外贸的支付过程成熟规范，具备健全的争端处理机制，而跨境电子商务支付处于起步阶段，还存在许多亟待解决的问题，面临着较高的支付风险，例如支付系统的稳定性、网络安全、电子货币的发行和使用、法律监管以及争端解决等问题。

（三）信用体系和争端解决机制问题

跨境电子商务中，由于语言和文化的差异使得信息不对称的程度严重，再加上对国外电子商务企业的信任程度低，信息不对称成为交易的巨大障碍。因此，建立一个能够对买卖双方进行身份认证、资质审查、信用评价的信用体系就成为跨境电子商务的当务之急。另外，跨境电子商务涉及两个或多个国家的交易主体，一旦发生争端，适用哪国法律，该如何解决也是跨境电子商务不容回避的问题。

（四）通关手续、法律和监管问题

电子商务的高效性要求跨境电子商务能实现快速通关，而大量的货物通过快件渠道和邮递渠道入境，对海关的监管和征税带来了挑战。对外贸易的网络化对当前的法律体系和监管手段也提出了挑战。

五、推动中国跨境贸易电子商务发展的对策

（一）物流方面

现有的跨境物流主要有国际小包和快递、海外仓储、聚集后规模运输这三种方式。对于规模较小但又占跨境电商主体的中小企业来说，国际小包和快递几乎是唯一的选择。而目前大部分的跨境物流都被国外企业垄断，如美国联邦快递等，而且他们收费往往较高。因此，未来跨境物流的发展方向应该是加强资源整合能力，建立新型跨境第三方物流企业，提高仓储、库存、订单、物流配送的效率，提升服务质量，更好地服务于跨境贸易电子商务，实现双赢。

第三方物流还处于发展阶段，目前在国内经营的企业如中国外运公司、大通、EMS、天地快运、UPS、DHL 等在技术与创新方面仍不能满足需求。面对如今发达的资本市场，在建立新型跨境第三方物流企业的过程中，更应该首先加强与外资的合作，在已经比较成熟的物流管理经验的基础上，提高技术水平，创新管理方式，为客户提供更高效快捷的服务。除此之外，企业自身还需要建设和完善基础设施和设备，提升服务与管理水平，为客户带来更多的便利。

从国家层面做好第三方物流的全局规划和部署，对第三方物流行业进行重新洗牌，通过并购重组等方式整合物流资源，形成一些具有规模效应、信息化水平高、管理科学、服务专业的大型物流企业，由它们为跨境电子商务提供快捷、安全、低价的物流服务。这些大型物流企业还可以通过并购重组等方式向海外扩张，以追求跨境物流的低成本。除此之外，在现阶段可统筹各方资源争取多建海外仓储基地，在外贸出口的主要流向国多设立第三方仓储设施，既有利于提高配送效率、降低物流成本，还易于为当地的消费者所接受。

（二）支付方面

一方面，要加强信息安全技术的研发和应用，保证支付系统的稳定性，防范网络安全事

故，规避技术问题给跨境电子商务支付带来的风险；另一方面，要大力扶持第三方支付机构开展跨境支付业务，扩大在跨境支付市场的占有份额。同时，还需要完善对跨境电子商务支付的监管机制和相关法律制度。可以借鉴美国的《电子资金划拨法》和《统一商法典》中关于电子支付中参与各方权利义务及责任分担的内容，同时结合我国电子支付服务实践，制定相应的法律，以规范电子支付服务中参与主体间的权利义务关系，特别是风险分担规则的制定。

如跨境支付的管理统计制度，第三方支付定期向有关部门汇报人民币和外币跨境资金往来情况，准确提供交易信息；多部门（工商、商务、海关、央行等）联合建立跨境电子商务信息平台，实现部门间信息共享，加强对异常交易的监测和审核等。

（三）解决退税问题

随着跨境贸易电子商务规模的不断增长，对出口退税政策进行规范会带动相关企业尤其是中小企业外贸出口的发展。税收优惠加之电商本身的特性，对降低企业成本、促进外贸转型升级也将起到积极作用。

出口方面，为解决中小微企业不能结汇、退税问题，可以采用"清单核放、定期申报"模式，通过电子订单、电子支付凭证、电子运单与报关清单的自动对比实现分类通关、快速验放，并定期汇总清单数据形成一般贸易报关单，通过与国税、外汇部门的电子数据联网，为企业办理退税、结汇，扶持中小微电商企业的发展。

进口方面，一是建立阳光跨境直购渠道，打造一批明码标注商品价格、税款及运费的电子商务平台，为国内购买者提供放心、保质的网购环境，做到税费应收尽收，监管快捷便利。二是充分发挥海关保税区域监管优势，允许电商企业将涉及国计民生、国内消费者欢迎的消费品事先批量进入报税区域存放，境内消费者网上购买后再逐批分拨配送，节省国际邮件运输成本，加快购物交付时间。另外，还可以实施适应电子商务出口的税收政策，用以解决电子商务出口企业无法办理出口退税的问题。

（四）信用体系的建立和争端解决机制方面

构建一个第三方信用中介体系，加强商家资质审查、机构评估、交易评价反馈，核实买方（特别是个人买家）的信用状况，防止恶意订单、信用卡支付时收货后撤回资金、恶意拒绝收货等情况。

从卖方角度而言，需要加强自律，以优质的商品和诚信的经营在海外市场树立品牌；从跨境电子商务平台角度而言，需要采取措施，去伪存真，确保平台上交易商品的质量，防止"假冒伪劣"毁坏平台声誉和其他出口商形象。此外，政府主管部门还需要积极参与国际协商，建立争端解决机制，明确出现争端时适用哪国的法律法规以及解决的程序等。

（五）通关手续、法律和监管问题

海关应创新监管模式，在有效履行监管查验实物的前提下，依托电子口岸，探讨针对跨境电子商务的报关、报检、收汇、核销、退税、结汇等问题的办法，探索无纸通关和无纸征税等便捷措施，做到快速通关。法律方面，应完善关于跨境电子商务主体身份核实与管理、跨境电子支付、跨境电子商务税收、用户隐私保护、电子数据法律效力、知识产权保护等的相关法律法规。各国政府部门间加强国际协商与合作，探索跨境电子商务监管合作的对策，建立国家之间关于跨境电子商务关税优惠、争议解决以及防范打击计算机犯罪方面的协调机制，合力推动跨境电子商务的健康发展。

（六）做好市场调研，优化客户服务

不同国家之间的文化差异、消费习惯差异、法律制度的差异始终存在，企业在进行跨境电子商务之前要对目标市场进行深入细致的研究，尤其对上述差异要做到了如指掌，入乡随俗。此外，跨境电子商务使得外贸企业有可能直接接触境外的个体消费者，他们往往个性张扬，需要个性化定制的产品或服务。如果说外贸企业只要服务好少数的大客户就可以了，那么在跨境电子商务模式下，外贸企业还需要为小客户提供个性化的体贴服务，要使所有客户都获得满意的交易体验，而这一过程离不开大数据挖掘。所以未来成功的跨境电子商务企业一定是那些熟悉目标市场、通过大数据挖掘了解客户特征并能提供其满意的产品和服务的企业。

第三节　农村电子商务的发展动态

随着城镇化的推进，农村人口在总人口中的比例持续下降，但农村网民的占比却持续上升，成为我国网民规模增长的重要动力。随着互联网在农村的逐渐普及，农村网民数量不断攀升，农村电商发展潜力巨大。几年前，淘宝网就已经开始了农村网络销售市场的开拓，农村网络消费量逐步增加，也发展了大批特色农民网店，部分以网络销售为特点的淘宝县逐渐发展起来。

农村电子商务，一般指与农业生产以及农民生活有关的电子商务。

周海琴，张才明在《我国农村电子商务发展关键要素分析》中将农村电子商务定义为"利用简单、快捷、低成本的电子通讯方式，买卖双方不谋面的将农村经济活动中易得的产品传递到市场并完成交易的全过程"。而刘可在《农村电子商务发展探析》中将农村电子商务定义为"农村电子商务是通过电子化（网络）手段进行农村商务活动的一种经济贸易方式"。储新民，李琪认为"农业电子商务，是电子商务在农业领域的应用活动"。

一、我国农村电子商务的主流模式

电子商务有很多种不同的形式，比如 B2B、B2C、C2C 等，考虑到农村电子商务参与人的特殊情况，按照买卖的双方是直接参与还是通过代理人来参与电子商务的流程中，将农村电子商务分为三种模式：A2A（Agent to Agent）、A2C（Agent to Consumer）、C2C。

（一）A2A 模式

这里的 A2A（Agent to Agent），是 Agent to Agent 的简写形式。这里的 A 指代理人，而A2A（图 13-2）是指电子商务中的生产者和消费者都通过代理人来参与电子商务过程。应用这种模式的比较出名的有"兰田模式"和"娄底网上合作社模式"。

兰田模式是以"世纪之村"电子商务平台为基础的运作模式。这种模式主要由平台企业、信息员、销售商和采购商四方参与，兰田集团公司作为最主要的平台企业，负责电子商务平台的构建和运营，负责交易规则的制订和完善，负责代销代购渠道的建立和管理。而信息员则负责买卖信息的发布，促进买卖活动的成功，一般多由拥有上网能力的农产品商人或者农资商人充当，作为农户与平台、消费者与平台、生产商与平台之间联系的桥梁，是 A2A 形式中的代理人。生产农副产品的农户或者合作社、提供农资的生产商或者经销人作为销售商，通过信息员（可以是专门的信息员，也可以自己申请成为信息员）发布自己的供货消息，农产品商家、需要农资的普通农户或者合作社作为采购商则通过信息员购买所需商品。

"娄底网上供销社"模式则是通过将农村党员远程教育平台与电子商务信息平台相连形成网上供销社,并建立了一批站点,用于将农民的小额需求集中起来,统一采购,从而提高农民的议价能力,为农民节约了大量开支,另一方面则帮助农民拓宽农产品销售渠道,从而促进农民增收。作为代理人的站点,有专门建立起来的,专项提供信息服务、商品代购等业务的,也有与现存的农村商业超市或者产业基地相结合的。

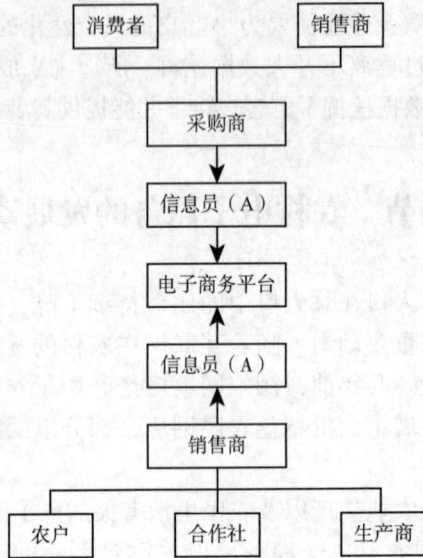

图 12-2　A2A 电子商务模式图

（二）A2C 模式

这里的 A2C（Agent to Consumer），是 Agent to Consumer 的简写形式,是指在电子商务市场中,生产者或者销售者通过代理人与消费者之间产生营销关系的一种电子商务模式（图13-3）。A2C 的 A 指是代理人（Agent），C 指是个人消费者（Consumer）。近年来,涉农产品网络经销商在农产品产地大量涌现,他们在淘宝等综合性电子商务平台上开设店铺,从农户或者农业生产合作社手中收购农副产品作为自己的货源。为当地农户和合作社找到销售渠道的同时,也为自己带来了代理收入。这些网络经销商,就是 A2C 模式中的代理人（Agent）。A2C 运作模式下,出现了不少成功的案例,甚至有代理人已经打造出一批出名的网店和品牌,如中闽弘泰网店以及赵海伶的网店。

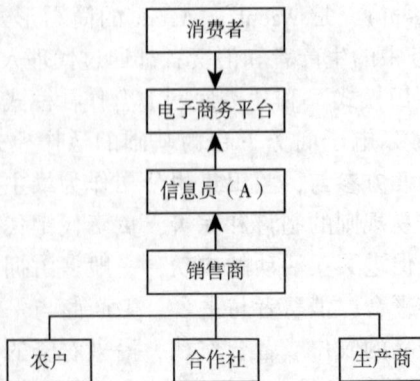

图 12-3　A2C 电子商务模式图

（三）C2C 模式

C2C，即 Consumer to Consumer。是指个人卖家与个人买家之间直接通过平台进行交易的电子商务模式（图13-4）。这种电子商务模式并非农村电子商务的特色，在电子商务领域非常流行。然而涉农 C2C 的起步却很晚，直到 2011 年才开始崭露头角。由于 C2C 的单个参与者的生产能力和购买能力都不高，涉及的金额较少，成功案例不少，但是涌现出来的出名案例却不多。在农业 C2C 中，经常提及的是楼家蜜蜂园和沙集镇模式。

楼家蜜蜂园业主楼伟，锦州市西北郊北普陀山人，蜂农出身。2010 年 5 月，楼伟在淘宝上注册了一个店铺，用于销售自家蜜蜂园自家生产的蜂蜜。由于用心经营，网店好评如潮，至 2011 年 5 月，该网店日营业额已达 1.6 万元，仅仅一年时间，网店就成功晋级双皇冠。

沙集镇模式，是江苏省睢宁县沙集镇出现的一种 C2C 农村电子商务模式。当地村民，自发式开设网店，在网上销售自己生产的板式拼装家具。在扩大家具销售范围的同时，也极大地促进了当地的加工、物流、原材料、电子商务服务等相关产业的发展，形成了一条产业链条。有人曾称其为"自发式产生，裂变式增长，包容性增长"，这种以农户为主导的"农户，网络，公司"的 C2C 农村电子商务模式值得期待。

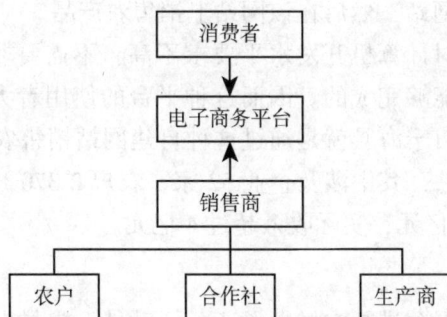

图 12-4　C2C 电子商务模式图

二、国农村电子商务常见平台

电子商务平台特色影响到电子商务的具体流程，也是电子商务模式成熟度的重要标志。中国农村电子商务层次不同，再加上模式创新，使得农村电子商务的平台种类繁多，带有明显的中国特色。

（一）第三方电子商务平台

第三方电子商务平台包括以下三种形式。

1. 大型零售网站平台

淘宝网、拍拍等 C2C 类型的第三方电子商务平台，可以进行农产品或者农业用品的交易。这些网站拥有一整套的销售流程，支付方式和信用管理体系，直接隐藏在平台背后。卖家和买家并不需要理解后台的实现，卖家只需要拍摄好自己产品的图片，编辑好文字说明，将产品的相关资料发布到自己的网店，就可以开始网络经营。而买家只需要通过搜索平台找到需要的商品，按照流程指导进行购买即可。要求的仅仅是基本的电脑应用知识。

2. 综合类 B2B 电子商务平台

B2B 电子商务平台主要开展批发业务，阿里巴巴等大型 B2B 电子商务网站，都有小额批发业务，而对于大多数时间需要从事农业生产，希望产品可以快速打包出售的农业生产者来

322 · 电子商务概论 ·

说，B2B 是个不错的选择。比如，阿里巴巴网上有专门的农业板块，上面有农副产品、农业用具的销售，买卖双方通过阿里巴巴及阿里旺旺进行供需洽谈，利用支付宝或者其他支付手段完成现金的支付。

另外，除了阿里巴巴这种可以实现在线支付的 B2B 平台外，还有一些非支付型 B2B 的电商也开辟了专门的农业专区，用于农村电子商务，比如中国供应商。

3. 农业网站

我国非常重视三农问题，在政府的号召和鼓励下，我国已经陆续建立起一批农业网站，包括农业专业网站和地方政府的农业信息门户。

这些网站除了介绍农业政策、农业新技术等，有不少网站开始关注农业市场，提供农产品价格信息，市场趋势分析等，来指导农业生产。一些做得好的农业网站，甚至建立了电子商务板块，用于进行农产品的网上交易。

（二）自建网站

当电子商务兴起之后，一些思想比较先进并且有一定计算机水平的农户或农业商人，开始模仿品牌企业，在网上建立自己的销售网站。他们租用网站空间，购买使用现成的网站软件、论坛组件等建立自己的网站，然后在该网站上销售农产品。

这种自建网站的方式，对计算机开发水平要求不高，不需要非常专业的技能，但是也不是对计算机什么都不懂的人能够完成的。因而这种平台的使用者大多比较分散，但是也有比较集中的成功案例。如宁波市宁海县就是通过这种自建网站销售农副产品出名的。截至 2015 年，该县已经建立 146 家网站，其中涉及企业 52 家，农户 2 370 户，自建网站的农民 66 户，累计销售农副产品超过 4. 5 亿元，实际收入超过 4 亿元。

（三）其他网络平台

除了通过上述两种网络平台进行农村电子商务活动外，农村电子商务有时也会用到公共网络交流平台和搜索引擎或者门户网站平台。

1. 公共网络交流平台

网上交流，是网民上网最主要的功能之一。网上交流技术已经相当纯熟，各种新的交流工具也频繁出现，QQ 群、BBS、博客、微信等，层出不穷；而且很多都可以通过手机终端来实现，这就极大地扩大了用户的群体和影响力。利用这种群体关注的现象来扩大营销效果，不仅仅是营销家们的新手段，同时也被许多农业生产者和农业商人所发现，而成为农业网络营销的利器。有报道指出，宁夏平罗县农民通过 QQ 群做出了 1 000 多宗农产品交易，涉及金额超过 4 300 万元。

2. 搜索引擎或者门户网站平台

搜索引擎或者门户网站来对网上店铺进行推广，效果明显但是成本较高。这在一些知名的网上销售企业中使用比较普遍。但是对于农村电子商务来说，仅仅是开始尝试。

三、发展农村电子商务的策略

农村电子商务，给农村发展、农业建设带来了新的契机，它将农村市场与中国市场，甚至国际市场连通起来，让农民尽快享受整个社会物质、精神生产的成果，它将农业生产融入整个国民经济中，不再是关起门来生产的割裂局面。然而，农村电子商务在改变农业、农村现状的同时，也在受着农业、农村现状的制约，农村电子商务有序、快速地发展需要我们遵循一定的策略。

（一）多样化发展之路

首先，是农村地域范围广阔以及自然环境的多样，造成的农业种类的多样化；其次，是农村经济条件和人文历史的不同，造成的农业生产形式的多样化；再次，农村生产者自身的素质各不相同，各地的基础设施差异巨大，政策制度各异等具体情况的存在，农村电子商务不可能追寻统一的模式，统一的路径；而中国农村电子商务，因其对平台的要求、参与者的素质要求等的不同出现了不同层次的电子商务类型。因地制宜、因人制宜、分层次、多样化发展农村电子商务，是规划农村电子商务必须遵循的整体策略。

（二）以点带面，充分发挥典型案例的示范作用

在经济发达、信息基础设施健全的地区，选择那些经济条件比较好、文化水平较高、商业意识较强、乐于接受新事物的农民作为试点，在技术、政策等方面加以扶持，鼓励其开展农村电子商务，当他们取得可观的经济收益后，往往会影响到周围的农户，带动其开展农村电子商务，如此循环，通过这种示范作用，而不断扩大农村电子商务的参与人群和地理范围。

（三）整合资源，统筹安排

农村电子商务，作为一种新兴的技术手段和市场运作模式，涉及的参与者众多，涉及的基础投入、服务要素复杂，既有私有的，又有相当大比例的公共物品。而这注定了农村电子商务的开展和发展，不能完全依靠市场的自发调控。政府，作为社会经济的宏观指挥者，应当充分发挥作用。

农村电子商务的发展，需要大量的资源。信息基础设施、电子商务平台、技术人员、供应、需求等。而在这些资源的筹措与利用中，政府涉农机构可以发挥重要作用。

（四）完善法律法规，加大监管力度

不断补充农业相关的电子商务法律条款，不断完善电子商务法律体系，不断完善监管制度，是农村电子商务健康发展的必要条件。如农产品等级认定、质量合格的验证，针对这些方面的标准和规范往往不能紧跟农业新品种出现的步伐，而对于农业产品、种苗等的网络责任界定和追究，也缺少针对性的管理制度和专门的法律依据。而随着农村电子商务的发展，这些问题将会越来越突出，成为农村电子商务的争端之一，如果解决不好，将会成为农村电子商务进一步发展的制约因素。

（五）加强农村基础设施建设

电子商务，植根于现代信息技术，植根于互联网络，没有信息技术和通信技术的支撑，电子商务就失去了发展的土壤。相对于城镇网络的广泛覆盖，上网的方便快捷，农村的网络覆盖存在较强的地域限制，沿海发达地区的农村或者城市周边地区，多有网络覆盖，而远离城市的边远地区甚至山区，网络覆盖率则不高。提高农村网络覆盖度，需要政府的牵头、支持和通信企业的大力投入。

除了信息基础设施外，交通运输条件也是制约电子商务发展的一个重要因素。电子商务，小规模的，多依靠快递、邮政，而大规模的，则需要专门的物流，而这些的基础，则是道路要畅通。相较于城镇交通运输的快捷便利，农村道路较窄，或者路面简易不能通过重型车辆的现象时有出现。交通等公共基础设施的建设，需要的资金和人力投入。

（六）引进和鼓励从事农村电子商务的人才

农村电子商务也需要懂得信息技术、了解电子商务的人来进行。而在中国广大的农村，

懂得信息技术，有电子商务意识的人才并不多，至少在现阶段是这样的。而一个农村电子商务从业者，进行的交易的商品，往往不是一户农民生产的，让周边的农民都享受到农村电子商务在为农产品寻找销路、便捷廉价地获取农业物资方面的功效，另外，一个成功的农村电子商务从业者，往往能够通过其可见的收益，引导更多的人才从事农村电子商务。

本章小结

（1）O2O电子商务模式是在传统商务模式的基础上为了整合线下资源而发展起来的。O2O既可以翻译为Online To Offline，也可以翻译为Offline To Online，其本质是线上资源和线下资源的一种对接。

（2）我国O2O电子商务模式发展趋势有：从单纯的信息中介转向交易化平台；无界化、社交化，跨界融合；更加关注中小商户的利益；O2O商业模式的线下线上将更加融合；更加注重消费者的体验；移动互联网为O2O的发展锦上添花；未来O2O的发展依赖大数据。

（3）跨境电子商务是指分属不同关境的交易主体，通过电子商务平台达成交易、进行支付结算，并通过跨境物流送达商品、完成交易的一种国际商业活动。这种外贸模式正在颠覆传统的进出口模式，将成为未来我国对外贸易新的增长点。

（4）按照跨境电子商务企业在跨境交易环节中所处的地位和作用，目前我国较为清晰的跨境电子商务贸易平台模式主要有四种：传统跨境大宗交易平台（大宗B2B），综合门户类跨境小额批发零售平台（小宗B2B或C2C），垂直类跨境小额批发零售平台（独立B2C）和专业第三方服务平台（代运营）。

（5）农村电子商务，一般指与农业生产以及农民生活有关的电子商务。电子商务有很多种不同的形式，比如B2B、B2C、C2C等，考虑到农村电子商务参与人的特殊情况，按照买卖的双方是直接参与还是通过代理人来参与电子商务的流程中，将农村电子商务分为三种模式：A2A（Agent to Agent）、A2C（Agent to Consumer）、C2C。

（6）我国农村电子商务常见平台有第三方电子商务平台、自建网站、其他网络平台。

习题集

一、名词解释
1. O2O
2. 农村电子商务
3. 跨境电子商务

二、选择题
1. 下列行业不是O2O电子商务模式运用较为深入的(　　　)

A. 餐饮行业　　　　　B. 娱乐消费　　　　　C. 旅游景点　　　　　D. 服装

2. O2O电子商务模式最大的特点是(　　　)

A. 线上支付，线上消费　　　　　　　　　B. 线上支付，线下消费

C. 线下支付，线上消费　　　　　　　　　D. 线下支付，线下消费

3. 下列哪个不是跨境电子商务平台？(　　　)

A. 阿里巴巴　　　　　B. 敦煌网　　　　　C. 环球资源　　　　　D. 中国化工网

4. 下列哪个不是跨境物流的主要方式？（　　　）

A. 散运　　　　　　　　　　　　B. 国际小包和快递

C. 海外仓储　　　　　　　　　　D. 聚集后规模运输

5. 下列哪个不是农村电子商务的主要模式？（　　　）

A. A2A　　　　　　　B. A2C　　　　　　C. B2C　　　　　　D. C2C

三、简答题

1. 我国 O2O 电子商务模式发展趋势？

2. 外贸出口的跨境电子商务分为几种运营方式？

3. 我国跨境电子商务贸易平台模式主要有哪几种？

4. 我国农村电子商务的主流模式有哪些？

5. 我国农村电子商务常见平台有哪些？

参考文献

［1］［美］埃弗雷姆·特班.电子商务——管理与社交视角［M］.7版.石启亮等,译.北京:机械工业出版社,2014.

［2］［美］肯尼思·劳顿.电子商务［M］.7版.劳帼龄,译.北京:中国人民大学出版社,2014.

［3］邵兵家.电子商务概论［M］.3版.北京:高等教育出版社,2011.

［4］翟鹏志.网络营销［M］.4版.北京:高等教育出版社,2014.

［5］［美］斯内德.电子商务［M］.7版.成栋,译.北京:机械工业出版社,2010.

［6］杨善林.电子商务概论［M］.北京:机械工业出版社,2007.

［7］张忠林.电子商务概论［M］.北京:机械工业出版社,2006.

［8］张润彤.电子商务［M］.北京:科学出版社,2008.

［9］张润彤.电子商务概论［M］.北京:中国人民大学出版社,2010.

［10］谈晓勇.电子商务［M］北京:机械工业出版社,2011.

［11］高富平.电子商务法［M］.北京:北京大学出版社,2004.

［12］吴勇杰,颜佳玲.基于农村电子商务环境下的物流模型研究［J］.物流工程与管理,2013（3）:133-134.

［13］程丽丽.基于区域特色的农村电子商务体系构建——以台州为例［J］.农村经济与科技,2013（1）:35-37.

［14］牛全保,宋青.基于线上线下的O2O商业模式创新研究［J］.上海商学院学报,2015（3）:8-16.

［15］吴芝新.简析O2O电子商务模式［J］.重庆科技学院学报（社会科学版）,2012（13）:73-74.

［16］李海莲,陈荣红.跨境电子商务通关制度的国际比较及其完善路径研究［J］.国际商务（对外经济贸易大学学报）,2015（3）:112-120.

［17］冀芳,张夏恒.跨境电子商务物流模式及其演进方向［J］.西部论坛,2015（4）:102-108.

［18］宋玉萍.美国和欧盟的电子商务法律竞争［J］.特区经济,2007（12）:97-99.

［19］邵占鹏.农村电子商务的兴起与新型城镇化的破局［J］.江汉大学学报（社会科学版）,2015（1）:20-25+122-123.